Addenda on The Commentary on
The Philosophy of Illumination
Part One on The Rules of Thought

التعليقات على شرح حكمة الإشراق
القسم الأول فى ضوابط الفكر

Bibliotheca Iranica
Intellectual Traditions Series, No. **13**

The publication of this volume has been made possible in part by a generous donation from Mr. Mostafa Ronaghi & Mrs. Parinaz Ronaghi through the auspices of Parsa Community Foundation.

Editor-in-Chief
Hossein Ziai
Director of Iranian Studies, UCLA

Ṣadr al-Dīn Shīrāzī

Addenda on The Commentary on
The Philosophy of Illumination
Part One on The Rules of Thought

التعليقات على شرح حكمة الإشراق
القسم الأول فى ضوابط الفكر

*Critical Edition, Introduction, Glossary of Technical
Terms and Index*

by

Hossein Ziai

MAZDA PUBLISHERS, Inc. Costa Mesa, California
2010

Mazda Publishers, Inc.
Academic Publishers since 1980
P.O. Box 2603, Costa Mesa, California 92628 U.S.A.
www.mazdapub.com
A. K. Jabbari, Publisher

Library of Congress Cataloging-in-Publication Data

Sadr al-Din Shirazi, Muhammad ibn Ibrahim, d. 1641.
[Ta'liqat 'alá Sharh Hikmat al-ishraq, 1. Fi tawabi' al-fikr]
Addenda on the commentary on the philosophy of illumination, Pt. 1. On the rules of
thought / critical edition, introduction, glossary of technical terms, and index by Hossein
Ziai.
p. cm. — (Bibliotheca Iranica : intellectual traditions series, no. 13)
Text in Arabic with footnotes and pref. in Persian; expanded pref. in English.
Includes bibliographical references and index.

ISBN 13: 978-1-56859-282-4 (alk. paper)
ISBN 10: 1-56859-282-5

1. Islamic philosophy—Early works to 1800. 2. Sufism—Early works to 1800. 3.
Suhrawardi, Yahyá ibn Habash, 1152 or 3-1191. Hikmat al-ishraq. 4. Qutb al-Shirazi,
Mahmud ibn Mas'ud, 1236 or 7-1310 or 11. Sharh-i Hikmat al-ishraq-i Suhravardi. I.
Ziai, Hossein. II. Title. III. Title: On the rules of thought.
B753.M83T352 2010
181'.5—dc22
2010006390

TABLE OF CONTENTS

---

[1] Detailed contents of the Arabic text is given in the Table of Contents provided at the start of the text part of this volume, from right-to-left.

PREFACE

I wish to express my sincere appreciation to Mr. and Mrs. Mostafa Ronaghi for their generous support of the *Intellectual Traditions Series* and the publication of this important, complex, and unique philosophical text by one of the leading Persian philosopher, Ṣadr al-Dīn Shīrāzī. The publication of texts and studies such as the present volume involve a long and complex process, and given their specialist nature publication would not be possible without the commitment and long term dedication of people who have the vision to help preserve the Iranian intellectual traditions and who believe in the significance of the intellectual component in the collective Iranian identity. The proper study and expression of the intellectual and rationalist Iranian heritage is of particular significance in historical epochs such as now.

The Intellectual Traditions Series aims to publish work that inform of the rationalist dimension in the Iranian civilization. We must inform the current generation that the "primacy of reason," a principle view and position formulated by Persian philosophers, that defines Sadrā Shīrāzī's philosophical method and his thinking. It is important to study and present the Iranian philosophical tradition that aims to obtain knowledge not limited by the purely dogmatic nor imitative and transmitted knowledge. We must express and teach that reason is the driving force in the collective processes that determine the conduct of humans in civil societies, where law codified by using the very rationalist methodology of Persian philosophers based on the principle of the "primacy of reason" must be upheld as the most high and prior form of law. Societies that uphold and respect reason prosper, where the citizens are given freedom and the equal opportunity to pursue their goals sanctioned by law. The role of philosophy in such processes is complex yet essential, and it is necessary to present the thinking and work of Persian philosophers to especially the younger generations. In this regard the multi dimensional work done by

Ahmad Jabbari in publishing a range of texts and studies must be recognized for its excellence. I express my gratitude to him for continuing to publish volumes in the *Intellectual Traditions Series*.

Finally, I am pleased to express my gratitude to my former students, Dr. George Maschki and Mr. Henning Bauer, who helped in-put an initial version of the text, and I am indebted to another former student, Dr. Ahmed Alwishah, who helped me in collating and establishing the text. I express my gratitude to them all.

The publication of such complex texts, as the one before you, requires spending numerous hours not only to establish the text, but to type set and to prepare camera-ready copy. I a have done this, and I am thankful to the UCLA Committee on Research for providing me with necessary funds to complete the task of preparing the text here published.

Hossein Ziai

Introduction

I

The present volume is Part One of one of the most significant and truly philosophical texts of the post classical period in Arabic and Persian philosophy, published here for the first time in a critical edition. The text is titled *Addenda on The Commentary on The Philosophy of Illumination: Part One on The Rules of Thought (al-Ta'līqāt 'alā Sharḥ Ḥikmat al-Ishrāq: al-Qism al-Awwal fī Ḍawābiṭ al-Fikr)*, and is an exemplum work in the revivalist scholastic tradition in Iran known as the "School of Isfahan."[1] This text represents the apogee of philosophical analysis of post classical Arabic and Persian philosophy, and in many ways it is the most innovative composition by the renowned Persian philosopher Muḥammad ibn Ibrāhīm Shīrāzī best known as "Mollā Ṣadrā"[2]— we shall henceforth refer to him as "Ṣadrā."

The text here published is in the illuminationist tradition and is distinct from the text-book genre where philosophy is limited by predetermined doctrine and is reduced to "handmaiden of theology." This text was, however, the least known of Ṣadrā's philosophical work during his life outside of specialist circles. This is because it was not meant for the broader scholastic audiences, and was one of the author's "private" compositions. The author is

---

[1] For a general account of the School of Isfahan see S.H. Nasr, "The School of Isfahan," in *A History of Muslim Philosophy*, ed. M.M. Sharif (Wiesbaden, 1966), pp. 904-932.

[2] Numerous studies on Mollā Ṣadrā have been published in the past few decades, mainly in Persian, but a few also in English. Among the Persian studies Jalāl al-Dīn Āshtiyānī's *Sharḥ-e Ḥāl va Ārā'-e Falsafī-ye Mollā Ṣadrā* (Reprint: Tehran, 1981) stands out for its depth of analysis. Fazlur Rahman's *The Philosophy of Mullā Ṣadrā* (Albany: SUNY Press, 1975) is the only English language analytical study of Ṣadrā's systematic philosophy. I have used o and e for Persian short vowels and v for the Persian use of the letter *wāw*.

the most important figures of post classical philosophy in Islam taken as a whole, and a highly creative Persian thinker.

The present volume is one of the major results of my research in the past two decades on post Avicennan philosophical traditions, the creative side of which is defined by illuminationist philosophy. This text, *Addenda on The Commentary on The Philosophy of Illumination: Part One on The Rules of Thought*, is distinguished from textbooks on philosophy, in that Ṣadrā's approach is such that it does not limit the construction of philosophical arguments by pre-determined, or by given, dogmatic doctrine.

One of the aims of my research on post Avicennan philosophy has been to systematically identify principle texts in Arabic and Persian that form Sohravardī's illuminationist philosophy and inform us of the ways this innovative system continues in Iran from the end of the 12th c to the present. I have placed singular emphasis on identifying and publishing critical editions—including initial analysis—of philosophical texts first by Sohravardī himself, and subsequently by adherents of the new school, the Philosophy of Illumination (Ḥikmat al-Ishrāq), whose different types of compositions, commentaries and original work, continue Sohravardī's creative thinking after his brutal execution in Aleppo in 1191.

The Philosophy of Illumination is recognized as an independent school, and in order to study and write about its place in the history of the genesis and developments of philosophy in the Islamic civilization we must have access to critical editions of at least a core group of texts that represent its construction first by Sohravardī and then its development after him. I have been devoted to accomplishing this task, which has a two-fold significance. Firstly, the publication of exemplar texts in critical editions is the necessary preliminary step in the study of philosophy in Islam. Secondly, the more I have probed illuminationist texts and have

analyzed specific problems and arguments such as especially theories of knowledge and the construction of a unified epistemological structure named "knowledge by presence," the more I have come to conclude that Sohravardī's legacy, his Philosophy of Illumination, has greatly impacted intellectual Persian poetry and in ways more than one has defined the poetic principle I have named "Persian poetic wisdom." My work has also been instrumental in showing the inaccuracy of describing philosophy as it develops in Iran after Avicenna in subjective mystical terms. The use of the label, "theosophy" to describe the thought of Persian thinkers such as Sohravardī, Ṣadrā, Sabzevārī, and many others is inaccurate and also leads to misrepresentation of philosophy as some kind of subjective mysticism.

The publication of the present volume takes us closer to making available a representative group of texts that inform us of the development of philosophy in Iran during periods after Avicenna, and not determined by mysticism nor by theology. I have always felt that to firmly establish my claim that philosophy did not die out in the East after Avicenna, nor did it deteriorate into an ill-defined mystical "theosophy," we need first to have critical editions of a meaningful number of the important philosophical texts. Part Two of the present text, namely *Addenda on The Commentary on The Philosophy of Illumination: Part Two: On the Light of Lights and the Principles the Ranks of Being (al-Taʿlīqāt ʿalā Sharḥ Ḥikmat al-Ishrāq: al-Qism al-Thānī fī Nūr al-Anwār wa Mabadī al-Wujūd wa Tartībihā)* will be published in 2011, which will add to the plan of presenting representative texts that determine the origins and developments of illuminationist philosophy in Iran, from the time of Sohravardī in the 12th c to the present. The critical edition of Parts One and Two of *Addenda on The Commentary on The Philosophy of Illumination* will add to the list of major critical editions of illuminationsit texts that I have

published so far: *Anvāriyya: Persian Commentary on Ḥikmat al-Isrāq; Shahrazūrī's Commentry on Ḥikmat al-Ishrāq;* and *Ibn Kammūna's al-Tanqīḥāt fī Sharḥ al-Talwīḥāt. Refinement and Commentary on Sohravardī's Intimations: A Thirteenth Century Text on Natural Philosophy and Psychology.*

II

The Author

The author of the text here published, Ṣadr al-Dīn al-Shīrāzī, is one of the most revered of all philosophers in Islam. His full name is Muḥammad ibn Ibrāhīm Qavāmī Shīrāzī, and he is commonly known as "Mollā Ṣadrā." His honorific title is "Ṣadr al-Dīn" and his epithet is "Ṣadr al-Muta'allihīn." He was born in Shīrāz in 979/1572 to a wealthy family. We know that his father was a "minister" in the Safavid court, but was also a scholar. Ṣadrā died in 1050/1572 while on his seventh pilgrimage journey to Mekka in Basra where he is buried, and where his grave was known until recent times. Unlike authors of earlier periods we have substantial information on his life, several autographs of his works, many letters, and a good number of glosses on earlier textual traditions have survived.[3]

After completing his preliminary studies in his native Shīrāz, the young thinker travels first to Qazvīn and later to Isfahān, the seat of Safavid rule, perhaps the most important center of Islamic learning and scholarship in the 16th and 17th centuries. In Isfahān he first enrolls in courses on traditional Islamic scholarship, commonly named the "Transmitted Sciences" (*al-'ulūm al-naqliyya*), where

[3] An account of his life is given in S. H. Amin, *The Philosophy of Mulla Sadra Shirazi* (London, 1987), pp. 1-35. A first-hand report on Mullā Ṣadrā's grave in Basra is given by Seyyed Abo'l-Ḥasan Qazvīnī in "Sharḥ-e Ḥal Ṣadr al-Mota'allihīn va Sokhanī dar Ḥarakat-e Jowhariyyeh," in *Se Maqāleh va Do Nāmeh* (Tehran, n.d.), pp. 1-4.

the great jurist Bahā' al-Dīn Muḥammad al-'Āmilī (d. 1031/1622) was laying the foundations of a new Shī'ite jurisprudence. Ṣadrā's early studies of the emerging Shī'ite jurisprudence, Ḥadīth, and Koranic commentary under the famous Shī'ite thinker distinguishes him from many of the earlier philosophers of Medieval Islam, whose knowledge religious subjects were not at the level of ranking clergy. This side of Ṣadrā's intellectual formation marked his thinking and represents one of the two main trends in his writings. He is known both as a jurist (*faqīh*), considered to be at the rank of one who has achieved "independent reason" (i.e. has become a "*mujtahid*"), as well as a philosopher.

The exact nature and expression of accepted philosophy in Shī'ism needs to be studied more, but it is safe to state that Ṣadrā's philosophical work, especially his popular texts such as *al-Asfār al-Arba'a (The Four Journeys)*, and a few others that define his holistic reconstruction named, "Metaphysical Philosophy" (al-Ḥikma al-Muta'āliya), present philosophy in a framework that was not deemed hostile by the clergy, which marks an important point in the history of philosophy in Islam.[4] While philosophy was never accepted by mainstream Islam, and in fact was shunned by the fundamentalists initiated by the anti rationalist writings of Ibn Taymiyya in the 14th c, and later labelled "heretical" by Salafi figures from the 17th and 18th centuries on, a select group of Shī'ite scholastic figures accepted philosophy, especially the tradition refined and expressed in a limited form by Persian scholars in Iranian scholastic centers such as Shīrāz, Tabrīz, Qazvīn, and Isfahān. The role played by Ṣadrā and the substantial number of leading scholars he trained is of monumental significance. That philosophy is not just tolerated but actively pursued

---

[4] See, for example, Mullā Ṣadrā, *al-Asfār al-Arba'a* (Tehran, 1378 A.H.), vol. I, pp. 1-6; 8. Āshtiyānī concurs and considers the intuitive foundations of Ṣadrā's system of al-Ḥikma al-Muta'āliya to be, in part, due to Sohravardī's illuminationist position in epistemology. See Āshtiyānī, *op. cit.*, pp. 102-116.

by some of the highest ranking Shī'ite Ulamā at present in Shī'ite circles, is a direct result of achievements in philosophical composition by Ṣadrā and his students in Iran. These scholars produced substantial numbers of work in various domains of philosophical analysis and discourse, but very few are available in critical editions and fewer still have been rigorously studied by historians of philosophy. Also, there are a few texts, such as the one here published, that were apart from the main group of philosophical writings, and belong to a more "private" set of work that were not meant for the larger scholastic readership of the Madrasas, but for private discussion among select numbers of students under the supervision of the teacher. This possible dual character of Ṣadrā's work needs to be fully studied. I plan to present such an analysis when Part Two of the present work is also published and when we have access to a more comprehensive range of Ṣadrā's sophisticated analytical work.

Ṣadrā's philosophical training commenced during the same period he was studying the traditional religious syllabus. We know that once Ṣadrā entered Isfahān and while studying with Bahā' al-Dīn Muḥammad al-'Āmilī, he commenced his study of the "Intellectual Sciences" (al-'ulūm al-'aqliyya) in earnest with one of the greatest original Islamic thinkers of all time, Muḥammad Bāqir Astarābādī, well-known as "Mīr Dāmād" (d.1040/1631). This famous, erudite philosopher, also known as the "Seal of Scientists" (Khātam al-Ḥukamā') and the "Third Teacher"—after Aristotle and Fārābī—taught Ṣadrā a comprehensive range of Arabic and Persian texts that form the core of of philosophical teachings in Islam.[5] Mīr Dāmād himself was a remarkably creative thinker and innovative philosopher. His concept Ḥudūth Dahrī (Eternal Generation) anticipated Bergson's "Creative Evolution," and had it not been for

---

[5] See Mīr Dāmād, al-Qabasāt, ed. M. Mohaghegh and T. Izutsu (Tehran, 1977), which includes an account of Mīr Dāmād's life and works.

his pupil he would have been remembered more than he currently is. In many ways Mīr Dāmād's endeavors, funded by Safavid court's enlightened endowments of the arts and sciences, lead to the establishment of superior libraries where the older manuscript traditions were collected, copied and published. Evidence for this profuse activity are the tremendous numbers of Arabic and Persian manuscripts presently housed in major collections all over the world, all produced in Isfahān in this period. Mīr Dāmād's texts on philosophical subjects, especially his *Qabasāt* and his *Jadhawāt*, are among the first that lead to the "revival" of philosophy known as the "School of Isfahān," as indicated.

Ṣadrā's studies with this Mīr Dāmād lead him to the compilation of his most famous work, which is the next synthesis and reconstruction of metaphysics in Islamic philosophy after Sohravardī. This philosophical work is identified as an independent school in Islamic philosophy, and is perhaps the most dominant at present, and bears the name "Metaphysical Philosophy" (al-Ḥikma al-Mutaʿāliyya) chosen specifically by Ṣadrā himself.

Ṣadrā's fame as master of the then accepted both branches of Shīʿite learning: the Transmitted and the Intellectual, soon spread over the Safavid capitol, but he did not accept any official position in courtly Safavid circles in Isfahān. He did, however, accept to teach in the Madrasa built and endowed by the Safavid nobleman Allāh-verdī Khān in his native Shīrāz.

Ṣadrā trained a number of students who become famous pillars of philosophy in Iran, and their texts are studied in scholastic circles. His two most significant pupils are: Muḥammad ibn Murtaḍa, well-known as "Muḥsin Fayḍ Kāshānī," whose work, especially his *al-Kalamāt al-Maknūna,* emphasize the more religious component of philosophical expression; and ʿAbd al-Razzāq ibn Ḥusayn Lāhījī, whose Persian summaries of the Peripatetic side of Ṣadrā's philosophical works have been especially popular in Iran. His

Shawāriq al-Ilhām deserves special mention here for its inclusion of an older Avicennan view of Ethics. Both pupils were also married to two of Ṣadrā's daughter's, which is indicative of an increasingly "intimate" relation between master and teacher in Shī'ite learned circles, prevalent to this day.

Later in life Ṣadrā retreated from society and from city life altogether, and stayed in the small village of Kahak, near Qomm. This period marks Ṣadrā's increased preoccupation with the contemplative life, and is also the period when he composed most of his major work. Judging by the voluminous extent of his textual compositions—a recent edition of his magnum opus philosophical work, *al-Asfār al-Arba'a*, alone is in ten volumes—this period of Ṣadrā's life represents the most fruitful time of his life.

Monumental though the impact of Ṣadrā's works and thinking have been on Islamic intellectual history, very few comprehensive, systematic studies of his philosophy are available in western languages. The earliest extensive study was done by Max Hörten, whose *Das Philosophische System von Schirazi* (1913), while problematic in places and difficult to use because of the author's use of pre-modern philosophical terminology and older Orientalist views, is still a good source for the study of Ṣadrā's philosophical thought. In more recent decades Henry Corbin's text-editions and studies opened a new chapter in western scholarship on Islamic-Iranian philosophy. Corbin's emphasis on the presumed esoteric dimension of Ṣadrā's thought has, however, hindered a properly philosophical analysis of Metaphysical Philosophy.

More than fifty works are attributed to Ṣadrā. They can be grouped into two parts indicative of the two main trends of his thought mentioned above. His compositions that are predominantly on subjects that relate to the "Transmitted Sciences," i.e. that cover the traditional subjects of Islamic jurisprudence, Koranic commentary, Ḥadīth scholarship, and theology, are best

exemplified by: (1) *Sharḥ al-Uṣūl al-Kāfī*. This is a commentary on Kulaynī's famous work, the first Shī'ite Ḥadīth compilation on specifically juridical issues; (2) *Mafātīḥ al-Ghayb,* an incomplete Koranic commentary (*tafsīr*); (3) A number of short treatises each devoted to the Koranic commentary of a specific Sūra; (4) A short treatise called "Imāmat" on Shī'ite theology; (5) A number of glosses on standard Kalām texts, such as Bayḍāwī's *Tafsīr*, and Qūshchī's *Sharḥ al-Tajrīd*.

Ṣadrā's more significant texts, widely thought by Muslims to represent the apogee of Islamic philosophy, are those that indicate the second major trend of his thought, named the "Intellectual Sciences." His major texts in this group include: (1) *Al-Asfār al-Arba'a al-Aqliyya (the Four Intellectual Journeys).* This is Ṣadrā's *magnum opus* philosophical work, and includes detailed discussions on all philosophical subjects, minus logic; (2) *Al-Shawāhid al-Rubūbiyya (Dvine Testimonies)*, which is generally accepted to be an epitome of the *Asfār*; (3) *Glossess on Avicenna's Shifā* and (4) *Addenda on The Commentary on The Philosophy of Illumination,* Part One of which is here published.

Finally we should present the reader with a selected list of the most famous philosophical problems commonly associated with Ṣadrā. These are: (1) The ontological position called "primacy of existence" (*aṣālat al-wujūd*) which was chosen by Ṣadrā after a critical evaluation of the various ontological principles including the "primacy of essence," held by the illuminationists. His position is not simply that of the Peripatetics as explained by Avicenna, but Ṣadrā adds to this the illuminationist view of equivocal being, and considers that while being is primary it is also given to degrees of less and more in a continuous sense, as the illuminationists had applied this principle to essence. (2) Ṣadrā's other ontological position, commonly refereed to as "unity of being" (*waḥdat al-wujūd*) is distinguished from the Peripatetic position which regards

Introduction

being to be a "common term" which for him is a "common concept." (3) The problem of the "unity of subject and object" (*ittiḥād al-ʿāqil wa al-māʿqūl*), which is a principle illuminationist epistemological position in the proof of the primacy of knowledge by presence and is also upheld by Ṣadrā.

III
The Text and the Edition

The text here published is named *Addenda on The Commentary on The Philosophy of Illumination: Part One on The Rules of Thought (al-Taʿlīqāt ʿalā Sharḥ Ḥikmat al-Ishrāq: al-Qism al-Awwal fī Ḍawābiṭ al-Fikr)*. The term "addenda" (*taʿlīqāt*, sg. *taʿlīq*) refers to one of several types of philosophical commentary. These are: (1) *Sharḥ* (commentary), which may be in one of two styles, interlinear comments on the main text, or commentary added in blocks; (2) *Tanqīḥāt* (refinements); (3) *Taʿlīqāt* (addenda); (4) *Hāshiya* (gloss), which is often taken to be the same way comments are made and added to a text as in a *Taʿlīq*; (5) *Talkhīṣ* (epitome), which was more prevalent in periods before the 12th c. and is also a type of philosophical work in the Peripatetic tradition, where an epitome (short or long) of a major text is produced by later scholars. For example, there are several epitomes of Aristotelian texts composed by Averroes, which were one of the main methods employed in publishing works on Aristotelian philosophy in Islam.

In the text, *Addenda*, Ṣadrā presents his arguments, discussions, rebuttals, and refinements concerning specific philosophical topics, problems and propositions in relation to two texts: (1) The main text, which is Sohravardī's *Ḥikmat al-Ishrāq*, and (2) The secondary text, which is *Sharḥ Ḥikmat al-Ishrāq* by the 13th century Persian Illuminationist philosopher, Quṭb al-Dīn Shīrāzī.

The text is in a refined, technical philosophical Arabic. Ṣadrā introduces the topic he wishes to analyze by quoting either directly from Sohravardī's text of *Ḥikmat al-Ishrāq* or by quoting Quṭb al-Dīn's text, but he then goes directly to what he considers to be the core illuminationist position on a given topic. Ṣadrā does not quote the full text of *Ḥikmat al-Ishrāq* nor that of *Sharḥ Ḥikmat al-Ishrāq*, usually quoting only a few phrases ended with "the rest"— the abbreviation الخ is placed at the end of the short quote, introduced by "his [Sohravardī's] statement" (*qawluhū*) or by "the commentator [Shīrāzī] said" (*qāla al-shāriḥ*), and the reader is expected to have access to the full text. I have therefore added the full text in footnotes so that the reader will easily be able to access the complete text of the argument to thus better follow Ṣadrā's additional comments. The additions by Ṣadrā are usually his own highly refined analysis of the argument at hand plus the conclusions he makes in favor of, or against, the original argument as presented by Sohravardī and clarified by Shīrāzī. However, in the majority of cases the arguments are directed against Sohravardī's text alone. It is difficult to follow Ṣadrā's arguments, and the reader must be familiar with Sohravardī's teachings in general and of course with his specific arguments and constructs concerning a specific problem. On the whole Ṣadrā takes an illuminationist position on the majority of the philosophical problems and topics he examines, and his aim is not to refute Sohravardī, but neither to simply comment on his illuminationist doctrine. His aim is to add to and to refine illuminationist arguments thus to present illuminationist philosophy as a more systematic and more self-consistent system. In this way Ṣadrā uses the method of augmenting (*'allaqa 'alā*) the argument by presenting ultimately his own often innovative refinements and constructions of philosophical propositions.

The critical edition of Ṣadrā's *Addenda* is based on the following:

ن: This is manuscript number 701, Dāneshkadeh-ye Adabiyyāt, Tehran University (Faculty of Literature). The manuscript's title as it appears on folio 1v is "Mollā Ṣadrā's Gloss on the Commentary on the Philosophy of Illumination." The manuscript is in a large Naskh script in 411 folios with 17 lines per page. The copy of this manuscript is stated to have been completed in 1277 A.H. sometime during the month of Ramadan (fol. 411v). It is an excellent manuscript devoid of the common scribal errors of manuscripts, and must have been a copy made by a learned person who copied and corrected his copy based on the manuscript that had been previously prepared for Amān Allah Khān II (fol. 411v). This is the most complete manuscript I have used in preparing the critical edition, and it is significantly devoid of distorted pagination often introduced when folios are put together and bound after they have been copied by scribes.

ک: This is manuscript number 281 of the Meshkāt Collection, Tehran University. The manuscript's title as it appears on folio 1v is "Mollā Ṣadrā's Gloss on the Commentary on the Philosophy of Illumination" and it is a copy made for his personal use by one of 19th century's major scholastic figures, well-known for his studies in philosophy, Mollā 'Alī Nūrī. It is written in a small scribal *Ta'līq Shekasteh* script, in 97 folios with 27 lines per page, and is completed in the year 1266 A.H. (fol. 97r). In many places the pagination of the manuscript is, however, in disarray. It is none the less, a fine copy and does not differ from ن in any major way. It, however, lacks Ṣadrā's own introduction as it appears in ن.

م: This is manuscript number 27858/1767 of the Majles collection. The pages are numbered by a different hand from 1-454. The manuscript's title as it appears on the unpaginated page before p.1 is "Mollā Ṣadrā's Addenda on the Commentary on the Philosophy of Illumination." It is written in a small scribal Naskh

Introduction

script with 25 lines per page. The date of completion as it appears
on the colophon (p. 453) is given as 1270 A.H. The differences
among all three manuscripts are minor but this manuscript, too,
lacks Ṣadrā's own introduction as it appears in ن.

شرح شیرازی: This is the lithograph edition, *Sharḥ Ḥikmat al-
Ishrāq* by Quṭb al-Dīn Shīrāzī, Tehran (n.p.) 1315 A.H. Nineteenth
century lithographs published mostly in Tehran include some
superior level editions of texts in various domains of the
intellectual sciences. The lithograph edition used here is one of
them and includes Shīrāzī's interlinear commentary on
Sohravardī's *Ḥikmat al-Ishrāq*, printed on the main part of the
pages, and Ṣadrā's *Taʿlīqāt* appear on the margins and in many
cases cover the entire marginal parts of the page and are written in
such a way that it is often quite difficult to follow the text. The
script is in a very small and in places hard to read scribal *Taʿlīq*.
The differences among all of the three manuscripts listed above
and this lithograph are, however, minor save that it too lacks
Ṣadrā's own introduction as it appears in ن. In my edition reference
is given to page numbers of this lithograph when variants are given
in the notes.

حکمة الإشراق: The text of *Sohravardī's Ḥikmat al-Ishrāq*. To date
the text appears in two editions, and in both paragraph numbers are
the same, which is the number I have used to refer to the text in my
critical edition's notes. The two are:

(1) Sohravardī, *Ḥikmat al-Ishrāq*, ed. Henry Corbin. Tehran:
Reprint 1993.

(2) Shahrazūrī, *Sharḥ Hikmat al-Ishrāq,* ed. Hossein Ziai. Tehran,
1993 (2nd printing, 2002). This volume includes a new, improved
critical edition of *Ḥikmat al-Ishrāq.*

شرح شهرزوری: This is my edition of Shahrazūrī, *Sharḥ Hikmat al-
Ishrāq.* In my edition of Ṣadra's *Addenda* I have given reference to

this edition whenever Ṣadrā refers to Sohravardī's text.

In sum, my critical edition of Ṣadrā's, *al-Taʿlīqāt ʿalā Sharḥ Ḥikmat al-Ishrāq: al-Qism al-Thānī fī Ḍawabiṭ al-Fikr,* is based on the above manuscripts and editions. In the annotations to the text, I have provided the full text of *Ḥikmat al-Ishrāq* based on my own edition of Shahrazūrī's, *Sharḥ Ḥikmat al-Ishrāq,* to facilitate the reader's access to the main arguments as presented by Ṣadrā. The critical edition therefore includes not just Ṣadrā's *Addenda* but Sohravardī's text, and in parts whenever necessary Shīrāzī's commentary as well.

The preparation and production of this critical edition of the Arabic text of Ṣadrā's, *al-Taʿlīqāt ʿalā Sharḥ Ḥikmat al-Ishrāq,* has been complex and time consuming. The result, it is hoped, will add to the body of critical editions of texts that collectively make up the tradition of post Avicennan philosophy as it originated and developed in Iran through the analytical work of innovative Persian thinkers. The publication of this text will help in our analysis of what is philosophy after Avicenna, and will help dismiss the previous errors of historians that philosophy died in East after Avicenna, and will also help refine the earlier misrepresentation that philosophy deteriorated into an ill-defined, subjective mystical theosophy. Reading and analyzing the details of Ṣadrā's sophisticated philosophical arguments and constructions in areas that include semantics, formal logic, material logic, foundations of physics—including the critique of Aristotelian matter and form—epistemology and the analysis of propositions that cover the topic "sameness of knowing and being" and how the first principles are obtained, will indicate clearly that this is a philosophical text of a refined nature, one that exemplifies a high standard in philosophical analysis and expression. And, philosophy did not die in Iran.

التعليقات

على

شرح حكمة الإشراق

أثر

صدرالدين محمد شيرازى

معروف به ملا صدرا و ملقب به صدرالمتألهين

پيشگفتار و تصحيح

حسين ضيائى

ناشر: انتشارات مزدا

محل نشر: کالیفرنیا، ایالات متحدهٔ آمریکا

شابک: 978-1568592824

فهرست مندرجات

التعليقات على شرح حكمة الإشراق

القسم الأوّل فى ضوابط الفكر : وفيه ثلاث مقالات

المقالة الأولى فى المعارف والتعريف : وفيها ضوابط سبعة

المقالة الثانية فى الحجج ومباديها

المقالة الثالثة فى المغالطات وبعض الحكومات
بين أحرف إشراقية وبين أحرف المشائين

پیشگفتار مصحح

تصحیح وتعلیق کتاب «التعلیقات علی شرح حکمة الاشراق»، نگارش صدرالدین محمد بن ابراهیم شیرازی ملقب به «صدر المتالهین» و معروف به «ملا صدرا»، به پایان رسید. کتاب حاضر بخش اول تعلیقات صدر المتالهین بر شرح قطب الدین شیرازی برکتاب معروف شیخ اشراق شهاب الدین سهروردی «حکمة الاشراق» است؛ یعنی: «القسم الاوّل: فی ضوابط الفکر». بخش دوم «التعلیقات» بر: «القسم الثانی: فی نور الانوار ومبادی الوجود وترتیبها»، نیز بزودی چاپ شده در دسترس علاقمندان قرار خواهد گرفت، و در آن مجلد «مقدمه» ای حاوی تحلیلی از تمامی متن «تعلیقات» تحریر و اضافه خواهد شد. بر تصحیح کنونی فهرست جامعی از اصطلاحات، کتب، و نامها؛ و نیز واژه نامه ای عربی / فارسی همراه با معادلات انگلیسی اضافه کردیم، که ذکر آندو در «فهرست مندرجات» کتاب آمده. پس از مطالعه دقیق نسخ مختلف متن «التعلیقات» و چاپ سنگی، بدین نتیجه رسیدیم که نسخه **ن**، که ذکرش در زیر آمده، اصح میباشد، و لذا آنرا اصل قرار دادیم. در این تصحیح از رسم الخط عربی کلاسیك استفاده نموده ایم، و از رسوم

ix

پیشگفتار مصحح

متداول عربی امروزی، مانند نوشتن دو نقطه در زیر یای ملفوظ (مثلا فی و ینبغي)، و نگارش اعراب فراوان زیاده از حد، خود داری کردیم. لازم به گفتن است که برای مشخص نمودن « ما » در عباراتی مانند : شئ مّا، شیئامّا، شیئٍ مّا؛ حرکة مّا، حرکةً مّا، حرکةٍ مّا، الخ، بر روی حرف « م » تشدید آورده ایم. و رعایت این امر در متون فلسفی در هر سه حالت رفع و نسب و جر لازم است.

تصحیح متن « التعلیقات » بر مبنای مقابله و تنقیح چند نسخه خطی و متون چاپ شده انجام گرفت، که درذیل به آنها اشاره خواهد رفت. « التعلیقات » متنی است غامض و در قرائت آن باید « حکمة الاشراق » سهروردی و « شرح حکمة الاشراق » علامه قطب الدین شیرازی، هر دو متن، مد نظر قرار گیرند. از این رو در تمام موارد متن « حکمة الاشراق » را در حواشی کتاب حاضر آورده ایم، تا خوانندگان بتوانند به سهولت به آن رجوع کنند. نسخ و متون استفاده شده در تصحیح « التعلیقات » عبارتند از :

ن: نسخه خطی شماره ۷۰۱ دانشکده ادبیات دانشگاه تهران.

عنوان این نسخه « حاشیه بر شرح حکمة الاشراق ملا صدرا » ذکر شده (برگ ۱و)، و متعلق به عالم شهیر مرحوم محمد حسین فاضل تونی، رحمة الله علیه، بوده است. نسخه ای است به خط نسخ درشت در ۴۱۱ برگ، ۱۷ سطر مکتوب. نسخه در « شهر رمضان

المبارك فی سنة الف ومأتین وسبع مع سبعین من الهجرة/۱۲۷۷»
(برگ ۴۱۱و) کتابت شده. نسخه ای است عالی و تقریبا خالی از
اغلاط معمول کتّاب، ناسخ یقینا خود اهل علم بوده و این نسخه را بر
مبنای نسخ دیگری برای «امان الله خان الثانی» (برگ ۴۱۱و)
تصحیح و تحریر نموده است. این نسخه از دیگر نسخ کاملتر است و
نیز عاریست از در هم بودن توالی صفحات.

ك: نسخه خطی شماره ۲۸۱ از مجموعه نسخ اهدایی مرحوم
مشکوة به دانشگاه تهران. عنوان این نسخه «حاشیه ملا صدرا بر
حکمة الاشراق سهروردی» ذکر شده (برگ ۱و) و به خط مرحوم ملا
علی نوری فیلسوف معروف، رحمة الله علیه، است. نسخه ای است
به خط تعلیق شکسته تحریری ریز در ۹۷ برگ، ۲۷ سطر مکتوب.
نسخه در سال ۱۲۶۶ هجری قمری (برگ ۹۷ظ) کتابت شده.
ترتیب اوراق این نسخه در بسیاری موارد مغشوش است، اما نسخه
خوبی است و تفاوت آن با نسخه **ن** در هیچ مورد عمده نیست، مگر
اینکه فاقد «مقدمه» ملا صدراست، چنانچه در **ن** کتابت شده.

م: نسخه خطی مجلس با شماره دفتر ۲۷۸۵۸/۱۷۶۷. صفحات
این نسخه مسلسل نمره گذاری شده اند از ۱ الی ۴۵۴. عنوان این
نسخه «تعلیقات صدر المتالهین بر حکمة الاشراق» ذکر شده (ص

قبل از ۱)، و به خط نسخ تحریری ریز کتابت شده است؛ ۲۵ سطر مکتوب. تاریخ کتابت این نسخه ۱۲۶۰ هجری قمری ذکر شده است (ص ٤٥٣). تفاوت **ن، م**، و **ك** بسیار اندك است، مگر همان که ذکرش رفت، که فاقد «مقدمه» ملا صدراست، چنانچه در **ن** کتابت شده.

شـرح شیـرازی: چاپ سنگی کتاب «شرح علامه قطب الدین شیرازی بر حکمة الاشراق سهروردی»، تهران، ۱۳۱۵ هجری قمری. «التعلیقات» ملا صدرا در حاشیه این کتاب به چاپ رسیده است. تفاوت این چاپ با **ن، ك**، و **ل** بسیار اندك است، مگر همان که ذکرش رفت، که فاقد «مقدمه» ملا صدراست، چنانچه در **ن** کتابت شده. در پانوشت های تصحیح حاضر از «التعلیقات» ملا صدرا در تمام موارد شماره های صفحات شرح شیرازی ذکر شده اند تا خواننده به آسانی به متن «شرح حکمة الاشراق علامه شیرازی» رجوع تواندکرد.

حکمة الاشـراق: تا کنون دو تصحیح از متن حکمة الاشراق به چاپ رسیده اند، در هر دو شماره های پاراگرافها یکسانند؛ و در حواشی چاپ حاضر «التعلیقات» این شماره ها ذکر شده اند. دو چاپ عبارتند از:

پیشگفتار مصحح

۱– شهـاب الدین سهروردی «کتاب حکمة الاشراق»، در «مجموعه دوم مصنفات شیخ اشراق» تصحیح هانری کربن. تهران چاپ دوم: مؤسسه مطالعات و تحقیقات فرهنگی، ۱۳۷۲.

۲– شمس الدین محمد شهرزوری «شرح حکمة الاشراق» تصحیح و تحقیق و مقدمه حسین ضیائی. تهران: مؤسسه مطالعات و تحقیقات فرهنگی، ۱۳۷۲. این چاپ شامل تمامی متن حکمة الاشراق به انضمام شرح شهرزوری است، و بر مبنای چندین نسخه معتبر به علاوه چاپ کربن تصحیح شده است.

شرح شهرزوری: شمس الدین محمد شهرزوری «شرح حکمة الاشراق» تصحیح و تحقیق و مقدمه حسین ضیائی. تهران: مؤسسه مطالعات و تحقیقات فرهنگی، ۱۳۷۲. در حواشی چاپ حاضر «التعلیقات» در تمامی مواردی که ملا صدرا به متن حکمة الاشراق اشاره کرده شماره صفحه و سطر متن «شرح شهرزوری» را ذکر نموده ایم.

لازم به تذکر است که در متن و در پانوشت ها از حروف خوابیده یا *ایرانیك* استفاده نکرده ایم؛ عناوین کتب را، چنانچه در تصحیح متون عربی کلاسیك مرسوم است، در «گیومه» آورده ام.

پیشگفتار مصحح

در این مقام از دانشجویان سابق دکتری خود آقایان جورج مشکی،
هنینگ باور، و احمد الوشاح، که در ماشین نویسی متن و در مراحل
مقابله و تصحیح به اینجانب کمک نموده اند، تشکر مینمایم.

در خاتمه از علمای گرام، دانشمندان محترم، واولیای عالیقدر
«ستاد بزرگداشت ملا صدرا» که بنده را در تصحیح متن تشویق نموده
و فتو کپی نسخ خطی «التعلیقات» را در اختیار بنده قرار دادند کمال
تشکر را دارد. از خداوند متعال توفیق ایشان را در راه پیشبرد این امر
مهم مسئلت دارد.

حسین ضیائی

رموز نسخ و علائم اختصاری

ن: نسخه خطی شماره ۷۰۱ دانشکده ادبیات دانشگاه تهران .

ك: نسخه خطی شماره ۲۸۱ از مجموعه نسخ اهدایی مرحوم مشکوة به دانشگاه تهران .

م: نسخه خطی مجلس با شماره دفتر ۲۷۸۵۸/۱۷۶۷ .

شرح شیرازی: چاپ سنگی کتاب « شرح علامه قطب الدین شیرازی بر حکمة الاشراق سهروردی»، تهران، ۱۳۱۵ هجری قمری . «التعلیقات» ملا صدرا در حاشیه این کتاب به چاپ رسیده است .

حکمة الاشراق: «کتاب حکمة الاشراق»، در «مجموعه دوم مصنفات شیخ اشراق» تصحیح هانری کربن. تهران چاپ دوم: مؤسسه مطالعات و تحقیقات فرهنگی، ۱۳۷۲ .

شرح شهرزوری: شمس الدین محمد شهرزوری «شرح حکمة الاشراق» تصحیح و تحقیق و مقدمه حسین ضیائی. تهران: مؤسسه مطالعات و تحقیقات فرهنگی، ۱۳۷۲ .

[ ]: اضافات بر متن

[م .]: اضافات مصحح در پانوشت ها

بسم الله الرحمن الرحيم
التعليقات على شرح حكمة الإشراق
المقــــدّمة

لمحمّد بن ابراهيم صدرالدين الشيرازى
الملقّب بصدر المتألّهين المعروف بملا صدرا

الحمد لله الذى أنار بوجوب وجوده وجوه الممكنات وأشرق بضوء ذاته صفائح المهيّات، أبدع الجواهر العقلية الثابتة عن شعاع ذاته، واخترع النفوس السماوية الدائمة عن تجلّى إشراقاته، وخلق الأجرام العلوية والسفلية عن ترادف رحماته، وتجدّد شئون الآنه وصفاته، وجعل النفس الإنسانية من بين صور الكائنات مستعدة لتحمّل أماناته ومظهرا لعجائب مبدعاته وغرائب مصنوعاته، وحاملة لمصحف آياته وقرائة كتبه المنزّلة وبيّناته.

نشكره على سوابغ نعمه ومواهب حكمه وشمول إحسانه وسطوع برهانه حمد لما لا يبلغ نهايته و شكرا لا ينال غايته. وأشهد أنّ محمّدا عبدالله ورسوله بعثه بالنور الساطع والضياء اللامع بشيرا ونذيرا وداعيا إلى أمد بإذنه، وسراجا منيرا ﷺ، مصابيح الهدى وانوار العصمة

والتقى و خزنت اسرار اليقين وابواب الوصول إلى جوار ربّ العالمين .

امّا بعد . فيقول العبد الملتجئ إلى باب نعمة الله من كلّ باب، والائياب إلى جنانه، من كلّ خبّاب، محمّد بن ابراهيم المعروف بالصدرا الشيرازى، ما كان أفضل نعم الله وأشرف عطيّاته التى أتاها من لدنّه عبدا من عباده هو المعرفة الربّانية والحكمة الإلهية لأنّها الخير الكثير، والسعادة العظمى، والبهجة الكبرى، وبتحصيلها ينال السيادة العليا، والدرجة الرفيعة التى فوق سائر الدرجات العليّة والمراتب السنية . فيجب على من أتاه الله رحمة من عنده وعلّمه من لدنّه علما وقوّة فى هذا العلم يمشى بها فى أرض الحقائق ونورا يهتدى به فى ظلمات البرازخ السفلية إلى فضاء الارواح العلوية، وبصيرة ينظر بها فى ملكوت السماء والأرض؛ كما قال « وَكَذلِكَ نَرى إِبْراهِيمَ مَلَكُوتَ السَّمواتِ وَالأَرْضِ »[1] ليكون من الموقنين أن يُسارع إلى شكر نعمة الله وجوده، ويبادر إلى إظهار رحمته وكرمه، إمتثالا لقوله « وَأَمَّا بِنِعْمَةِ رَبِّكَ فَحَدِّثْ »[2]، واستجلا بالمزيد إحسانه فيما أشار « لَئِنْ شَكَرْتُمْ لأَزِيدَنَّكُمْ »[3] من إيضاح المطالب المهمّة، وكشف المقاصد العلمية التى ينتفع بها العباد . وسيترتّب عليها صلاح المعاد ففى هذا العلم يظهر

---

[1] القرآن المجيد : سورة الأنعام (٦): الآية ٧٥

[2] القرآن المجيد : سورة الضحى (٩٣): الآية ١١

[3] القرآن المجيد : سورة إبراهيم (١٤): الآية ٧

مقامات الرجال ودرجات الاحوال فى المال فإن ينشر لأحد فقد حصل
له الخير الأتمّ والكمال الأعمّ. وإن سطّره فى كتاب ففيه الأجر الجزيل
والذكر الجميل. فيوشك أن يُجعل من ورثة جنّة المتّقين، وله لسان
صدق فى الآخرين. فإنّ إرشاد ابناء الجنس من الطالبين من اعظم
القربات إلى ربّ العالمين وأتمّ العادات الحاصلة. فقد جاء فى الكتب
السماوية كلمات كثيرة دالّة على شرف التعلّم والتعليم وفضيلة
الكمال الأكمال .

ففى ما أوحى الله إلى أبينا آدم [و] على نبيّنا وﷺ، أنّ المستنبطين
للعلوم هم عندى أفضل من عماد الأرض بالصنائع، ومَن استنبط شيئا
فدوّنه فى كتاب فهو عندى بمنزلة آدم صفى. وفى قوله ﷺ لمعاذ «لأن
يهدى الله بك رجلا واحدا خير لك من الدنيا وما فيها»؛ وامثال ذلك
كثيرة .

ونحن بعون الله وتوفيقه قد قرّرنا فى كتبنا قوانين هذا العلم،
وشيّدنا مبانيه، واوضحها واحيينا رسومه بعد ما اندرس، واحكمنا
آثاره بعد ما انطمس، شهيد بذلك ارباب العقول السليمة والاذهان
الصحيحة كتابنا الكبير المسمّى بـ «الاسفار الالهية»،٤ وغيره من
المطوّلات والمختصرات. وحقّقنا من آراء الفلاسفة ما كان حقّا وأبطلنا ما
كان باطلا. وإن كان قدمائهم لكونهم على سيرة الانبياء وطريقهم،

---

٤ يعنى كتاب « الاسفار الاربعة العقلية فى الحكمة المتعالية ». اين كتاب در بيروت
به چاپ رسيده و چاپ سنگى آن نيز معتبر است.

صلوات الله عليهم، قبل أن يخطوا فى المبانى والأصول والأمور المهمّة؛ والمتأخّرون منهم، كأتباع المشّائين وسائر المحدّثين، قد وقع لهم سهو عظيم واغلاط كثيرة فى الإلهيات وكثير من الطبيعيات من المطالب المهمّة التى لا يعذر الخطاء والسهو فيها للإنسان ولا ينجو من عذاب الجهل فيها أبدا. إذا كان فيه كمية استعداد أو قوّة سلوك نحو المعاد وقد ضلّ وغوى وانحرف عن طريق المستوى المأوى. والرجل الحكيم لا يلتفت فى ردّ الباطل إلى المشهور، ولا يبالى إذا اصاب الحقّ فخالفه الجمهور ولا يتوصّى إلى من قال بل إلى ما قبل امتثالا لقول مولانا ومولى المسلّمين على عليه السلام «لا تعرف الحقّ بالرجال، ولكن أعرف الحقّ تعرف اهله».

ونحن لم نقصد فى تحقيق كلّ مسئلة واحكام كلّ مطلوب إلّا التقرّب إلى الله وملكوته الأعلى فى إرشاد طالب زكى، أو تهذيب خاطر نقى، فإن وافق ذلك نظر أحد من ابناء البحث وعقله، فهو الذى رسّمناه وإن لم يوافق فاعلم أنّه لا يوافق الحقّ عقول قوم فسدت قرائحهم بأمراض باطنة أعبث اطباء النفوس عن علاجهم؛ لمّا شرعوا فى تحصيل الحكمة على غير ما ينبغى. ما زادهم ذلك إلّا نفورا واستكبارا فى الأرض حيث لم يظفروا منها بطائل، ولم يصلّوا إلى حاصل. وفاتهم مع هذا الحرمان العظيم مكنة استعدادهم للإقتداء بالأمثال السمعية والمناهج الشرعية، وذلك هو الخسران المبين. وليس لنا مع هؤلاء كلام

ولا مع اشباههم خطاب، كما قال تعالى « وَلَئِنْ جِئْتَهُمْ بِآيَةٍ » [و] « لا
يُؤْمِنوا بِهَا ». ٦ وكيف يؤمنون بالحقائق ويقرّون بها ولا استعداد لهم
فأنّ لاستعداد قبول الحكمة شروطا واسبابا؛ كاعتدال المزاج وحسن
الخلق، وسرعة الفهم وحدّة الذهن وجودة الرأى، مع ذوق كشفى.
ويجب مع ذلك كلّه أن يكون فى القلب نور من الله يتعدّ به دائما
كالقنديل، وهو المرشد إلى الحكمة كما يكون المصباح مرشدا إلى ما
فى البيت.

وقد بيّن فى المنطق أنّ المقدّمتين لا يوجبان النتيجة لذاتها بل هما
معدّان، والواهب هو المفارق ومَن لم يكن فيه هذه الأمور فلا يتعب
نفسه فى طلب الحكمة. ومن كان له فهم وإدراك، ومَن لم يكن له
حدس كشفى وفى قلبه نور يسعى بين أيديهم وبأيمانهم، فلا يتمّ لهم
الحكمة وإن سدّوا من اطرافها شيئا، ومَن لم يجعل الله له نورا، فما له
من نور. ٧

---

٥ القرآن المجيد: سورة الروم (٣٠): الآية ٥٨

٦ القرآن المجيد: سورة الأنعام (٦): الآية ٢٥

٧ اين بخش، يعنى: «المقدمه لصدر الدين الشيرازى» تنها در نسخه خطى مشكوة
(ن) نگاشته شده، درديگر نسخ، و نيز در چاپ سنگى « شرح حكمة الاشراق قطب
الدين شيرازى »، مقدمه اى بر «التعليقات» نيامده است.

[التعليقات على شرح حكمة الإشراق]

[القسم الأوّل فى ضوابط الفكر : وفيه ثلاث مقالات]

[المقالة الأولى فى المعارف والتعريف : وفيها ضوابط سبعة]

[الضابط الأوّل : فى دلالة اللفظ على المعنى]

قوله ، [قدّس سرّه] : «دلالة اللفظ على المعنى ، اه»⁸

[أقول] : الدلالة مطلقا كون الشئ بحيث يعلم منه شئ آخر ، وينحصر الدالّ فى اللفظى ، وغير اللفظى ، وكلّ منهما بحكم الاستقراء فى⁹ عقلى يجد العقل بين الدالّ والمدلول علاقة ذاتية ينتقل لأجلها من الأوّل إلى الثانى ، كالأثر و¹⁰المؤثّر ؛ وأحد معلولى علّة على المعلول الآخر

---

⁸ شرح شيرازى : ٣٥ ؛ حكمة الاشراق : ٧ ؛ شرح شهرزورى : ٣٤ . ٧ : ٧ . متن حكمة الإشراق : (٧) هو أنّ اللفظ دلالته على المعنى الّذى وُضع بازئه هى دلالة القصد ، وعلى جزء المعنى دلالة الحيطة ، وعلى لازم المعنى دلالة التطفّل ؛ ولا تخلوا عن متابعة دلالة تطفّل إذ ليس فى الوجود ما لا لازم له ؛ ولكنها قد تخلوا عن دلالة الحيطة ، إذ من الاشياء ما لا جزء له ، والعام لا يدلّ على الخاص بخصوصه . فمن قال « رأيت حيوانا » فله أن يقول « ما رأيت إنسانا » ، ولا يمكنه أن يقول « ما رأيت جسما » أو « متحركا بالارادة » مثلا .

⁹ ك : – فى

¹⁰ م : على

وطبيعى وهو ما العلاقة بينهما[١١] أحداث الطبيعة الأوّل عند عروض
الثانى، ووضعى وهو ما العلاقة بينهما جعل الجاعل إيّاها. فالرابط بين
الدالّ والمدلول فى الوضعى هو وضع الواضع، كما أنّ فى الطبيعى هو
الطبع؛ وفى العقلى هو العلاقة الذاتية. والشارح أدرج العقلى
والطبيعى كليهما فى الذاتى لصعوبة الفرق بينهما بحسب ملاك
القسمة إذ قد يناقش فيه بأنّ دلالة أ ح أ ح على وجع الصدر أيضا من
قبل دلالة المعنى على المعنى[١٢] من حيث أنّ فى كلّ منهما دلالة للأثر
على المؤثّر أو دلالة أحد الأثرين من مؤثر واحد على الآخر. فإن فرق بأنّ
المؤثّر ههنا الطبيعة وفى العقلية غيرها انتقض بكثير من الدلالات التى
توجد فى آثار الطبائع، كالحرارة والبرودة وغيرها. وذكر بعض المحقّقين
إن كان المرض المخصوص كوجع الصدور مستلزما للصوت المعيّن أو
المزاج المعيّن للحركة المعيّنة، كحركة النبض؛ أو الكيفية النفسانية للون
المعيّن، كحمرة الخجل وصفرة الوجل، كانت دلالتها عقلية. ولا ينافى
ذلك تحقّق الدلالة الطبيعية أيضا، من جهة أخرى فأنّ من لا يعرف
الارتباط العقلى بين تلك الدوالّ[١٣] ومدلولاتها ينتقل ذهنه إليها بمجرّد
ممارسة عادة الطبيعة.[١٤] ولا شكّ أنّ هذه الدلالة ليست عقلية لأنّها

---

[١١] ك: ‑ احداث . . . بينهما

[١٢] م: قبيل دلالة الغناء على المغني ك: على امعنى

[١٣] كذا فى كلّ النسخ

[١٤] ن: ‑ الطبيعة

ليست مستندة إلى العلاقة العقلية حتّى لو فرض انتفاؤها كانت باقية على حالها، إنتهى، وفيه بعد مناقشة. إلّا أنّ الأمر فى هذا المقام بيّن وليس فى تثليث هذه القسمة وتحقيق الفرق بين الدالّ الطبيعى والدالّ العقلى كثير جدوى، ولا فى عدمه تفويت فائدة علمية كما لا يخفى. ولذلك ادرجهما الشارح فى الدلالة الذاتية واشار إلى تغايرهما فى المثال.

[قوله] قدّس سرّه: «دلالته على المعنى، اه». ١٥.

[أقول]: لم يقل على جميع المعنى الذى وضع ولا على تمامه لأشعار كلّ منهما بالتركيب صريحا أو كناية، لأنّ مقابل الأوّل البعض ومقابل الثانى النقص وكما أنّ كلّ مجموع مشتمل على بعض كذلك كلّ تامّ١٦ متضمّن لما يوجد فى الناقص والفرق بينهما يشبه الفرق بين المجمل والمفصّل، أو بين العدد والكمّ المتصّل، ففى العشرة يوجد الخمسة بحسب الخارج بالفعل وفى الذراع الواحد يوجد نصفه١٧ بحسب الوهم بالقوّة، وكذلك فى السواد الأتمّ يوجد السواد الأنقص بضرب من التخيّل الوهمى١٨.

---

١٥ شرح شيرازى: ٣٥؛ حكمة الاشراق: ٧؛ شرح شهرزورى: ٣٤: ٨.

١٦ م: تمام

١٧ م: نقصه

١٨ م: التحليل

قوله [الشارح العلامة]، قدّس سرّه: «وإنّما انحصرت، اﻫ». [19]

[أقول]: حصر الدلالة اللفظية الوضعية فى هذه الثلث حصر عقلى مترّدد بين النفى والاثبات لا يقال الدلالة على الخارج مقيّد باللزوم. فبقى قسم رابع لأنّا نقول هذا الشرط خارج عن المفهوم غير معبّر فى حدّ الدلالة الالتزامية؛ وأنّما هو شرط لتحقق تلك الدلالة فتأمّل.

قول الشارح، رحمه الله تعالى: «إذ لا يجب أن يكون، [اﻫ]». [20]

[أقول]: إن أراد بقوله « لا يجب » الجواز بمعنى الاحتمال العقلى فيه و كذلك فى الأوّل، فهو قائم؛ لكن لا يفيد المطلوب إذ لا يفيد العلم بعدم الاستلزام [21] وإن كان بمعنى الإمكان الذاتى فتحتاج الدعوى إلى بيان ليفيد العلم بعدم الاستلزام. ولم يبيّن وكذا لم يقع التعرّض لا فى المتن ولا فى الشرح لحال استلزام الالتزام التضمّن إحالة إلى فهم المتعلّم. إذ كما جاز أنّ يتحقّق ماهية لاجزء لها فكذا يجوز تحقّق ماهية لها لازم ولا جزء له؛ وهذا على مذهب المصنّف من كون كلّ ماهية لها لازم أظهر إذ لا شبهة فى تحقّق البسائط.

---

[19] شرح شيرازى: ٣٦

[20] شرح شيرازى: ٣٧

[21] م: + بل بعدم العلم بالاستلزام

[الضابط الثانى: فى مقسّم التصوّر والتصديق]

قول الشارح، رحـمه الله تعالى: «ويمكن أن يجاب عن الأوّل [بأنّ الكلام فى العلم المتجـدّد الذى لا يكون إشـراقيا لقطع النظر عن العلم الإشراقى فى هذا الموضع، اه]».[٢٢]

[أقول]: اعلم أنّ هذا الجواب غير سديد لأنّ المطلوب ههنا إثبات العلم الصورى[٢٣] بالبرهان، والشيخ [السهروردى]، رحمه الله، بصدد أنّ العلم بالأشياء الغائبة عنا الذى ليس كالابصار ونحوه إنّما هو بحصول صورتها لنا وهو مطالب فيه بالبرهان. والذى ذكره هو أنّه إن لم يكن حدوث العلم منا بها[٢٤] بحدوث أثر لها فينا لاستوى حالُنا[٢٥] قبل الإدراك وبعـده، فلمـانع أن يمنع تحقّق هذه الملازمة بين المقدّم والتالى بتجويز حصول الإضافة حينئذ. وكون هذا القسم من العلم راجعاً إلى القسـم الآخر لا يضـرّ المانع بل يضـرّ المستدلّ المثبت لهذا القسم.

قوله [الشارح العلامة]، رحـمه الله: «فيلزم أن يكون فينا [أمور

---

[٢٢] شرح شيرازى: ٣٩

[٢٣] م: التصورى

[٢٤] ن: ههنا

[٢٥] م: حال لتانا

غير متناهية، اه]».[٢٦]

[أقول]: لمانع أن يمنع الملازمة أى استلزام كون العلم زوالاً لأمر أن
يكون فينا أمور غير متناهية لجواز أن يكون لكلّ نفس قوّة مّا يحصل له
من المعلومات، وتلك لا يكون أمورا غير متناهية. ثمّ لو سُلّم فإنّما يلزم
أن يكون فى قوّته صفات أو أمور غير متناهية أو غير واقعة إلى حدّ،
فإنّ قوّة الشىء يكفيه قوّة مّا يتوقّف عليه ولا يلزم كونه بالفعل. ثمّ لو
سلّمت الملازمة فبطلان التالى محال ولا يلزم كون[٢٧] تلك الأمور الغير
متناهية مترتّبة ومجتمعة. أقول: يمكن اندفاع المنع الأوّل والثانى، بأنّا
نعلم بديهةً أن فى قوّتنا إدراك كلّ واحد من أمور غير متناهية ككلّ
مرتبة من مراتب العدد ولو على سبيل البدلية وإذا تقرّر أن كلّ إدراك
زوال صفة أخرى من النفس، فيلزم أن يكون فينا تحقّق صفات غير
متناهية بالعقل[٢٨] حتّى يمكن زوال كلّ واحدة منها عند إدراكنا لأمر
آخر وهذا ظاهر. ويمكن أيضا اندفاع المنع الثالث بأنّ عدم اشتمال
النفس على صفات غير متناهية مقدّمة مسلّمة عند الجمهور يجوز
استعمالها جدلا سيّما إذا ضمّ إليها بيان برهانى مبنى على المقدمة
الوجدانية، التى يحكم بصحّتها كلّ من له الوجدان[٢٩] الصحيح. وهى

---

[٢٦] شرح شيرازى: ٣٩

[٢٧] ك: – التالي ولايلزم كون

[٢٨] م: بالفعل

[٢٩] م: شش: وجدان صحيح

قولهم: الإدراك تحصيل لا أنتفاء. [٣٠] على أنّ هذا المعترض من مذهبه أنّ
غير المتناهى مطلقا محال بناءً على استلزام لغير المتناهى المترتّب، كما
ذكره فى رسالة «اثبات الواجب».

قوله [الشارح العلامة]، رحمه الله : «ولأنّ الأمر الحاصل [عند
العلم بأحد المعلومين غير الحاصل عند العلم بالمعلوم الآخر ،
اه] [٣١].»

[أقول]: فائدة هذا الكلام دفع توهّم أنّ العلم إذا كان عبارة عن
زوال أمر يجوز أن يكون فى علمنا بأشياء كثيرة ثبوت عدم لأمرٍ
واحد. فأزاح الشارح هذا الأحتمال بأنّ «الأمر الحاصل عند العلم بأحد
المعلومين، [٣٢] اه» [٣٣].

قوله ، [الشارح العلامة]: «وممّا يستدلّ به [على أنّ الإدراك
المتجدّد الغير الحضورى يعتبر فيه وجود صورة المدرَك فى المدرِك ،
اه] [٣٤].»

[أقول]: اعلم أن للقوم فى إثبات الصور العلمية فى العلم الحصولى

لنا الذى هو عبارة عن نحو وجود الأشياء فى اذهاننا مسلكَين مشهورَين، أحدهما ما نُسب إلى الشيخ، قدّس سرّه، ولم نجد فى كلام غيره، وثانيهما ما أشار إليه الشارح بقوله: «وممّا يستدلّ به، إلى آخره» .[٣٥] [فأقول]: أمّا الإوّل، فقد أورده المصنّف فى هذا الكتاب[٣٦] إجمالاً وذكره فى «المطارحات»[٣٧] بوجه تفصيلى، وهو قوله: «وأمّا إذا أدركنا شيئا بعد أن لم يُعلم فنقول: هل حصل فينا أمر مّا، أو لم يحصل؟ وهل انتفى منا شئ، أو لم ينتف؟ فإن لم يحصل ولم ينتف، فاستوى حالنا قبل الإدراك وبعده، وهو محال. وإن انتفى شئ، أهو إدارك أمر آخر أو صفّة غير إدراكية، فبعد الإدراك يجوز الإدراك الوجودى[٣٨] إذ الأمر العدمى لا يكون انتفاء لما ليس بشئ، وإن كان أنتفاء لصفة عن النفس، فللنفس إدراك أمور لا يتناهى، فيجب أن

---

[٣٥] شرح شيرازى: ٤٠.

[٣٦] يعنى «كتاب حكمة الإشراق».

[٣٧] كتاب «المشارع والمطارحات» جامع ترين أثر فلسفى شيخ اشراق است. متن عربى كامل اين تأليف مهم تا كنون چاپ نشده است؛ تنها «القسم الثالث؛ فى العلم الالهى» تصحيح و چاپ شده. رك: «مجموعه مصنفات شيخ اشراق»، جلد اول، به تصحيح هنرى كربن، تهران: مؤسسه مطالعات و تحقيقات فرهنگى، ١٣٧٢، صص ١٩٤ إلى ٥٠٦. دو نسخه مورد استفاده اينجانب در تصحيح متن حاضر عبارتند از: نسخه ليدن، شماره OR 365؛ و نسخه پرينستون شماره Arabic Manuscript No. 380. عنوان فصل مورد نظر در شرح ذيل است: المشارع والمطارحات: القسم الثانى، فى الطبيعى: المشرع السادس: فى النفوس: فصل فى الإدراك والتجردات وبراهين تجرّد النفس عن المادّة.

[٣٨] م فبعد الكلام نحو الادراك الوجودى

يكون فيها صفات غير متناهية يبطل كلّ واحد منها عند توجّه النفس
إلى إدراك شئ، ثمّ الإدراك تحصيل لا انتفاء، ويجد الإنسان فى نفسه
تحصيلا لا تخلية. وليس وجود الشئ فى الأعيان نفس الأدراك به، والّا
لكان كلّ موجود مدركا لكلّ واحد. وأيضا ما كان المعدوم فى الأعيان
معقولاً، وما سبق علم على وجود شئ فى الجملة بل لا بدّ من حصول
أثر فى النفس. فإذا كان للشئ وجود فى الخارج، إن لم يطابقه الأثر
الذى عندك، فليس بإدراك له كما هو. وإن طابقه من وجه، فإدراكه من
ذلك الوجه. وإن طابقه من جميع الوجوه التى بها هو يحصل
الإدراك به كما هو، ولا بدّ أن يكون مثاله، إنتهى».

[أقول]: وقد شنّع عليه العلامة الدوّانى ³⁹ بأنه إقناعى وأورد عليه
إيرادات؛ منها، أنّه لِمَ لا يجوز أن يكون الحاصل للنفس نسبة مّا إلى
ذلك المعلوم. فإن قلتَ: تحقّق النسبة فرمح محقّق الطرفين، ونحن
ندرك ما ليس بموجود فى الخارج. قلتُ: الدليل جار على أنّ
للمفهومات ضربا آخر من الوجود. وأما أنّه فى الذهن، فلا نسلّم على
أنّ ذلك التقدير فلا يلزم وجوده فى مدرك مّا عقلا كان، أو نفسا
إنسانية، أو فلكية، أو غيرهما إن أمكن، وأمّا أنّ كلّ مفهوم فى نفس

---

³⁹ جلال الدين الدوّانى از جمله فلاسفه اى است كه بر متون اشراقى شيخ اشراق
شرح نگاشته است؛ رك: «شواكل الحور فى شرح هياكل النور»، تهران، نسخه خطى
كتابخانه مجلس.

عالمه فلا يتمّ الدليل عليه سالما عن المنع. ويمكن الجواب[40] أنّ الشيخ، قدّس سرّه، ردّد بين أقسام ثلثة لا رابع لها. فأن حاصل كلامه أنّ الإدراك بعدما لم يكن[41] حالة حاصلة فينا ضرورة وتلك الحالة الحادثة إمّا أن يكون صفّة موجودة فينا أو لا؛ وعلى الثانى إمّا أن يكون زوال صفّة موجودة عنّا أو لا. والثانى يستلزم عدم التغيّر فينا بحسب الوجود الخارجى. إذ عند عدم حصول صفّة موجودة وعدم زوالها لا يتغيّر حالنا بحسب الوجود الخارجى ضرورة. وإليه أشار بقوله: فأستوى حالنا قبل الإدراك وبعده، لكن التغيّر فينا بحسب الوجود الخارجى ضرورى، فبطل الشقّ الثالث والثانى أيضا بيّن البطلان. فأنّ كلّ من له وجدان سليم إذا راجع وجدانه أدرك أنّ الإدراك ليس زوالا، وإليه أشار بقوله: ثمّ الإدراك لشئ تحصيل لا انتفاء يجد الأنسان من نفسه تحصيلا لا تخلية لكن استدلّ على بطلان هذا الشقّ بوجه آخر جدلى مبنى على مقدّمة مشهورة، هى أنّ النفس ليس لها صفات غير متناهية. وقدّمه على البرهان المبنى على الوجدان كما هو دأب التعليم. وإذا قد بطل القسمان الأخيران بقى الأوّل، فثبت أنّ الإدراك حصول أمر فى المدرَك إمّا أنّه حصول فلمّا مرّ، وإمّا أنّه فى المدرِك فلأنّه حالة مؤثّرة فيه مغيّره؛ ثمّ النسبة التى ذكرها إن لم يكن زوالا ولا حصولا كان باطلا، بما بيّن فيه فساد القسم الثالث، وإن كان زوالا كان فساده بما ذكر فى القسم

---

[40] م: + عنه

[41] ك: − ٣وجه

الثانى . وإن كان حصولا لزم'^{٤٢} كون النسبة من الموجودات العينية وهو باطل لأنّها ليست محقّقة الوجود، كما هو عند المحقّقين. فعُلم أنّ وجود الأشياء فى أنفسها، أو فى مدارك أخرى، لا يكفى فى علمنا بها. ومنها أنّه على تقدير أن يكون الأمر الحاصل زوالا لإدراك أمر آخر، فلم لا يجوز أن يكون زوالا لإدراك حضورى لا يكون مسبوقا بعدم الإدراك فلا يلزم من كون كلّ إدراك حصولى زوالا لإدراك الحضورى كذلك. والجواب أنّ الإدراك الحضورى كما تقرّر فى موضعه إنّما ينحصر فى إدراك الشئ ذاته وصفاته وآثاره التى هى من توابع وجوده؛ وليست هى ممكنة الزوال عن الذات مادامت تلك الذات هى هى، وأيضا ليست هى غير متناهية ولنا قوّة إدراكات غير متناهية. ومنع عدم تناهيها يرجع إلى المنع السابق وليس هذا إيراد آخر. ومنها نوع الثلثة التى ذكرناها سابقا وأجبنا عن كلّ منها.

و أمّا المسلك الثانى الذى ذكره الشارح فقد أُورد عليه أيضا إعتراضات كثيرة بعضها مختصّة به وبعضها مشتركة بينه وبين سائر المسالك، منها ما ذكره الشارح العلامة ونسبه إلى «بعض الأكابر الأفاضل»^{٤٣} والظاهر، أنّ الإمام الرازى ممّن يجوّز كون هذه الأشياء المتميّزة المحكوم عليها بالأحكام الثبوتية الصادقة أمورا حاصلة فى أجرام غائبة، أو أمور قائمة بأنفسها وهى المُثُل الأفلاطونية. وأيضا أنّ الواو فى

---

^{٤٢} م: لزمه

^{٤٣} شرح شيرازى: ٤٠.

قوله وهو المُثُل التى كان بها يقول أفلاطون كان فى كلام المورد بمعنى أو وقع سهوا من الكاتب وإلّا فبعيد من مثله أن يعتقد أنّ المُثُل المنسوبة إلى أفلاطون إنّما هى بزعمه فى الأجرام الغائبة. ويمكن الجواب بأجوبة[٤٤] متعدّدة أحدها: أنّا نجد فى أنفسنا صورا مستحيلة الوجود كشريك البارى واجتماع النقيضين وغيرهما، ومحال أن يكون هذه الأمور موجودة فى جسم غائب أو قائمة بأنفسها، والمُثُل الأفلاطونية من الأمور الممكنة الوجود. وثانيها: ما سنح لنا وهو أنّ الأشياء الموجودة لا يمكن أن توصف بالكلّية والجزئية والذاتية و العرضيّة والجنسية والنوعية، لأنّ هذه العوارض من المعقولات الثانية التى تلحق الأشياء بشرط كونها موجودة بوجود غير أصيل والتى فى الخارج موجودة بوجود أصيلى. وأيضا نحن نقسم العلم بالتصوّر والتصديق والشئ فى الخارج لا يكون تصوّرا ولا تصديقا فتبصّر فأنّه لطيف. وثالثها: ما ذكره الشارح العلامة،[٤٥] بقوله «وأجيب بأنّه غير وارد، إلى آخره»، ثمّ أجاب عن هذا الجواب بتجويز أن يكون الحاصل لنا عند العلم بتلك الأمور أضافةً بيننا وبينها، كما هو مذهب الإمام الرازى حيث فسّر العلم بها.

أقول: كون العلم بالأشياء الغائبة عنّا إضافة محضّة باطل بوجوه

---

[٤٤] م: بوجوه

[٤٥] شرح شيرازى: ٤٠

أحدها ما ذكره الحكيم المحقّق [الطوسى] فى « شرح الإشارات »[46] أنّ من الصور ما هى مطابقة للخارج، ومنها ما هى غير مطابقة وهى الجهل المركّب؛ أمّا الأضافة فلا يوصف بالمطابقة وعدمها. وثانيها ما أشرنا إليه سابقا من كون العلم منقسما إلى التصوّر والتصديق، والإضافة ليست كذلك. وثالثها وهو أيضا ما سنح بالبال وهو أنّ حدوث الإضافة بين الشيئين الموجودين قبل الإضافة من دون تجدّد أمر فى أحد الجانبين ممتنع. إذا الإضافة على تقدير وجود مّا[47] ليست من الأمور المتأصّلة الوجود،[48] بل هى فى وجودها تابعة لوجود طرفها فلا بدّ فى علمنا بالأشياء الدائمة الوجود بعدما لم يعلمها من حدوث أمر فينا غير الإضافة. ولا يكفى أيضا فى علمنا بالإشياء المتعددة بما هى متعدّدة أمر واحد، بل يجب أن يكون الأمر الذى يقع لنا الإضافة العالمية بالأشياء واحدا عند وحدة المعدوم متعدّدا عند تعدّد المعلومات متميّزا حسب تميّزها ضرورة؛ أنّ علمنا بزيد غير علمنا بعمرو ولا يغنى أحد العلمين عن الآخر فالكلّ معلوم صورة تطابقه وهو المصنّف

---

[46] رك: « الاشارات والتنبيهات » لابى على سينا، مع شرح نصير الدين طوسى. تحقيق سليمان دنيا (قاهره: دار المعارف، ١٩٦٠).

[47] اصطلاحات فلسفى مانند «وجود مّا»؛ «شئ مّا» وغيره در هر سه حالت رفع و نسب و جر با «م» مشدده نشان داده ميشوند، و همچنين «أليس» تماما بدون فاصله نگاشته ميشوند. رك: ابو نصر فارابى « **كتاب الحروف** »، تصحيح محسن مهدى (بيروت: دارالمشرق، ١٩٧٠).

[48] ن: ‐ الوجود

قوله [الشارح العلامة]، رحمه الله تعالى: « للحكم بأعتبار حصوله فى العقل ».[٤٩]

[أقول]: وإعلم أنّ ههنا أمور ثلاثة؛ أحدها، نفس الحكم أى الإيقاع أو الانتزاع وهو فعل نفسانى ليس من قبيل القسم الحصولى والصورة الذهنية. وثانيها، تصوّر هذا الحكم وهو من قبيل العلم[٥٠] الحصولى الصورى لكنه[٥١] ليس تصديقا بل هو مقابل له. وثالثها، التصوّر[٥٢] الذى لا ينفكّ عن الحكم بل يستلزمه وهذا هو التصديق القسيم للتصوّر من حيث هو تصوّر لا بشرط أن يكون حكما أو معه حكم؛ وهو لأنّه نفس الحكم بإعتبار وملزوم له بإعتبار يكون مستفادا من الحجّة إذا كان كسبيّا وإن كان بإعتبار كونه تصوّرا يكون مستفادا من القول الشارح، كما قرّره الشارح العلامة وقد أخذ هذا التحقيق من كلام ابن كمّونة[٥٣] فى « شرح التلويحات » حيث قال فى تقسيم العلم إلى التصوّر والتصديق: « حصول صورة الشئ فى العقل إمّا أن يقترن به حكم أو لا يقترن، وذلك الحصول على التقديرين تسمّى تصوّرا وذلك الحكم بإعتبار حصوله فى العقل فهو من قبيل التصوّر أيضا ولخصوصيه

---

[٤٩] شرح شيرازى: ٤٣

[٥٠] ن: – العلم

[٥١] ن: – لكنه

[٥٢] ن: الصورى

كونه حكما يسمّى تصديقا. فالتصوّر هو حصول صورة الشئ فى العقل غير مقيّد بإقتران الحكم أو لا إقترانه. إذ لو قيّد بعدم إقترانه كما أعتبر ذلك جماعة من المتأخرين حيث قالوا: الأمر الحاصل فى الذهن إن لم يكن معه حكم فهو التصوّر، وإن كان معه حكم فهو التصديق لمّا تأتى اشتراط التصديق بالتصوّر، إنتهى ». [٥٣]

قوله [الشارح العلامة]، [٥٤] رحمه الله: «إلّا أن يمنع [ويقع لا امتناع فى تحقّق المعاندة بين الجزء والكلّ والشرط والمشروط، ٥١] ». [٥٥].

[أقول]: ويُقال هذا المنع والنقص بالواحد والكثير مندفعان. بأنّ نسبة الجزء بما هو جزء إلى الكلّ نسبة النقص إلى الكمال، والضعف إلى القوّة، فلا [٥٦] يجوز أن يكون معاند الشئ جزءا له ولامزيل الشئ مقوّما له. وليست الوحدة التى يتألّف منها العدد مقابلة له بل المقابل له وحدة أخرى، والحقّ أنّ الواحد أوجد بتكراره العدد إذ لو لم يتكرّر الواحد لم يمكن حصول العدد الاحقيقة الواحد لا بشرط شئ لست

---

[٥٣] سعد بن منصور هبة الله. المعروف بـ «ابن كمّونة»، صاحب شرحى است بر كتاب «التلويحات» سهروردى بنام «التنقيحات فى شرح التلويحات» كه به چاپ نرسيده است. نسخه خطى مورد استفاده در اين تصحيح متعلق به كتابخانه ملك است.

[٥٤] م: قوله . . . «الاسفار الاربعة»،لاحق «للبضاعة فى الميزان»

[٥٥] شرح شيرازى: ٤١

[٥٦] شش: للا

أقول بشرط لا شئ، فالكثرة ليست إلا مجتمع الوحدات ويتقوّم وجوده بها. ولهذا قيل فى العدد أنّ صورته نفس مادّته، وفصله جنسه؛ إذ كلّ مرتبة من مراتبه وإن كان نوعا آخر، إلا أنّ امتيازه عن مرتبة أخرى بنفس ما به الإشتراك وهو جنسه أعنى المتألّف من الوحدات وليس فيه سوى حقيقة الوحدة. وتمام هذه التحقيق يطلب فى «الأسفار الأربعة».

قوله [الشارح العلامة]، رحمه الله تعالى: «وكذا فى التصوّر [والتصديق لاستحالة أن يصدق على علم واحد، اه]».[٥٧]

[أقول]: اعلم أنّ من جعل التصوّر المقابل للتصديق عبارة عن الإدراك المقيد بعدم الحكم كالسيّد الشريف [الجرجانى] وغيره، أعتذر عن لزوم تقوّم الشئ بنقضه، أو إشتراطه به بأنّ المعتبر فى التصديق شطرا أو شرطا هو الموصوف بعدم الحكم. إذ الموصوف والصفة جميعا فلا يلزم منه تقوّم الشئ بنقيضه أو اشتراطه به؛ بل تقوّمه أو إشتراطه بالموصوف بنقيضه. ومثلوا ذلك به بأجزاء البيت الموصوف كلّ منها بنقيض البيت من غير لزوم كون البيت متقوّما بنقيضه وبالطهارة المشروطة بها الصلوة من غير لزوم كون الصلوة مشروطة بنقيضها. والذى ذكره فى الإعذار[٥٨] غير صحيح، والتمثيل بأجزاء البيت فى التقوّم وبالطهارة فى الإشتراط غير مطابق لهذا المقام. فإنّ الكلام ههنا

---

[٥٧] شرح شيرازى: ٤١

[٥٨] م: الاعتذار

فى تقوّم الشئ أو إشتراط تقسيمه الذى اعتبر فى حقيقته ومفهومه دفع ذلك الشئ. والجدار ليس عدم البيت معتبرا فى مفهومه فأنّ التصوّر والتصديق من الأمور الذهنية، وكلّ ما إعتبر فيها فهو من المحصلات المفصلة[٥٩] لها. ويجوز تحصّلها من الأمور العدمية فطلق الحضور الذهنى بمنزلة جنس التصوّر والتصديق، وقيد عدم الحكم بمنزلة فصليها، وهما نوعان للعلم والنوع البسيط. إذا كان مقوّما لشىء مباين أو شرطا له كان بتمامه كذلك، ولا يجوز أخذ جنسه بدون فصله فى تقويمه أو شرطه، وليس فصل الشئ كالصفة العارضة الخارجة عن ذاته، حتّى يمكن نسبة التقويم أو الشرطية إليه مع قطع النظر عن عارضه، كالجدار للبيت، والطهارة للصلوة. وهذا ممّا لا يخفى على من له بضاعة فى الميزان.

قوله [الشارح العلامة]، رحمه الله تعالى: «أو وجود حالة له، ا»[٦٠].

[أقول]: الأوّل أشارة إلى مطلوب الهلّية البسيطة، كقولك[٦١] زيد موجود أو ليس بموجودٍ، والثانى إلى مطلوب الهلّية المركّبة كقولنا، زيد كاتب أو ليس بكاتبٍ.

---

[٥٩] م: الفصلية

[٦٠] شرح شيرازى: ٤١

[٦١] م: كقولنا

صدرالدين شيرازى

قوله [الشارح العلامة]، رحمه الله: «وهو إنفعال ما للمدرَك،
[٥١]».٦٢

[أقول]: هذا بحسب ما هو المشهور من أنّ العلم الحصولى من
قبيل الإنفعال والتحقيق. أنّ الصورة ليست من مقولة الإنفعال وإن لم
ينفكّ عنه وإمّا أنّها من أى مقول هى؟ فالحقّ أنّ العلم بكلّ مقولة من
تلك المقولة من حيث كون مطابقا لها ومحمولا عليها. وإمّا من حيث
وجوده فى النفس فهو من الكيفيات النفسانية، لأنّها بهذا الاعتبار علم
كما أنّه بالاعتبار الأوّل معلوم. وفى هذا المقام تفصيل وتحقيق يستدعى
ذكره مجالا أوسع.

قوله [الشارح العلامة]: «[الكلّى على ستّة اقسام لأنّه إمّا أن
يكون ممتنعا فى الخارج، كشريك الإله، أو ممكنا معدوما، كجبل من
ياقوت، أو موجودا واحدا يمتنع مثله] كالإله، اه».٦٣

[أقول]: اعلم أنّ التمثيل ههنا بـ «الإله» أو «واجب الوجود» كما
وقع فى كلامهم، أنّما يصحّ٦٤ إذا أُريد به المفهوم أى مفهوم الإلهية،
أومفهوم الواجبية، وهو معنى عرضى صادق على ذاته تعالى. وما وقع
فى كلام القوم أنّ الإلهية عين ذاته، وكذا وجوب الوجود وسائر

---

٦٢ شرح شيرازى: ٤٢

٦٣ شرح شيرازى: ٤٣

٦٤ ن: يصلح

الصفات، فإنّما أُريد به أنّ ذاته تعالى بذاته مصداق هذه المفهومات
ومطابق الحكم بها. كما هو شأن صدق الذاتيات الموضوع على نفس
ذلك الموضوع حيث أنّ مصداق الحكم ومطابقة نفس ذات الموضوع
وليس المراد ذاته تعالى عين مفهوم الإله، أو مفهوم واجب الوجود. وأمّا
إذا أُريد فى التمثيل حقيقة الواجب الوجود تعالى فغير صحيح، فأنّ
حقيقة المقدّسة خارج عن المقسم للكلّى والجزئى لأنّه فى ذاته ليس
كلّيا ولا جزئيا أيضا.[٦٥]

[الضابط الثالث: فى المهيّات][٦٦]

[قوله]، قدّس سرّه: «كالحيوان فأنّه مركّب من جسم وشئ يوجب

---

[٦٥] م: هو المعنى . . . كصور المرآة الكثيرة . فى صص ٨ و ٩

[٦٦] شرح شيرازى: ٤٥؛ حكمة الاشراق: ٩؛ شرح شهرزورى: ٤٢. متن حكمة
الاشراق: (٩) هو انّ كلّ «حقيقة» فأمّا «بسيطة»، وهى التى لا جزء لها فى العقل، او
«غير بسيطة»، وهى التى لها جزء كالحيوان، فانّه مركّب من جسم وشئ يوجب حياته؛
والأوّل «جزء عام»، أى اذا أُخذ هو والحيوان فى الذهن كان هو، أى الجسم، أعمّ من
الحيوان والحيوان منحط بالنسبة اليه؛ والثانى هو «الجزء الخاص» الّذى لا يكون إلّا له.
والمعنى الخاص بالشئ يجوز ان يساويه، كاستعداد النطق للانسان، ويجوز ان يكون أخص
منه، كالرجولية له. والحقيقة قد تكون لها «عوارض مفارقة»، كالضحك بالفعل للانسان،
وقد تكون لها «عوارض لازمة». واللازم التام ما يجب نسبته إلى الحقيقة لذاتها، كنسبة
الزوايا الثلاث للمثلث فأنّها ممتنعة الرفع فى الوهم؛ وليس أنّ فاعلا جعل المثلث ذا زوايا
ثلاث، اذ لو كان كذا لكانت ممكنة اللحوق واللالحوق بالمثلث، وكان يجوز تحقق المثلث
دونها، وهو محال.

حيوته، ١٥١».[67]

[أقول]: أعلم أنّ التركيب فى الحيوان لكون الحيوان[68] من المركّبات الخارجية يصحّ اعتباره بحسب المهيّة، ويصحّ بحسب الوجود. أذا أخذ تركيبه بحسب الماهية كان مركّبا من[69] الجسم الذى هو بمعنى الجنس لا الذى هو بمعنى المادّة، ومن ذى مبدء الحيوة بالمعنى الذى هو فصل لا بالمعنى الذى هو صورة، وذلك لأنّ التركيب للماهية أنّما يكون من الأجزاء المحمولة، أعنى الجنس والفصل لا من الأجزاء الوجودية ذهنية كانت، كالمادّة والصورة العقليتين أو خارجية كالمادّة والصورة الخارجيتين. وقد ثبت الفرق بين الجنس والمادّة فى الأعتبار وإنّ أحدهما وهو الجنس محمول، والثانى وهو المادّة غير محمول، وكذا بين الفصل والصورة.

وأمّا إذا أخذ تركيبه بحسب الوجود فلا يكون إلّا من المادّة والصورة، سواء كان التركيب خارجيا كالحيوان المركّب من البدن والنفس، أو ذهنيا فقط كالسواد المركّب من مفهوم اللّونية بشرط لا شئ، ومفهوم القابضية للبصر بشرط لا شئ، فالسواد مثلا بسيط فى الخارج مركّب فى الذهن من المادّة والصورة العقليتين، وهو أيضا

---

[67] شرح شيرازى: ٤٥؛ حكمة الاشراق: ٩؛ شرح شهرزورى: ٤٢: ٥ - ٤

[68] م: - لكون الحيوان

[69] م: فى

مركّب بحسب الماهية من الجنس والفصل. وممّا ذكرناه ظهر أنّ معنى الجنس فى المركّب الخارجى إنّما يعرض له الجنسية بضرب من الاعتبار، وهو فى نفس نوع متّفق الأفراد كما حقّق[٧٠] فى «الشفاء».

قوله [الشارح العلامة]، رحمه الله تعالى : «ولا بدّ من الإعتراف بوجود الماهية البسيطة [فى كلّ ماهية مركّبة، اه]».[٧١]

[أقول]: أورد عليه أنّ هذا فى التركيب العقلى غير بيّن، إذ على تقدير كون الأجزاء عقلية ولم يتعقّل مفصّلة لا يلزم الانتهاء إلى البسيط. فأنّ معنى التركيب العقلى فى السواد مثلا، أنّ للعقل أن يحلّله إلى معانٍ هى أجزاء عقلية له فتلك الأجزاء فى الحقيقة أجزاء تحليلية، فظهر بعد الاعتبار والتحليل، ولا تحتاج إليها الماهية فى الوجود أمّا فى الخارج فظاهر، وأمّا فى الذهن فلأنّه يمكن أن يوجد[٧٢] بنفسها من دون تلك التفاصيل، كما يفهم من اسمه المفرد الموضوع له بنفسه من غير أن يقع له التفصيل الحدّى الذى هو بازاء اللفظ المركّب، فللعقل أن يلاحظ معنى السواد على وجه يوضع له هذا اللفظ، وله أيضا أن يلاحظه على وجه تفصيلى يوضع له لفظ مركّب، أعنى اللون القابض للبصر، فإذا لم يلاحظه على هذا الوجه الحدّى التفصيلى لم

---

[٧٠] م: حق

[٧١] شرح شيرازى: ٤٥

[٧٢] م: + فيه

يلزم حضور أجزائه فى العقل متميّزة فلا حاجة للسواد فى وجوده الذهنى إلى تلك الأجزاء قبل التفصيل، هذا ما ذكره بعض الفضلاء.

أقول فى الجواب: أنّ الوجود مفهومه أعمّ من جميع الذاتيات، وإن لم يكن ذاتيا، والذاتى كلّما كان أعمّ كان أبسط، فلا بدّ أنْ يكون فى الذاتيات ما لا أعمّ منه، فلزم حينئذ أن لا أبسط منه لا فى الواقع ولا بحسب التحليل الذهنى وإلّا لم يكن الوجود أعمّ المفهومات. وأيضا لصاحب هذا الكتاب [الشيخ السهروردى] برهان على حصر المعقولات وهى الأجناس العالية فى خمسة فكلّ منهما يكون عنده أعمّ الذاتيات فيكون بسيطة لا محالة، وتركّب[73] الماهية من فصول متساوية قد ابطلناه، سيّما إذا كانت غير متناهية.

قوله [الشارح العلامة]، رحمه الله تعالى: «على أن كلّ كثرة لا بدّ فيها من الواحد، [اه][»][74].

[أقول]: قيل عليه لمانع أن يمنع كون البسيط الحقيقى مبدءا للمركّب مطلقا إلى أن يقوم عليه البرهان، فأنّ القدر الواجب كون المركّب لابدّ له من الانتهاء إلى أجزاء يتقوّم هو بها؛ وأمّا انتهائه إلى ماليس بمركّب فليس بيناً بنفسه والكثرة لابدّ فيها من الواحد العددى لا من الواحد الحقيقى. فالأوّلى الرجوع إلى التمسّك بالبرهان

---

[73] م: تركيب

[74] شرح شيرازى: ٤٥

كالتطبيق، ونحوه . أقول: الأولى التمسّك بما ذكرنا

قوله ، رحمه الله تعالى ، «وهو محمول [يلحق الموضوع بسبب محمول آخر، اه]».٧٥

[أقول]: هذا الضمير إمّا راجع إلى قوله «إلى ما يكون كذلك» أو إلى غير، بيّن إن كانت النسخة «بسبب محمول آخر» وإلى ذلك الغير إن كانت النسخة «بسببه محمول آخر» .

قوله [الشارح العلامة]، رحمه الله: «أعنى المقترن بقولنا لأنّه [حين يقال لأنّه كذا كالضاحك اللاحق للانسان بتوسّط التعجّب و يسمّى اللوازم الغير المتكافئة . اه]».٧٦

[أقول]: اعلم أنّ الوسط قد يُقال بهذا المعنى، وهو الواسطة فى الأثبات والأوسط فى البرهان. وقد يُقال لمعنيين آخرين: أحدهما الواسطة فى العروض، والثانى الواسطة فى الثبوت، كتوسط النار فى أتّصاف الماء بالسخونة. فما لا وسط له فى الاثبات يكون أوّليا، وما لا وسط له فى العروض يكون محمولا ذاتيا وهو الذى يبحث عنه فى العلوم، ومقابله العروض الغريب الذى لا يبحث فيه فى العلوم. وأمّا الذى لا واسطة له بالمعنى الثانى،٧٧ فيجوز أن يبحث عنه فى العلوم

---

٧٥ شرح شيرازى : ٤٦

٧٦ شرح شيرازى : ٤٦

٧٧ ن : ــ الثانى

النظرية، وكذا مقابله. فإن سخونة الماء الحاصل له بالقسر يبحث عنه فى العلم الباحث عن أحواله. واعلم أنّ اللازم البيّن ممّا يُقال له « الأوّل »[78] أيضا والمقدّمة المشتملة عليه يُقال لها « أوّلية ». والمقدّمة الأوّلية كما يُقال لمثل « الكلّ أعظم من جزئه »، لذلك لما لا يكون محمولها أعمّ من موضوعها، مثل قولنا « كل مثلّث فزواياه مساوية للقائمتين ». فأنّ هذا لا يحمل على ما هو أعمّ من المثلّث حملا كليّا وليس من شرط الأوّل بالمعنى الثانى أن لا يكون بينه وبين الموضوع واسطة. فلأنّ بين المثلّث والعارض المذكور حدودا ووسائط كلّها أقرب، بل الشرط هو عدم الواسطة فى العروض ومثل هذا القول؛ ويسمّى مقدمة محمولها « أوّلى » وفى الأوّل يسمّى « المقدمة الأوّلية »، ويسمّى[79] اللوازم الغير المتكافية « الظاهر »، أنّ هذه التسمية إنما وقعت منهم على اللوازم التى بعضها أوساطا للبعض فى الاثبات، أى الحدود البرهانية كما فهمه. وكذا الحكم بنفى اللاتناهى انما يجرى فى مالها اوساط فى الثبوت لا فى ما لها أوساط فى الاثبات؛ أعنى الغير البيّنة إذ ربّما يتعاكس الوسط وذو الوسط فى نحوى البرهان اللمى والأنّى كما حقّق فى مظانّه. وربّما يحصل ذو الوسط أى العلم الكسبى بالحدس أو المشاهدة الإشراقية كما سيصرّح الشيخ، قدّس سرّه.

___

[78] م: الاولى

[79] ن: ــ يسمى ... ويسمى

قوله [الشارح العلامة]، رحمه الله: «أى كذا الزوايا الثلثة،
[٥١]». ٨٠

[أقول]: إنّما أدخل لفظ «ذى» على الزوايا لأنّ اللازم فى عرفهم
هو العرض المحمول بهو هو لا مبدئه، لأنّه غير محمول مواطاة.

قوله [الشارح العلامة]، رحمه الله: «بل علّته هى نفس المثلّث
[لاغير]، ٥١». ٨١

[أقول]: التحقيق أنّ لازم الماهية غير مجعول أيضا ولا مفتقر إلى
جعل وتأثير مطلقا لا تأثير الماهية. كما رأه بعض الحكماء مطابقا
لماذكرة الشيخ، ولا من علّته الماهية بتوسطها كما رأه آخرون. إذ البرهان
كما يجرى فى نفى تأثير الفاعل المباين فيه كذلك يجرى فى نفى تأثير
الماهية فيه. فإنّ الحوج إلى العلّة هو الإمكان الخاص، وهو مسلوب فى
نسبة اللازم للماهية إليها تأمّل فيه فأنّه غامض.

قوله [الشارح العلامة]، رحمه الله: «لأنّ الذى جعلهما إنساناً
ومثلّثاً [جعلهما حيوانا وذا الزوايا]، إلى آخره». ٨٢

[أقول]: أى جعلها حيوانا وذا الزوايا بنفس ذلك الجعل مستأنف،
وهذا فى الحقيقة إعتراف بعدم كون اللازم مفتقرا إلى جعل، إنّما المفتقر

إليه هو الماهية لا غير.

قوله [الشارح العلامة]، رحمه الله : «[لم يمتنع اسناد اللازم إلى الماهية] لتأخره عنها، اهـ». ^٨٣

[أقول]: فى هذا التأخّر نظر، بل الحقّ أنّ ثبوت اللازم فى مرتبة ثبوت الملزوم، وإن كان غيره بالمعنى والمفهوم.

قوله [الشارح العلامة]، رحمه الله : «فلا يكون الماهية علّة تامّة [لها] [ ]، اهـ». ^٨٤

[أقول]: قد أشرنا إلى ما فيه والحقّ أنّ الماهية بالقياس إلى لازمها التامّ علّة تامّة. بمعنى أنّها اينما تحقّقت فى أىّ مرتبة فرضت كان اللازم معها، لما عرفت من أنّ ثبوت اللازم ليس بجعل جاعل أحد لا من قبيل الماهية و[لا من] قبيل جاعلها. و لو كانت الماهية مستغنية عن الجاعل، ^٨٥ كان اللازم أيضا لا مجعولا بلا مجعولية الماهية. فعند عدم الاستغناء، كان المجعول نفس الماهية أو نفس وجودها على اختلاف الرأيين لا اللازم و لا وجوده أحد إلّا بالعرض. هكذا يجب أن يحقّق المقام، و سيأتى ما فى جعل الماهية من كلام الشيخ.

---

^٨٣ شرح شيرازى : ٤٧

^٨٤ شرح شيرازى : ٤٧

^٨٥ ن : الجعل

[الضابط الرابع فى : الفرق بين الاعراض الذاتية والغريبة][٨٦]

قوله [الشارح العلامة]، رحمه الله : «[فى الفرق بين ما للشئ من ذاته] وهى العوارض [الذاتية، و بين ما له من غيره، وهى العوارض الغريبة]».[٨٧]

[أقول]: قد أشرنا إلى أنّ العوارض والمحمولات منها ما لا واسطة له فى الاثبات، و يقال له البيّن و يقابله الغير البيّن. ومنها ما لا واسطة له فى الثبوت، و يقال له ما للشئ من ذاته بمعنى أنّ موجبه و علّته نفس الحقيقة، و يقال له العرض الذاتى و يقابله ما يكون بينه وبين الذات واسطة أو وسائط. والقول المشتمل على هذا المحمول الذاتى يسمّى «مقدّمة» محمولها أُولى، كما أنّ القول المشتمل على ما لا وسط له فى الاثبات يسمّى «مقدمة أوّلية»، و منه ما لا وسط له فى العروض غير

---

[٨٦] شرح شيرازى : ٤٧؛ حكمة الاشراق : ١٠؛ شرح شهرزورى : ٤٤: ١٤ – ١٥.
متن حكمة الاشراق :(١٠) هو أنّ كلّ حقيقة اذا اردت أن تعرف ما الّذى يلزمها لذاتها بالضرورة دون الحاق فاعل وما الّذى يلحقها من غيرها، فانظر إلى الحقيقة وحدها واقطع النظر عن غيرها، فما يستحيل رفعه عن الحقيقة وهو تابع للحقيقة فموجبه وعلته نفس الحقيقة، اذ لو كان الموجب غيرها لكان ممكن اللحوق والرفع. والجزء من علاماته تقدّم تعقّله على تعقّل الكلّ، وان له مدخلا فى تحقّق الكلّ. والجزء الّذى يوصف به الشئ، كالحيوانية للانسان ونحوها، سمّاه أتباع المشائين «ذاتيا»، ونحن نذكر فى هذه الاشياء ما يجب. والعرض اللازم او المفارق يتأخر عن الحقيقة تعقّله، والحقيقة لها مدخل مّا فى وجوده. والعرض قد يكون أعمّ من الشئ، كاستعداد المشى للانسان، وقد يختص به، كاستعداد الضحك للانسان.

[٨٧] شرح شيرازى : ٤٧

المساوى للأعمّ والأخصّ، و يقال له «العرض الذاتى» و هو بهذا المعنى غير العرض الذاتى بالمعنى الأوّل، و يقابله «العرض الغريب» الذى لا يبحث عنه فى العلوم. والمراد من العرضى الذى يلحق الماهيـة لا من غيرها هو ما لا وسط له فى الثبوت، و هو المذكور فى هذه الظابطة بيانه وبيان مقابله. كما أنّ المذكور فى الظابطة المقدمة بيان ما لا وسط له فى الاثبات، و بيان مقابله.

[الظابط الخامس: فى أنّ الكلّى ليس بموجود فى الخارج][88]

قوله، قدّس سرّه: «أنّ المعنى العامّ لا يتحقّق، اه».[89]

[أقول]: المراد بـ«المعنى العامّ» ههنا ما يعتبر فيه العموم والكلّية سواء كان على وجه الدخول، كما فى الكلّى العقلى، أو على وجه العروض كما فى الكلّى الطبيعى باصطلاح بعض المنطقيين. أمّا الأوّل،

---

[88] شرح شيرازى: ٤٩؛ حكمة الاشراق: ١١١؛ شرح شهرزورى: ٤٧: ١٧. متن حكمة الاشراق: (١١) هو أنّ «المعنى العام» لا يتحقق فى خارج الذهن اذ لو تحقّق لكان له هوية يمتاز بها عن غيره لا يتصور فيها الشركة، فصارت شاخصة وقد فرضت عامة، وهو محال. والمعنى العام، أمّا ان يكون وقوعه على الكثيرين بالسواء، كالأربعة على شواخصها، ويسمّى «العام المتساوق»؛ وأمّا ان يكون على سبيل الأتمّ والأنقص، كالأبيض على الثلج والعاج وسائر ما فى الأتمّ والأنقص نسمّيه «المعنى المتفاوت». واذا تكثّرت الاسماء لمسمّى واحد سُمّيت «مترادفة». واذا تكثّرت مسمّيات اسم واحد لا يكون وقوعه عليها بمعنى واحد مثله، سُمّيت «مشتركة». والاسم اذا أُطلق فى غير معناه لمشابهة او لمجاورة او ملازمة يُسمّى «مجازيا».

[89] شرح شيرازى: ٤٩؛ حكمة الاشراق: ١١١؛ شرح شهرزورى: ٤٧: ١٨

فلا شبهة فى كونه غير موجود فى الخارج؛ وامّا الكلّى بالمعنى الثانى أى الموصوف بالكلّية فهو أيضا كذلك بحسب البرهان الذى أفاده الشيخ وغيره، ولا خلاف فيه أيضا. وامّا الكلّى الطبيعى بمعنى الماهية من حيث هى هى بلا اشتراط عموم ولا خصوص ولا اشتراط عدمها أيضا ففى وجوده وعدمه خلاف بين أهل النظر والحكماء على أنّه موجود بعين وجود اشخاصه، وجمهور المتكلّمين على أنّه موجود بمعنى وجود اشخاصه، وكلام الطرفين مذكور فى الكتب المتداولة. والحقّ عندنا أنّ الماهية من حيث هى هى[90] ليست بموجودة بالذات، بل الموجود بالذات هو التشخّص والمتشخّص بنفسه بناء على أن أثر الجاعل. والأمر المحقّق بالذات هو نفس وجود الممكن لا ماهية والوجود هو المتشخّص بنفسه، لكن الماهية متحدة مع ماهو موجود بالذات ومتشخّص بالذات فيكون موجودها بالعرض، كما أنّه يتشخّص أيضا بالعرض يتبعته الوجود أتباع وجود الظلّ لذى الظلّ. فإن قلت: البرهان المذكور فى المتن كما دلّ على نفى وجود المعنى العام، كذلك دلّ على نفى الكلّى الطبيعى بالمعنى الأخير، فكيف يسع الحكماء القول بوجوده. قلنا الذى أفاده البرهان أنّ الذى يعتبر فيه العموم لايمكن أن يكون موجود بناء على أنّ الموجود فى الخارج لاينفكّ عن التشخّص والخصوصية، لأنّ العموم والخصوص متنافيان، ولايفيدالبرهان[91] أنّ الشئ الذى يصلح أن يكون

---

٩٠ م:-هى

٩١ ن:-البرهان

عامّا لايمكن وجوده إذ لامنافاة بين المتخصص بالفعل وبين ما من شأنه أن يعلم بالقوّة . وما قيل أنّ الشئ ما لم يتشخّص لم يوجد معناه مالم يتشخّص سواء كان شخص داخلا فيه مقوّما له، كالشخص، أو عارضا له خارجا عنه بوجه، كالطبيعة لم يوجد فى الطبائع النوعية والجنسية عند وجود افرادها الشخصية يصير موجودة، فيتشخصّه بوجودتها وتشخصّاتها، وهى من ذاتيات الاشخاص وعرضيات الماهيات فى طرف التحليل لا فى الخارج .

قوله [الشـارح العلامة]، قدّس سرّه : «كـالمـوجـود على الـواجب والممكن [فـأنّ البيـاض والوجـود فى الثلج والواجب أتمّ عنهـمـا فى العاج]».[92]

[أقول]: اعلم أنّ الوجود عند الشيخ لما كـان من الانتـزاعيات العقلية، ولاتحقّق له فى الافراد الممكنة، فليس يجرى فيه الأتمّ والأنقص والأشدّ والأضعف . إذ معنى الأتمّية والأشدّية ازدياد الطبيعة العامّة فى بعض أو كثرة ترتّب الآثار، أو كون الأشدّ بحيث يوجد فيه مايوجد فى الأضعف مع زيادة تحقيقا أو تقديرا على اختلاف التفاسير . وشىء من هذا المعنى لايجرى فى الأمور الانتزاعية هذا وإن كان بحثا على المثال، لكن الغرض[93] التنبيه على حقيقة الحال .

---

[92] شرح شيرازى : ٤٩

[93] ك : ٦و [كذا]

[الضابط السادس : فى المعارف الإنسان]⁹⁴

قوله ، قدّس سرّه : «معارف الإنسان فطرية او غير فطرية ، اه»⁹⁵.

[أقول]: هذا الدعوى مقدمة فطرية ولهذا وقع الاكتفاء بذكرها من غير إقامة دليل ، كما فعله بعضهم. فإنّ عاقل يجد من نفسه أنّه يحصل له بعض التصوّرات أو التصديقات ، كتصوّر الحرارة والبرودة وتصوّر بأنّ النفى والإثبات لايجتمعان ولايرتفعان من غير اكتساب ونظر ، ويحصل له بعض آخر ، كتصوّر العقل والنفس والتصديق بأنّ العالم حادث بالنظر والاكتساب. وهذا الطريق أعنى الاحالة إلى الفطرة أسلم من تكلّف الاستدلال عليه بأنّه لو كان الكلّ من كلّ منهما نظريا بالواردات⁹⁶ أو بديهيا لما احتجنا فى شىء منهما إلى فكر فأنّه مع مافيه من التوقّف على امتناع اكتساب التصوّر من التصديق ثمّ على حدوث

---

⁹⁴ شرح شيرازى : ٥٠؛ حكمة الاشراق : ١٢؛ شرح شهرزورى : ٥٠ : ٢ – ١ .متن حكمة الاشراق : (١٢) هو ان معارف الإنسان فطرية او غير فطرية. والمجهول اذا لم يكفه التنبيه والاخطار بالبال وليس مما يتوصل اليه بالمشاهدة الحقة التى للحكماء العظماء ، لا بدّ له من معلومات موصلة اليه ذات ترتيب موصل اليه منتهية فى التبيُن إلى الفطريات ، والا يتوقّف كلّ مطلوب للانسان على حصول ما لا يتناهى قبله ولا يحصل له أوّل علم قط ، وهو محال .

⁹⁵ شرح شيرازى : ٥٠؛ حكمة الاشراق : ١٢؛ شرح شهرزورى : ٥٠ : ٣

⁹⁶م: واردات

النفس على ماهو مشهور لايتمّ إلّا بدعوى البديهية[٩٧] فى مقدمات هذا الدليل واطرافها وذلك كافّ فى نفى كسبية الكلّ فلا حاجة إلى الدليل عليه، ثمّ لابدّ من دعوى البديهة فى ثبوت الاحتياج إلى الفكر وذلك بعينه دعوى البديهية فى عدم بديهة الكلّ فليكتف أوّلا، هذا ماذكره بعض المحقّقين. أقول: لم يردّ به الاعتراض لأنّه غير وارد، إذ لامنافات بين إثبات شئ بطريق وبين إثباته بطريق آخر أسهل أو أصعب، بل أراد التنبيه على مسلك سهل المأخذ، ولعلّ من ذكر الاستدلال على هذا التقسيم أراد أن ينبّه على الوجه اللمّى ولاشبهة فى أنّ معرفة الشئ على الوجه اللم أشرف وأحكم .

قوله [الشارح العلامة]، رحمه الله تعالى: «[الكسبى من التصوّرات] ما يتوقّف حصوله على طلب وكسب، اه».[٩٨]

[أقول]: قد أورد عليه أنّه ما من تصوّر ولاتصديق أيضا إلّا ويمكن حصوله بلا طلب وكسب، بل بمجرّد الحدس كما لصاحب القوّة القدسية. فتعريف الغير الفطرى من التصوّر والتصديق بهذا غير صحيح، وربما يجاب بأنّه يكون فطريا بالنسبة إليه غير فطرى بالنسبة إلى غيره. وردّ بأنّ حصول تلك القوّة لكلّ فرد ممكن بالذات فلايتوقّف حصوله بالنسبة إليه على نظر وكسب. إذ معنى التوقّف أنّ لايمكن

---

[٩٧] م: البداهه

[٩٨] شرح شيرازى: ٥١

حصول الشئ الأ بعد آخر، وأجاب بعض المحقّقين بأنّا لانسلّم أنّ معنى التوقّف ماذكرتم فأنّهم جوّزوا تعدّد العلل المستقلّة للمعلول الشخصى على سبيل التبادل أعنى التبادل[٩٩] الابتدائى ولاشكّ أنّه يمكن حصول المعيّة بدون كلّ منهما لإمكان وجوده بالأخرى. فلو كان معنى[١٠٠] التوقّف ماذكرتم لم يكن شئ منهما علّة له إذ العلّة هو مايتوقّف عليه الشئ بل التوقّف هو الأمر المصحح للفاء[١٠١] ولاشكّ أنّه يصحّ فى الصورة المذكورة، هذا إنتهى كلامه.

وأقول: هذا الجواب غير سديد وتجويز توارد العلل المستقلّة على معلول شخصى مما يصادمه البرهان القطعى الدالّ على استحالته، كما بيّن فى مقامه وبالحقيقة العلّة والموقوف عليه فى المواقف[١٠٢] التى هى فى ظاهر الأمر أنّ فيها تعدّد العلل هو القدر المشترك بينهما لا الخصوصيات، كما فى علّية اعدام أجزاء المركّب لعدم ذلك المركّب فأنّ العلّة هناك لعدمه هى عدم جزء ماله بل عدم جزء ما لعلّته التامة المركّبة من تلك الأجزاء وغيرها وهو أمر واحد لاتعدّد فيه. ثمّ قال والحقّ فى

---

[٩٩] ن: – اعنى التبادل

[١٠٠] ن: –معنى

[١٠١] عند المنطقين «الفاء» تصير قضيتين بسطيتين قضية واحدة. راجع: «موسوعة امصطلحات علم النطق عند العرب»، تصحيح فريد جبر (بيروت: مكتبة لبنان، ١٩٩٦)، ص ٥٨٤

[١٠٢] م: المواضع

الجـواب أن يقـال لا يتـمّ إمكان حصـول ذلك العلم المخصـوص بغير الكسب، فأنّ العلم الحاصل بالكسب غير العلم الحاصل بالحدس الشخصى. فعُلم من هذا المقام أنّ البداهة والكسب يختلف باختلاف النشوات والاطوار كما يختلف باختلاف[١٠٣] الاشخاص والاوقات فتأمّل فيه.

قوله، قدّس سرّه: «وليس مما يتوصل إليه بالمشاهدة الحقة».[١٠٤]

[أقول]: هذا تصريح بما ذكره آنفا من أنّ ذى الوسط يمكن أن يحصل من جهة أُخرى فلايلزم التأمّل عند عدم انتهاء اللوازم الغير البيّنة إلى لازم بيّن تأمّل.

قوله [الشارح العلامة]: «من معلومات موصلة اليه، اه».[١٠٥]

[أقول]: من الناس من أنكر اكتساب النظريات من المعلومات الفطرية، ومنهم من أنكر الاكتساب فى التصوّرات فقط، واستدلّ على ذلك بأنّ تحصيل العلم بالنظر غير مقدور لنا لأنّ تحصيل التصوّرات غير مقدور، فالتصديقات البديهية غير مقدورة فجميع التصديقات غير مقدورة.[١٠٦]

---

١٠٣ ن: – النشوات والاطوار كما يختلف باختلاف

١٠٤ شرح شيرازى: ٥٠؛ حكمة الاشراق: ١٢؛ شرح شهرزورى: ٥٠: ٤

١٠٥ شرح شيرازى: ٥٢

١٠٦ ن: – «قوله [الشارح العلامة]»: «من معلومات موصلة اليه، اه». [أقول]: من الناس من أنكر اكتساب النظريات من المعلومات الفطرية، ومنهم من أنكر الاكتساب فى

قوله [الشارح العلامة]، رحمه الله: «فاحتج إلى آلة، اه». ١٠٧

[أقول]: قيل عليه البيان المذكور إنّما دلّ على الاحتياج إلى معرفة الطرق الفكرية وموادّها على الوجه الجزئى لاعلى الوجه الكلّى فقد ثبت الاحتياج إلى الأعمّ من المنطق لا إليه، فلا يتمّ التقريب. وأجيب عنه بأنّ وقوع الخطاء بالعقل إنّما يستلزم عدم بداهة جميع الطرق الموصلة ومواد، ومعلوم أنّ العلم اليقينى لايحصل بالجزئيات النظرية إلّا من الكلّيات، فقد ثبت الاحتياج إلى القانون فى اكتساب المطالب فى الجملة ولانعنى بالاحتياج ههنا إلّا هذا القدر. فإن قلت إنّما يلزم الحاجّة إلى القانون المذكور إن لم يكن طريق آخر إلى تحصيل المطالب العلمية غير الفكر لكنّه محال؛ فأنّ من الطرق تخلية النفس عن الشواغل والتوجه إلى المبدء الفيّاض ليفاض عليه الحقّ الصريح. قلنا قد

_____

التصوّرات فقط، واستدلّ على ذلك بأنّ تحصيل العلم بالنظر غير مقدور لنا لأنّ تحصيل التصوّرات غير مقدور، فالتصديقات البديهية غير مقدورة. م: + أما الأوّل فلأنْ حالها إن كان عارفا بها استحالة طلبها لكونه تحصيلا للحاصل، وإن كان غيرهما عارف بها فكذلك لكون الطلب فعلا اختياريا لابد فيه من تصور المطلوب، والجواب بكونه معلوما من وجه مجهولا من وجه غير مفيد لأن الوجه الذى يصدقه عليه أنّه معلوم غير الوجه الذى يصدقه عليه أنّه مجهول لاستحالة صدق النفى والاثبات على شىء واحد، فيعود المحذوران عليها والا الثانى فلأنْ حضور طرفى التصور البديهى اما ان يكون كافيا للتصور ويلزم أن يجزم الذهن باسناد أحدهما إلى الآخر بالنفى والاثبات أو لايلزم فأنْ لم يكن القضية بديهية وإن لزم كان التصور واجب الحصول عندهما ويمتنع الحصول عندهما وما يكون، الخ. ر. ك: شرح شيرازى: ٥٢

وقعت الإشارة من المصنّف إلى أنّ الحاجة إلى المنطق إنّما ^١٠٨ بالنسبة إليه
إلى الذين يستفيدون المطالب بالنظر والكسب وأمّا غيرهم كمن يسلك
طريق التصفية أو كالمؤيد بالقوّة القدسية فيستغنى عنه . فان قلت لايلزم
من الدليل الاحتياج إلى جميع قوانين المنطق، فأنّه إنّما يدلّ على إنّا
نحتاج إلى قانون مميّز للخطاء عن الصواب اولى فى بعض الافكار،
ويمكن الجواب بأنّه مامن مسئلة من مسائل المنطق إلّا ولها دخل فى
العصمة عن الخطاء إما مدخلا قريبا أو بعيدا حسب مراتب الموارد
والصور وما من فكر إلّا ويمكن الخطاء فى موارده أو صوره إلّا العلوم
المنتقة، كبعض المنطقيات، ولهذا لايحتاج إلى قانون آخر؛ وفيه بحث .
وهو أنّه إذا كانت العصمة محتاجة إلى جميع المسائل فكان حصول
المقصود مستحيلا . إذ المسائل إنّما تظهر بتلاحق الافكار فى مرور
الادوار . وأجيب عنه بانّ معنى التوقّف، كما مرّ، يرجع فى الحقيقة إلى
المعنى المصحّح للفاء ويكفى فى حصوله ^١٠٩ إلى المنطق بالنسبة إلى
بعض من ابعاض المسائل سيّما ماهو بمنزلة الدعائم والاصول، فقد ثبت
الاحتياج إلى الجميع فى الجملة . هذا ماقبل وهو كما ترى .

---

١٠٨ م: + هى
١٠٩ م: + احتاج

[الضابط السابع: فى التعريف وشرائطه]

قـولـه [الشـارح العـلامـة]، رحـمـه الله تعـالـى: «اعنـى قـولا [يكون معرفته سببا لمعرفة ذلك الشئ أو لتميّزه عن كلّ ما عداه]، اﻫ». [١١٠]

[أقول]: إنّما فسّر الموصول بالقول، أى المقول [١١١] على الشئ لئلا يصدق على غير الاقوال الشارحه، كاجزاء الوجود، وكذات الفاعل، وذات الملزم، وغيـر ذلك؛ فأنّ المعرَّف يجب أن يكون مـقـولا، أى مجمولا، على المعرِّف ولهذا عرف المعرِّف للشئ بما يقال عليه لإفادة تصوّره. فإن قلت التعريف تصوير محض والمعرِّف من باب التصوّرات فلايكون فيه حمل لأنّه مخصوص بالقضية، فلايصحّ تعريف المعرف للشئ مما يقال عليه اويحمل عليه. قلنا: المقصود بالذات من التعريف التصوير لاغير والمعرِّف أيضا من باب التصوّرات كما ذكرت، ولكن لايلزم من ذلك أن لا يكون محمولا بل جميع اصناف المقول فى جواب «ماهو؟» فى جواب أىّ شى�“ مع أنّ المقصود منها التصوّر تامّا أو ناقصا يحمل على المسؤل عنه فى الجواب. [١١٢] هذا هو التحقيق، ولاحاجة إلى الاعتذار الذى ذكره بعض مَن لم يجوز تحقّق الحمل فى المعرِّف، ومن حيث هو معرِّف بأن يقال عليه مامن شأنه أن يقال « كيف؟ »، وعدّهم

---

[١١٠] شرح شيرازى: ٥٢

[١١١] م: القول

[١١٢] ن: ـفى الجواب

الحدّ بالنسبة إلى المحدود من اصناف المقول فى جواب ماهو مما يؤكّد
ماذكرناه ويخدش ماذكره .

قوله [الشارح العلامة]، رحمه الله تعالى : «ولأنّ المفرد لايعرّف،
اه». ١١٣.

[أقول]: من الوجوه الدالّة على[١١٤] التعريف، إذ يجوز بالأمر الواحد
وأن الفكر عبارة عن ترتيب أمور، أنّ المعرّف يجب أن يكون معلوما
بوجه من الوجوه وإلّا لكان طلبه محالا . فالتعريف ينتظم من أمرين،
أعنى ذلك الوجه ومفرد آخر، إن صحّ التعريف به . ومنها أنّ تعريف
بالمفرد عند مَن جوّزه لايكون إلّا بالمشتق، ومفهوم المشتق مركّب من
ذات مبهمة وصفة معيّنة .[١١٥]

قـوله ، قـدّس سـرّه : «والتـعـريف لابدّ وأن يكون بأظهـر [من
الشىء]، اه». ١١٦.

[أقول]: قد شرط بعضهم شرطا آخر وهو أن يكون بالمساوى فى
الصدق، وإنّما ترك المصنّف هذا لأنّه ليس هذا الشرط مذهب المحقّقين
من الحكماء فى مطلق التعريف . قالوا لأنّ المقصود من التعريفات

---

١١٣ شرح شيرازى : ٥٣

١١٤ م : + أن

١١٥ اين قسمت از« تعليقات » در م پس و پيش است

١١٦ شرح شيرازى : ٥٤؛ حكمة الاشراق : ١٣؛ شرح شهرزورى : ٥١ : ١٠ - ١١

القصور سواء كان بوجه مساو أوأعم أوأخص وللصناعة فى جميعها
مدخل، فلأوجه لعدم اعتباره يعمّ بشرط ذلك فى المعرّفات التامّة . قال
ابو نصر الفارابى فى [كتاب] «المدخل الأوسط»^{١١٧} بعد ذكر الحدود:
وماكان منها أعمّ من المحدود كان ذلك حدّا ناقصا . ثمّ قال فى الرسوم:
وماكان منها يفهم بنحو يختص الشئ ويساوى المفهوم عن اسم الشئ
كان ذلك رسما كاملا وما كان منها أعمّ وأخص كان ذلك الرسم رسما
ناقصا، هذا كلامه .^{١١٨} ولم يذكر فى الحدّ الأخص لعدم إمكانه، وذلك

---

^{١١٧} كتاب «المدخل الأوسط» از جمله شروحى است كه ابو نصر فارابى بر برخى از
كتن نه‍گانه منطقيات ارسطويى نگاشته است . كتب نه‍گان به نام «ارغنون» شناخته
ميشوند؛ و اولين كتاب آن «ايساغوجى» تأليف فرفوريس است . لفظ «ارغنون» معرب
ὄργανον يونانى است به معناى «آلت»؛ و لفظ «ايساغوجى» معرب εἰσαγώγή به معناى
«مدخل» . از جمله پر ارزشترين پژوهش هايى كه در باره متون منطقى ابو نصر فاربى انجام
شده به كتاب ذيل اشاره مينماييم :

F. W. Zimmermann. *Al-Farabi's Commentary and Short Treatise on Aristotle's De Interpretatione.* Oxford: The British Academy: Oxford University Press, 1981. See pp. xxi- lxvii.

مجموعه رسائل منطقى فارابى توسط مرحوم محمد تقى دانش پژوه در سه مجلد به
چاپ رسيده اند؛ رك: «كتاب ايساغوجى أى المدخل» مطبوع فى «المنطقيات
للفارابى»، المجلد الاوّل النصوص المنطقية، حقّقها وقدّم لها محمد تقى دانش پژوه؛
اشراف، السيد محمود المرعشى . قم: منشورات مكتبة آية الله العظمى المرعشى النجفى،
١٤٠٨ هجرى قمرى، صص ٢٨ إلى ٤٠ . [اين امكان وجود دارد كه «المدخل الأوسط»
متن مفصلتر ديگرى باشد . م .]

^{١١٨}اين عبارات را مقايسه كنيد با: «كتاب ايساغوجى أى المدخل» مطبوع فى
«المنطقيات للفارابى»، المجلد الاوّل النصوص المنطقية، حقّقها وقدّم لها محمد تقى دانش
پژوه؛ اشراف، السيد محمود المرعشى . قم: منشورات مكتبة آية الله العظمى المرعشى
النجفى، ١٤٠٨ هجرى قمرى، صص ٣٩ إلى ٤٠ : «والحدّ يعرّف معناه وماهيته ملخّصا

لأنّ الأخصّ من عوارض الأعمّ سواء كان نوعا له أو فصلا مقسما أو خاصّة لنوع منه والتعريف بالعرضى لايكون حدّا إليه.

[فصل: فى الحدود الحقيقية][119]

قوله [الشارح العلامة]، رحمه الله تعالى: «[فى بيان أنّ الوفا باعطاء الحدود الحقيقية] حقوقها صعب جدّا، اه».[120]

ومفصّلا بالاشيا ء التى بها قوامه. وكذلك ما له رسم واسم، فأنّهما يتساويان فى الدلالة، إلى آخره».

[119] **شرح شيرازى**: ٥٦؛ **حكمة الاشراق**: ١٤؛ **شرح شهرزورى**: ٥٤: ١٤ – ١٥.
متن **حكمة الاشراق**: (١٤) اصطلح بعض الناس على تسمية القول الدال على ماهية الشئ «حدّا» ويكون دالا على الذاتيات والأمور الداخلة فى حقيقته، ومعرّف الحقيقة بالعوارض من الخارجيات «رسما». واعلم ان الجسم، مثلا، اذا أثبت له مثبت جزء يشكّ فيه بعض الناس وينكره بعضهم، كما ستعرف ذلك الجزء، فالجماهير لا يكون عندهم ذلك الجزء من مفهوم المسمّى، بل لا يكون الاسم إلاّ لمجموع لوازم تصوّره ثمّ ان كلّ واحد من الماء، مثلا، والهواء اذا ثبت ان له أجزاء غير محسوسة يُنكرها بعض الناس؛ فتلك الأجزاء عندهم لا مدخل لها فيما يفهمون فيه. وكلّ حقيقة جرمية اذا كان الجسم أحد اجزائها وحاله كما سبق، فما تصوّر الناس منها إلاّ أمورا ظاهرة عندهم هى المقصود بالتسمية للواضع ولهم. فاذا كان حال المحسوسات كذا، فكيف حال ما لا يحسّ شئ منه أصلا! ثمّ ان الإنسان اذا كان له شئ به تحقّقت إنسانيته وهو مجهول للعامة والخاصة من المشائين حيث جعلوا حدّه «الحيوان الناطق» واستعداد النطق عرضى تابع للحقيقة والنفس التى هى مبدأ هذه الاشياء لا تعلم إلاّ باللوازم والعوارض ولا أقرب إلى الإنسان من نفسه وحاله كذا، فكيف يكون حال غيره على انا نذكر فيه ما يجب؟

[120] **شرح شيرازى**: ٥٦

[أقول]: قال الشيخ الرئيس فى «رسالة الحدود»:[١٢١] سألونى أن أملى لهم اشياء يطالبونى بتجديدها فاستعفيت من ذلك علما بأنّه كالأمر المتعذر على البشر. فأنّ المقدّم على هذا بجرأه وثقه لحقيق أن يكون أُتى من جهة الجهل بالمواضع التى منها تفسد الحدود والرسوم.[١٢٢] وقال [الشيخ الرئيس] أيضا فيها إلى الصعوبة التى بحسب الحدّ الحقيقى، فهو أمر ليس من جهة تفادينا واشفاقنا على انفسنا من المنزلة، وإنّما هو بحسبها فقط بل نحن نعترف بالعجز والقصور يستعفى عما سألوه لقصورنا عن ايفاء الرسوم حقوقها، والحدود غير الحقيقية حقّها وأمن الخطاء فيها هذا مذكره. وذكر فى موضع آخر منها أيضا المعنى على وجه أبلغ وأبسط حيث بين مواضع الاشتباه والغلط فى الحدود كما سنذكره. والغرض من نقل كلامه [أى كلام أبن سينا] أن يظهر أنّه معترف بصعوبة الاتيان بالرسوم والحدود الغير الحقيقة فضلا عن الاتيان بالحدود الحقيقة لئلا يظنّ بمثله ومن طبقته أنّه غافل عن هذا غير محتاط فيه، وذلك لأنّ أكثر تعريضات

---

[١٢١] رك: ابو على سينا، «حدود يا تعريفات»، ترجمه محمد مهدى فولادوند. تهران: انتشارات مركز ايرانى مطالعه فرهنگها، شهريور ١٣٥٨؛ ص ١٧: «دوستانم از من درخواستند تا تعريف چيزهايى را كه مورد خواهش آنهاست، براى ايشان املا كنم ولى من از اين كار تن زدم چون مى دانستم كه تعريف چه به حدّ و چه به رسم براى إنسان سخت دشوار است، إلى آخره».

[١٢٢] ر. ك: أبن سينا «:كتاب الحدود»، حقّقته وترجمته وعلقت عليه أملية مارية جواشون «منشورات المعهد العلمى الفرنسى للآثار الشرقية بالقاهرة، ١٩٦٢»، صص١و٢

المصنّف، قدّس سرّه، فى هذا الكتاب [أى كتاب «حكمة الإشراق»] بالنسبة إليه واصحابه.^{١٢٣}

قـوله [الشـارح العـلامـة]، رحمـه الله تعـالى: «حيـث ذكـر فى الاشارات [أنّ الحدّ قول دالّ على ماهية الشئ، اه]».^{١٢٤}

[أقول]: وذكر [الشيخ الرائيس] أيضا فى « رسالة الحدود »: « وأمّا الحدود الحقيقية فأنّ الواجب فيها بحسب ماعرفناه من صناعة المنطق أن يكون تلك دالّة على ماهية الشئ وهو كمال وجوده الذاتى حتّى لايشذ من المحمولات الذاتيـة شىء إلاّ وهو مضمّن فيه أمّا بالفعل وأمّا بالقوّة. والذى بالقوّة أن يكون كلّ واحد من الالفاظ المفردة التى [فيها] إذا تحصّلت وحلّلت [إلى] أجزاء حدّه، وكذا اذا فعل باجزاء حدّه يحلّ آخر الأمر إلى أجزاء ليس غيرها ذاتيا. فأنّ الحدّ إذا كان كذلك كان مساويا للمحدود بالحقيقة، وإذا كان مساويا له فى المعنى كما هو مساو له فى العموم، لا كالحسّاس والحيوان. إذ الحسّاس منهما مساوٍ للآخر فى العموم وليس مساويا له فى المعنى. لأنّ المراد بلفظ الحسّاس شىء ذو حسّ [فقط] وبالحيوان اشياء أُخر مع هذا الشىء [مثلا] فالحيوان أكبر

---

^{١٢٣} م: قد أضيف ، « لجواز خلال بذاته . . . مايناسنه من الأسماء »، صص ١٨-١٩. اين بخش اضافه شده در نسخه م در چاپ سنگى نيامده، و مانند ديگر موارد مشابه احتمالا اضافات خود محرر ميباشد .

^{١٢٤} شرح شيرازى: ٥٦

من الحسّاس فى المعنى وإن كان مساويا له فى العموم»، [١٢٥] إنتهى ما ذكره. [١٢٦] فظهر من اشتراط كون المساوات فى المعنى بين الحدّ والمحدود. إنّ الحدّ يمنع أن يدخل فى المحدود خارج عنه من المحدود داخل فيه، كما ذكره الشارح.

قـوله [الشـارح العلامة]، رحـمه الله: «إذ الناقص الكثير الأجزاء اولى بهذا الاسم، [اى]». [١٢٧]

[أقول]: أى اسم الحدّ لا اسم الحدّ الناقص. فأنّه مركّب من الحدّ والناقص. فباعتبار الجزء الأوّل يكون التشكيك فيه كما ذكره، وباعتبار الجزء الثانى يكون التشكيك بعكس ما ذكره. فأنّ الناقص لقليل [١٢٨] الأجزاء أُولى بهذا الاسم من الناقص لكثير الأجزاء.

[قـوله الشارح العلامة]، رحـمه الله تعالى: «لا يحتـمل الزيادة والنقصان [كما فى الحدّ الناقص]». [١٢٩]

---

[١٢٥] ر. ك: أبن سينا « :كتاب الحدود»، حقّقته وترجمته وعلّقت عليه أملية مارية جواشون «منشورات المعهد العلمى الفرنسى للآثار الشرقية بالقاهرة، ١٩٦٢»، ص ٣.

[١٢٦] رك: ابو على سينا، **حدود يا تعريفات**، ترجمه محمد مهدى فولادوند. تهران: انتشارات مركز ايرانى مطالعه فرهنگها، شهريور ١٣٥٨؛ ص ١٨: «واما در تعريفات حقيقى، بر حسب آنچه ما در منطق شناخته ايم، واجب است كه تعريف بيانگر ماهيت شئ يعنى كمال وجودى ذات آن باشد، إلى آخره».

[١٢٧] شرح شيرازى: ٥٧

[١٢٨] م: القليل

[١٢٩] شرح شيرازى: ٥٧

[أقول]: أى لا يجوز فى التام من الحدّ إلّا خلال بالشىء من المقوّمات بل يجب ايرادها. وإن كانت الدلالة على سبيل التضمن فعلم أنّ الايجاز الذى وقع لبعض فى حدّ الحدّ. حيث قال أنّه القول الوجيز الدالّ على ماهيّة الشىء، وكذا ما ذكره المعلم الأوّل [ارسطاطاليس] فى كتاب «طوبيقا» [أى «الجدل»] [١٣٠] غير معتبر. وذلك لعدم جواز طرح المقوّمات ولا الزيادة عليها فيها سواء قلّت الالفاظ أو كثرت. فأخذ الوجيز فى حدّ الحدّ خطاء على أنّه أمر اضافى متفاوت مجهول والاحتراز عن مثله واجب فى التعريف.

قوله، قدّس سرّه: «فالجماهير لا يكون عندهم ذلك الجزء من مفهوم المسمّى، اه». [١٣١]

[أقول]: اعلم أنّ ههنا نظرا حكميا يجب التنبيه عليه، وهو أنّ ماهية الشىء مطلقا غير ماهية بحسب الوجود الخارجى فى الاعتبار، وكذا غيرها بحسب الوجود فى الذهن، وكذا الأجزاء المقوّمة للماهية بماهية هى غير الأجزاء الوجودية خارجية كانت كالمادة والصورة الخارجيين، أو ذهنية كالمادّة والصورة العقليين. ونسبة الأجزاء الوجودية إلى أجزاء الماهية أى الفصل والجنس [١٣٢] نسبة العوارض إلى

---

[١٣٠] كتاب پنجم «ارغنون»: كتب نه—گانه منطق ارسطويى. رك:

Aristotle, *Topics (Topica)*, translated by A.J. Jenkinson. In *The Works of Aristotle*. London, 1952, pp. 139-223. See especially 139ᵃ24-154ᵃ11.

[١٣١] شرح شيرازى: ٥٨؛ حكمة الاشراق: ١٤؛ شرح شهرزورى: ٥٤: ١٩ – ٢٠

[١٣٢] م: كالجنس والفصل

الذاتيات . وفى المركّب الخارجى، كالحيوان المركّب ماهيته من جنس هو مفهوم الجسم النامى وفصل وهو الحسّاس ووجوده من مادّة وصورة كالبدن والنفس نسبة مادّية أى بدنه إلى جنسه، وهو الجسم النامى نسبة النوع إلى جنس . إذا الفرق بينهما بالتعيين واالابهام وكذا صورته أى نفسه إلى فصله نسبة المعيّن إلى المبهم . فان الطبيعة الجنسية إذا أخذت لا بشرط شىء غيره يكون جنسا مبهما، وإذا أخذت بشرط لا بشىء أى بشرط خروج ماهو غيره كانت مادّة، وإذا أخذت بشرط شىء أى بشرط دخول ما هو مقوّم له فى وجوده الخاصّ فيه كانت نوعا محصّلا . والمادّة أيضا نوع بسيط منه إلّا أنّه يحتاج إلى محصّل خارجى آخر وكذا الكلام فى الفصل والصورة من جهة الفرق بينهما بالابهام والتعيين . وقد تقرّر عندهم أنّ النوع من عوارض الجنس وكذا المعيّن من عوارض المبهم إذا تقرّرت هذه مقدمة فنقول للجسم الطبيعى ماهية مطلقة مركّبة من جوهرية وقبول الطول والعرض والعمق، وهذا هو أمر متفق عليه بين الفرق الثلث ولانزاع لأحد فى تحقيق هذين المفهومين فيه لذاته؛ واحدهما جنس له، لأنّه الذاتى التامّ المشترك، والآخر فصل له، لأنّه الذاتى المختصّ . إنّما النزاع فى[١٣٣] وجود هذين الذاتين أهما موجودين بوجودين واحد، كما هو رأى الرواقيين؛ أو بوجودين اثنين كما فى الماهيات المركّبة، كما هو مذهب المشائين؛ أو هما موجودان بوجودات كثيرة يكون مادّتها عين صورتها، كما فى العدد وهو

---

[١٣٣] م:+ نحو

مذهب المتكلّمين.

وهذه الابحاث كلّها خارجة عن بيان ماهية الجسم، بل هى فى بيان نحو وجودها الخارجى الذى هو من عوارض ماهية الجسم بما هو جسم. فالماهية معلومة للكلّ والوجود مجهولة للبعض وكذا الكلام فى تعريفات الانواع الجسمانية، كالماء والهواء وغيرهما. فأنّ لكلّ منهما حدّا مركّبا من جنس وفصل معلومين عند الكلّ مع اختلافهم فى جوهرية الصور النوعية التى هى مبادى فصول١٣٤ الانواع وعرضيتها. فتلك الفصول معلومة المعانى مجهولة نحو الوجودات هل هى جواهر أو اعراض ولا منافات فى ذلك أيضا. هذا ما سنح فى هذا المقام، فافهم ياحبيبى واغتنم.

قوله، قدّس سرّه: «فتلك الأجزاء عندهم لا يدخل لها فى ما يفهمون منه، اه».١٣٥

[أقول]: قد علمت أنّ تلك الأجزاء نسبتها إلى ماهية الجسم نسبة العوارض لها والشكّ فى العوارض١٣٦ لا ينافى معلومية الماهية بكنهها، وقوله [السهروردى]: «[ف]ما تصوّر الناس منها إلاّ أمورا ظاهرة»١٣٧

---

١٣٤ م: + تلك

١٣٥ شرح شيرازى: ٥٨؛ حكمة الاشراق: ١١٤؛ شرح شهرزورى: ٥٥: ١

١٣٦ ن: - لها . . . العوارض

١٣٧ شرح شيرازى: ٥٨؛ حكمة الاشراق: ١١٤؛ شرح شهرزورى: ٥٥: ٢ - ٣

هى المقصودة بالتّسمية الحقّ. أنّ حقيقة الجسم أمر معقول غير محسوس، والحسّ متعلق بظواهره واطرافه لكن بعد تعلق الاحساس بظواهر يصير حقيقة معقولة من غير توقّف على شئ آخر من معرّف أو برهان، كما لا يخفى.

قوله، قدّس سرّه: «وهو للعامّة والخاصّة، [اه]».^{١٣٨}

[أقول]: حاصل الكلام أنّ المأخوذ فى تحديد الانسان هو «الحيوان الناطق»، وكلاهما مجهولان سيّما الناطق الذى به تحقّقت انسانيته فأنّ حقيقة النفس غير معلومة. أقول تحقيق هذا المقام تمهيد مقدمة، وهى أنّ الحكماء قد اطبقوا على أنّ الجنس بالقياس إلى فصله عرض لازم، كما أن الفصل ايضا بالقياس اليه عرض مفارق. ثم ذكروا أن الجنس فى المركّبات الخارجية متحد مع المادّة والفصل مع الصورة، فيلزم من هذين القولين أنّ فصول الجواهر لايكون جواهر فى مرتبة الذات، وأن صدقا عليها فى نفس الأمر معنى الجوهر، والفرق بين الاعتبارين مقرّر كما بين فى مقامه. وكذا الحال فى الصور النوعية لأنّها متحدة مع الفصول كما هو التحقيق عندنا وسيجئ زيادة الاستبصار فى مباحث الصور النوعية، انشاء الله. ولايلزم من عدم كونها جواهر فى ذاتها كونها اعراضا أومندرجة تحت بواقى المقولات العرضية، حتى يلزم تقوّم الجوهر اى النوع المركّب بالعرض، فأنّ كثيرا من الحقائق البسيطة غير مندرجة

١٣٨ شرح شيرازى: ٥٩؛ حكمة الاشراق: ١٤؛ شرح شهرزورى: ٥٥: ٥

تحت شئ من الاجناس العالية. وقد صرّح بذلك الشيخ الرئيس فى
«قاطيغورياس الشفاء»، بل اللازم أن كل ماله حدّ نوعى يجب اندراجه
تحت شئ منهـا ولايجب أن يكون لكل شئ حـد والا لزم الدور أو
التسلسل، بل من الاشياء مايتصور لنفسها مالايحدها، كالوجود
وكثير من الوجدانيات. ثم أنّ[١٣٩] الانسان مركب من البدن الذى هو
مادّته ونفسه التى هى صورته، وقد برهن على جوهرية النفس وتجرّدها
وبقائها بعد البدن ببراهين قطعية وهذه كلها تنافى كونها صورة
جسمية[١٤٠] منوّعة للجسم، لأنّ الصورة كما تحتاج اليها المادّة فى بقائها
كذلك هى تحتاج إلى المادّة فى تشخصّها ولوازم وجودها. وايضا النفس
حادثة، وكل حادث يفتقر إلى مادة هى حاملة امكانه واستعداده
وحامل امكان الشئ لابد وأن يكون حاملا لذلك الشئ عند وجوده
ويكون ذلك الشئ مقترنا به لامباينا عنه كلّ المباين. فالتحقيق فى
المقام أن يقال أنّ البدن الانسانى لما استدعى لمزاجه الخاصّ صورة مدبّرة
متصرّفة فيه محرّكة له، فوجب على مقتضى وجود الواهب أن يفيض
عليه ما يطلبه باستعداده، لكن مثل هذا الأمر لما لم يمكن إلاّ أن يكون
عقلا بالقوّة فلا محال قد فاض عليه حقيقة النفس لا من حيث أنّ
البدن اقتضاه بالذات، بل من حيث أنّ ما أقتضاه لاينفكّ عن جوهر
مفارق بالقوة فالبدن بمزاجه الخاصّ استدعى أمرا مادّيا او جهة مادّية من

---

[١٣٩] م: ـأن

[١٤٠] ك: ـجسمية

أمر لكن جود المبداء اقتضى ذاتا قدسية ثم يجب على كلّ سالك طالب أنْ يعلم أنّ النفس الانسانية ذات كثيرة ولها اطوار وجودية بعضها فوق بعض وفيها يقع التفاوت بين النفوس إلّا أن الجميع مشتركة فى كونها صورة قائمة للمادّة منوّعة لهذا النوع البشرى والكلام فى اطوار النفس ومقاماتها ودرجاتها طويل والذى يحتاج إلى ذكره هاهنا الى[141] أنّ النفس الانسانية لها وجهان: وجه إلى البدن، وهو اعتبار كونها صورة مقومة للمادّة محصلة للنوع؛ ووجه إلى عالم القدس، وهو فى أكثر النفوس قوة محضة، هى قوة عقلا بالفعل. والوجه الأوّل، هو كونها بالفعل صورة مدبّرة حسّاسة متفكّرة متخيّلة، وهذا الوجه معلوم لكلّ أحد وهى بهذا الاعتبار مبداء فصل الانسان، أعنى الناطق المميّز له عن باقى الحيوانات. وأمّا الذى غير معلوم للكلّ أحد هو ذاتها العقلية عند صيرورتها عقلا، وهى غير موجودة بالفعل فى أكثر الناس. وبالجملة للنفس وجود رابطى مادّى ووجود استقلالى جوهرى، وهى بأحد الوجودين صورة منوّعة متفقة الافراد معلومة الأنية والهوية، وبالآخر أمر خارج عن عالم البدن صائر إما ملكا أو شيطانا، أو من جنس الحشرات الأخروية بحسب ملكاته واخلاقه مما يطول شرحه. فاذا تمهدت هذه المعلومات ظهر أنّ تحديد الانسان بالحيوان الناطق تحديد صحيح مفيد لمعرفة ماهية الانسان[142] والعلم بكنهه ذاته والذى دخل

من جوهر النفس فيها أمر صورى طبيعى متفق فى كلّ الافراد هى النشاة الأولى من النفس وله تمامية يتفاوت هى فى النفوس ويختلف بها حالها بحسب [١٤٣] النشاة الثانية وقد تقرّر عند الراسخين فى الحكمة المتعالية أن النفس الانسانية مادّة الحقائق الأخروية وهى هنا صورة المادّة الحيوانية الجرمانية فتلطف فى سرّك حتى تشهد .

قوله ، قدّس سرّه : «واستعداد النطق عرضى تابع الحقيقة». [١٤٤]

أقول : بل استعداد النطق ، أى ما يكون به الانسان عاقلا بالقوة ، أمر داخل فى حقيقة الانسان مقوّم لتمام ماهيته تقويم الفصل للنوع ومقوّم لمادّته الحيوانية تقويم الصورة للمادّة ، فأنّ الفصل كما ثبت مقرّر لماهية النوع ومفيد وجود الجنس وكذا حُكمة الصورة التى هى متحدة به بحسب بعض الاعتبارات ، فأنّها علّة صورية للمركب داخلة فيه وعلّة فاعلية للمادّة خارجة منها بوجه . والحاصل أنّ كلّ فصل وصورة هو من العلل الداخلة بالقياس إلى النوع والمركّب وهى المادّة والصورة وهو ايضا من العلل الخارجة بالقياس إلى الجنس والمادّة وهى الفاعل والغاية وقد مرّ أن الجنس والفصل جزآن مقومان للماهية مطلقة سواء كانت موجودة فى الخارج او فى الذهن او مجرّدة عنهما بحسب الاعتبار والمادّة والصورة جزآن مقومان لها بحسب الوجود الخارجى أو العقلى ، لأنّ المادّة أخصّ

---

[١٤٣] شرح شيرازى : فى

[١٤٤] شرح شيرازى : ٥٩؛ حكمة الاشراق : ١١٤؛ شرح شهرزورى : ٥٥ : ٦

من الجنس، والصورة أخصّ من الفصل بوجه متحدان بهما بوجه ولهذا تفصيل يُطلب من كتاب «الشفاء».

قوله، قدّس سرّه: «والنفس التى هى مبداء هذه الاشياء لاتعلم الابالاوازم والعوارض».١٤٥

أقول: لا سبيل إلى معرفة البسائط الوجودية الأ باللوازم التى توصل الانسان إلى حاقّ الماهيات والنفس الناطقة وإن كانت تمام حقيقتها تحوله لاكثر الخلق الاأن كل من له درجة فى العلم البحثى يعلم أن فى الانسان جواهرا مدركا للكليات مميّزا محرّكا للبدن شاعرا بذاته متصرّفا فى قواها البدنية والحسية والخيالية والوهمية، وهذا القدر منه كافّ فى معرفة الانسان بحدّه وماسوى ذلك من درجات النفس ومقاماتها التى توجد لبعض الاشخاص ويخلو عنها البعض خارج عن ماهية الانسان، بما هو انسان، ولا مدخل له فى حدّه. كيف؟ والنفس عند صيرورتها عقلا بالفعل خرجت عن هذا العالم وعن كونها داخلة تحت جنس الحيوان اللحمى النامى وتنقلب إلى اهلها مسرورةً.

قوله، قدّس سرّه: «ولاأقرب إلى الانسان من نفسه، آه».١٤٦

[أقول]: قد علمت أنّ كلّ أحد يعرف من نفسه ماهو مبداء فصله المميّز له عن سائر انواع الحيوان لامتيازه عنها بالفكر والرؤية واستخراج

---

١٤٥ شرح شيرازى: ٦٠؛ حكمة الاشراق: ١٤؛ شرح شهرزورى: ٥٥: ٦-٧

١٤٦ شرح شيرازى: ٦٠؛ حكمة الاشراق: ١٤؛ شرح شهرزورى: ٥٥: ٧

الصناعات بالحيل وذلك كافّ فى التحديد .

[قاعدة إشراقية : فى هدم قاعدة المشائين فى التعريفات] [147]

قوله [الشارح العلامة]، رحمه الله تعالى : «وهو أنّ الجنس كلّى كذا وكذا». [148]

[أقول]: أى كلّى مقول على كثيرين مختلفين بالحقائق فى جواب ما هو، وربما يحذف لفظ «الكلّى» فى هذا التعريف والأولى ايراده . لأنّ لفظ «المقول على كثيرين» غير مغنٍ عنه، إذا الكلّى جنس للجنس،

---

[147] شرح شيرازى : ٥٩؛ حكمة الاشراق : ١٥؛ شرح شهرزورى : ٥٧ : ١٠ - ١١ .
متن **حكمة الاشراق** : (١٥) سلّم المشاؤون ان الشىئ يذكر فى حدّه الذاتى العام والخاص؛ فالذاتى العام، الّذى ليس بجزء لذاتى عام آخر للحقيقة الكلّية التى يتغير بها جواب ما هو، يسمّى «الجنس»؛ والذاتى الخاص بالشىئ سمّوه «فصلا» . ولهذين نظم فى التعريف غير هذا، قد ذكرناه فى مواضع أخرى من كتبنا . ثمّ سلّموا ان المجهول لا يتوصل اليه إلّا من المعلوم، فالذاتى الخاص للشىئ ليس بمعهود لمن يجهله فى موضع آخر فانه ان عهد فى غيره لا يكون خاصا به . واذا كان خاصا به، وليس بظاهر للحس وليس بمعهود، فيكون مجهولا معه . فاذا عُرف ذلك الخاص ايضا، ان عرف بالأمور العامة دون ما يخصه فلا يكون تعريفا له، والجزء الخاص حاله على ما سبق . فليس العود إلى أمور محسوسة او ظاهرة من طريق آخر، ان كان يخص الشىئ جملتها بالاجتماع، وستعلم كنه هذا فيما بعد . ثمّ من ذكر ما عرف من الذاتيات لم يؤمن وجود ذاتى آخر غفل عنه وللمستشرح او المنازع ان يطالبه بذلك . وليس للمعرّف حينئذ ان يقول «لو كانت صفة أخرى لاطّلعت عليها»، اذ كثير من الصفات غير ظاهرة . ولا يكفى ان يقال «لو كان له ذاتى آخر ما عرفنا الماهية دونه» . فيقال : إنّما تكون الحقيقة عُرفت اذا عُرفت جميع ذاتياتها . فاذا انقدح جواز ذاتى آخر لم يُدرك لم يكن معرفة الحقيقة متيقنة . فتبين ان الاتيان على الحدّ كما التزم به المشاؤون غير ممكن للانسان وصاحبهم اعترف بصعوبة ذلك . فاذن ليس عندنا إلّا تعريفات بأمور تخص بالاجتماع .
[148] شرح شيرازى : ٦٠ .

وذكر الجنس واجب فى التعريفات التامّة. إذ ليس المقصود منها مجرّد التميّز، بل الاحاطة بالماهية. وما يقال أنّ معنى الكلّى هو المقول على كثيرين بعينه، إلّا أنّ الكلّى يدلّ عليه إجمالا، وهذا يدلّ عليه تفصيلا. إذ ليس المراد بالمقول على كثيرين المقول بالفعل، وإلّا لخرجت المفهومات الكلّية التى ليست لها افراد بالفعل لا فى الخارج ولا فى الذهن. بل المراد الصالح لأن يقال على كثيرين ففيه بحث. أمّا أوّلا؛ فلأنّ الكلّى كما تقرّر هو الذى يمكن فرض صدقه على كثيرين، ولو أخذ المقول فى التعريف على ما يمكن فرض المقولية فيه، لدخل فى التعريف الكلّيات الفرضية بالنسبة إلى الحقائق الموجودة. فيلزم أن يكون جنسا لها إذ يمكن فرض مقوليتها عليها، بل الكلّيات المباينة بالنسبة إلى المباينة مطلقا. فالمراد بالمقول فى التعريف ما يصلح للمقولية بحسب نفس الأمر وهو أخصّ من الكلّى؛ فدلالته عليه لو كانت لكانت التزامية، وهى مهجورة فى التعاريف. وأمّا ثانيا، فلأنّ الكلّيات التى ليست لها افراد أصلا ليست اجناسا للشىء فلا بأس بخروجها، ومن ههنا ينقدح أنّ المنحصر فى الخمسة هو الكلّيات التى لها افراد بحسب نفس الأمر لا الفرضيات. وإنّما قلنا الأولى ايراده ولم نقل الواجب لظهور المراد وذلك لأنّه حيث[١٤٩] يورد التعريف عقيب ذكر الكلّى وتقسيمه على الخمسة، فيظهر أنّ كلا من الخمسة فرد منه، أو لأنّه قصد رسمه، أو حدّه الناقص. ايجاز هذا حاصل ما ذكره بعض

---

[١٤٩] ن:–حيث

المحقّقين .

قـوله [الشـارح العـلامـة] ، رحـمـه الله : «والفـصل كلّى كـذا وكذا».[١٥٠]

[أقول]: أى الكلّى المقول[١٥١] على كثيرين فى جواب أىّ شىء هو فى ذاته ، إذ يطلب بأىّ ما يميّز الشىء عن غيره بشرط أن لا يكون تمام ماهيته المختصة والمشتركة . فإن قيّد فى ذاته أو جوهره أو ما يجرى مجريهما كان طالبا للتميّز الذاتى . أمّا عن جميع الاغيار أو عن بعضها فيكون فصلا قريبا ، أو بعيدا؛ وإن قيّد بقى غرضه كان طالبا لتميّز العرض أمّا عن جميع الاغيار أو عن بعضها . وهو الخاصة المطلقة أو الإضافة ، فتعيّن فى الجواب عن الضرب الأوّل أحد الفصول ، وعن الضرب الثانى أحد الخواص ، وإن أطلق كان طالبا للتميّز كيف كان ، فيقع فى الجواب؛ أمّا الفصول أو الخواص .

قوله ، قدّس سرّه : «فتبيّن أنّ الاتيان على الحدّ ، اه».[١٥٢]

[أقول]: هذه العبارة لا تخلو عن مسامحة ، والأولى أن يقال أنّ دعوى الاتيان على الحدّ كما التزم به المشائون أو الاتيان على الحدّ فى كلّ مطلوب كما التزموه ، وذلك لأنّ الاتيان على الحدّ مطلقا ممالا شبهة

---

[١٥٠] شرح شيرازى : ٦٠ .

[١٥١] م:+المقول على شئ

[١٥٢] شرح شيرازى : ٦١؛ حكمة الاشراق : ١٥؛ شرح شهرزورى : ٥٨ : ٦

فى إمكانه .

قوله [الشارح العلامة]، قدّس سرّه : «[المعرّف أمّا أن يتركب من الجنس القريب أو البعيد و الفصل القريب أوّلا] والأوّل هو الحدّ». ١٥٣

[أقول]: فيه نظر. لأنّ الحدّ قد يكون مركّبا من غير الجنس والفصل،فان من الاشياء ما يكون حقيقته مركّبة من أمور متباينة، فلا محالة يؤخذ فى حدودها تلك الأمور . وقد وقعت الإشارة فى العبارة المنقولة عن الشيخ الرئيس فى «الحكمة المشرقية»، ١٥٤ والمصنّف أيضا قد صرّح به فى مواضع من كتبه . فلا وجه للاختصاص بالجنس والفصل فى الحدّ، اللّهم إلّا أن يخصّ المطلب بماله ماهية محصّلة لها وحدة طبيعة نوعية .

قوله ، قدّس سرّه : «ثمّ أنْ سلّموا أنّ المجهول لايتوصّل اليه ، ١٥». ١٥٥

[أقول]: هذا شروع فى نقض قاعدة المشائين من معرفة المجهول النظرى التصوّرى لايمكن الأ من علوم سابقة؛ اعلم أنّ الاشكال الواردة

---

١٥٣ شرح شيرازى : ٦٢ .

١٥٤ رك : ابو على سينا «منطق المشرقيين والقصيدة المزدوجة فى المنطق »، قم : منشورات مكتبة آية الله العظمى المرعشى النجفى ، ١٤٠٥ قمرى؛ صص ٥٦ به بعد .

١٥٥ شرح شيرازى : ٦١؛ حكمة الاشراق : ١٥؛ شرح شهرزورى : ٥٧ : ١٥-١٦

على قاعدتهم هذه انما يردّ من وجهين[١٥٦] احدهما جهة المعرَّف بالفتح
وهو أنْ المطلوب إن كان معرّفا فلايمكن تعريفه لأنّه تحصيل للحاصل
وإن كان مجهولا لايمكن طلبه لاستحالة طلب المجهول وقد مرّ تقريره
سؤالا وجوابا. وثانيتهما جهة المعرِّف، وهو ما ذكره المصنّف. وحاصل
تقريره أنّ الذاتى الخاص المسمّى عندهم بالفصل لايمكن معرفته لأنّه إن
عُرّف فأمّا أن يُعرَّف بأن عهد فى غير هذا الموضع اى المعرّف فلايكون
خاصا به أو يُعرّف بغيره فأمّا بالأمور العامّة فذلك غير ممكن لصدقها
على غيره. والمعرّف لايكون كذلك أو بالأمر الخاصّ وهو ايضا حاله
كما سبق لاشتماله على الجزء الذى حاله كحال الجزء الخاصّ الأوّل،
فيبقى أنْ المجهول التصورى لايُعرّف الاّ بأمور محسوسة. ويمكن تقرير
فساد هذا الشقّ الأخير، أى كون الذاتى الخاصّ عرّف بأمر خاصّ بأنّه إنْ
كان معهودا فى موضع آخر فلم يفد تعريفه والاّ فكان معلوم
الاختصاص فيكون ذلك الذاتى الخاص معلوما قبل أن يعلم
بهذاالخاص، فلايعرف به. وفيه موضع بحث، وذلك لأنّ البسائط سواء
كانت أجزاء الحدود[١٥٧] أم لا قد يُعرّف بوجوه أخرى غير مذكره، منها
ماذكره الشيخ الرئيس حيث قال فى «الحكمة المشرقية»: أنْ الاشياء
المركّبة قد توجد لها حدود غير مركبة من الاجناس والفصول وبعض
البسائط يوجد لها لوازم توصل الذهن تصورها على إلحاق الملزومات

---

[١٥٦] شرح شيرازى: جهتين

[١٥٧] م: الحد

وتعريفاتها لايقصر أن التعريف بالحدود، هذه عبارته. وقد ذكرها شارح «الاشارات» وذكر المصنّف فى «المشرع الثانى» من كتاب «[المشارع و] المطارحات» عند ذكر الاقوال الشارحة فى أثناء بيان، ولهذا صرّح الشيخ أبو على فى «كراريس» نسبها إلى المشرقيين توجد متفرّقة غير تامّة بأنْ البسائط تُرسم ولاتُحدّ.

أقول: هذه «الكراريس» موجودة عندنا وليس المذكور فيه كما ذكر، بل كما ذكرنا ولعله أراد الاختصار، والغرض أن معرفة البسائط قد يحصل من معرفة آثارها ولوازمها معرفة ليست أقصر ممّا يحصل بالحدود. فأنّ بعض اللوازم ممّا يوصل الذهن منها إلى حاقّ الملزومات، كمعرفة العلّة الموجبة للشئ لذاتها من معرفة معلولها كما تعرف القوى بافاعيلها، كمعرفة الصورة المسخنة، كالنار من معرفة السخونة الشديدة، ومعرفة الصورة المرطبة من الرطوبة الشديدة فى ذاته. وكما يحصل معرفة الادراك للكليات معرفة الجوهر الناطق بماهو قوّة داركة، ومنها طريق القسمة الذاتية بأن يقال أنّ الجوهر مثلا أما ذو بُعد فى ذاته أو لا؛ والأوّل هو الجسم، والجسم أمّا نامٍ فى ذاته أم لا، والأوّل هو الجسم النامى. وكذا الجسم النامى أمّا أنّه حسّاس فى ذاته أو غير حسّاس فى حدّ ذاته والأوّل، أعنى النامى الحسّاس، هو الحيوان وهكذا. ومنها طريق التحليل وهو عكس القسمة، فأنّه الأخذ من السفل إلى العلوّ والقسمة من العالى إلى السافل والأوّل [هو] طريق أفلاطن والثانى [هو] طريق أرسطاطاليس وكلاهما صحيح يقع بهما الاطلاع

على الذاتى الأعمّ والذاتى الاخصّ القريبين الذين يتركّب منها الحدّ التامّ، بل لاينفكّ أحد هذين الطريقين عن الآخر. وكما ذكر أبو نصر الفارابى فى مقالته التى فى « جمع مابين الرائيين » حيث قال : ومن ذلك ما يظنّ بهما يعنى أفلاطون وأرسطاطاليس فى أمر القسمة والتركيب فى توفية الحدود من أنّ أفلاطن يرى أنْ توفية الحدّ دائما يمكن بطريق القسمة وأنّ أرسطاطاليس يرى أنها انما يكون بطريق التركيب . ثم بعد كلام ذكره فى تمهيد دفع الخلاف بينهما يقصد فى أعمّ مايجده مما يشتمل على الشئ المقصود تحديده فيقسمه بفصلين ذاتيين، ثم يقسم كلّ قسم منهما كذلك وينظر فى أىّ الجزئين يقع المقصود تحديده ثم لايزال يفعل ذلك إلى أن يحصل به عامّ قريب من المقصود تحديده وفصل يقوّم ذاته فيقرّره عما يشاركه، وهو فى ذلك لايخلوا عن ذلك فيما يستعمله، وإنْ كان ظاهرا سلوكه خلاف ظاهر سلوك هذا، فالمعانى واحدة فسواء طلبت جنس الشئ وفصله أو طلبت الشئ فى جنسه وفصله؛ فظاهر أنّه لاخلاف بين الرأيين وإن كان بين المسلكين خلاف ومنها انتقال الذهن اليه من عرض خاصّ له مساو له فى العموم، أعرف منه عند العقل بأن يكون هذا بيّن اللزوم له؛ وإن لم يعلم اختصاصه له فى أول الأمر، فأنّ معرفة الشئ وإن لم يحصل الأ بما يخصه لكن لايجب أنْ يعلم أوّلا الاختصاص، إذ معرّف الشئ مايفعل حصول صورته فى العقل وصورته فى العقل وصورة الشئ غير صورة أختصاصه وكونه مساويا للشئ ومنها أن يعرف الاعراض البسيطة

بموضوعاتها تعريفا بما فيه زيادة للحدّ على المحدود وفى المعنى أضطرارا كما ذكره الشيخ الرئيس أيضا فى «الحكمة المشرقية»؛ حيث ذكر أنّ الاعراض التى يعبر عنها بما يقتضى تخصيصها بموضوعاتها فتعريفها بحسب أسمائها أراد بها مفهوماتها إنّما يشتمل بالضرورة على موضوعاتها، وأما حقائقها فى أنفسها فأنّما يكون غير مشتملة من حيث الماهيات على الموضوعات وأن كانت محتاجة اليها من حيث[أنّ] الوجود الواحد التامّ ملتئم من مقوّمات الماهية دون مقوّمات الوجود. فما كانت من تلك الماهيات بسائط الاجناس لها ولافصول فلاحدود لها، ومالها اجناس وفصول فحدودها التامّة تشتمل عليه دون موضوعاتها والمشتمل على الموضوعات من التعريفات أنما هى رسومها لا حدودها لأنّ التعلّق بالشئ فى الوجود غير التعلّق به فى المفهوم. ولايطلب فى التحديد ولافى المفهوم، هذا حاصل كلامه. ومنها تعريف الشئ الخاص بمجموع كلّ منها وإن كان عامّا له ولغيره، لكن المجموع مما يخصّه فأن تقيد الكلّى بالكلّى، وأنْ لم يفد الجزئية الاّ أنّه يفيد التخصيص حتى يصل إلى ما لا أخصّ منه بحسب المفهوم، فيحصل منه التعريف الرسمى. فقول المصنّف أن عرف بالأمور العامّة دون مايخصصه فلا يكون تعريفا له فى محل المنع، والسند ما ذكرناه. ومنها أنّ الأمر الخاصّ قد يكون بديهى التصوّر إمّا من الأوّليات أو الحسّيات فلا حاجة إلى أنْ يكتسب من مفهوم آخر، فأنّ من الاشياء ماهو معلوم بذاته لا بأمر آخر، ولو كان كلّ معرفة أنّما يحصل بمعرفة

قبلها لزم الدور أو التسلسل، وكثير من الحسّيات من هذا القبيل. وليس الاحساس بالجزئى من قبيل الكاسب التصوّرى، كما توهّمه بعض الناس، إذ الاحساس لايحصل به الاّ صورة جزئية فى أحدى الحواسّ وليست الصورة الشخصية موقعة لصورة كلّية فى العقل أصلا لا صورتها الكلّية ولاصورة كلّية آخرى ولا صورة شخصية أُخرى، كما برهن عليه

قـولـه، قـدّس سـرّه : «فليس العـود الاّ إلى أمـور مـحـسـوسـة، [٥١]». ١٥٨

أقول كلّما يكفى لحصول صورته فى العقل الاحساس بجزئياته، فهو داخل فى القسم الضرورى من العلم والكلام فيما يحتاج معرفتها إلى المعرّف، وقد علمت أنّ المحسوس بما هو محسوس غير كاسب ولامكتسب يعمّ الاحساس الصورة الجزئية مما يعدّ النفس لأنّ يفيض عليها من المبدأ صورة كلية ضرورية. ثم من العجب أنّ بعض متشبثة هذا الزمان باذيال الفلاسفة أخذو يعترض على مثل الشيخ الرئيس حيث قال أنّ مفهوم الوجود مما لايمكن تعريفه لأنّه أوّل كل تصوّر وأعرف من كل متصوّر، والتعريف بما يكون فاعلا أو منفعلا تعريف فاسد دورى لأنّ ماذكر فيه، كالمصول وما يجرى مجراه، مرادف للوجود. فيقول أنا لانعرف أوّلا الفاعل ولا المنفعل الاّ من طريق الحسّ،

١٥٨ شرح شيرازى: ٦١؛ حكمة الاشراق: ١٥؛ شرح شهرزورى: ٥٨ : ٢٠.

فالفاعل أو المنفعل المحسوس هو المعرّف لنا ماهية الوجود. فالتعريف بكون الشيء فاعلا أو منفعلا تعريف الموجود الفاعل المحسوس والمنفعل والاحساس بهما لايتوقّف على معرفة الوجود فليس فيه دور ولاتعريف بأمر مرادف، وكان هذا القائل لم يسمع بطول عمره أن الصورة المحسوسة لاتكون كاسبة ولامكتسبة.

[المقالة الثانية فى الحجج ومباديها]

قوله، قدّس سرّه: «المقالة الثانية فى الحجج ومباديها، اه ». ١٥٩

[الضابط الأوّل: فى الرسم القضية والقياس] ١٦٠

[أقول]: اعلم أنّ نظر المنطقى مقصور فى الموصل إلى التصوّر، والموصل إلى التصديق، أما الموصل إلى التصوّر. فهو المعرّف بالذات ومباديها وهى الكلّيات الخمس بالعرض، وقد مرّ القول فيه. وأمّا

---

١٥٩ شرح شيرازى: ٦٣؛ حكمة الاشراق: ١٦؛ شرح شهرزورى: ٦١: ١.

١٦٠ شرح شيرازى: ٦٣؛ حكمة الاشراق: ١٦؛ شرح شهرزورى: ٦١: ٣ - ٤. متن
حكمة الاشراق: (١٦) هو ان «القضية» قول يمكن ان يقال لقائله أنّه صادق فيه او كاذب. و«القياس» هو قول مؤلف من قضايا إذا سلّمت لزم عنه لذاته قول آخر. والقضية التى هى ابسط القضايا هى «الحملية» وهى قضية حُكم فيها بان أحد الشيئين هو الآخر او ليس، مثل قولك «الانسان حيوان او ليس». فالمحكوم عليه يسمّى «موضوعا»، والمحكوم به يسمّى «محمولا». وقد يجعل من القضيتين قضية واحدة، بان يخرج كلّ واحدة منهما عن كونها قضية ويربط بينهما. فان كان الربط بلزوم تسمّى «شرطية متصلة»، كقولهم «ان كانت الشمس طالعة فالنهار موجود» وما قُرن به حرف الشرط من جزئيها يُسمّى «المقدّم»، وما قرن به حرف الجزاء يُسمّى «التالى». وان اردنا ان نجعل منها قياسا، ضممنا اليها قضية حملية لاستثناء عين المقدّم ليلزم منه عين التالى، كقولنا «لكن الشمس طالعة، فيلزم ان يكون النهار موجودا»؛ او لاستثناء نقيض التالى لنقيض المقدّم، كقولك «لكن ليس النهار موجودا، فليست الشمس طالعة». فانه إذا وُجد الملزوم، فبالضرورة يكون اللازم قد وُجد؛ وإذا ارتفع اللازم، يكون الملزوم قد ارتفع، ولا يستثنى نقيض المقدّم ولا عين التالى، فانه قد يكون التالى أعمّ من المقدّم، كقولك «ان كان هذا أسود، فهو لون». [تتمه در ياددашت بعد.م.].

الموصل إلى التصديق فهو الحجة بالذات ومباديها، وهى القضايا بالعرض وهى أيضا متوقّفة توقفا قريبا على مبادىء هى الموضوعات والمحمولات يتوقّف عليها الحجج توقّفا بعيدا، فيكون البحث عنها مقصود بالعرض، وهى الموصلة إلى المطلوب بواسطتين. فإذا كان باب الحجة مقصودا بالذات فيكون مقدّما على باب القضايا الذى هو المقصود بالتبع فى الذكر مؤخرا عنه[١٦١] فى الوجود فلا جرم قدمها فى العنوان على القضايا، وقدّم القضايا عليها فى الاثبات والتحقيق. ثمّ الاحتجاج بها امّا بالكلّى على الكلّى أو على الجزئى فهو القياس، وأمّا بالجزئى على الجزئى وهو التمثيل، وأمّا بالجزئى على الكلّى وهو الاستقراء. ولما كان العمدة فى باب الحجة هو القياس قدمه على غيره

قوله، قدّس سرّه: «يمكن أن يقال لقائله أنّه صادق فيـه [أو كاذب]، اه».[١٦٢]

---

[١٦١] ن: ـعنه

[١٦٢] شرح شيرازى: ٦٣؛ حكمة الاشراق: ١٦؛ شرح شهرزورى: ٦١ : ٦. متن حكمة الاشراق: فلا يلزم من رفع الأخصّ وكذبه رفع الأعمّ وكذبه. ولا من وضع الأعمّ وصدقه وضع الأخصّ وصدقه، بل إنّما يلزم من وضع الأخصّ وصدقه وضع الأعمّ وصدقه، ومن رفع الأعمّ وكذبه رفع الأخصّ وكذبه. وان كان الربط بين الحمليتين بعناد يسمّى «شرطية منفصلة»، كقولنا «امّا ان يكون هذا العدد زوجا وامّا ان يكون فردا». ويجوز ان تكون اجزائها أكثر من اثنين. والحقيقة هى التى لا يمكن اجتماع اجزائها ولا الخلوّ عن اجزائها. وان اريد ان يجعل منها قياس، يستثنى فيها عين ما يتفق. فيلزم نقيض ما بقى، كان واحدا او اكثر، او نقيض ما يتفق فيلزم عين ما بقى. وان كانت ذات أجزاء كثيرة واستثنى نقيض واحد، فتبقى منفصلة فى الباقى. وقد تركّب منفصلة من متصلتين،

[أقول]: المراد به أن يجوّز العقل ذلك بالنظر إلى مفهوم القضية من حيث هى قضية مع قطع النظر عن خصوصية بعض القضايا، كقولنا «الواحد نصف الاثنين»، ومع قطع النظر عن خصوصية القائلين، كاخبار الله تعالى واخبار رسله عليهم السلام، وعن خصوصية الدليل كما فى نظريات بعد النظر إلى براهينها. فأنّ الكلّ مما لا يحتمل الكذب لكن لأمر خارج عن ماهية القضية بما هى قضية، وقد علم بما قررنا أنّ الإمكان فى بعض تلك المواضع بمعنى التجويز العقلى، وفى بعضها بمعنى الإمكان الذاتى. وقد يقال منشاء ذلك اشتمال القضية على نسبة هى حكاية عن أمرٍ[163] واقع. فإن شأن الحكاية أن تتصف بالمطابقة، وعدمها بخلاف النسب الانشائية والتصوّرات؛ فأنّها ليست حكاية عن أمر واقع فلا يجرى فيها الصدق والكذب وقيل فيه نظر. لأنّ التصوّرات مما يوصف بالحكاية لأمر واقعى.

أقول: الحقّ أنّ كلّ مفهوم تصويرى بما هو مفهوم تصويرى لا يجرى فى المطابقة وعدمها، إلّا عند اعتبار نسبته إلى نفسه أو إلى غيره بالحمل

كقولهم «ان كان كلّما كانت الشمس طالعة، فالنهار موجود، كلّما كانت الشمس غاربة، فالليل موجود». وقد تركّب منها منفصلة، كقولنا «أمّا ان يكون إذا كانت الشمس طالعة، فالنهار موجود؛ وأمّا ان يكون كانت الشمس غاربة، فالليل موجود» والتصرفات كثيرة. ومن كان له قريحة لا يصعب عليه مثل هذه التركيبات بعد معرفة القانون. واعلم ان الشرطيات يصح قلبها إلى الحمليات، بان يصرّح باللزوم او العناد، فنقول «طلوع الشمس يلزمه وجود النهار» او «يعانده الليل». فكانت الشرطيات محرّفة عن الحمليات.

[163] ن: ‐أمر

أو سلب نسبته إلى أحدهما.

قوله [الشارح العلامة] رحمه الله: « [القول جنس القياس] إن كان مسموعا، اه». ١٦٤

[أقول]: لما كان القول يقال على المسموع والمعقول، كما أنّ القياس أيضا يقال على القياس المسموع والقياس المعقول بالاشتراك أو بالتشابه، جاز أن يذكر المجمل فى حدّ المجمل ١٦٥ والمفصّل فى حدّ المفصّل. فإنّما احتيج إلى ذلك أى القياس بقسيميها لأنّ القياس المعقول بما يكتفى به إذا كان المطلوب برهانيا، وأمّا إذا كان جدليا، أو خطابيا، أو شعريا، أو مغالطيا، فهو محتاج إلى القياس المسموع؛ لما تقرّر أنّ منفعة ما سوى البرهان بحسب الغير، ولمصلحة التمدن. وأمّا البرهان فهو الذى لتكميل الإنسان نفسه بتحصيل ما عليه الحقّ فى نفسه، ١٦٦ ولا دخل للغير والإجماع فيه. يقال لو أريد بالقول اللفظ لم يصحّ قوله لزم عنه لذاته قول آخر؛ إذ التلفظ بالمقدمات لا يسلتزم التلفظ بالنتيجة. لأنّا نقول القول هو اللفظ المركّب وهو ما قصد بجزء منه الدلالة على جزء معناه، فهو لا يكون قولا إلّا إذا دلّ على معناه فيكون القول المعقول لازما للقول المسموع، والنتيجة لازمة للقول المعقول فتكون لازمة

---

١٦٤ شرح شيرازى: ٦٣

١٦٥ ن: ــ فى حد المجمل

١٦٦ ن: ــ بتحصيل . . . نفسه

للقول المسموع فى الجملة وعلى هذا يكون المراد بالقول المعقول . فأنّ التلفظ بالمقدمات يستلزم تعقّل معانيها، و تعقّل معانيها يستلزم تعقّل النتيجة إلى التلفظ بها .

قال الشيخ [الرئيس] فى «الشفاء»: القياس ليس بقياس من حيث اللفظ فأنّ اللفظ من حيث هو لفظ لا يستلزم لفظا آخر، بل من حيث أنّه دالّ على معنى معقول لكن القياس المعقول كان فى تحصيل المطالب البرهانية. وأمّا فى الجدل والخطابة و السفسطة والشعر فأنّ القياس المسموع لا يستغنى عنه فى إفاضة الاغراض المتعلّقة بها. ولعلّ الشارح إنّما اعتبر القياس المسموع لأجل هذا المعنى حتّى يعم الصناعات الخمس. وقيل [أنّ] ذكر القول مستدرك، وإلّا لكان حاصله أنّ القياس لفظ مركّب مؤلّف من القضايا، وهو تكرار لا طائل تحته .

قوله [الشارح العلامة]، رحمـه الله تعالـى: «قال إذا سلّمت ليدخل فيه [القياس الكاذب المقدمات]، اه ».[١٦٧]

[أقول]: يعنى ليس يعنى به كونها مسلّمة فى نفسها، بل أنّها وإن كانت كاذبة منكرة وهى[١٦٨] بحيث لو سلّمت لزم عنها غيرها دخلت فيه. فأنّ القياس من حيث أنّه قياس مُقسّم شامل لما تحته يحسب أن يؤخذ، بحيث يشتمل البرهانى وغير البرهانى من الاقسام الاربعة الباقية

---

[١٦٧] شرح شيرازى : ٦٤ .

[١٦٨] ن : وهى .

والخطابى والسفسطائى لا يجب أن يكون مقدماتها حقّة فى انفسها،
بل يكون بحيث لو سلّمت لزم عنها ما يلزم. وأمّا القياس الشعرى فأنّه
وإن لم يحاول التصديق بل التخيّل، لكن يظهر ارادة التصديق
ويستعمل مقدماته على أنّه مسلّمة. فإذا قال: «فلان حسن وكلّ
حسن فهو قمر، ففلان قمر»؛ أو قال: «العسل مَرة وكلّ مَرة فهو
نحس، فالعسل نحس»، فهو «قول» إذا سلّم ما فيه لزم عنه قول آخر؛
لكن الشاعر لا يعتقد هذا اللازم وإن كان يظهر أنّه يريده حتّى يخيّل به
فيرغّب أو ينفرّ.

قوله [الشارح العلامة]، رحمه الله تعالى : «لزم عنهما لذاتهما
[قول آخر ، هو أنّ كلّ إنسان حيوان، اه]».[١٦٩]

أقول :اعلم أنّ اللازم إنّما يبلغ الاقوال فى الصدق ولا يلزمها فى
الكذب، كسائر لوازم القضايا من العكوس وغيرها. فأنّ قولنا «بعض
الحيوان ليس بانسان» لازم لقولنا «كلّ إنسان حيوان» فى الصدق فقط،
فكذلك الحكم فى النتيجة.

قوله [الشارح العلامة]، رحمه الله تعالى : «[لما كانّ الحدّ جامعا]
لخروج قياس الخلف ، [اه]».[١٧٠]

[أقول]: فأنّ المورد فى قياس الخلف لا يكون مسلّما أصلا.

قوله [الشارح العلامة]: «وفرق بين كــون اللزوم ضروريا، [٥١]». ١٧١

[أقول]: هذا جواب عن سؤال مقدّر ١٧٢ ربمّا يورد، وهو النقض بقياس من مقدمة أو مقدمات ممكنة غير ضرورية، فكيف يلزم عنها قول آخر بالضرورة والنتيجة تتبع أخص المقدمات. فالجواب أنّ المراد أنّ اللزوم ضرورى لا أنّ اللازم ضرورى.

قوله [الشارح العلامة]، رحمه الله تعالى: «ويراد به ما له نسبة مخصوصة [إلى اجزاء القياس، ٥١]». ١٧٣

[أقول]: قال المحقّق الطوسى فى «شرح الاشارات» ١٧٤ فقد يزاد فى هذا الحدّ ١٧٥ قيدان آخران؛ فيقال قول آخر معين اضطرارا أو فائدة قيّد التعيين. أنّ قولنا فى الشكلّ الأوّل، مثلا «لا شىء من الحجر بحيوان» و«كل حيوان جسم»، ليس بقياس. إذ لم يلزم عنه قول يكون «الحجر» فيه موضوعا مع أنّه يلزم عنه قولنا «بعض الجسم ليس بحجر». وفائدة قيد الاضطرار أنّ بعض الاقوال قد يلزم عنها قول فى بعض المواد دون

---

١٧١ شرح شيرازى: ٦٤.

١٧٢ ن: – مقدر

١٧٣ شرح شيرازى: ٦٥.

١٧٤ رك: ابو على سينا «الاشارات والتنبيهات» مع «شرح الاشارات» لنصير الدين الطوسى. تحقيق الدكتور سليمان دنيا. القاهره: دار المعارف، ١٩٦٠؛ القسم الاوّل.

١٧٥ ن:–الحد

بعض، كما إذا اقترن قولنا «لا شىء من الفرس بانسان» تارة بقولنا «وكلّ إنسان ناطق»، وتارة بقولنا «كلّ إنسان حيوان»، فأنّه يلزم عن الأوّل «لا شىء من الفرس بناطق»، ولا يلزم عن الثانى مثل ذلك ضروريا.

[قوله]، قدّس سرّه: «فالمحكوم عليه يسمّى موضوعا، اه». ١٧٦

[أقول]: لأنّه وضع وجوده وأثبت له شئ.

[قوله]، قدّس سرّه: «والمحكوم به يسمّى محمولا». ١٧٧

[أقول]: تشبيها له بالأمر المحمول على غيره لكونه مثبتا له، ولكونه مثبتا عليه من حيث ثبوته له فرع ثبوته فى نفسه. ولم يذكر الرابطة إمّا لظهورها وإمّا لأنّها قد تحذف فى اللفظ، وأمّا لأنّها غير مستقلّة فى المفهوم، فلايمكن الحكم عليها وبها. ومن هاهنا عُلم أنّ القضية لاشتمالها على المعنى الحرفى الغير المسقلّ لايصير جزء لقضية أخرى موضوعها أو محمولها. ١٧٨

_____

١٧٦ شرح شيرازى: ٦٦؛ حكمة الاشراق: ١٦؛ شرح شهرزورى: ٦١: ٩-١٠. ن-

١٧٧ شرح شيرازى: ٦٦؛ حكمة الاشراق: ١٦؛ شرح شهرزورى: ٦١: ٦. ن-

١٧٨ م: شرح شيرازى: قال الشيخ الرئيس فى الشفاء القضية الحملية تتم بأمور ثلاثة الموضوع والمحمول والنسبة بينهما وليس أجتماع المعانى فى الذهن هو كونها موضوعة ومحمولة بل يحتاج إلى أنْ يكون الذهن يعقل مع ذلك النسبة التى بين المعنيين بايجاب أو سلب فاللفظ ايضا اذا أريد أنْ محاد فى به ما فى الضمير يجب أن يتضمن ثلثة دلالات: دلالة على المعنى الذى للموضوع وأخرى على المعنى الذى، الخ. ر. ك: م ص٢٩-٣٠

قوله [الشارح العلامة]، رحمه ا لله تعالى : «[الشىئ الذى يقال له إنسان، فهو بعينه يقال له حيوان، فما به الاتحاد و هو المعبّر عنه بالشىئ] قد يكون هو الموضوع». ١٧٩

[أقول]: ههنا احتمال ثالث لم يذكره؛ وهو أن يكون جهـة اتحادهما جميعا، كقولنا «الانسان حيوان»، فأنّ الوجود الذى وجد به معنى الإنسان هو الذى وجد به معنى الحيوان، أو الشارح مثّل به فى القسم الأوّل. والأولى أن يذكر فى مثال القسم الأوّل، نحو قولنا «الانسان ضاحك أو ماش». فان جهة الاتحاد هو وجود الإنسان لأنّه أمر متحقّق بالذات دون وجود، مثل «الضاحك» و«الماشى»، أو غيرهما؛ لأنّه عرضى، والعرض غير موجود فى الخارج إلّا بالعرض، فالاتحاد بين الإنسان والحيوان اتحاد بالذات؛ وبين العرضيات اتحاد بالعرض. وكذا بين الذاتى والعرضى. وإنّما عبّر الشارح عما به، الاتحاد بـ«الشىء» لا بـ«الوجود»، لئلا يلزم كون الوجود ممّا له صورة فى الاعيان فى القضايا الخارجة لمنافاة لمذهب الشيخ، قدّس سرّه. لكنا لا نستحى من الحقّ، ونستشهد بكلام أفلاطون حيث قال: «الحقّ صديقى وسقراط صديقى فإذا تخالفا كان الحقّ أحقّ بالأتباع».

[قوله الشارح العلامة، رحمه الله تعالى] ١٨٠: «ولا لكان عديم

الفائدة «اه». ١٨١

[أقول]: ظاهر كلامه يشعر بأنّ القياس لاينتظم يقتضى أنّ الموضوع فى القضية أن كان هو المفهوم: ان عديم الفائدة وكان فيها حمل الشئ على نفسه وليس كذلك فأنّ القضية الطبيعية، كقولنا «الانسان نوع» مقيّدة البتة، وكذا قولنا «الانسان حيوان ناطق»؛ إذا أريد بالانسان مفهومه مقيد للتفاوت بين الموضوع والمحمول بالاجمال والتفصيل فالمقام يستدعى تفصيلا فى الكلام ليعرف به الفرق بين أنحاء الحمل فتقول أنّ حمل شئ على شئ إما أنْ يعنى به أنّ الموضوع هو بعينه أخذ محمولا على أنّ يتكرر أدراك شئ واحد من غير تفاوت فى المدرك ولو بالاعتبار وهو حمل الشئ على نفسه ولاشكّ فى إستحالته لامتناع التقاء النفس فى آن واحد إلى شئ مرتين وأمّا أن يراد به ذلك على أن يحمل تكرر الادراك معتبرا على أنه حيثية تقييدية ولايلحظ تعددا الأ فى تلك الجهة وهذا القسم وأن كان متصورا الأ أنّه غير مقيّد بل هذر؛ وأما أن يراد به أنع معنى الموضوع هو معنى المحمول ماهيته لا أنْ يقتصر على مجرّد الاتحاد فى الوجود وهذا هو المسمّى بـ«الحمل الذاتى الأوّلى» لكونه أولى الصدق أو الكذب. وأما أنّ يعنى به أنّ الموضوع متحد بالمحمول ذاتا ووجودا إتحادا أما بالذات، كما فى حمل الذاتيات، أو بالعرض، كما فى حمل العرضيات، ويسمّى

بـ«الحمل الشائع» و «الحمل العرضى»، ويرجع إلى كون الموضوع سواء
كان الموضوع هو معنى الشئ ومفهومه، كما فى القضية الطبيعية؛ أو
كان ما صدق عليه، كما فى القضايا المتعارفة وسواء كان جهة الاتحاد
هو «الوجود الذهنى» كما فى القضايا الذهنية أو الوجود الخارجى
محققًا كما فى الخارجيات أو مقدرا كما فى الحقيقيات. وجميع
القضايا الطبيعية من قبيل الذهنيات وسواء كان الموضوع فردا حقيقيا
للمحمول ، وهو أعمّ منه أعمّية تناولية، أو فردا أعتباريا. والأعمّية
للمحمول أعتبارية، كما فى الحيوان المأخوذ لابشرط والمأخوذ بشرط
لا، فأن كلا منهما أخص من مفهوم الحيوان بما هو حيوان. وكذلك
مفهوم الموجود والممكن العامّ والمعدوم، إذا حكم على كل منها بنفسه .
إذا علمت ماتلوناه عليك فاعلم أن بعض المحقيقين من أهل التعليم
كالمعلم الثانى أبى نصر [الفارابى] جعل الحمل الشائع على أربعة
أقسام: حمل الجزئى الحقيقى على نفسه، كهذا الكاتب على هذا
الانسان والمشهور عند الجمهور المتأخرين عدم صحّته وهو بمعزل عن
ألتحقيق؛ وحمل الجزئى الحقيقى على الكلّى الذى هو من أفراده؛
وحمل الكلّى على الكلّى،[١٨٢] كما فى الطبائع المتصادقة؛ وحمل
الكلّى على الجزئى الحقيقى الذى هو فرد له بالذات أو بالعرض .
والفحص والذوق يحكمان بثبوت هذه الاقسام كلها و البرهان
يعضدهما. أليس مناط الصدق والحمل مطلوب؟ بثبوت وحدة

---

[١٨٢] م: –الذى هو من أفراده؛ وحمل الكلى على الكلى

وأثنينية، فحيث لم يكن وحدة صرفة وأثنينية صرفة بل تغاير فى نحو
ملاحظة العقل وأتحاد بحسب نحو أخر من أنحاء الوجود يحقّق معيار
الحمل و جهة الاتحاد، وقد تكون فى جانب الموضوع، وقد تكون فى
جانب المحمول، وقد تكون فيهما جميعا، وقد تكون خارجا عنهما فى
الحقيقة. وهذه الاقسام الاربعة يوجد فى كل واحد من الاقسام الاربعة
فيرتقى عددها إلى ستة عشر قسما. ولنورد أمثلة القسم الأول ليقاس
عليها غيرها. فالأوّل، أعنى مايكون جهة الاتحاد فى جانب الموضوع،
كزيد هذا الكاتب. والثانى، كهذا الكاتب زيد. والثالث كزيد هذا
الانسان، أو هذا الحيوان. والرابع، كهذا الكاتب هذا الضاحك. فقس
عليها أمثلة البواقى ومعنى جهة الاتحاد مطلوب هو أن الوجود الذى
يكون احدى الحاشيتين به موجود بالذات أو بالعرض، هو بعينه الوجود
الذى يوجد به الأخرى كذلك. والحمل بالذات معناه أنّ الوجود الذى
ينسب إلى أحدها بالذات هو الذى يوجد به الأخرى بالذات، كزيد
أنسان والانسان حيوان وماسواه هو الحمل بالعرض، وجهة الاتحاد أعنى
الوجود بالذات خارج عن أحدهما أو كليهما. فالأوّل، كقولنا «كلّ
أنسان ضاحك وكلّ كاتب ناطق». والثانى كقولنا «كلّ كاتب
ضاحك». ومن هذا المقام يعرف البصير المحدّق أنّ الوجود أمر متحقّق
فى الواقع، وليس مجرد أمر أنتزاعى، كالشيئية والممكنية، ونظائرها
حيث يصير جهة الأرتباط فى المفهومات المتغائرة، وسيجئ تحقيقه فى
موضعه أنشاء الله تعالى.

بقى فى هذا المقام شئ أخر لابدّ من معرفته وهو أنّ بعض الأشياء مما لايصدق على نفسه الّا بالحمل الأولى الذاتى دون الحمل الشائع الصناعى، كمفهوم الجزئى مثلا، فأنّه جزئى بالأوّل ليس جزئى بالثانى، بل هو كلّى، وكذا مفهوم الـ«لاشئ»١٨٣ فأنّه شئ والـ«لاممكن» فأنّه ممكن؛ فعلى هذا يلزم صدق المتناقضين على شئ واحد كمفهوم الجزئى فأنّه جزئى وكلى ولافساد فيه لتغاير معنيى الحمل فيهما، فهو جزئى بمعنى أنه نفسها مفهومه لأنّه من أفراده وكلّى بمعنى أنّه متحد الوجود مع مفهوم الكلّية أتحادا بالعرض وذلك لأنّ بعض المفهومات ليس فرد لنفسه كالجزئى والـ«لامفهوم» والـ«لاممكن» ونظائرها؛ وبعضها فرد لنفسه، كالكلّى والمفهوم والنوع لا الفصل فأنّ مفهومه ليس بفصل بل نوع؛ وكذا مفهوم الجنس والخاصة والعرض العامّ، فأنّ كلا منها نوع بحسب الحمل الشائع. وأن سُئلت الحقّ، فمفهومات أكثر الموجودات، كالحركة والزمان والهيولى من هذا القبيل، فأنّ مفهوم الحركة ليس بحركة ومفهوم الزمان ليس بزمان، بل مفهوم الانسان والفرس والجوهر كلّها غير صادقة على أنفسها إلّا بالحمل الذاتى الأوّلى دون الشائع الصناعى، ودلائل الوجود الذهنى لاتفيد. أزيد من ذلك فالحاصل من الانسان فى الذهن هو مفهوم الانسان نفسه دون ماصدق عليه الانسان، والا لكان له أستعداد الحركة والسكون والنموّ والاحساس والادراك للمعقولات والعقل، وغير ذلك من لوازم الانسانية وغيرها. وتجويزه

١٨٣ در رسم الخط نسخ «اللاشئ».

سفسطة محضة. بل مفهوم الانسان هو داخل تحت مقولة الكيف دخولا بالذات وبما ذكرنا يندفع كثير من الاشكالات الواردة على وجود الاشياء بانفسها فى الذهن. فلابدّ فى ثبوت التناقض بين القضيتين من اشتراط وحدة الحمل أيضا بعد الوحدات الثمان المشروط بها فى التناقض لئلا يكون قولنا «الجزئى جزئى» مع قولنا «الجزئى ليس بجزئى» متناقضين عند تغاير الحملين بل عند اتحادهما.

[قوله]، قدّس سرّه: «يسمّى المقدم، [وماقُرن به حرف الجزاء يسمّى التالى]». ١٨٤

[أقول]: وذلك لتقدمه فى الذكر فى القضية الملفوظة والذكر فى المنقولة وعليه يقاس تسمية الجزاء بالتالى وقد يسمّى المقدم «المحكوم عليه» والتالى بـ«المحكوم به»، وربما يناقش فى هذه التسمية، بأنّه كيف يصح أن يكون المقدم محكوما عليه وكون الشئ محكوما عليه من خواص الاسم؟ وأجيب بأنّه لا سُلّم أنّه ١٨٥ من خواص الاسم بل أن سلّم ففى الموضوعية والمحمولية فقط، وفيه محلّ تأمل.

[قوله]، قدّس سرّه: «وإن أردنا أن نجعل منها قياسا، اه». ١٨٦

[أقول]: ظاهر كلامه يشعر بان القياس لا ينتظم من الشرطيات

---

١٨٤ شرح شيرازى: ٦٦-٦٨؛ حكمة الاشراق: ١٦؛ شرح شهرزورى: ٦١: ١٣-١٤. اين بخش در ن نيست.

١٨٥ م: أن

١٨٦ شرح شيرازى: ٦٦؛ حكمة الاشراق: ١٦؛ شرح شهرزورى: ٦١: ١٤

الساذجة، وليس كذلك. بل قد ينتظم القياس من الشرطيات الصرفة فى كلا قسميه،^{١٨٧} أعنى « الاقترانى » و« الاستثنائى » . إذ كلّ منها قد يتركب من الشرطيات الصرفة، وقد يتركب من غيرها، والاقترانى أيضا قد يتركب^{١٨٨} من الحمليات الصرفة، ومنها ومن الشرطيات. والاستثنائى لا يتركب من الحمليات، إذ لابدّ فيه من مقدمة شرطية كما تعلم. والمصنف أيضا سيصرّح بتركيب الاقترانى من الشرطيات الساذجة. وعامة المنطقيين حَصرِ[وا] الشرطيات بالقياس الاستثنائى، ولم يتنبّهوا للقياس الشرطى الاقترانى وخصوصا الاقترانى بالحمليات. والمورد فى التعليم الأوّل أيضا كذلك لا غير. وأمّا المتأخرون، كصاحب « الشفاء »، وغيره، تفطّنوا باقتران الشرطيات الساذجة سواء كانت متصلة أو منفصلة أو مزدوجة؛ وحكموا بأنّ الشرطيات كما توجد فى الاستثنائى توجد فى الاقترانى.

[قوله الشارح العلامة، رحمه الله تعالى]: « ويسمّى هذا القياس استثنائيا » .^{١٨٩}

[أقول]: القياس إما مشتمل على أحد طرفى النتيجة بالقوة القريبة أو لا. الأوّل يسمّى « أستثنائيا » والثانى « أقترانيا ». والأستثنائى

^{١٨٧} م: كلا ومنه

^{١٨٨} ن: - من غيرها ؛ - يتركب

^{١٨٩} شرح شيرازى: ٦٩

لاشتماله على أحد طرفى النتيجة بالقوة لابالفعل يجز النتيجة هى نفسها أحدى المقدمتين والاّ لكانت موجودة بالفعل، فلامحال أن يكون جزءا من مقدمته والمقدمة التى تكون جزءها قضية فهية شرطية يكون أحدى مقدمتى هذا القياس شرطية، ويكون الأخرى على هيئة الجزء الأوّلى إن حمليا، وذلك عند تركيب الأوّلى الشرطيـة من حمليتين وإن شرطيا فشرطية، وذلك عند تركيب الأوّلى من شرطيتين؛ وقس عليه حال اقسام الشرطيات المتصلة والمنفصلة بكون المقدمة الأخرى على هيئة جزء منها، فالأخرى مشتملة على وضع مايقتضى منه دفع الجزء الذى منه النتيجة أو دفع مايقتضى دفعه رفع ذلك الجزء فيكون أحد الجزئين مستثنى وهى قضية أُخرى مقرونة بأداة الاستثناء والجزء الآخر نتيجة موجبة إن كان الاشياء وضعيا سالمة إن كان رفعيا، وكلاهما مجرد عن الشرط والجزاء . وفى هذا القياس أيضا كالأقترانى وقع جزءا مكررا فى الموصفين ما لكونه جزءا للأُولى ومالكونه منفردا مستثنا فى القياس الأستثنائى مركب من شرطية واستثناء .

قوله [الشارح العلامة]، رحمه الله تعالى : «[فى تركيب كلّ من المتّصلة والمنفصلة كثيرة] وهى خمسة عشر». ١٩٠

[أقول]: لما كانت الشرطيات مؤلفة من قضايا لا من المفردات، وكانت القضايا ثلثا، حملية ومتصلة ومنفصلة، والواقعة منها فى كلّ

---

١٩٠ شرح شيرازى: ٦٩

شرطية إثنتان، فتألف كلّ شرطية متصلة كانت أو منفصلة إذ كانت ذات جزئين، يمكن يقع على ستة أوجه: ثلثة متشابهة الاجزاء، وثلثة مختلفة الاجزاء. فالثلاثة الأولى، كالمركّب من الحملتين أو متصلتين أو منفصلتين؛ والثلاثة الأخرى، كالمركّب من حملية ومتصلة، أو من حملية ومنفصلة، أو من متصلة ومنفصلة. وكلّ واحد من الثلثة الأخيرة يقع فى المتصلة وحدها على وجهين متعاكسين فى الترتيب لاختلاف حال جزئيها بالطبع. فيكون لتأليف المتصلة تسعة أوجه، وتأليف المنفصلة ستة أوجه. أمّا أمثلة المتصلات فهى من حملتين، كقولنا: «إذا الشمس طالعة فالنهار موجود». ومن متصلتين، كقولنا: «إن كان إذا كانت الشمس طالعة فالنهار موجود»، ومن عكسها كعسكه قولنا ذلك[١٩١] فكان «أمّا كان النهار معدوما فالشمس غاربة». ومن منفصلتين، كقولنا: «ان كان العدد أمّا زوجا أو فردا فكان عدد الكواكب أمّا زوجا»؛ أو من حملية أو متصلة، كقولنا: «ان كانت الشمس طالعة فالنهار موجود»، ومن عكسهما كعكس قولنا ذلك. ومن حملية ومنفصلة، كقولنا: «ان كان الشىء ذا عدد فهو أمّا زوج أو فرد»، ومن عكسها كعكسه. واما متصلتين، كقولنا: «ان كان إذا كانت الشمس طالعة، فالنهار موجود»، فكان أمّا الشمس طالعة وأمّا النهار، وعكسهما كعكسه. وأمّا أمثلة المنفصلات وهى من حملتين كقولنا: «العدد أمّا زوج وأمّا فرد» ومن متصلتين كقولنا: «أمّا أن

يكون إذا كانت الشمس طالعة فالنهار موجود»، وأمّا أن يكون الشمس
غاربة فالليل موجود ومن منفصلتين كقولنا: «إمّا أن يكون العدد إمّا
زوجا وإمّا فردا»، أو «إمّا أن يكون إمّا زوجا وإمّا منقسما بمتساويين»،
وأمّا من حملية ومتصلة كقولنا: «أمّا أن لا يكون الشمس علّة النهار
وأمّا أن يكون إذا طلعت الشمس فالنهار موجود»، ومن حملية
ومنفصلة كقولنا: «أمّا أن يكون الشيء واحدا وأمّا أن يكون ذا عدد،
أمّا زوج وأمّا فرد». ومن متصلة ومنفصلة كقولنا: « أمّا أن يكون إذا
كان العدد فردا فهو زوج» و«أمّا أن يكون العدد أمّا فردا وأمّا زوجا».
وهذه الامثلة كلّها مهملات موجبة مؤلفة من امثالها وقد يكون
شخصيات، أو محصورات، موجبات وسوالب يتألف بعضها من بعض
ويتكثر وجوه التأليف وإليه الإشارة، بقوله [الشارح العلامة]: «ولو
اعتبر فى التقسيم السلب والايجاب [والكلّية والجزئية والعدول
والتحصيل وغيرها]، اه». [١٩٢] [و] لكن [أقول]: اعتبار التأليف، كما
ذكرناه، لا يوجب انجرار عدد اقسامها لا إلى نهاية؛ مما ذكره ما ينضمّ
إليها باعتبار غيرها، ولذلك ضمّ إلى ما ذكره، قوله [الشارح العلامة]
«وغيرها»، لكنه لا فائدة فيه. [١٩٣] وذلك أنّ الشرطيات لما كانت مؤلفة
بعد التأليف الأوّل، فهى يكون مؤلفة أمّا تأليفا ثانيا، أى من حمليات،
أو ثالثا أى من شرطيات، مؤلفة من حمليات، أو رابعا أى من شرطيات

مؤلفات من شرطيات مؤلفة من حمليات، وهلمّ جرّا إلى ما لا نهاية له؛ على أنّ التأليف الثانوى فى المنفصلة قد يكون ذاهبا أيضا إلى غير نهاية، كما مرّ فى الشرح.

[الضابط الثانى : فى حصر القضايا واهمالها وايجابها وسلبها][٧٧]
قوله، قدّس سرّه: «فان الإنسانية لذاتها لا تقتضى الاستغراق، ٥١».[١٩٤]

[أقول]: اعلم أنّ الماهية كما من حيث هى كمالا تقتضى الاستغراق والشمول لجميع الافراد، واما فى[١٩٥] التخصيص بالبعض

---

[١٩٤] شرح شيرازى : ٧٠؛ حكمة الاشراق : ١٧؛ شرح شهرزورى : ٦٩ : ١٣ . متن حكمة الاشراق : (١٧) هو ان الشرطية إذا قيل فيها «إذا كان»، كان او «أمّا واما»، فيصلح ان يكون دائما او فى بعض الاوقات، فتعيّن؛ والا يكون مهملا مغلّطا. وفى الحملية إذا قيل «الانسان حيوان»، فتعيّن ان كلّ واحد من الإنسان كذا او بعض جزئياته. فان الإنسانية لذاتها لا تقتضى الاستغراق، إذ لو اقتضت ما كان الشخص الواحد إنسانا، ولا ايضا تقتضى التخصيص، بل هى صالحة لهما. فلعيّن ان الحكم هل هو مستغرق او غير مستغرق، حتى لا يكون اهمالا مغلّطا. فالقضية التى موضوعها شاخص نسمّيها «شاخصة»، كقولك «زيد كاتب». والتى موضوعها شامل وعُيّن فيها الحكم على كلّ واحد، هى كقولنا «كلّ إنسان حيوان» او «لا شئ من الناس بحجر» فى السلب. فان لكل قضية ايجابا وسلبا، أى اثباتا ونفيا. وفيما يتخصص بالبعض، هى كقولنا «بعض الحيوان إنسان» او «ليس» ويسمّى اللفظ المخرج من الاهمال «سورا»، مثل «كل» و«بعض» وغيرهما. والقضية المسوّرة محصورة، والحاصرة الكلّية سميّناها «القضية المحيطة»، والتى عُيّن فيها الحكم على البعض «مهملا بعضية». [تتمه در پانوشت آتى. م.]

[١٩٥] ن :—فى

واحدا، ذلك البعض أو متعدّدا معينا أو غير معيّن. كذلك لا يقتضى
عدم الاستغراق وعدم التخصص ببعض الافراد، كما فى القضية
الطبيعية. فان ماهيته قد أخذت فيها على وجه لا يمكن صدقها على
الافراد لا كلاً ولا بعضا، فهى بهذا الاعتبار أيضا خرجت عما هى فى
ذاتها، بل القضية الطبيعية شخصيتة، كما يظهر من كلام الشيخ
الرئيس، وغيره .

فقوله [الشيخ، قدّس سرّه]: «بل هى صالحة لهما».١٩٦

[فأقول]: ينبغى أن يضمّ إليه «وصالحة لعدمهما» حتّى يكون
شاملة لموضوع القضية الطبيعية أيضا. وعند المحقّقين أنّ الحكم فى
جميع القضايا لا يكون إلّا على نفس الطبيعة مأخوذة على وجه لا
يسرى الحكم عليه إلى شيء من افرادها، ولأنّها أخذت من حيث
اطلاقها على المخصصات وتجردها عنها، فهى متعينة بهذا التجرد، فلها

---

١٩٦ شرح شيرازى : ٤٧٠؛ حكمة الاشراق : ١١٧؛ شرح شهرزورى : ٦٩ : ١٥ . متن
حكمة الاشراق : وفى المهملة البعضية الشرطية نقول «قد يكون إذا كان او اما» والبعض
فيه اهمال ايضا، فان ابعاض الشئ كثيرة. فليجعل لذلك البعض فى القياسات اسم خاص
وليكن مثلا جيم. فيقال « كلّ جيم كذا» لتصير القضية محيطة، فيزول عنها الاهمال
المغلّط ولا ينتفع بالقضية البعضية إلّا فى بعض مواضع العكس والنقيض وكذا فى
الشرطيات، كما يقال «قد يكون إذا كان زيد فى البحر، فهو غريق» فليتعيّن ذلك الحال
ولتجعل مستغرقة. فيقال «كلّما كان زيد فى البحر وليس له فيه مركّب وسباحة، فهو
غريق»، وكون طبيعة البعض مهملة لا تنكر. وإذا تفحّصت عن العلوم لا تجد فيها مطلوبا
يُطلب فيه حال بعض الشئ مهملا دون ان يُعيّن ذلك البعض. فإذا عمل على ما قلنا، لا
تبقى القضية إلّا محيطة، فان الشواخص لا تطلب حالها فى العلوم وحينئذ تصير احكام
القضايا أقلّ واضبط واسهل .

وحدة ذهنية، ولا يمكن الحكم عليها إلى ببعض الاحوال الذهنية،
كالكلّية والنوعية والمعقولية والذاتية والعرضية، وغيرها من المعقولات
الثانية. فلا جرم لا يكون القضايا الطبيعية إلّا ذهنيات صرفة لا يتعدّى
الاحكام فيها إلى الافراد. فلهذا لا يصلح الحكم للتخصيص ولا
لاستغراق، وفى المحصورات أخذت من حيث أنّها تصلح للانطباق على
جزئيات لا على أن يكون تلك الصلاحية قيدا لها مأخوذا على وجه
الدخول، وإلّا لم يكن يتعدّى إلى كلّ شخص شخصى، فالحكم عليها
بهذا الاعتبار يتعدّى إلى الاشخاص كلا أو بعضا ايجابا أو سلبا
فيحصل المحصولات الاربع فى المهملة أخذت من حيث هى هى بلا
زيادة شرط، فيصلح الحكم الصادق عليها بهذا الاعتبار للتخصيص
والتعميم، كما ذكره المصنّف. والماهية المأخوذة بهذا الاعتبار مغايرة
للماهية المأخوذة بشرط التعين الذهنى، كموضوع القضية الطبعية.
وأمّا الماهية المطلقة فهى شاملة لهما، كالانسانية[١٩٧] فى ذاتها مع قطع
النظر عن أخذها من حيث هى هى معتبرا فيها ذلك، كما فى موضوع
المهملة أو أخذها مقيّدة بالوحدة الذهنية، كما فى موضوع الطبيعية،
وهى إن كانت فى ذاتها صالحة للاطلاق وعدمها وللتعميم والتخصيص
ونفيها أيضا. لكن عندما صارت موضوعة أو محمولة يصير متعينة
بضرب من التعيين، وهى وإن كانت فى ذاتها أعمّ من المأخوذة من
حيث هى هى. لكن هذه الأعمّية اعتبارية محضة، إذ لا فرق بينهما

---

[١٩٧] ن: الانسان

بحسب نفس الأمر كما أشرنا إليه. فالقضية المأخوذة موضوعها كذلك لا يكون أعمّ من الطبيعية بل قسما لها، لأنّ موضوع الطبيعة قسم لموضوع المهملة بالمعنى الذى مرّ، ولهذا تلازم الجزئية ولا تلزم الطبيعية، كما هو المشهور وعليه الجمهور. كما ذكره بعض اجلة المتأخرين فى حواشيه من أنّ موضوع المهملة لما كان الطبيعية من حيث هى هى بلا زيادة شرط، كما صرّح به الشيخ فى «الشفاء»، وغيره، الحكم الصادق عليها بهذا الاعتبار. قد يصدق عليها بشرط الوحدة الذهنية، فيمكن أن يصدق الطبيعية ولا يستلزم الجزئية محل نظر، لأنّ كون الطبيعية مأخوذة من حيث هى هى وكون الطبيعية مأخوذة مع الوحدة الذهنية أمران مختلفان فى الاعتبار، فلا يصدق أحدهما على الآخر. مثلا إذ قلت «الانسان حيوان» فهو صالح للتخصص و التعميم بأن يكون القضية كلّية أو جزئية ليس بصالح للتعيين الذهنى، لأنّ الصورة الذهنية، بما هى صورة ذهنية، ليست من افراد المعلوم بل هى من افراد العلم ولا يمكن أخذ هذه القضية طبيعية لما علمت أنّ الحكم على موضوعها ليمكن إلّا بامور ذهنية، ككونه مفهوما أو كلّيا أو نحوهما. وكذلك قوله [الشيخ الرئيس]: «وايضا على تقدير أن يكون الحكم فى المهملة الفرد يبقى قضية أُخرى يكون الحكم على الطبيعية من حيث هى هى، بحيث يمكن صدقها بصدق كلّ واحدة من الطبيعية والجزئية. لأنّ الطبيعة من حيث هى هى يصلح الكلّية والجزئية، إنتهى». أقول: الطبيعة المأخوذة على وجه يمثّل موضوعات اقسام

القضايا المتقابلة، أعنى الطبيعة والكلّية والجزئية والشخصية أمر غير متحصّل فى نفسه لا فائدة فى اعتباره، بل هى المقسم الذى يتحصّل بانضمام القيود المعتبرة إليه اقسام بعضها ذهنية وبعضها خارجية، واعتبار المقسم على وجه يصير أحد الاقسام بما لا طائل تحته، وإلاّ لم يكن شىء من التقاسيم حاضرة. فإذا قلت: الكلمة أمّا اسم أو فعل أو حرف. فيقال: وههنا قسم رابع،[198] وهى الكلّية المعتبرة على وجه يصلح لأنّ يكون صادقا على كلّ من الثلثة، وكذا يمكن أخذها على وجه يشمل لجميع الثلثة، وللماخوذة كذلك فيكون قسما خامسا وهكذا لا إلى نهاية. فكما لا فائدة فى ذلك فكذا فى أخذ القضية على وجه يشمل جميع القضايا فأنّه على تقدير صحته غير مفيد.[199]

قوله، قدّس سرّه: «والسالبة التى سلبها قاطعا للنسبة، اه».[200]

---

[198] م: ص ٣٥: +قسم رابع، و در نسخه م : ص ٣٤ از «قسم رابع تا قاعدة عربية» اضافه شده، كه يحتمل از آن ملا صدرا نيست؛ **شرح شيرازى**: ن: –قسم رابع

[199] ن: أخر

[200] **شرح شيرازى**: ٧٤؛ **حكمة الاشراق**: ١٨؛ **شرح شهرزورى**: ٧١: ٣. متن **حكمة الاشراق**: (١٨) واعلم ان كلّ قضية حملية من حقها ان يكون فيها موضوع ومحمول، ونسبة بينهما صالحة للتصديق والتكذيب؛ وباعتبار تلك النسبة صارت القضية قضية. واللفظة الدالّة على تلك النسبة تسمّى «الرابطة»، وقد تحذف فى بعض اللغات ويورد بدلها هيئة مّا مشعرة بالنسبة، كما يقال فى العربية «زيد كاتب»؛ وقد تورد كما قيل «زيد هو كاتب». والسالبة هى التى تكون سلبها قاطعا للروابط، وفى العربية ينبغى ان يكون السلب متقدّما على الرابطة لينفيها، كقولهم «زيد ليس هو كاتبا». وإذا ارتبط السلب ايضا بالرابطة فصار جزء أحد جزئيها فالرابط الايجابى بُعد باق، كما يقال فى

[أقول]: هذا تخصيص منه على أنّ النسبة الحكمية فى القضية السالبة ليست وراء النسبة الايجابية التى هى فى موجبتها، وأنّ مدلول العقد السلبى ومفاده سلب تلك النسبة وليس فيه حمل، بل سلب حمل وكذا فى سلب الاتصال وسلب الانفصال، ليس فيه اتصال ولا انفصال وإنّما يقال للسوالب حملية ومتصلة ومنفصلة على التجوز والتشبيه .

قوله ، قدّس سرّه : «وقد صيّر السلب جزء المحمول ، اه »[٢٠١].

[أقول] ربّما توهّم أنّه إذا كان الوجود رابطا فى الحمليات ورجع مفاد الحمل إلى ثبوت المحمول للموضوع فيلزم للمحمول وجود فى نفسه بحسب مطابق الحكم، فلا يصحّ إثبات العدميات[٢٠٢] للموضوعات سيّما فى القضية الخارجية، فتفطّن بما أشرنا إليه بوجه دفعه . فأنّ ثبوت المحمول للموضوع وليس هو الوجود رابطا فى

العربية «زيد هو لا كاتب» فان الرابط باق، وقد يسير السلب جزء المحمول، والقضية موجبة تُسمّى «معدولة» . [تتمه در پانوشت آتى . م .]

[٢٠١] شـرح شيرازى : ٧٤؛ حكمـة الاشراق : ١٨؛ شـرح شهـرزورى : ٧١ : ٧ . **متن حكمة الاشراق :** وفى غير العربية قد لا يُعتبر تقدّم الرابطة وتأخّرها فى السلب والايجاب، بل ما دام الرباط حاصلا والسلب سواء كان جزء المحمول او الموضوع هى موجبة إلّا ان يكون السلب قاطعا لها . إذا قلت «كلّ لا زوج فهو فرد» فهو ايجاب الفردية على جميع الموصوفات باللازوجية، فتكون موجبة . والحكم الموجب الذهنى لا يثبت إلّا على ثابت ذهنى . والموجب على أنّه فى العين لا يكون إلّا على ثابت عينى . [تتمه در پانوشت آتى . م .]

[٢٠٢] ن : ــ العدميات

الحمليات ورجع مفاد الحمل إلى ثبوت المحمول التعلقى[٢٠٣] الذى للاعراض والصور وهو وجودها فى انفسها ولكن لمحالّها وموضوعاتها، حتّى يستلزم أن يكون للموضوع وجود فى نفسه، بل ثبوته للموضوع هو مجرّد ارتباطه وتعلقه بالموضوع من غير أن يكون هو فى نفسه موجودا من الموجودات أو شيئا من الاشياء. فمعنى الوجود الذى هو الرابطة أن يكون الموضوع محمولا لا غير ومعنى الوجود الرابطى وجود الشىء فى نفسه ولكن لا نفسه بل لغيره مقابلا لوجود الشىء لنفسه، كوجود الجواهر القائمة بذواتها فعلى هذه يجوز أن يحمل الأمر العدمى على الموضوع إذا كان متصوّرا فى الذهن، كما يجوز حمل بعض المعانى الجوهرية على بعض، فلو كان معنى الوجود الرابطى لم يكن حمل الجوهر على نفسه وعلى مقوّمة صحيحا.

قوله، قدّس سرّه: «بل ما دام الرباط حاصلا، اه».[٢٠٤]

[أقول]: اعلم أنّ قاعدة العربية أنّ حرف السلب إذا تأخر عن الرابطة يرتبط بالموضوع ويكون القضية موجبة وإذا تقدّم عليها كانت

---

[٢٠٣] ن:-رابطا فى الحمليات ورجع مفاد الحمل إلى ثبوت المحمول التعلقى

[٢٠٤] شرح شيرازى: ٧٥؛ حكمة الاشراق: ١٨؛ شرح شهرزورى: ٧١: ٨ - ٩ .
متن حكمة الاشراق: والشرطيات ايضا ان تكثّرت السلوب فيها والربط اللزومى، او العنادى باق، فالقضية موجبة. والسلب إذا دخل على سلب من غير اعتبار حال آخر، يكون ايجابا. وإذا قلت «ليس كلّ إنسان كاتبا» يجوز ان يكون البعض كاتبا، فالذى يتيقن فيه سلب البعض فحسب، وإذا قيل «ليس لا شئ من الإنسان كاتبا» يجوز ان لا يكون البعض كاتبا وسلب المتصلة برفع اللزوم، وسلب المنفصلة برفع العناد.

سالبة وربما يوجد فى بعض، كالفارسية، أنّ حرف السلب يتقدّم الرابطة ويكون القضية مع ذلك موجبة، كقولهم: «زيد نابيناست». فلما كان نظر المنطقيين إذ نظروا فى اللغات فى اللغة العربية أوّلا، لأنّ تدوين المنطق وتعليمه منها حكم أوّلا بأنّه ينبغى أن يكون السلب متقدّما على الرابطة فى السالبة ومتأخرا عنها فى الموجبة. ولما كانت هذه الضابطة ليست عامّة لجميع اللغات وبحث المنطقى، من حيث أنّه منطقى، يجب أن يكون عامّا لضرب عنه وعدل إلى عبارة أفادت العموم، وهى قوله: **«ما دام الرباط حاصلا، إلى آخره»** أى حرف السلب إذا كان مربوطا بواسطة الرابط إلى الموضوع كانت القضية موجبة سواء تقدّمت الرابطة أو تأخرت. وهذا فرق لطيف هاد إلى فرق معنوى ومن الفرق المعنوى اقتضاء الايجاب مطلقا وجود الموضوع سواء كانت موجبة عدولية أو تحصيلية، اوعدم اقتضاء السلب التحصيلى إيّاه كما سيجئ التصريح به فى كلام الشيخ. وقد اعترض بعض على هذا الفرق المعنوى، أوّلا بالقدح فى الايجاب المعدول يستدعى وجود الموضوع؛ وثانيا بالقدح، فى أنّ السلب المحصل لا يستدعيه. أمّا الأوّل، فهو أنّ المعقول من كون الشيء وصفا لغيره ثبوته للغير وثبوته للغير فرع على ثبوته فى نفسه. فما لا ثبوت له فى ذاته يستحيل أن يكون ثابتا لغيره. ومحمول المعدولة أمر عدمى فيمتنع أن يكون موجبة فضلا عن أن يكون مستدعيه لوجود الموضوع. والجواب أنّ المعدولة وإن كان السلب داخلا فى مفهمومه إلّا أنّ له خطا من الوجود من حيث صورته

فى الذهن، أو من حيث كونه مقابل الملكة فيعتبر فيه صلوح قابلية
للوجود المقابل له، أو غير ذلك. فيكون حكمه حكم الأمر الثبوتى،
فيستدعى بثبوت ذلك الموضوع. وأمّا الثانى، فهو أنّ موضوع السلب
لو كان معدوما لم يكن معدوما مطلقا، لأنّه ليس بمتصور ولا لمحكوم
عليه، فلا بدّ أن يكون له تحقّق، وإذ ليس ذلك فى الخارج فيكون فى
العقل، فبحسب أن يكون موضوع السلب موجودا فى الحملية. وجوابه
أن المساوقة بين الموجبة والسالبة فى استدعاء وجود الموضوع من جهة لا
تنافى التفرقة بينهما فيه، ومن جهة أُخرى، كما سيجئ فى اصل
الكتاب وشرحه.

**قول الشارح [العلامة]: «فالسالبة البسيطة أعمّ من الموجبة
المعدولة، اﻫ».**[٢٠٥]

[أقول]: أنّ من الناس من زعم أنّه لا فرق بينهما، وذلك لأنّه إذا
كان محمولا مسلوبا عن موضوع كان سلبه ثابتا له، فيصدق قضية
موجبة دالّة على ثبوت ذلك السلب. وكلّ سالبة بسيطة يلزمها موجبة
فيقتضى وجود الموضوع. والجواب أنّه إذا كان أمر مسلوب عن أمر كان
الواقع هناك أن ليس أمرا من غير أن يكون هناك حصول لا أنّ سلب أمر
حاصل لأمر، وأمّا جعل سلب المحمول صفة حاصلة للموضوع، فذلك
بتعمل العقل كما أنّه ليس فى جوف الحُقّة الخالية عن اشياء غير

متناهية ثبوتات غير متناهية هى حصولات سلوب غير متناهية، على أنّا نقول نفس الايجاب بما هو ايجاب يستدعى صدقه وجود الموضوع إن ذهنا فذهنا، وإن خارجا فخارجا، سواء كان المحمول وجوديا أو عدميا. والمعدوم المطلق ليس شيئا من الاشياء أصلا، إذ البرهان قائم على ما ذكر، والعقل لا يستثنى من هذه القاعدة شيئا.

قال الشيخ الرئيس فى منطق « الشفاء »: وإنّما أوجبنا أن يكون الموضوع فى القضية الايجابية المعدولة موجودا، لا لأنّ قولنا «غير عادل» يقتضى ذلك، ولكن لأنّ الايجاب يقتضى ذلك فى أن يصدق سواء كان نفس « غير عادل » يقع على الموجود والمعدوم، أو لا يقع إلّا على الموجود، فيجب أن يعلم أنّ الفرق بين قولنا كذا يوجد غير كذا، أو بين قولنا كذا ليس يوجد كذا؛ أنّ «السالبة البسيطة» أعمّ من «الموجبة المعدولة» فى أنّها تصدق على المعدوم من حيث أنّه معدوم ولا يصدق الموجبة المعدولة على ذلك، إنتهى كلامه.

[أقول]: وهو صريح فيما ذكرناه. وإذا اقتضى صدق الموجبة المعدولة وجود الموضوع، فالموجبة المحصلة اولى فى ذلك، فان قلت فعلى هذا يلزم أن يكون موضوع، مثل قولنا « شريك البارى ممتنع » و« المجهول المطلق لا يخبر عنه»؛ و«اللا شىء لا ممكن موجودا»، وبذلك ينتقض كثير من قواعد المنطقيين. كالقواعد: نقيضى المتساويين متساويين، وانعكاس الموجبة الكلّية كنفسها عكس النقيض، كما هو رأى القدماء. لأنّ هذه القوانين لا يسرى فى نقائض المفهومات الشاملة، إذا

اقتضى الايجاب وجود الموضوع . قلت : جميع تلك القضايا إنّما يصدق حقيقة على الوجه الذى بيّناه فى شبهة المجهول المطلق ولا حاجة إلى ما ذهب إليه بعضهم من أنّ بعض هذه القضايا فى معنى السالبة البسيطة ، كما فعله الشارح فى قولنا « زيد معدوم » و« شريك البارى ممتنع » ، ولا إلى ما ذهب إليه المتأخرون حيث اعتبروا قضية سمّوها « سالبة المحمول » ، وزعموا أن صدق موجبتها لا يقتضى وجود الموضوع أنّها مساوية للسالبة ، وقد علمت بطلانه . ويؤيد ذلك ما قال المحقّق الطوسى فى « نقد التنزيل » : إذا تأخّر السلب عن الربط فهو بمعنى العدول سواء كان لفظ « ليس » مولفا مع غيره ، أو لفظة « لا » مركّبة بغيره ؛ لأنّ جميع ذلك المؤلّف إذ المركّب بمنزلة مفرد يحكم به لأنّ القضية لا يمكن أن يحمل على مفرد حمل هو هو ، فيكون معناه كلّ شىء يقال عليه ج على الوجه المقرّر ، فذلك الشىء الذى يحكم أنّه ليس ب أو لا ب ، أو بأى عبارة شئت ، إنتهى .

[أقول] : ما ذكره بعضهم من أنّ المحمول ههنا مضمون السالبة ولا يلزم كون القضية محمولة ولا معدولة ولا عدم الفرق بينهما وبين المعدولة المنافى السالبة المحمول من التفصيل ، إذ فيه أشارة إلى حكم معقود معقول بخلاف المعدولة لا يجدى نفعا ولا يرجع بطائل . إذ المعتبر فى المعدولة كون حرف السلب جزءا بأى وجه كان ، والفرق بالإجمال والتفصيل لا يوجب كون المجمل ثبوتيا والمفصل سلبيا . لأنّ ذلك التفاوت إنّما يكون فى نحوى الملاحظة لا فى نفس الشىء الملحوظ

فلا يقتضى صدق أحدهما حيث بكذب الآخر.

قال العلامة الدوّانى : والحقّ عندى أنّ المساوات بينهما بحسب الواقع مسلّم ولا يدلّ على أنّ شيئا من الايجاب لا يستدعى وجود الموضوع، وذلك لأنّ البرهان على أنّ جميع المفهومات موجود فى نفس الأمر إذ ما من مفهوم إلّا ويصح الحكم عليه بحكم ايجابى صادقٍ؛ وذلك يدلّ على وجوده فى نفس الأمر فإذا صدق السالبة صدق الموجبة التى محمولها سلب، ذلك المحمول بالبيان المنقول آنفا، وليس ذلك مبنيا على أنّ تلك الموجبة لا يقتضى وجود الموضوع كما توهّمه، بل على أنّ الوجود الذى يقتضيه ذلك الايجاب هو الوجود فى نفس الأمر وجميع المفهومات مشاركة فى ذلك الوجود، إنتهى .

[أقول]: وفيه بحث؛ أمّا أوّلا، فلأنّه يلزم من جميع المفهومات فى نفس الأمر كما زعمه أن يكون شريك البارى موجودا فيه، فيلزم أن لا يكون البارى منزّها عن أن يكون له شريك موجود فى نفس الأمر، وكذا يكون للنقيضين المجتمعين وجود وهو بديهى الاستحاله. وأمّا ثانيا، فلأنّه أن أراد بوجود المفهومات تحقّق العنوانات فذلك غير كافّ فى صدق الحكم الايجابى كما هو شأن القضايا المتعارفة، إذ شرط صدق الحكم المذكور فيها وجود افراد العنوان لأنّ مفاده هو الاتحاد فى الوجودين افراد العنوان وافراد مفهوم المحمول كلا أو بعضا. وإن أراد به وجود افراد العنوانات فهو غير مسلّم بل ضرورى البطلان، إذ لا وجود لافراد اللاشىء واللاممكن والمعدوم والمطلق ونظائرها. وأمّا الاستدلال

الذى ذكره على وجود كلّ مفهوم فى نفس الأمر بأنّه ما من مفهوم إلّا ويصحّ الحكم عليه بحكم ايجابى صادق . فأقول فى رفعه: أنّ ما ذكره شبه مغالطة؛ فأنّ وجود مفهوم الشىء كالجوهر مثلا غير وجود ذلك الشىء بناء على أنّ وجود كلّ شىء عبارة عن كونه بحيث يصير مبداء لآثار المختصة، وينشاء لاحكامه الخاصة. فثبوت عنوان الاشياء فى الذهن والحكم عليها باحكام ثبوتيه لائقة بها لا يستدعى وجود ماهياتها فى الذهن بذواتها فضلا عن وجودها فى نفس الأمر. فأنّ مفهوم مثل « الحركة » و« الزمان » و« الدائرة » و« الهيولى » و« العدم » واشباهها، إذا حصل فى الذهن فليس المحصول هناك ذات الحركة والزمان وغيرها. فإن قلت: أ ليس سلب الشىء عن نفسه محالا فكلّ شىء يصدق على نفسه فمفهوم « شريك البارى » إذا حصل فى الذهن يصدق عليه أنّه شريك البارى، وكذا مفهوم الحركة والزمان، فثبت أنّ مفهومات هذه الاشياء صادقة على أمور حاصلة فى الذهن ؟. قلنا لا نسلّم ذلك أن أريد به صدق الشىء على نفسه بالحمل الشائع الصناعى . إذ من الاشياء ما لا يصدق ولا يحمل على نفسه بهذا الحمل، كمفهوم « الجزئى » و«اللا شىء» وامثالها . ومسلّم أن أريد به الحمل الأوّل والذى يقتضيه استحالة سلب الشىء عن نفسه هو هذا لا ذاك ومناط كون الشىء موجودا فى ذهن أو خارج هو يصدق مفهومه عليه بالحمل الشائع، وهذا هو المستدعى بوجود الموضوع فى الحكم الايجابى بحسب طرف الحكم فيطلب المساوقة التى توهّمها بين موضع

الموجبة السالبة من هذه جهة، وسيجئ إثبات المساوات بينهما من جهات أُخرى. ومن الناس من يكون بانتفاء المحمول عن الموضوع فى نفس الأمر وهو يتوقّف على تعدّدهما وتغايرهما فى نفس الأمر. إذا سلب الشىء عن نفسه غير صادق، وهما يتوقّفان على تمايزهما فى نفس الأمر. والتعدّد والتمايز صفتان ثبوتيان فى نفس الموضوع، فيجب أن يكون موصوفهما ثابتا وموجودا، فلا فرق بين الموجبة والسالبة فى اقتضاء وجود الموضوع حال تعدّد اعتبار الحكم، وهو مدفوع بأنّا لا نسلّم أنّ انتقاء المحمول من الموضوع فى نفس الأمر موقوف على تعدّدهما وتغايرهما، لاحتمال أن ذلك بأنّ لا يكون شىء من هما حاصلا فى نفس الأمر إذ حينئذ لا يصدق الموجبة القائلة بأن أحدهما هو الآخر أو ثابت للآخر، فيصدق حينئذ سلب كلّ منها عن الآخر فيها وإلّا ارتفع النقيضان. [ف] قوله [الدوّانى]: «إذ سلب الشىء عن نفسه غير صادق». قلنا لا يلزم من انتفاء تغايرهما فى نفس الأمر اتحادهما فيها، لجواز أن يكون انتفاء التغاير بانعدامهما رأسا، فلم يكونا فى نفس الأمر متحدين ولا متغايرين.

قوله [الشارح العلامة]، رحمه الله : «لكن هذا الفرق إنّما يكون فى الشخصيات [لافى القضايا المحيطة]، اﻫ». ٢٠٦

[أقول]: وذلك لاشتمال المحصورات على عقد وضع هو فى قوّة

قضية حملية ايجابية عند طائفة، كالشيخ وغيره؛ فلا محالة أنّها مستدعية لوجود الموضوع سواء كان سالبة أو موجبة، كما سيجيئ. فبطل الفرق المذكور بين سالبتها وموجبتها. أقول أنّ المساوقة بينهما من جهة عقد الوضع بعد تسليمه لا يبطل الفرق بينهما من جهة عقد الحمل وذلك الفرق بحاله تعمّ موضوع السالبة على التقدير المذكور. أعمّ اعتبارا من موضوع الموجبة، وإن لم يكن أعمّ[٢٠٧] تناولا منه وذلك كافّ فى الفرق ولا يلزم تباين الافراد. ومن ههنا اندفع ما يتوهم أيضا أنّ موضوع السالبة إذا كان أعمّ من موضوع الموجبة المعدولة المشاركة له فى الأجزاء، لم يتحقّق التناقض لتباين افرادهما وإن لم يكن أعمّ زال الفرق وذلك لأنّ موضوعها أعمّ اعتبارا من موضوع الموجبة فلا يلزم تحقّق أحدهما دون الآخر. إذ العموم بمعنيين الافرادى والاعتبارى والثابت ههنا هو الاعتبارى. ولا يلزم منه زوال الفرق لأنّه أعمّ اعتبارا وإن لم يكن أكثر افرادا أم، وسيجيئ فى كلام الشارح، رحمه الله، زيادة التوضيح انشاء الله تعالى.

[الضابط الثالث : فى جهات القضايا][٢٠٨]

قـولـه، رمــسـة روحـه : «أمّـا ضـرورى الوجـود ويسـمّى الواجب،

---

[٢٠٧] ن: أعم

[٢٠٨] شرح شيرازى : ٧٧؛ حكمة الاشراق : ١٩؛ شرح شهرزورى : ٧٧ : ٧ به بعد

٢٠٩.«[٥١]

[أقول]: قد وقعت الإشارة إلى أنّ الوجود قد يكون محمولا
وللقضية بحسبها هليّة ٢١٠ بسيطة، وقد يكون رابطة والقضية بحسبها
هليّة مركّبة وعلى التقديرين يحصل عقود ثلثة بحسب كيفيات ٢١١
ثلاثة دالّة على تأكد الرابط وضعفه؛ هى الوجوب والامتناع والإمكان
وهى عناصر وموادّ فى انفسها وجهات بحسب التعقّل، وليست
الجهات تنحصر فى الموادّ . ولكلّ مايتعقّل من الكيفيات ويدلّ عليها
بلفظ فيكون هى جهة سواء كانت هى أحدى هذه الثلث أو غيرها، ولا
الجهة بما هى جهة يلزمها أن يطابق المادّة. فان المادّة هى بحسب نفس
الأمر والجهة بحسب إدراك العقل طابق الواقع أم لا . وهذه القسمة
بحسب العناصر قسمة حقيقية جارية فى كافة المفهومات والوجودات

---

٢٠٩ شرح شيرازى: ٧٧؛ حكمة الاشراق: ١٩؛ شرح شهرزورى: ٧٧ : ١٠. متن
حكمة الاشراق: (١٩) هو ان الحملية نسبة محمولها إلى موضوعها وموضوعها إلى
محمولها إما ضرورى الوجود ويسمّى «الواجب»، او ضرورى العدم ويسمّى «الممتنع»، او
غير ضرورى الوجود والعدم وهو «الممكن». فالأوّل، كقولك «الانسان حيوان»؛ والثانى،
كقولك «الانسان حجر»؛ والثالث، كقولك «الانسان كاتب». والعامة قد يعنون بالممكن
ما ليس بممتنع فإذا قالوا «ليس بممتنع» عنو به الممكن، وإذا قالوا «ليس بممكن» عنوا به
الممتنع. وهذا غير ما نحن فيه، فان ما ليس بممكن هو قد يكون ضرورى الوجود وقد يكون
ضرورى العدم بهذا الاعتبار، وما يتوقّف وجوده وامتناعه على غيره فعند انتفاء ذلك الغير
لا يبقى وجوبه وامتناعه، فهو ممكن فى نفسه، والممكن يجب بما يوجب وجوده ويمتنع
بشرط لا يكون موجب وجوده، وعند تجرّد النظر إلى ذاته فى حالتى وجوده وعدمه ممكن .

٢١٠ ن:ـهليه

٢١١ م: ايضاحات

بالقياس إلى اىّ معنى كان. ووجه الحصر ما ذكره الشارح [العلامة]
بقوله: «وإنّما انحصرت الموارد»؛[٢١٢] فكلّ معنى أمّا واجب الوجود، أو
ممكن، أو ممتنع؛[٢١٣] وكذلك كلّ معنى أمّا واجب الحيوانية أو ممكنها أو
ممتنعها، لكن حيثما يطلق الواجب وقسيماه فى الحكمة الحقيقة، تبادر
إلى الذهن ما بحسب الهَلِّية[٢١٤] البسيطة، أعنى واجب الوجود فى
ممكن الوجود، وممتنع الوجود بخلاف الحكمة الميزانية.[٢١٥] فان المتبادر
فيها أمّا بحسب الهَلِّية المركّبة، فالوجوب والامتناع والإمكان الدائرة فى
صناعة الفلسفة الأُولى هى ما هى جهات القضايا وموادّها[٢١٦] فى صناعة
الميزان لكن مقيّدة بنسبة المحمول الذى هو الوجود. وبعض ضعفاء
البصيرة زعموا أنّ هذه مغايرة لتلك بحسب المعنى لظنّه الفاسد أنّه لو
لم يكن مغايرة لزم أن يكون لوازم الماهيّات وذاتيات الاشياء واجبة
الوجود لذواتها. وهو مدفوع أمّا على طريقه غيرنا فبان اللازم هوكون
الاربعة، مثلا، واجبة الزوجية؛ والإنسان واجبة الحيوان لا واجبة

---

[٢١٢] **شرح شيرازى**: ٧٨: و إنّما انحصرت الموادّ فى نفس الأمر فى الثلث، لأنّ نسبة
المحمول إلى الموضوع فى نفس الأمر إمّا ضرورية الوجود أوّلا، والثانى إمّا ضرورية العدم أوّلا،
و هو واضح.

[٢١٣] ن: م: ممكنة أو ممتنعة

[٢١٤] يعنى قضاياى بسيط فى جواب «هل هو؟»؛ با «الحملية» اشتباه نشود. م.

[٢١٥] ن: ـالحكمة

[٢١٦] م: موارد

الوجود، وهذا ليس بسديد. فأنّ الكيفيات قد علمت أنّها احوال
للوجود الذى هو الرابطة سواء كان فى ضمن حمل الوجود، أو حمل
غيره. وشىء من المفهومات لا يحمل ولا يرتبط[٢١٧] إلّا بواسطة الوجود.
فواجب الحيوانية معناه واجب وجود الحيوانية فهو واجب وجود مطلقا
لذاته فيعود المحذور، وأمّا على طريقتنا فأنّ وجود الوجود وضرورة
المحمول فى الطبائع الإمكانية غير محقّق إلّا ما دام الوجود، أو بشرط
الوجود لأنّ ثبوت كلّ مفهوم الشىء إنّما هو بعد ثبوت ذلك الشىء
لتقدّم الوجود عندنا على جميع الذاتيات بحسب الواقع. بمعنى أنّ
الوجود هو الأصل فى التحقّق. وغير الوجود متحقّق به بالعرض وإن
كان فى طرف اتصاف الماهية بالوجود ثبوت الذات والذاتيات فى
انفسها متقدّمة على اتصافها بمفهوم الوجود بخلاف الحقيقة الواجبة.
فأنّ مصداق الحمل فى قولنا «البارى موجود» أو «عالم نفس» ذات
الموضوع بلا حيثيّة أُخرى، وأمّا حمل الحيوانية على الإنسان فليس
كذلك. ولست أقول أنّ قولنا «الإنسان حيوان» قضية وصفية، لأنّ
القضية الوصفية ما يحتاج الحكم على موضوعه بعد تحصّله فى نفسه
الى[٢١٨] صفة أُخرى. وأمّا قولنا «الإنسان حيوان» فهو قضية ضرورية
ذاتية بمعنى أنّ الحكم بالحيوانية لا يحتاج بعد تحصّل ذات الإنسان إلى
شىء آخر، لكن ذاته بذاته مما يحتاج فى تحصّله إلى جاعل يجعله أو

يجعل وجوده أو بجعله موجودا. فالضرورة فى مثل هذه القضية مقيّدة بالوجود بخلاف الضرورة الأزلية، فأنّها غير مقيّدة لا بالوجود ولا بشىء آخر.

قال الشيخ الرئيس فى « الاشارات »: لا يخلوا المحمول فى القضية وما يشبه سواء كانت موجبة أو سالبة من أن يكون نسبته إلى الموضوع نسبة الضرورى الوجود فى نفس الأمر[٢١٩] مثل الحيوان فى قولنا « الإنسان حيوان » [أو] « الإنسان ليس بحيوان » أو نسبة ما ليس ضروريا لا [بـ] وجوده ولا [بـ]عدمه، مثل الكاتب، فى قولنا « الإنسان كاتب » أو « ليس بكاتب » أو نسبة الضرورى العدم مثل الحجر فى قولنا « الإنسان حجر » [أو] « الإنسان ليس بحجر » فجميع مواد القضايا هى هذه، إنتهى كلامه.[٢٢٠]

[أقول]: وهو صريح، فى أنّ هذه الجهات احوال الموجودات، ولذلك لم يحصل للسوالب جهات غير الشئ فى موجباتها. فذلك أيضا دالّ على أنّ المواد والجهات كلّها احوال الموجودات، وإنّما اتصفت السلوب بها بحسب اعتبار ضرب من الثبوت لها. فان السلب من حيث هو سلب قطع للنسبة ورفع للايجاب ولا يكون له عنصر ولا

٢١٩ن: ـالامر

٢٢٠ رك: ابو على سينا « التنبيهات والاشارات » مع « لباب الاشارات » من فخر الدين الرازى. به اهتمام محمود شهابى. تهران: انتشارات دانشگاه تهران، ١٣٣٩. « اشارة إلى اصول وشروط فى الجهات »، صص٢٥ به بعد.

جهة، فلا يكون نسبته سلبية مكيفة بضرورة أو امتناع، أو إمكان أو دوام، أو وتوقيت بالحقيقة بل بمجرّد الاعتبار. فمعنى ضرورة النسبة السلبية امتناع النسبة الايجابية[٢٢١] ومعنى امتناع السلبية ايجابية، ومعنى امتناع السلبية[٢٢٢] ضرورة مقابلتها. ومعنى دوام النسبة السلبية سلب الايجاب المقيد بكلّ وقت. فسلب الحجرية عن الإنسان دائما يرجع إلى سلب ايجاب الحجرية له فى أى وقت فُرض من الاوقات. فلا فرق فى الحقيقة بين السالبة الضرورية والسالبة [اللا] ضرورية، ما لم يعتبر للسلب ثبوت ولو بحسب التمثيل الذهنى، وكذا بين السالبة الدائمة والسالبة اللادائمة. وكذا الفرق بين السالبة المطلقة العامة سواء كان الاطلاق العام[٢٢٣] من الجهات أو كان مقابل التوجيه تقابل العدم والملكة. والفرق بين اطلاق السلب وسلب الاطلاق لا يخلو من اشتباه. والشيخ الرئيس قد أثبت الفرق بين المعانى التى عدناها للسلب الذى مرّ ذكره فلا تسئ ظنّك به.

قوله، قدّس سرّه: «والعامة قد يعنون بالممكن ما ليس بممتنع، الخ»[٢٢٤].

---

[٢٢١] ن: السلبية

[٢٢٢] ن:- ومعنى امتناع السلبية

[٢٢٣] ن:-العام

[٢٢٤] شرح شيرازى: ٧٨؛ حكمة الاشراق: ١١٩؛ شرح شهرزورى: ٧٧: ١٢ - ١٣

[أقول]: اعلم أنّ العامّة قد يستعملون لفظ «الإمكان» ويريدون به سلب امتناع الموضوع، أو سلب امتناع شىء له، والامتناع ضرورة انتفاء الموضوع، أو انتفاء نسبته له، فمعنى الإمكان فى الوضع الأوّل هو سلب ضرورة الطرف المقابل للوجود، وإنّما يوصف به هذا الطرف من باب وصف الشىء بحال متعلقة الغير الواقع. فكلّ ما ليس بممكن هنالك فهو ممتنع، فالممكن محمول على الواجب وعلى ما ليس بواجب ولا ممتنع وليس بواقع على الممتنع.[٢٢٥] وقد [قال][٢٢٦] الشارح العلامة أنّ الممكن العامى ليس طبيعة محصّلة متناولة للواجب، وقسيمه فى نفس الأمر،[٢٢٧] بل إنّما ذلك بحسب ما يعتبره العقل، ويستحصل مفهوما يقع عليهما حتّى هذا الإمكان شيئا فى نفس الأمر متناولا للوجوب والإمكان الحاضر وما فى نفس الأمر، أمّا هذا وأمّا ذاك دون الطبيعة المشتركة المتحصّلة بهما ولذلك ليس هو مادّة أنّ المادّة كما علمت هى ما بحسب الأمر بعينه بل هى يقع جهة لأنّها ما لم يعتبره العقل مطابقا لها أم لا. ثمّ أنّه كان من تصاريفه بعد ذلك الوضع الأوّل، أنّ اعتبر ذلك المعنى تارة فى جانب الايجاب، كما كان فى الوضع الأوّل، وتارة فى جانب السلب. إذ من شأن الامتناع أن يقيّد به جانب السلب ظاهرا كما يقيد به جانب الايجاب، وحينئذ وقع الإمكان على الممتنع وعلى

---

٢٢٥ ن:−ممتنع

٢٢٦ م:افاد

٢٢٧ اقتباس از شرح شيرازى: ٧٨

ما ليس بواجب ولا ممتنع، وتخلّى عن الايجاب والسلب[٢٢٨] فصار متقابلا لكلّ من ضرورتى الجانبين بحسب دخوله على كلّ من الايجاب والسلب، فصار ملازما لسلب ضرورة أحد الجانبين لا بخصوصه. ولما[٢٢٩] لزم وقوعه على ما ليس بواجب ولا ممتنع فى حالتيه جميعا، وقع اسمه بحسب النقل الخاصى لسلب ضرورتى الطرفين جميعا. فيكون الشىء بحسبه ممتنع أن يكون وغيرممتنع أن لا يكون وهو الإمكان الحقيقى المقابل للضرورتين جميعا. وهو أخص من الأوّل، فكان الأوّل عاما أو عاميا منسوبا إلى العامة، والثانى خاصا أو خاصيا. فصارت الاشياء بحسبه ثلثة: واجبة، وممتنعة، وممكنة. وكانت فى الوضع الأوّل اثنين، وهذا الإمكان الخاصى يقع على سائر الضرورات المشروطة. ثمّ قد يقال الإمكان ويعنى به معنى ثالث أخص من المعنيين المذكورين، وهو أن يكون الحكم غير ضرورى البتّة لا فى وقت، كالكسوف، ولا فى حال كحال التغير للمتحرك، بل يكون مثل الكتابة نسبة للامكان، هذا الامكان مايقابل جميع الضروريات.[٢٣٠] وإنّما تكثّرت وجوه استعماله لتكثر وجوه استعمال ما يقابله،[٢٣١] كالضرورة الذاتية، والوصفية، والوقتية، التى بشرط المحمول وهو أحقّ بهذا الاسم من

المعنيين السابقين؛ لأنّ موصوف بهذا الإمكان أقرب إلى حاق الوسط بين طرفى الايجاب والسلب والضرورة بشرط المحمول. وإن كانت مقابلة لهذا الإمكان بالمفهوم والاعتبار فربما يشاركه فى المادّة، لكونها يوصف بها من حيث الوجود، ويوصف به من حيث الماهية لا الوجود؛ وقد يطلق الإمكان ويراد به معنى رابع، وهو أن يكون الالتفات إلى حالّ الشىء بحسب الاستقبال، ويقال له « الإمكان الاستقبالى »، وإنّما اعتبر به طائفة لكون ما ينسب إلى الماضى والحال يكون أمّا موجودا وأمّا معدوما، فيكون قد ساقته من حاق الوسط إلى أحد الطرفين ضرورة ما. فالباقى على الإمكان الصرف لا يكون إلّا المنسوب إلى الاستقبال وهذا ليس بشىء، لأنّ الممكن فى الاستقبال أيضا لايخلو عن ضرورة الوجود أو ضرورة العدم. وإن كان مجهولا فالأولى أن يعتبر هذا الإمكان بالقياس إلى علمنا لا بالقياس إلى الواقع. والجمهور يظنّونه بحسب الواقع وقد يطلق الإمكان ويراد به الإمكان الاستعدادى وهو تهيئ المادّة واستعدادها يتحقّق بعض الشرائط فيها. وقيل أنّه كيفية قائمة بالمادّة يتفاوت شدّة وضعفا بحسب القرب والبعد من حصول الأمر الحادث وسيجئ البحث عنه فى [هذا] الكتاب.

قوله، قدّس سرّه: « لا يبقى وجوبه وامتناعه، [اه] ». ٢٣٢

[أقول]: أى لا يبقى وجوبه وامتناعه، أى لا يبقى وجوبه عند

انتفاء سبب الوجوب، ولا يبقى امتناعه عند ارتفاع سبب الامتناع، أى كلّ وقت وحال. وأمّا ارتفاع سبب الوجود وسبب الامتناع فى وقت واحد، فهو مستحيل. واعلم أنّ للشىء حالا بحسب الواقع وحالا بحسب اعتبار ذاته وحال الممكن، بل الشىء مطلقا فى الواقع أمّا الوجوب وأمّا الامتناع، لأنّه أمّا موجود وأمّا معدوم لا ثالث لهما، وأمّا التقسيم إلى الثلثة فهو إنّما وقعت بحسب حال الشىء بالقياس إلى نفسه مع قطع النظر عن الغير، واتصاف الموجودات الإمكانية بما هى موجودات، بل وجودات بالإمكان من قبيل اتصاف الشىء بحال متعلّقه أعنى الماهيات. فالوجود المحمول إنّما يتصف بالإمكان بمعنى أنّ له ماهية مسلوبة عنها ضرورة الوجود وضرورة العدم. فعلة الوجوب لا يخرج الممكن عن إمكانه الذاتى، وكذا علّة الامتناع. ولو أخرجه علّة الوجوب عن الإمكان لاخرجه أيضا علّة الامتناع عن ذلك، فلم يبق ممكن فى العالم، [و] هذا محال. فلهذا قلت: فهو ممكن فى نفسه، أى لا ينفكّ الإمكان عن الممكن بحال أصلا، كما فسّره الشارح. ومعنى كـونه مـمكنا فى الواقع وإن لم يخلو عن الوجوب فى الواقع والامتناع فى الواقع، كونه بحيث إذا نظر العقل إلى ذاته وقطع النظر عن علّة وجوده وعلّة عدمه وحده غير ضرورى الوجود والعدم؛ وهذا المعنى يجامع كلا من الوجوب والامتناع الحاصلين بالغير، ومن ههنا عُلم أنّ الممكن يجب أن يكون ذا ماهية٢٣٣ يزيد عليها، الوجوب والعدم،٢٣٤

---

٢٣٣ م: +يجب

ولهذا قالت الحكماء: كلّ ممكن زوج تركيبى؛ فان حيثيّة الوجود يخالف حيثيّة الإمكان، كما يخالف حيثيّة الفعل حيثيّة[٢٣٥] القوّة. فموضوع الاعتبارين مختلف فجهة الوجوب وأنّ كان بالغير يخالف جهة الإمكان وهكذا حال الامتناع، وهذا أيضا يرشدك إلى أنّ للوجود صورة فى الخارج هى جهة وجوب الماهيات الإمكانية، وجهة إمكان الماهيات ماهياتها لذاتها. وتحقّق هذا مرجوع إلى الحكمة الحقيقية.

قـول الشـارح [العـلامـة]: «ولا يصدق الممكن على شىء منهما»[٢٣٦].

[أقول]: فاعلم أنّ كلا من الوجوب والامتناع كما يكون لذاته يكون بالغير، فيصدق كلّ منهما على الممكن لذاته بخلاف الإمكان، فأنّه لا يكون بالغير. وذلك لأنّه لو كان شىء ممكنا بالغير، لكان أمّا ممكنا لذاته، فيكون معنى واحد بالذات وبالغير جميعا؛ وأيضا إذا قطع النظر عن الغير، فهل هو ممكن؟ فلا دخل للغير لاستواء وجوده وعدمه فى إمكانه، وإن لم يكن ممكنا فلم يكن الإمكان ذاتيا له، وأمّا واجبا لذاته أو ممتنعا لذاته. فكلّ منهما محال لاستلزامه انقلاب الحقيقة،

---

[٢٣٤] ن:- الوجوب والعدم

[٢٣٥] ن:- حيثية الفعل

[٢٣٦] شرح شيرازى: ٨١

ولكن الثلثة مشتركة له مع انها[٢٣٧] كما يكون بالذات يكون بالقياس إلى الغير. وذلك حيث لا يكون علاقة لزومية، علّة أو معلولية بينه[٢٣٨] وبين المقيس إليه. فكلّ ما لا يكون علّة لشيء ولا معلولا لشيء فيكون حاله بالقياس إليه الإمكان لا غير. فلو كان فى الوجود شيء لا يكون مستندا إلى الواجب بالذات، لكان الواجب لذاته ممكنا بالقياس إليه، وهذا حال الواجب لذاته بالقياس إلى الماهيات انفسها عند من لم يجعلها مجعولة لأنّ وجوداتها مرتبطة إليه دون انفسها. وكذا الممتنع يعرض له الإمكان بالقياس إلى ما ليس معلوما لعدمه. وكلّ ممكنين لا يكون بينهما علاقة ذاتية، فلكلّ منهما إمكانان، ذاتى وبالقياس إلى الآخر.

قوله، قدّس سرّه: « واعلم أنّا إذا قلنا «كلّ ج ب»، اه ».[٢٣٩]

---

[٢٣٧] ن: ـ مع انها

[٢٣٨] ن: ـ بينه

[٢٣٩] شرح شيرازى: ٨١؛ حكمة الاشراق: ٢٠؛ شرح شهرزورى: ٧٧: ١٩. متن حكمة الاشراق: (٢٠) واعلم انّا إذا قلنا «كلّ ج ب» ليس معناه إلّا انّ كلّ واحد واحد مما يوصف بـ«ج» يوصف بـ«ب» لأنك إذا قلت «كلّ ج ب» عرفت ان مفهوم الجيم معنى عام ثمّ تعرضت للشواخص التى تحته بقولك «كلّ واحد واحد» إذ ليس معناه جميع الجيم، إذ يمكنك ان تقول «كل إنسان تسعه دار واحدة» ولا يمكنك ان تقول «جميع الناس تسعهم دار واحدة». وإذا رأيت فى القضايا مثل قولك «كلّ نائم يجوز ان يتيقظ» مثلا، دريت ان مقتضى قولنا «كل نائم» ليس النائم من حيث هو نائم فإنه مع النوم لا يتصوّر ان يوصف باليقظة، بل الشخص الموصوف بأنّه نائم هو الّذى يجوز ان ينام ويستيقظ. وكذا إذا قلنا «كلّ اب متقدّم على الابن» ليس معناه من حيث هو، بل الشخص الموصوف بأنّه اب. وإذا قلت «كلّ متحرّك بالضرورة متغير»، لك ان تعلم ان كلّ واحد واحد مما يوصف بأنّه متحرّك

[أقول]: هذا شروع فى تلخيص ما يفهم من أجزاء « الموجبة الكلّية »، وهو ينقسم إلى ما يتعلّق بناحية الموضوع وما يتعلّق بناحية المحمول. وقد ذكر الشيخ من القسم الأوّل اربعة احكام، وذكر الشارح حكمان آخران لم يذكرهما الشيخ للسبب الذى ذكره الشارح.

فهذه الاحكام ستة: اربعة سلبية، واثنين ايجابيان. أمّا الاربعة السلبية، فاثنان منها ذكرهما الشيخ، واثنان منها ذكرهما الشارح. فالسلبيات هى أنّا لا نعنى بقولنا كلّ ج جميع الجيم سواء كان جميع افراده، أو جميع مفهومه لا كلّية ج وهو « الكلّى المنطقى »، ولا « الجيم الكلّى »، وهو « الكلّى العقلى » ولا الجيم بما هو ج وهو « الكلّى الطبيعى ». وهذا الشرط لم يذكره بعض المنطقيين بناء على أن « الكلّى الطبيعى » قد يكون موضوعا كما فى المهملات، وقد يكون جزء من الموضوع كما فى المحصورات والمخصوصات. فأنّ الطبيعة إذا أخذت مع لاحق شخصى كانت موضوعه للشخصية، وإذا أخذت مع لاحق يقتضى عمومه ووقوعه على الكثيرة فلا يخلو: أمّا أن ينظر إليها من حيث وقوعها على الكثرة، أو ينظر من الكثرة من حيث تلك الطبيعة مقولا عليها. ففى الأوّل يصير موضوع القضية الطبيعية، وفى الثانى إن كان القيد حاضر لجميع ما هى مقولة عليها، وإليه الإشارة فى قول

ليس بضرورى له لذاته ان يتغير، بل لأجل كونه متحركا. فضرورته متوقفة على شرط، فيكون ممكنا فى نفسه. ولا نعنى بالضرورى إلّا ما يكون لذاته، فحسب. وأمّا ما يجب بشرط من وقت وحال فهو ممكن فى نفسه.

المصنّف. ثمّ تعرضت للشواخص، أى يكون المراد كلّ واحد ما يقال عليه، أو يوصف بها فكانت موضوعة للمحصورة الكلّية وإلّا فللمحصورة الجزئية؛ والفرق بين الكلّى بهذا «المعنى» و«الكلّ»؛ أنّ الكلّ متقوّم بالأجزاء غير محمول عليها، والكلّى مقوّم للجزئيات محمول عليها. وأن الأجزاء متناهية محصورة والجزئيات غير متناهية. والفرق بين كلّ واحد والكلّى ما ذكره المصنّف بقوله: «**كلّ إنسان يسعه دار واحدة، اۜۜ5**»،[٢٤٠] وذكر الامام الرازى[٢٤١] فى المثال أنّ كلّ واحد من العشرة ليس بعشرة والكلّ عشرة، وردّ عليه المحقق الطوسى[٢٤٢] بأنّ لفظة «كلّ» فى هذا المثال للتبعيض. وفى قولنا «كلّ واحد من جيم يفيد [البا]»، فهذا المثال يشتمل على مغالطة بحسب اشتراك الاسم، فقال أن المثال صحيح أن يقال مثلا «كلّ من الناس شخص واحد»، و«ليس كلّ الناس شخصا واحدا» و يمكن منع القول الثانى إلّا أن يفيد الوحدة الحقيقية والآخر فى ذلك هين. وأمّا الايجابيان فأوّلهما، أنّا نعنى بكلّ جيم كلّ **ب** موصوفة بجيم بالفعل وأن لم يكن مأخوذا مع

---

[٢٤٠] شرح شيرازى: ٨١؛ حكمة الاشراق: ٢٠؛ شرح شهرزورى: ٧٨: ٢

[٢٤١] احتمالا ملا صدرا قصدش كتاب «لباب الاشارت» فخر رازى است. رك: ابو على سينا «التنبيهات والاشارات» مع «لباب الاشارات» من فخر الدين الرازى. به اهتمام محمود شهابى. تهران: انتشارات دانشگاه تهران، ١٣٣٩؛ صص ١٧٨ به بعد.

[٢٤٢] رك: ابو على سينا «الاشارات والتنبيهات» مع «شرح الاشارات» لنصير الدين الطوسى. تحقيق الدكتور سليمان دنيا. القاهره: دار المعارف، ١٩٦٠؛ القسم الاوّل.

جيم أو محنا بجيم لصحة قولنا « كلّ متحرّك قد يسكن »، ولا ما هو
طبيعة جيم، كما فى المهملات على ما هو. وذلك لأنّ لفظة « كلّ » لا
يضاف إليها هناك وهذا الحكم يتضمن ويستلزم احكاما كثيرة بعضها
ايجابيا وبعضها سلبى. ومن الايجاب كون الذات الموضوعة ممكنة
الجسمية إذ الفعلية يتضمن الإمكان ولو كان المراد من كلّ ج أعمّ من
الافراد الممكنة والممتنعة لما كانت القضية الكلّية صادقة أصلا، وأمّا
السلوب فهى أنّه ليس المراد من كلّ ما هو جيم ما هو جيم بالضرورة ولا ما هو
جيم دائما، ولا ما هو جيم بالقوّة، ولا ما هو جيم غير دائم، بل ما هو
أعمّ بها جميعا. وهذا هو الاطلاق العامّ الذى يعتبر فى عقد الوضع أىّ
صدق وصفا الموضوع على ذاته بالفعل، وقد خولف فى ذلك مصطلح
المعلم الثانى وطريق مصطلح الشيخ الرئيس لكونه مخالفا للعرف
والتحقيق، كما هو المذكور فى من أنّ الشىء الذى يصحّ أن يكون
إنسانا، كالنطفة، لا يقال أنّه إنسان، والثانى من الايجابيان، أنّا نعنى به
الموصوفات بجيم على وجه يعمّ ما يكون ج تمام حقيقتها، أو بعض
حقيقتها، أو عارضا لها وما يكون افرادا شخصية أو نوعية أو صنفية،
ما يعمّ المفروضات الذهنية، والموجودات العينية من غير تخصيص بأحد
الصنفين خلافا لجماعة من المنطقيين، حيث ذهبوا إلى أنّ المراد ما
يوجد منها فى الخارج فقط، وأمّا الاحكام المتعلقة بناحية المحمول فمنها
ما يختلف بحسبه القضايا الموجهات من الضرورة الذاتية والضرورة
الوصفية، والدوام الذاتى والوصفى والضرورة الوقتية وغير ذلك؛ وهى

كلّها زائدة على مفهوم قولنا كلّ ج ب، بل معناه كلّ ما هو موصوف بجيم بالفعل فذلك الشىء موصوف بأنّه ب من غير زيادة أنّه موصوف به بالضرورة، أو دائما أو وقت كذا أو حال كذا. فأنّ جميع ذلك أخص من مفهوم كونه موصوفا بـ« ب » مطلقا. فهذا هو معنى قولنا كلّ ب من غير زيادة جهة من الجهات، وهو بعينه مفهوم القول المطلق العامّ مع الايجاب الكلّى. فإذا زيد عليه أمر يصير من الموجهات، فقد تبيّن بما ذكر أن التوجيه يقابل الاطلاق تقابل العدم والملكة فى الاعتبار. فهذه شرائط الموضوع والمحمول التى تعمّ بها الموجبة الكلّية جميع الصور المحتملة، وفى اهمالها مفاسد شتى.

قـال الشـارح العـلامـة: «والعلّة فى الكلّ عـدم تكرر الأوسط، ٥١».[٢٤٣]

[أقول]: أى سبب كلّ ما نفيناه من القيود أن وجوده يؤدى إلى عدم تكرّر الأوسط، وأحال بيان جميعه إلى تأمل ممن وفّق له، ومن جملة ذلك الشُبهة بقولنا «الانسان حيوان، وكل حيوان جنس»، ينتج «الإنسان جنس»، وهو باطل. وهذه الشُبهة إنّما نشأت من سوء اعتبار الموضوع فى قولنا «كلّ حيوان جنس»، إذ المراد به «الحيوان الكلّى»، مفهوم الحيوان بما هو عامّ، وهو من الاعتبارات المنفية عن مفهوم الايجاب الكلّى ولو أريد به كلّ واحد واحد لم يصدق أصلا. ولذلك

أجاب عنها[الشيخ] الرئيس بقوله: «أن الجنس إنّما يحمل على طبيعة الحيوان من حيث اعتبار تجريدها[244] فى الذهن بحيث يحصل لايقاع الشركة فيها[245] اعتبار أخص من اعتبار الحيوان بما هو حيوان فقط»، ثمّ قال «وبالحقيقة أنّ هذا يرجع إلى الطرف الأكبر يحمل على بعض الطرف الأوسط وعلى بعض الذى لا يحمل على الطرف الأصغر». ومن سخيف القول فى نفى تكرار الأوسط فيه ما ذكره بعض الناس من أنّ الحيوان الذى هو الجنس هو بشرط لا شىء، والذى يقال على الإنسان لا بشرط شىء. فإذن المعنى مختلف، وذلك لأنّ الحيوان الذى هو الجنس لو لم يكن مقولا على الإنسان وغيره لم يكن جنسا، وأيضا الحيوان بشرط لا شىء هو المادّة، ومادة الشىء غير جنسه بالاعتبار، فكيف جعله جنسا؟ وأيضا هو الجزء والجزء سابق فى الوجود، فكيف يتقوّم بالفصل بحسب التحصّل؟ وأيضا يلزم أن يكون جزء الجزء الذى هو الجنس الاعلى سابقا فى الوجود على الجزء الذى هو الجنس، بخلاف ما تقرّر من أنّ حمل العالى بوا سطة حمل السافل. وكذا ما ذكره الامام الرازى، من أن الحيوان الذى يحمل عليه الجنس هو المحمول على الإنسان بشرط أن يكون أيضا محمولا على غيره. والذى يقال على الإنسان هو المحمول عليه فقط. وبين الأمرين فرق، وذلك لأنّ اشتراط الأوّل غير معتبر فى حمل الحيوان على الإنسان، إنّما يعتبر فى صيرورته

جنسا واشتراطه الثانى غير صحيح، لأنّ الحيوان المحمول على الإنسان هو الحيوان بلا اشتراط أن لا يكون محمولا على غيره. ولهذا لو قيل الإنسان والفرس كلاهما حيوان، والحيوان جنس، كانت الشُبهة بحالها. بل الحقّ كما صرّح به بعض المحقّقين، أنّ الحيوان الذى هو الجنس، الذى يحمل على الإنسان، كلاهما حيوان لا بشرط شىء. فلا يكون بين الأوسطين تغاير من هذا الوجه، بل وجه التغاير أنّ اللابشرط بشرط قيد فى أحدهما وترك قيد فى الآخر. فأنّ الحيوان ما لم يعتبر كونه بلا شرط لم يتصف بالعموم والجنسية. ولهذا لا يتصف بهما إذا أخذ مع قيد عدمى أو وجودى، كالمتجرّد عن الفصول أو المأخوذ مع أحدها، وهو بدون ذلك الاعتبار محمول على الإنسان. ولهذا يحمل عليه إذا كان مشروطا بقيد أيضا، كالحيوان الناطق؛ ويحمل على اشخاصه أيضا بعينه ما هو المحمول عليه، إذ لا يعتبر فيه العموم ولا الخصوص فيحمل على العام والخاص جميعا. فان الحيوان، إنّما هو حيوان يحمل على الحيوان الشخصى، وعلى الذى هو النوع، وعلى الذى هو المادّة، وعلى الذى هو الجنس.

قوله، قدّس سرّه: حكمة إشراقية

[فى بيان ردّ القضايا كلّها إلى الموجبة الضرورية البتّاتة]٢٤٦

---

٢٤٦ شرح شيرازى: ٨٤؛ حكمة الاشراق: ٢١؛ شرح شهرزورى: ٨٢: ١١ به بعد

[قوله، قدّس سرّه]: «أنّه لما كان الممكن إمكانه ضروريا، اه». ٢٤٧

[أقول]: لما حاول الشيخ، رضى الله، عنه تنقية حكمة الميزان وتصفية صناعة البرهان من الزوائد الغير المفتقر إليها السالكون سبيل القدس بأقدام الانظار العقلية، ردّ كافة الاحكام المستعملة فى العلوم بحسب الكم والكيف والجهة إلى الموجبة الضرورية البتّاته بحذف ارسال كمية الموضوع واهمالها، كما مرّ فى «الضابط الثانى» لما بين هناك أنّ المعتبرة فى العلوم من الاحكام محيطات لا مرسلات، وتقلب الجزئية محيطة بتسمية الابعاض المحكوم عليها فى القضايا الجزئية باسماء معينة، ثمّ الحكم على عنوانها بحكم كلّى شامل لكلّ واحد

---

٢٤٧ **شرح شيرازى**: ٨٤؛ **حكمة الاشراق**: ٢١؛ **شرح شهرزورى**: ٨٢: ١٢. **متن حكمة الاشراق**: (٢١) لما كان الممكن إمكانه ضروريا والممتنع امتناعه ضروريا والواجب وجوبه ايضا كذا، فالأولى ان تجعل الجهات من الوجوب وقسيميه أجزاء للمحمولات حتّى تصير القضية على جميع الاحوال ضرورية، كما تقول « كلّ إنسان بالضرورة هو ممكن ان يكون كاتبا او يجب ان يكون حيوانا او يمتنع ان يكون حجرا ». فهذه هى الضرورة البتّاتة. فانا إذا طلبنا فى العلوم إمكان شئ او امتناعه، فهو جزء مطلوبنا. ولا يمكننا ان نحكم حكما جازما بتّة إلاّ بما يعلم أنّه بالضرورة كذا. فلا نورد من القضايا إلاّ البتّاتة حتّى إذا كان من الممكن ما يقع فى كلّ واحد وقتا مّا كالتنفس، صحّ ان يقال « كلّ إنسان بالضرورة هو متنفس وقتا مّا ». وكون الإنسان ضرورى التنفس وقتا مّا أمراً يلزمه ابدا، وكونه ضرورى اللاتنفس فى وقت مّا غير ذلك الوقت ايضا أمر يلزمه ابدا وهذا زائد على الكتابة فانها وان كانت ضرورية الإمكان، ليست ضرورية الوقوع وقتا مّا وإذا كانت القضية ضرورية، كفانا جهة الربط فحسب، او تعرض كونها بتّاتة دون ادخال جهة أُخرى فى المحمول، مثل ان تقول « كلّ إنسان هو بتّة حيوان » وفى غيره إذا جعلت بتّاتة، لا بدّ من ادراج الجهة فى المحمول، ولنا ان نتعرض للسلب بعد ان تعرضنا للجهات، فان السلب التام هو الضرورى، وقد دخل تحت الايجاب إذا اورد الامتناع على ما ذكرنا وكذا الإمكان. [تتمه در پانوشت آتى ٠م.]

واحد من ذلك العنوان الافتراضى، وبحذف [الـ]مهمل الجهة بتوجيه المطلقات لما وضع فى اصول التعاليم أنّ القضايا المستعملة فى العلوم، وإن كانت مطلقة من حيث الصورة فهى موجبة بل ضرورية من حيث المعنى، وبحصر مطلق الجهات فى الضرورية البتّاتة، لكون كلّ مادّة وإن كانت إمكانا هى ضرورية لدى المادّة. فههنا شرع فى هذا المطلب بقوله: «لما ٢٤٨ كان الممكن، إلى آخره»، ٢٤٩ أى لما كان إذا جعل موضوعا للقضية ونسب إليه إمكانه، وجد العقل أنّه ضرورى له، وكذلك الممتنع إذا جعل موضوعا وحمل عليه امتناعه كان مادّة القضية ضرورة، وكذلك الواجب وجوبه ضرورى. فالأولى والأصوب جعل الجهات كلّها أجزاء للمحمولات حتّى تصير القضايا كلّها على جميع الاحوال ضرورية تباينية كقولنا «كلّ إنسان بالضرورة وهو ممكن الكتابة، أو كاتب بالإمكان»، «وكل إنسان يجب أن يكون حيوانا»، و«كل إنسان بالضرورة ممتنع أن يكون حجرا» واستدلّ على هذا بأنّ

---

٢٤٨ ن: ـأنّ

٢٤٩ شرح شيرازى: ٨٤؛ حكمة الاشراق: ٢١؛ شرح شهرزورى: ٨٢: ١٣. متن حكمة الاشراق: واعلم انّ القضية ليست هى باعتبار مجرّد الايجاب قضية، بل وباعتبار السلب ايضا، فانّ السلب ايضا حكم عقلى سواء عُبّر عنه بالرفع او بالنفى. فانّه حكمُ فى الذهن ليس بانتفاء محض، وهو إثبات من جهة انّه حكم بالانتفاء؛ والشئ لم يخرج من الانتفاء والثبوت. وامّا النفى والاثبات فى العقل، فهما احكام ذهنية، حاليهما شئٌ آخر. فالمعقول، إذا لم يحكم عليه بحال مّا، فليس بمنفى ولا بمثبت، بل هو فى نفسه امّا منتفٍ، او ثابت؛ وله تتمّة سنذكرها. والقضية إذالم يتعين فيها جهة، فهى مهملة الجهات، وكثُر فيها الخبط. فلتُحذف مهملة الجهات كما حُذفت مهملة كمية الموضوع.

المطلق فى العلوم والمقتنص بالحجج والبراهين ليس إلاّ[٢٥٠] الاحكام
الجازمة الضرورية. فإذا حاولنا فى العلوم تحصيل إمكان شىء، وامتناعه
كان ذلك جزء مطلوبنا لا جهة له، فالجهات على الاطلاق منحصرة فى
الضرورة المطلقة البتّاته. ولا اشكال فى فهم ما ذكره فى الدائمات، إنّما
الاشكال فى الاحكام والوقتية. فان قولنا «دائما كلّ قمر منخسف
وقت الحيلولة»، و«كلّ إنسان دائما يتنفّس فى بعض الاوقات»،
يصعب فهمه على العقول المتوسطة وتحقيق ذلك موكول إلى علم أعلى
من هذا العلم، حيث يبيّن فيه أن الاشياء وإن كانت حادثات كلّها
واجبات بالقياس إلى المبادى، وبالقياس إلى القضايا الكلية، والنظام
الجملى. ثمّ أشار إلى أنّ مادّة الضرورة مستغنية عن إدخال جهة أُخرى
فى محمولها، وكذلك إذا جعلت محمولة أو جزءا للمحمول لا يحتاج
فى القضية الضرورية البتّاتة إلى اعتبار جهة أُخرى يتكيف بها النسبة،
وأمّا غير مادّة الضرورة فتحتاج إليها لا محالة. وهذا شبيه ما مرّ فى
استغناء الهَلّية البسيطة من الحمليات عن رابطة أُخرى غير المحمول،
وافتقار غيرها إلى الرابطة. ثمّ أفاد أنّ الطائفة الإشراقيين[٢٥١] لم يروا بأسا
بترك التعرض للسلب[٢٥٢] واحواله بعد التعرض للجهات من جعلها
أجزاء المحمولات، لأنّ السلب التام هو ما يكون ضروريا وقد وقع تحت

الايجاب. إذا بدّل مفهومه بمفهوم[٢٥٣] الامتناع ولفظه بلفظة، فقيل بدّل قولنا «كلّ إنسان ليس بحجر» [ب] «كلّ إنسان يمتنع أن يكون حجر»، أو كذا السلب الغير التام وهو السلب الإمكاني لأنّ الممكن ينقلب سالبة إلى موجبه، وموجبة يدخل تحت الضروري البتّاتى بالعمل الإشراقى كما مرّ. ثمّ أفاد أنّا معاشر الإشراقيين لسنا ممن يجوز أن نطوى جانب اعتبار السلوب طيّا، ويهمل جانب النقائض اهمالا، فيصير ذلك مساغا لطرق الاغاليط إلى الاذهان، ومجالا لولوج شياطين الاوهام بشرورها وظلماتها إلى سماء[٢٥٤] الحكمة المحكمة[٢٥٥] بدعائم البراهين المنوّرة بإشراقات العقل، بل الواجب اعتبار العقود السالبة البسيطة وّلا تمّ عطف النظر إلى ايجاب سلوبها للموضوعات وجعل الموجبات التى محمولاتها تلك السوالب ضروريات بتّاتيات.

[الضابط الرابع: فى التناقض وحدّه][٢٥٦]

قوله [الشارح العلامة]، رحمه الله تعالى: «وبقوله بالايجاب

---

[٢٥٣] ن: ‑بمفهوم

[٢٥٤] ن؛ ك: سماع؛ شرح شيرازى: ٨٥: سماء

[٢٥٥] ن: ‑المحكمة

[٢٥٦] شرح شيرازى: ٨٦؛ حكمة الاشراق: ٢٢؛ شرح شهرزورى: ٨٦: ١ به بعد

والسلب لا غير اختلافها بالمحمول، اه».[257]

[أقول]: اعلم أنّ اختلاف القضيتين[258] قد يكون لاختلاف اجزائها، كلا أو بعضا؛ كقولنا «العالم حادث» و«الانسان حيوان». وقد يكون لاختلاف كيفيتهما من الايجاب والسلب، أو كمّيتهما من الكلّية والجزئية، أو جهتهما من الضرورة أو اللاضرورة، والدوام واللادوام، أو شىء آخر من اللواحق الغريبة، كالشرط والإضافة والإمكان[259]، وغير ذلك. لكن الاختلاف الحقيقى لا يكون بينهما ولا بين اشياء غيرهما[260] إلّا باعتبار الايجاب والسلب؛ لأنّهما، كما مرّ، عبارة عن وجود وعدم مضاف إليه، وهما مرجع جميع الاختلافات. فأن العقل متى نظر إلى أىّ شيئين هما غير الوجود والعدم، لم يجد بينهما اختلافا أصلا إلّا باعتبار أن أحدهما يصدق مع عدم الآخر. فالنفى والايجاب هما اللذان لا يجتمعان لذاتيهما ولا يرتفعان لذاتيهما. والشىء المنفى والشىء المثبت إنّما يكونان متخالفين بتبعية تخالف عارضيهما لا لذاتهما، وكذا سائر الاختلافات يرجع إلى الاختلاف بهما. إذا علمت هذا، فاعلم أن الاختلاف بالايجاب والسلب قد يقع على وجه لا يستدعى صدق أحدهما كذب الآخر؛

---

[257] شرح شيرازى: ٨٦

[258] ن: –النقضين

[259] م: المكان

[260] ن: – غيرهما

وقد يقع على وجه يقتضيه. فالأوّل، كقولنا «هذا سواد» و«هذا ليس بحركة». فأنّهما قد يصدقان معا، وقد يكذبان معا، فلا يقتسمان الصدق والكذب. والثاني، قد يقع على وجه يقتضيه أمر غير نفس الاختلاف وذاته، وقد يقع على وجه يقتضيه نفس الاختلاف. فالأوّل، كقولنا «هذا إنسان» [و] «هذا ليس بانسان»، فأنّهما يقتسمان الصدق والكذب لذات هذا الاختلاف لا لشيء آخر. فقد ظهر وتحقّق أنّ «التناقض» هو اختلاف قضيتين بالايجاب والسلب على جهة يقتضى لذاتها أن يصدق أحديهما ويكذب الأخرى. والمصنّف اورد بدلّ قولهم على جهة يقتضى لذاتها أن يصدق أحديهما ويكذب الأخرى قوله «لا غير»،٢٦١ كما بيّنه الشارح؛ ولما كان كلّ واحد من القيدين يستلزم الآخر.

قال الشيخ، [قدّس سرّه]: «ثم يلزم منه أن لا يجتمعا صدقا ولا كذبا».٢٦٢

---

٢٦١ شرح شيرازى: ٨٦؛ حكمة الاشراق: ٢٢؛ شرح شهرزورى: ٨٦: ٣. متن حكمة الاشراق: (٢٢) هو انّ التناقض اختلاف قضيتين بالايجاب والسلب لا غير. ثمّ يلزم منه ان لا يجتمعا صدقا ولا كذبا. فينبغى ان يكون الموضوع والمحمول والشرط والنسب والجهات فيهما غير مختلفة وفى القضايا المحيطة لا نحتاج إلى زيادة شرط، بل نسلب ما اوجبناه بعينه، كقولنا فى القضية البتّاتة «كلّ فلان بالضرورة هو ممكن ان يكون بهمانا». فنقيضه «ليس بالضرورة كلّ فلان هو ممكن ان يكون بالضرورة بهمانا». [تتمه در پانوشت آتى. م.]

٢٦٢ شرح شيرازى: ٨٨؛ حكمة الاشراق: ٢٢؛ شرح شهرزورى: ٨٦: ٤. متن حكمة الاشراق: وهكذا يكون فى غير هذه. وإذا قلنا «لا شئ» نقيضه «ليس لا شئ» وقد

[أقول]: ثمّ شرع فى بيان شرائط التناقض وهى الوحدات الثمان للاشياء الثمانية المشهورة وأشار إلى ثلاثة منها تفصيلا: وهى الموضوع والمحمول والشرط وإلى خمسة منها إجمالا حيث عبر عنها بالنسب؛ وهى الإضافة، والقوّة والفعل، والجزء والكلّ، والزمان والمكان. ²⁶³ وهذه الشرائط كلّها فى الإجمال شرط واحد هو أن تراعى فى كلّ واحدة من القضيتين ما تراعيه فى الأخرى حتّى يكون أجزائهما متحدة كلّ مع نظيرة ذاتا وصفة. واعلم أن ههنا شرطا اهملوه يجب رعايته وإدراجه فى جملة الشروط، وهو وحدة الحمل. فأن قولنا « الجزئى جزئى » و« الجزئى ليس بجزئى »، يصدقان معا ويكذبان معا عند اختلاف الحملين. إذ مفهوم الجزئى يصدق على نفسه بالحمل الذاتى ويكذب عن نفسه بالحمل الشائع، بل يصدق نقيضه بهذا الحمل فيصدق النفى والاثبات جميعا عند اختلاف الحمل. وكذا قولنا «الكلّى جزئى » و« الكلّى ليس بجزئى » يكذبان معا عند اختلاف الحمل، أمّا كذب الايجاب فبالحمل الشائع وأمّا كذب السلب فبالحمل الذاتى. وكذلك فى كثير من المفهومات التى يصدق ويكذب حملها على نفسها بالاعتبارين، كما سبق.

سلبنا ما اوجبنا بعينه فى القضيتين، إلّا أنّه لزم من سلب الاستغراق فى الايجاب تيقن سلب البعض مع جواز الايجاب فى البعض، ومن سلب الاستغراق فى السلب تيقن الايجاب فى البعض وجواز سلب البعض. [تتمه در پانوشت آتى . م .]

²⁶³ ن: ــ المكان

قوله، قدّس سرّه: «وفى القضايا المحيطة لا يحتاج إلى زيادة شرط، اها».٢٦٤

[أقول]: أشارة إلى ما هو المشهور عند القوم أن القضية إذا لم تكن شخصية احتيج أيضا إلى شرط غير الشرائط المعتبرة فى جميع القضايا، وذلك الشرط هو اختلاف القضيتين فى الكمية، أى الكلّية٢٦٥ والجزئية، كما اختلفا فى الكيفية، أعنى الايجاب والسلب. وإلّا أمكن أن يكذبا معا، مثل الكلّيتين فى مادّة الإمكان، مثل قولنا «كلّ إنسان كاتب» و«لا واحد من الناس بكاتب». وإن يصدقا معا مثل الجزئيين فى مادّة الإمكان أيضا؛ مثل قولنا «بعض الناس كاتب» [و] «بعض الناس ليس بكاتب». بل التناقض فى المحصورات إنّما يتمّ بعد الشرائط المذكورة بأن يكون أحدى القضيتين كلّية والأخرى جزئية. ثمّ بعد تلك الشرائط قالوا قد يحوج فى القضايا التى تراعى فيها الجهة إلى شرائط أخرى زائدة على الشرائط التسعة المذكورة، بل العشرة

---

٢٦٤ شرح شيرازى: ٨٨؛ حكمة الاشراق: ٢٢؛ شرح شهرزورى: ٨٦: ٥ - ٦. متن حكمة الاشراق: والقضية التى خصصت بالبعض لم يكن لها من البعض نقيض، كقولك «بعض الحيوان إنسان، ليس بعض الحيوان إنسانا» وإنّما لا يصحّ هذا لان البعض مهمل التصوّر، فيجوز ان يكون البعض الّذى هو إنسان غير البعض الّذى ليس بانسان، فلم يكن موضوع القضيتين واحد. ولكن إذا عيّنا البعض وجعلنا له اسما، كما ذكرنا من جعله مستغرقا، كان على ما سبق. ولعله لا يحتاج إلى تعمق المشائين، وإذا حفظت هذا استغنيت عن كثير من تطويلاتهم.

٢٦٥ م: الكلية

لاشتراط وحدة الحمل، كما مرّ، هى الاختلاف فى الجهات. فالشيخ
بيّن أن الشرطين المذكورين مما لا حاجة إلى اعتبارهما بعد ما ورد[٢٦٦]
عليه الشرائط السابقة، فانا إذا أسلبنا ما أوجبناه بعينه تحقّق التناقض
بين ما أوجبناه وبين ما سلبه. فان نقيض ايجاب كلّ قضية فى الحقيقة
سلب ذلك الايجاب بأىّ وجه كان، فنقيض قولنا «بالضرورة كلّ إنسان
حيوان» [هو] «ليس كلّ إنسان بالضرورة حيوانا»، سواء كان ما صدق
عليه السلب إنسانا بالإمكان، أو شيئا آخر. فقولنا «بعض الإنسان ليس
بحيوان بالإمكان» من لوازم تلك السالبة التى هى النقيض بالحقيقة.
وكذا قولنا «لا شىء من الإنسان بحجر بالضرورة» نقيضه[٢٦٧] قولنا
«ليس[٢٦٨] لا شىء من الإنسان بحجر بالضرورة»، سواء كان لا حجرا أو
حجرا بالإمكان. فقولنا «بعض الإنسان حجر بالإمكان» من لوازم
النقيض وكذلك فى سائر الكميات والجهات. وإلى ذلك أشار بقوله،
[قدّس سرّه]:

«إلاّ أنّه لزم من سلب الاستغراق فى الايجاب تيقن سلب البعض
مع جواز الايجاب فى البعض ومن سلب الاستغراق [فى السلب]

---

[٢٦٦] م: رد

[٢٦٧] م : الحقيقى

[٢٦٨] ن: ‒ليس

تيقن الايجاب فى البعض وجواز سلب البعض». ²⁶⁹.

[أقول]: وهذا التحقيق أيضامن الشيخ يخلص السالك عن ارتكاب كثير من التكليفات الشاقّة، ويسهل له الطريق إلى طلب الحقّ كما لا يخفى. فإن قلت فما تقول فى قولك «كلّ إنسان متنفس بالاطلاق» [و] «ليس كلّ إنسان متنفس بالاطلاق»، فأنّهما ليسا بمتناقضين. ويلزم عن الشيخ أن يكونا متناقضين كما زعمه مَن لا تحقيق له فى علم الميزان. قلنا: عدم كونهما متناقض منشائه عدم تعيين الزمان، وهو من ²⁷⁰ شرائط التناقض. ولو عين الزمان، وقيل «كلّ إنسان نائم وقت كذا» لكان نقيضه سلبه البتّه، وهو قولنا «ليس كلّ إنسان نائم وقت كذا» فيلزمه «بعض الإنسان بنائم». والجمهور زعموا ان المطلقات تتناقض إذا تخالفت فى الكيف والكم معا؛ وغفلوا عن شرط التناقض، وهو أن يسلب ما أوجب بعينه. والحقّ أن المطلقات المتخالفة فى الكم والكيف عامة كانت أو خاصة، لا تتناقض؛ لأنّها قد تجتمع على الصدق، بل المتضادة التى هى أشدّ القضايا تخالفا وامتنعا من الصدق قد تجتمع أيضا عليه. إذا كانت مطلقة وذلك إذا كانت المادّة وجودية لا دائمة، كما فى «قولنا كلّ إنسان نائم بعضهم أو كلهم ليس بنائم».

²⁶⁹ شرح شيرازى: ٨٨؛ حكمة الاشراق: ٢٢؛ شرح شهرزورى: ٨٦: ٩ - ١١

²⁷⁰ ن:-من

[الضابط الخامس: فى العكس] [۲۷۱]

قوله، قدّس سرّه: «هو جعل الموضوع بكلّيته محمولا، اهـ» [۲۷۲].

[أقول] هذا رسم للعكس المستوى المخصوص بالحمليات. وإن جعل
بدّل المحمول محكوما به والموضوع محكوما عليه صار رسما للعكس
المستوى مطلقا، فيشتمل عكوس الشرطيات كلّها أيضا. وإنّما قيد
بقوله «بكلّيته» لئلا ينتقض بمثل قولنا «لا شىء من الحائط فى الوتد»
الذى لا ينعكس إلى قولنا «لا شىء من الوتد فى الحائط» وما يجرى
مجريه؛ وذلك لأنّ الوتد جزء المحمول لا كلّه، إذ كلّه فى الوتد فى قضية
الأصل فيكون عكسها «لا شىء من الوتد بحائط» ويكون حينئذ
عكسا صادقا وكذا الكلام فى امثاله ونظائره كقولنا «لا شىء من

---

[۲۷۱] **شرح شيرازى**: ۸۹؛ **حكمة الاشراق**: ۲۳؛ **شرح شهرزورى**: ۹۱: ۱۹ به بعد.
متن حكمة الاشراق:

[۲۷۲] **شرح شيرازى**: ۸۹؛ **حكمة الاشراق**: ۲۳؛ **شرح شهرزورى**: ۹۱: ۲۱. **متن
حكمة الاشراق**: (۲۳) والعكس هو جعل موضوع القضية بكلّيته محمولا والمحمول
موضوعا مع حفظ الكيفية وبقاء الصدق والكذب بحالهما. وتعلم أنّك إذا قلت «كلّ
إنسان حيوان» لا يمكنك ان تقول «وكل حيوان إنسان»، وكذا كلّ قضية موضوعها اخصّ
من محمولها. ولكن لا أقلّ من ان يوجد شىء هو موصوف بأنّه فلان وموصوف بأنّه بهمان،
ولكن ج مثلا، فإذا كان شىء من فلان بهمان، كان كله او بعضه، فلا بدّ من ان يكون شىئ
مما يوصف بأنّه بهمان يوصف بأنّه فلان كان كله او بعضه، فانّ الجيم موصوف بكليهما؛
وإذا قلنا «بالضرورة كلّ إنسان هو ممكن ان يكون كاتبا»، فعكسه «بالضرورة بعض ما يمكن
ان يكون كاتبا فهو إنسان». [تتمه در پانوشت آتى. م.]

السرير على الملك» وعكسه. وسيتعرّض المصنّف[٢٧٣] لايراده لفائدة هذا القيد، وأن هذا القيد غير محتاج إليه لمن له فطانة وإنّما وقع فى عبارة القوم توضيحا وتأكيدا. فأنّ بعض المحمول لا يكون محمولا، وبعض الموضوع لا يكون موضوعا ويجب اشراط حفظه لكيفية فى العكس اصطلاحا. وكذا بقاء الصدق لا عكس كلّ قضية من لوازم تلك القضية. وصدق الملزوم يستدعى صدق اللازم. وأمّا اشتراط بقاء الكذب، فمستدرك كما أفاده الشارح العلامة.[٢٧٤] واعلم أنّه ليس المراد من اشراط بقاء الصدق أنّ الأصل ينبغى أن يكون صادقا، والعكس تابعا له فيه، بل المراد أن الأصل ينبغى أن يكون بحيث لو صدق لصدق العكس، أى يكون وضع الأصل مستلزما لوضع العكس.

قوله، قدّس سرّه: «ولكن لا أقلّ من أن يوجد شىء موصوف بأنّه فلان وموصوف بأنّه بهمان، اه».[٢٧٥]

---

[٢٧٣] ن: ـ المصنف

[٢٧٤] **شرح شيرازى: ٨٩. متن حكمة الاشراق:** وكذا غير الإمكان من الجهات فينقل مع المحمول. وعكس الضرورية البتّاتة الموجبة الضرورية بتّاتة موجبة مع اىّ جهة كانت. فللمحيطة وللجزئية انعكاس على انّ شيئا من المحمول يوصف بالموضوع مهملا. وإذا كان بالضرورة لا شئ من الإنسان بحجر فلا شئ من الحجر بانسان بالضرورة؛ والا ان وُجد من موصوفات أحدهما ما يوصف بالآخر، ما وقع الاقتصار على كذب أحدهما، بل كذب كليهما. [تتمه در پانوشت آتى. م.]

[٢٧٥] **شرح شيرازى: ٩٠؛ حكمة الاشراق: ٢٣؛ شرح شهرزورى: ٩٢: ٣ ـ ٤. متن حكمة الاشراق:** والضرورية البتّاتة إذا كان الإمكان جزء محمولها، فان كان معها سلب، ينتقل ايضا كقولهم «بالضرورة كلّ إنسان هو ممكن ان لا يكون كاتبا». فهى بتّاتة موجبة

[أقول]: يريد بيان أنّ الموجبة كلّية كانت أو جزئية لا تنعكس إلّا جزئية. فالمطلوب ههنا شيئان أحدهما عدم انعكاسها إلى موجبة كلّية والثانى انعكاسها إلى موجبة جزئية. فأثبت أوّلا أنّها لا تنعكس كلّية، والآن ثبت انعكاسها جزئية. وقد جرت عادة المنطقيين بأن يحتجوا على هذا المطلب، أعنى انعكاس الموجبة كلّية أو جزئية إلى موجبة جزئية بحجة قد أوردت نظيراتها فى التعليم الأوّل، وهى أنّا إذا قلنا « كلّ فلان بهمان » أو « بعض فلان بهمان » فيلزم أن يصدق « بعض بهمان فلان »، وإلّا لصدق نقيضها، وهو أنّ « لا شىء من بهمان فلان »[٢٧٦]، فلا شىء من فلان بهمان » وقد كان « كلّ فلان أو بعضه بهمانا »، [و] هذا خُلف. واعترض عليها أوّلا بأنّها مبنية على بيان انعكاس السالبة الكلّية، كنفسها إلى سالبة كلّية. والحقّ أن ليس لها عكس، أى فى جميع الموارد والمواضع، كما هو المصطلح فى قوانين المنطقيين. فأنّ قولنا « لا شىء من الإنسان بضحاك بالفعل » ممكن

عكسها «بالضرورة شئ مما يمكن ان لا يكون كاتبا فهو إنسان». وقد يخبط فيه كثير من المشائين. وفى مثل قولك «ليس بعض الحيوان إنسانا» إذا عيّنت ذلك البعض وجعلته كليا لانعكس على ما قلنا؛ او تجعل السلب جزء المحمول فتقول «بعض الحيوان هو غير إنسان» فينعكس إلى «بعض غير الإنسان حيوان»، والا لا ينعكس. وقولك «لا شئ من السرير على الملك» لا ينبغى ان تعكسه دون النقل بالكلّية، فلا تقول «لا شئ من الملك على السرير»، بل «لا شئ مما على الملك بسرير». فلفظة «على» لا بدّ من نقلها، إذ هى جزء المحمول هاهنا وايراد العكس والنقيض والسوالب والمهملات البعضية إنّما كان للتنبيه لا لحاجتنا اليه فيما بعد.

٢٧٦ ن:–بهمان

الصحة ولا يجوز صحة قولنا «لا شىء من الضحاك بالفعل بانسان»،
فأنّه ربّما كان شئ[277] من الاشياء يسلب بالاطلاق عن شىء لا يكون
موجودا إلّا فيه، ولا يمكن سلب ذلك الشىء عنه. ثمّ على تقدير
صحة هذا العكس احتمالا عقليا، فهو إنّما تبين فى موضعه بانعكاس
الموجبة إلى موجبة جزئية، وذلك دور. وثانيا بأنّها ثبتت بالخلف الذى
يبين بعد هذا عند ذكر القياسات الشرطى، والمصنّف عدل عن هذه
الحجة بحجة أُخرى، بدلها لئلا يرِدّ عليه شىء من الايرادين لا الدور ولا
الابتناء على ما لم يبيّن بعد. وإن كان الثانى لا يلزم منه شىء إلّا سوء
الترتيب لأنّ الخلف، وإن كان موضع ذكره هناك إلّا أنّه قياس بيّن بنفسه
غير محتاج إلى بيان. والغرض من ذكره هناك مجرّدا عن خصوصيات
الموادّ، لكونه أحد انواع القياس والاستحسان يستدعى ذكره هناك. ثمّ
لما كانت الحجة التى أورده الشيخ مبنية بالافتراض كانت فيها أيضا
مظنّة اعتراض، وهو أنّ الاعتراض يبنى على قياس من «الشكل الثالث»
هكذا[278] «ح هو فلان» و «ح هو بهمان»، «فبعض فلان هو بهمان».
أشار الشارح العلامة إلى دفعه بقوله: « **واعلم أنّ الافتراض المذكور هو**
تصرّف ما فى الموضوع والمحمول، اه».[279]

---

[277] ن:-شىئ

[278] ن: كذا ايضا

[279] شرح شيرازى: ٩٠

[أقول]: مراده أنّ الافتراض ليس بقياس فضلا عن الشكل الثالث، فأنّ محصّلة توصيف ذات الموضوع بوصف المحمول وحمل وصف الموضوع عليه؛ وتوصيف ذات الموضوع بوصف المحمول ليس قضية، بل تركيب تقييدى . وكذا حمل وصف الموضوع على ذات الموضوع ليس قضية متعارفة لاستدعائها تغاير الحدّين بحسب المفهوم واتحادهما بحسب الذات و الوجود، وذات الموضوع مع وصف الموضوع ليس كذلك، لأنّ تسمية ذات الموضوع بـ« جيم »[٢٨٠] لا يجعل الجيم عنوانا لذات الموضوع، فالافتراض ليس إلّا تصرفا ما فى عقدى الوضع والحمل بجعل عقد الوضع عقد حمل، وعقد الحمل عقد وضع، ولا تباين فى حدوده بحسب المفهوم والقياس يستدعى متغايرة بحسب المفهوم .

واعلم أنّ فى [هذا] المقام بحثا آخر، يمكن ايراده على مسلك الجمهور ولا يرد على قاعدة الشيخ من ردّ جميع القضايا إلى ضروريات موجبة بتّاتة وردّ اطلاقها إلى التوجيه؛ وذلك أنّ السالبة الكلّية لا ينعكس إلى سالبه كلّية على طريقهم من الحالتين المذكورتين فى كتبهم،[٢٨١] وحينئذ فالبيان بالخلف لا ينتج أصلا، وذلك لأنّ الخلف إنّما يلزم لو كان قولنا « لا شىء من فلان بهمان » مناقضا لقولنا « بعض فلان بهمان » المطلقتين، لكنهما ربّما يجتمعان على الصدق، فما قيل أنّه محال ليس بمحال، وبمثل ذلك بالانسان والضحاك حين يقال « كلّ

إنسان ضحاك مطلقا» يدعى أنّه ينعكس إلى قولنا «بعض الضحاك إنسان» وإلّا فلا شيء من الضحاك بانسان فلا شئ[٢٨٢] من الإنسان بضحاك؛ فالمحال إنّما يلزم لو كان هذا ممتنع الجمع مع قولنا «بعض الضحاك إنسان» لكنهما يصدقان معا، فالمحال غير لازم.

قال المحقّق الطوسى فى «شرح الاشارات»:[٢٨٣] أنّه قد ألّف الحكيم الفاضل ابو نصر الفارابى قياسا من قوله «بعض ب ج» ونقيض العكس المطلوب. وقوله: «ولا شيء من ج ب» الأصل الذى يريد عكسه فانتج «بعض ب ليس بب» هذا خلف واستحسنه الشيخ الرئيس. وأقول: أنّه لا يفيد المطلوب إلّا إذا كانت النتيجة «بعض ب ليس بب» عندما يكون ب حتّى كاذبة مشتملة على الخلف وإلّا فربما يكون صادقة؛ ذلك لأنّ الموصوف بب قد يمكن أن يخلو عنه وحينئذ يكون مسلوبا عنه بالاطلاق. فانا نقول «كلّ نائم مستيقظ مطلقا» و«لا شيء من المستيقظ بنائم ما دام مستيقظا»، وهذان ينتجان قولنا «لا شيء من النائم بنائم» وهو حقّ. فهذا التأليف يفيد فى هذا الموضع بعد أن يعلم أن الصغرى المطلقة[٢٨٤] الوصفية مع الكبرى العرفية السالبة ينتج سالبة

[٢٨٢] ن: ‒شئ

[٢٨٣] رك: ابو على سينا «الاشارات والتنبيهات» مع «شرح الاشارات» لنصير الدين الطوسى. تحقيق الدكتور سليمان دنيا. القاهره: دار المعارف، ١٩٦٠؛ القسم الاوّل.

[٢٨٤] ن: ‒ المطلقة

افش

وصفية فى الشكل الأوّل، إنتهى كلامه. والمقصد من قوله «فهذا التأليف يفيد، اه». [أقول]، انا لما ذكرنا أنّ بيان الانعكاس إنّما يتم لولزم النتيجة حينئذ استشعر أن يقال نحن ناخذ الأصل عرفية عامة حتّى ينتج سالبة وصيفة فى الشكل الأوّل، وهو لم يعرف بعد. فلا بدّ من الاحتراز عنه كما فى الافتراض والحاصل إن كانت مطلقة لم يتم، وإن كانت عرفية لم ينتفع به فى طريق التعليم.

[الضابط السادس: فى ما يتعلّق بالقياس][285]

قوله، قدّس سرّه: «هو أنّ القياس لا يكون اقل من قضيتين».[286]

[أقول]: لا يقال لو كان المراد من القضايا المذكورة فى تعريف القياس ما هى بالقوّة دخلت القضية الشرطية، ولو عين ما هى بالفعل خرج القياس الشعرى. وأيضا ههنا قياسات هى قضايا مفردة كقولنا «فلان يتنفس فهو حىّ» و«لما كانت الشمس طالعة فالنهار موجود»،

---

[285] شرح شيرازى: ٩٥؛ حكمة الاشراق: ٢٤؛ شرح شهرزورى: ٩٨ : ١ به بعد

[286] شرح شيرازى: ٩٥؛ حكمة الاشراق: ٢٤؛ شرح شهرزورى: ٩٨ : ٣. متن حكمة الاشراق: (٢٤) هو انّ القياس لا يكون أقلّ من قضيتين فان القضية الواحدة ان اشتملت على كلّ النتيجة فهى شرطية، لا بدّ فيها من وضع او رفع قضية أُخرى وهو القياس الاستثنائى. وان ناسبت جزء المطلوب، فلا بدّ مما يناسب الجزء الآخر فيكون قضية أُخرى ويُسمّى حينئذ القياس «اقترانيا». ولا قياس واحد من أكثر من قضيتين، فانّ المطلوب ليس له إلّا جزءان. فإذا ناسب كلّ واحد من القضيتين جزءا فلا إمكان لانضمام الثالثة. [تتمه در پانوشت آتى. م.]

لأنّا نقول المعنى ما هو بالقوّة والقضية الشرطية يخرج بقوله متى
سلّمت فإن اجزاءها لا يحل التسليم لوجود المانع، أعنى ادوات الشرط .
والعناد إذ المعنى بالقضية ما يتضمن تصديقا أو تخيلا فيخرج الشرطية
بها . والقياس الأوّل لا يتم إلّا بمقدمة محذوفة وهى قولنا «وكلّ متنفس
فهو حىّ» . والثانى مشتمل على مقدمتين الاتصال ووضع المقدّم لدلالة
لما عليها لكن يرد عليه القضية المركّبة المستلزمة لعكسها .

قوله ، [قدّس سرّه]: «وإن ناسبت جزء المطلوب ، اه».[٢٨٧]

[أقول]: لا بدّ فى كلّ قياس حملى بسيطة من مقدمتين يشتركان
فى حدّ لأنّ نسبة محمول المطلوب إلى موضوعه لما كانت مجهولة
فلابدّ من أمر ثالث موجب للعلم بتلك النسبة، وإلّا كفى تصوّر
الطرفين فى العلم بالنسبة فلا يكون نظريا، ويسمّى ذلك الحدّ أوسط
لتوسطه بين طرفى المطلوب، وينفرد أحدى المقدمتين بحدّ موضوع
المطلوب . ويسمّى أصغر لأنّ الموضوع فى الاغلب أخص فيكون اقلّ
افرادا فيكون اصغر، وتلك المقدمة التى يشتمل عليه يسمّى بالصغرى،

---

[٢٨٧] شـرح شيـرازى: ٩٦؛ حكمـة الاشـراق: ٢٤؛ شـرح شهـرزورى: ٩٨ : ٥ . متن
حكمة الاشراق: وفى الشرطية لم يبق إلّا الاستثناء فى الاستئنائيات، بل يجوز ان تكون
قياسات كثيرة مبيّنة لمقدمتى قياس واحد. والقضية إذا صارت جزء القياس تسُمّى
«مقدمة». ولا بدّ من اشتراك مقدمتى الاقترانى فى شئ يسمّى «الحدّ الأوسط»، وكلّ واحد
من موضوع المقدمة ومحمولها يسُمّى «حدّا». والشركة لا بدّ وان تقع فى محمول
أحديهما وموضوع الاخُرى او موضوعهما او محمولهما وغير الأوسط من الحدين يسُمّى
«طرفا». والنتيجة تحصّل من الطرفين وينحذف الأوسط . [تتمه در پانوشت آتى . م .]

لأنّها ذات الأصغر وينفرد المقدمة الثانية بحد هو محمول المطلوب .
ويسمّى أكبر لأنّه فى الاغلب أعمّ فيكون أكثر افرادا، والتى اشتملت
عليه كبرى لأنّها ذات الأكبر .

قوله، قدّس سرّه: «يسمّى حينئذ القياس اقترانيا». ٢٨٨

[أقول]: نقسم بحسب ما يتركّب عنه من القضايا إلى حملى وهو
المركّب من الحمليات الصرفة وشرطى وهو المركب٢٨٩ من الشرطيات
الساذجة، ومزدوج مؤلّف من الحمليات الصرفة، وشرطى وهو المركّب
من الشرطيات الساذجة، ومزدوج مؤلّف من الحمليات والشرطيات
فاقسامه خمسة لأنّه أن تركّب من شرطتين، فهو أمّا متصلتين أو
منفصلتين، أو متصلة ومنفصلة . وإن تركّب من حملية وشرطية فهو
أمّا من حملية ومتصلة أو من حملية ومنفصلة، ولما كانت الحملية
متقدّمة على الشرطية طبعا قدمت القياسات الحملية التوافق الوضع
للطبع .

قوله، قدّس سرّه: «ولا قياس [واحد من] أكثر من قضيتين». ٢٩٠

---

٢٨٨ **شرح شيرازى:** ٩٧؛ **حكمة الاشراق:** ٢٤؛ **شرح شهرزورى:** ٩٨: ٦ . **متن
حكمة الاشراق:** وإذا كان الحدّ المتكرر، أعنى الأوسط، موضوع المقدمة الأولى ومحمول
الثانية فهو السياق البعيد الّذى لا يتفطّن لقياسيته من نفسه، فحذف. والتام من
الاقترانيات ما يكون الأوسط محمول الأوّلى فيه وموضوع الثانية، وهو السياق الأتمّ.

٢٨٩ ن :- الحمليات الصرفة وشرطى وهو المركب

٢٩٠ **شرح شيرازى:** ٩٧؛ **حكمة الاشراق:** ٢٤؛ **شرح شهرزورى:** ٩٨: ٦ - ٧

[أقول]: اعلم أن ههنا بحثا وهو أن أحد الأمرين لازم، وهو أمّا قياسية ما يستلزم بواسطة «مقدمة أجنبية» كقياس المساوات ونحوه. وأمّا عدم قياسية ما بين من الاشكال بالعكس المستوى لأنّ اللزوم بالذات لم يعتبر فى القياس، لزم الأمر الأوّل. وإلّا فالثانى؛ لأنّ لزوم نتائجها بواسطة مقدمة أُخرى. واجيب بأنّا نختار الشقّ الأوّل، ومعنى اللزوم بالذات لا يكون بواسطة «مقدمة أجنبية». والمراد «بالمقدمة الأجنبية» ما يكون طرفاها متغايرين لحدود مقدمات القياس، ومن البيّن أنّ الحدود يتغيّر فى واسطة قياس المساوات، وعكس النقيض دون العكس المستوى. فاللزوم الذى لا يكون بواسطة مقدمة أجنبية أعمّ من أن لا يكون بواسطة أصلا، كما فى القياس للكلّ، بل أو يكون بواسطة لا تكون أجنبية بان لا يكون شىء من طرفيها مغاير الحدود للقياس، كما فى غير الكامل، أو يكون واحد من طرفيها مغاير أو الآخر غير مغاير، كما فى بعض الاقيسة الشرطية فالتعريف يتناولها جميعا.

قال بعض المتأخرين: واعلم أنّه لو جعل الاستلزام بطريق عكس النقيض داخلا فى القياس، واقتصر فى الاحتراز على الاستلزام بواسطة المقدمة الأجنبية، لكان له وجه لأنّ الغرض من وضع القياس استعلام المجهولات على وجه اللزوم. والمقدمات كما يستلزم المطالب بطريق العكس[٢٩١] المستوى، كذلك يستلزمها بواسطة عكس النقيض من غير فرق الاستلزام. فانك كما تقول فى العكس المستوى متى صدقت

---

[٢٩١] ن: ــ العكس

المقدمتان صدقت أحدهما مع عكس الآخر ومتى صدقتا صدقت النتيجة. كذلك امكنك إجراء ذلك بعينه فى عكس النقيض بخلاف المقدمة الأجنبية. فان الملزوم بالحقيقة ليس هو المقدمتان، بل معها وحينئذ يدخل فى القياس ما لا يحتاج إلى البيان، وما يحتاج إلى بيان بحفظ حدود القياس ولا يغير إلّا ترتيبها، وإلى ما يغير حدوده بأحد طرفيه، وإلى ما تغيّر طرفيه معا.

قوله، قدّس سرّه: « ولا بدّ من اشتراك مقدمتى الاقترانى فى شيء يسمّى الحدّ الأوسط، اﻟﺦ ». ²⁹²

[أقول]: ههنا بحث، وهو انّ الحدّ الأوسط قد لا يتكرر فأنا إذا قلنا «آ مساوٍ لـب وب مساو لـ ج، ينتج فـآ مساو لـ ج» ²⁹³. والمتكرر ههنا ليس حدّا فى المقدمتين بل جزء واحد من أحديهما وحدّ تام من الأخرى. وكذلك إذا قلنا «زيد اخو عمرو وعمرو اخو كاتب»، ينتج «فزيد اخو كاتب»، وكذلك قولنا «الدرة فى الحُقّة والحُقّة فى البيت»؛ والجواب أنّ كلا من هذه الاقيسة عند التحقيق قياس مركّب من قياسين، وقد انطوى فيه نتيجة الأوّل، وصغرى الثانى، وكبراه التى هى مقدمة خارجة ينضم معها. هكذا «آ مساو لـب وب مساو لـج، فـآ مساو لمساو لـج» ثمّ نجعلها صغرى فنقول «آ مساو لمساوى لـج وكلّ

---

²⁹² شرح شيرازى: ٩٨؛ حكمة الاشراق: ٢٤؛ شرح شهرزورى: ٩٨: ١٠ – ١١

²⁹³ م:-وب مساو لـج، ينتج فـآ مساو لـج

مساو لمساوى ج مساو لج، فآ مساو لج». ثمّ انّ الحدّ الأوسط لا يجب
أن يتكرر كلّا فى جميع الموضوع، بل فى موضع يكون حمل الأكبر
نفسه على الأصغر محمولا مطلوبا، فيحتاج إلى حدّ جامع لهما. وأمّا
إذا كان المجهول صدق بعضه، أو ما يزيد عليه على الأصغر، فلا بدّ من
تكرر شىء يربط الأكبر باعتبار ذلك الشىء بالأصغر. فعلى هذا قد[٢٩٤]
يتكرر الأوسط بنقصان، وقد يتكرر بزيادة. ولم يقم برهان على انّ الحدّ
الأوسط يجب تكرره من غير زيادة ولا نقصان بل تكرره بالزيادة
والنقصان لا يخل بالانتاج كما أشرنا إليه مثال الزيادة. كما فى قولنا
«العالم مؤلَّف ولكلّ مؤلَّف مؤلِّف» ينتج «فالعالم مؤلِّف». فالحدّ
الأوسط هو «المؤلَّف» بفتح اللام وقد تكرر بزيادة حرف اللام والمحمول
عليه هذه الزيادة هو «المؤلِّف» بالكسر. فإذا اسقطنا المكرر تعدى
الحكم بالأكبر إلى الأصغر بواسطة حرف اللام، ومثال النقصان «زيد
اخو عمرو وعمرو كاتب، فزيد اخو كاتب». فأن المجهول ههنا النتيجة
باعتبار جزئها، أعنى «الكاتب»، فيكون زيد اخا لشخص من
الاشخاص، كأنّه معلوم وهو المحمول. إنّما المطلوب هو كون ما اضيف
إليه المحمول كاتبا، فيستحيل ذلك المطلوب بتحصيل أمر يجعل
الكاتب بتكرره بحيث يضاف إليه ذلك المحمول وذلك الأمر هو
«عمرو». فإذا تكرر واسقطنا ذلك المتكرر تعدى الحكم بالأكبر مع قيد

---

[٢٩٤] م: لا

ما على الأصغر بواسطته. ومن هذا القبيل الامثلة المذكورة من قياس المساواة. وهذا وإن كان فخالفا لما هو المشهور إلّا أنّه حق حقيق بالتصديق، وما ذكرناه مطرد فى جميع المواد.

قال المحقق الطوسى فى «شرح الاشارات» فى جواب الامام الرازى حيث تشكك فى تكرار الأوسط بقوله: إنّا إذا قلنا «آ مساو لـب، وب مساو لـج، انتج فـآ مساو لمساوى لـج». والمتكرر ههنا ليس حدّا فى المقدمتين، أنّه قد وضعنا لهذا القياس المقول فى القضية الأوّلى مكانه فى القضية الثانية على ب الذى هو جزء من أحد حدّى القضية الأوّلى مكانه فى القضية[295] الثالثة. ويكون ذلك كما قلنا «زيد مقتول بالسيف والسيف آلة حديدة» ينتج «زيد مقتول بآلة حديدية». فهذه القضية الأوّلى إلّا أنّ «السيف» قد حذف منها وأقيم مقامة ما هو مقول عليه، إنتهى.[296]

[أقول]: هو [المحقّق الطوسى] يرجع إلى ما حقّقناه آنفا قول الشارح، رحمه الله. والهيئة[297] الحاصلة من وضع الحدّ الأوسط مع الحدّين الآخرين شكلا، أى سمّوا صورة اقتران المركّب شكلا على سبيل المجاز والتشبيه، كما يقال «لصورة السرير والكرسى شكلا»؛

---

[295] ن:ـ الثانيه على ب الذى هو جزء من أحد حدى القضية الاولى مكانه فى القضية

[296] رك: ابو على سينا «الاشارات والتنبيهات» مع «شرح الاشارات» لنصير الدين الطوسى. تحقيق الدكتور سليمان دنيا. القاهره: دار المعارف، ١٩٦٠؛ القسم الاوّل.

[297] م: الماهية

فهو، و إن كان حقيقة اصطلاحية، فهو مجاز لغوى من باب التشبيه.

قال العباس اللوكرى فى بعض رسائله: إنّما سمّى هذا شكلا من قبيل أنّه قد شبه بشكل المربع من اشكال الهندسة. وذلك لأنّ المقدمتين المقترنتين على استقامة شبهتا بضلع واحد من اضلاع المربع والنتيجة شبهت بالضلع الذى يقابله. واشتراك موضوع المقدمة الصغرى وموضع النتيجة شبه بالضلع الثانى. واشتراك محمول المقدمة الكبرى ومحمول النتيجة شبه بالضلع الرابع المقابل للثانى. وبالجملة تسمية القياس بشكل على طريق التشبيه كما لا يخفى. وكذا تسمية الصغرى بالأم، والكبرى بالأب؛ والحدّ الأوسط بالمادّة الفضلية المتكررة المنتقلة من ظهر الأب إلى بطن الأم. سيّما إذا كان متوسطا بين محمول الكبرى وموضوع الصغرى كما فى السياق الأتمّ والنتيجة بالولد، كلام تشبيهى فى غاية الحسن. فعلى هذا يكون القوّة العاقلة من الإنسان، وهو المخلوق على صورة الرحمن هو المؤلف بين هذه المواد بواسطة الفكر المحصل للنتائج، كما أن البارى برحمته النافذة يؤلف بين المواد العنصرية والارحام الاسطقسية بواسطة تحرّك السماء.

قوله، قدّس سرّه: «والشركة لا بدّ وأن تقع فى محمول أحديهما وموضوع الأُخرى». ٢٩٨

[أقول]: اعلم أنّ القسمة قد يكون بقيود ذاتية، وقد يكون

---

٢٩٨ شرح شيرازى: ٩٩؛ حكمة الاشراق: ٢٤؛ شرح شهرزورى: ٩٨: ١٢

بعوارض وقسمة القياس إلى اقسامه بالذات. هكذا القياس، ام أن يكون الأوسط فيه محمولا فى أحدى المقدمتين موضوعا فى الأخرى، أو لا يكون. والثانى أمّا أن يكون محمولا فيهما، أو يكون موضوعا فيهما. فأخرجت الاشكال الثلثة. وهذا تقسيم وقع من المقدمتين ولم يعتبروا انقسام الأوّل إلى قسمين، فلم يخرج الشكل الرابع من قسمتهم. والمتأخرون لـمّا تنبهوا لذلك اعتذروا اليهم فى عدم إخراج [الشكل] الرابع بوجهين: أحدهما البعد عن الطبع. فأن النظم الطبيعى هو لانتقال الذهن من موضوع المطلوب إلى الأوسط ومنه إلى المحمول حركة صعودية كما يتعدى الحكم من الأكبر إلى الأوسط، ومنه إلى الأصغر حركة نزولية. وهذان الانتقالان يشبهان حركة الوجود نزولا وصعودا فى سلسلتى البدؤ والعود. فان الوجود ابتدأ من المبدء للكلّ إلى الهيولى، التى هى موضوع الكلّ، ثمّ رجع منها إلى المبدء الذى هو معاد الكلّ ومطلوبه. والشكل الرابع مخالف له فى كلّتا المقدمتين، إذ لاواسطة فيه على طرفى القياس فينتقل الذهن فيه من الأوسط إلى الأصغر وينقطع، ثمّ ينتقل من الأكبر إلى الأوسط فيتحير فى الاندراج والانتاج. وثانيهما اشتماله على كلفة متضاعفة ومشقّة لاحتياجه إلى عكس المقدمتين جميعا، أو تعديل أحدى المتقدّمتين بالأخرى. وهنا شىء وهو أنّ الشكلين الآخرين وإن كـانا يرجعان إلى الأوّل بعكس أحدى المقدمتين، لكن ذلك لا يوجب الاستغناء عنهما بالأوّل. فأن

عربي - تأكد من الاتجاه

من المقدمات ما يختص وضعها بالوقوع فى هيئة [٢٩٩] من الاشكال. فردّها إلى الشكل الأوّل ليس مقبول عند الطبع ذلك القبول كقولنا «الجسم منقسم»، و«النار غير مرئية»؛ فللشكل الرابع أيضا مقام لا يقوم غيره مقامة. وأمّا القسمة بحسب العوارض فكقولهم أنّ القياس ينقسم إلى كامل وإلى غير كامل: والأوّل كالاقترانيات الحملية الواقعة على هيئة ضروب الشكل الأوّل، والثانى غيرها.

قولـه [الشـارح العـلامـة]، رحمـه الله تعـالى: «وهو الشكل الأوّل». [٣٠٠]

[أقول]: لأنّ لزوم ما يلزم عنه بديهى لما كان القياس معتبرا فى ماهية كونه مقتضيا لمطلوب تصديقى بحسب العقل لأنّه من اقسام الكاسب للتصديق، فكلّ ما هو من القياس ينتج بالذات، فهو متقدّم على ما هو منتج بسببه تقدّما بالطبع. لا يقال كون باقى الاشكال بينة بهذا الشكل لا يوجب تقدّمه عليها بالطبع، إذ ربّ معلول يتبيّن به وجود علته، لأنّا نقول هذه الأمور الباحثة عنه فى المنطق من عوارض المعلومات بما هى معلومات، وليس لها نحو آخر من الوجود إلاّ كونها معلومة سواء كانت بينة أو مبنية. فاسباب بيانها بعينها اسباب وجودها الخاص بها، فيكون هى متقدّمة عليها طبعا.

---

[٢٩٩] م: +مشكل

[٣٠٠] شرح شيرازى: ٩٩

قوله [الشارح العلامة]، رحمه الله تعالى: «وهو القريب من الطبع جدا».[٣٠١]

[أقول] ولهذا سمّاه [شيخ الإشراق] «السياق الأتمّ»[٣٠٢] أشارة لاثبات نحو آخر من التقدّم له، وهو التقدّم بالكمال والشرف. فان التام ما لا يتوقّف فى كماله إلى غيره فوق التمام ما يفضل عنه وجود غيره. والشكل الأوّل بالقياس إلى غيره من الاشكال فوق التام.

قوله [الشارح العلامة]، رحمه الله تعالى: «فالفطرة السليمة يتفطّن، اﻟﺦ».[٣٠٣]

[أقول]: فيه أشارة إلى تقسيم آخر للقياس بحسب العوارض غير مامضى. وهو أنّ القياس أمّا أن يكون ضرورى النتيجة بينا بنفسه أو لا. والأوّل، هو الأوّل؛ والثانى أمّا أن يتفطّن بقياسية من له فطرة سلمّية[٣٠٤] قبل الردّ إلى الأوّل أم لا. الثانى هو الرابع والأوّل هو الثانى والثالث والرابع يطرح لكونه مقابل الأوّل حيث لا يكاد يسبق إلى الذهن كيفية انتاجه والتفطّن لقياسيته. لما مرّ من الوجهين الأوّلين واعتبر القسمان الباقيان، وإن لم يكونا بين القياسية ضرورية الانتاج

---

[٣٠١] شرح شيرازى: ٩٩

[٣٠٢] شرح شيرازى: ١١٠؛ حكمة الاشراق: ٢٤؛ شرح شهرزورى: ٩٨: ١٧

[٣٠٣] شرح شيرازى: ١٠٠

[٣٠٤] م:+ لكونه مقابل الاول حيث لايكاد ليسبق إلى الذهن كيفية انتاجه

لكونهما قريبين من الطبع يكاد الطبع الصحيح يتفطّن لقياسيتهما قبل أن يبيّن ذلك، أو يكاد يسبق بيان ذلك إلى الذهن من نفسه، فيلحظ منه لمّية قياسية عن قريب ولهذا صار لهما قبول ولعكس الأوّل اطراح.

فصارت الاقترانات الحملية المعتبرة الملتفت إليها ثلثة.

وأمّا قول الشارح [العلامة]: «لا لمجرّد الكلفة على ما قيل، إلى آخره».٣٠٥

[أقول]: فمنظور فيه؛ وذلك لأنّ هذه الوجوه نكات استحسانية مقبولة يكفى لقبولها كونها مطردةً فى أكثر الضروب وأيضا ما ذكره معارض بمثله. فأنّ التفطّن للقياسية إنّما يكون فى بعض الضروب من الثانى والثالث دون بعض، ومن الاذهان دون بعض. فلو كان حذف الرابع لعدم التفطّن لعم الحذف غيره.

[دقيقة إشراقية]٣٠٦

---

٣٠٥ شرح شيرازى: ١٠٠.

٣٠٦ شرح شيرازى: ١٠٠؛ حكمة الاشراق: ٢٥؛ شرح شهرزورى: ١٠١: ٨. به بعد . متن حكمة الاشراق: (٢٥) اعلم ان الفرق بين السلب إذا كان فى القضية الموجبة، وبين السلب إذا كان قاطعا للنسبة الايجابية، هو ان الأوّل لا يصحّ على المعدوم، إذ لا بدّ للاثبات من ان يكون على ثابت بخلاف الثانى، فان النفى يجوز عن المنفى. ولكن هذا الفرق إنّما يكون فى الشخصيات لا فى القضايا المحيطة وجملة المحصورات. فانك إذا قلت « كلّ إنسان هو غير حجر » او « لا شئ من الإنسان بحجر » هو حكم على كلّ واحد من الموصوفات بالانسانية فيهما، والسلب إنّما هو للحجرية. فلا بدّ وان تكون الموصوفات بالانسانية متحققة حتّى يصحّ ان تكون موصوفة بها. فإذا زال الفرق، فيجعل السلب فى

صدرالدين شيرازى

١٤٥

قوله [الشارح العلامة]، رحمه الله: « لكن لا يصحّ عليه من حيث هو غير ثابت، الخ ».³⁰⁷

[أقول]: مقصوده أن الفرق بين موضوع الايجاب وموضوع السلب إنّما هو بالاعتبار فقط لا بالذات. والحقيقة بناء على أنّ المعدوم المطلق لا يمكن الحكم عليه بنفى أو اثبات، والمحكوم عليه فى حكم ايجابى أو سلبى لا بدّ له من وجود ولو فى الذهن، فموضوعاهما متساويان فى³⁰⁸ اصل الحكم بثبوتهما. وفى كون جميع المفهومات متحققة فى نفس الأمر كما ظنّ بعضهم، وفى اقتضاء عقد الوضع فى المحصورات سالبة كانت أو موجبة لثبوتهما، وكذا موضوعاهما يتساويان فى أنّه يجوز الحكم عليهما عند كونهما معدومين فى الخارج. فالتصاحب ثابت بينهما وجودا وعدما إلّا أنّ بينهما أعمّية وأخصّية بالاعتبار، بمعنى الحكم السلبى يصحّ على الموضوع الثابت لا من حيث هو ثابت بل من حيث هو معدوم، ولا يجوز ذلك فى الحكم الايجابى، وكذا يصحّ الحكم الايجابى على الموضوع غير الثابت لا من حيث هو غير ثابت، بل من حيث له ضرب من الثبوت، ولا يعتبر ذلك فى الحكم السلبى.

المحيطة جزء المحمول او الموضوع حتّى لا يكون لنا قضية إلّا موجبة، ولا يقع الخبط فى نقل الأجزاء فى مقدمات الاقيسة، ولأنّ السلب له مدخل فى كون القضية السالبة قضية، إذ هو جزء التصديق على ما سبق، فنجعله جزءا للموجبة، كيف وقد دريت انّ ايجاب الامتناع يغنى عن ذكر السلب الضرورى، والممكن ايجابه وسلبه سواء. [تتمه در پانوشت آتى. م]

³⁰⁷ شرح شيرازى: ١٠١

فهذا فرق دقيق ثابت بينهما ذهل عنه الأكثرون، فيزعمون أنّ موضوع السالبة يجوز أن يكون معدوما فى الواقع دون موضوع الموجبة، فيكون ذلك أعمّ من هذا أعمّية اقترانية، وليس الأمر كما زعموه.

فاعلم أنّ العموم كما وقعت الإشارة إليه ضربين أحدهما ما يكون بحسب الافراد الجزئية، نوعية كانت أو شخصية، كالعموم الذى يكون الحيوان به أعمّ من الإنسان أو الإنسان من زيد والعام بحسبه أكثر تناولا. وثانيهما يكون بحسب الاعتبارات اللاحقة، كالعموم الذى يكون الحيوان، بما هو حيوان، بحسبه أعمّ من الحيوان المطلق المأخوذ جنسا ومن الحيوان المجرّد المأخوذ مادة، ومن الحيوان المقيّد المأخوذ نوعا. فأن أعمّية الأوّل بالنسبة إلى الثانى اعتبارية محضة، وكذا بالنسبة إلى حصة الثالث والرابع. وكذا كلّ مفهوم يحمل على نفسه حملا شائعا، كالموجود المطلق والممكن العامّ، والكلّى، والمفهوم، وأشباهها وبالجملة. فكما أنّ الحيوان بما هو حيوان، أعمّ من الحيوان بلا شرط وقيد، وأنه بعينه فرد هذا المفهوم الملحوظ بهذا الاعتبار[٣٠٩] فيكن فردا لنفسه. وكذا كلّ من المفهومات الصادقة على انفسها بالحمل المتعارف فكذلك موضوع القضية أعمّ من نفسه فى الحكم السلبى عليه أعمّية بالاعتبار وأخصّ منه أخصّية كذلك فى الحكم الايجابى. فان قلت قد ثبت أن مرجع العموم المطلق إلى موجبة كلّية دائمة فى جانب الخاص وسالبة

جزئية فعلية من جانب العام، فيلزم من ذلك صدق قولنا: كلّ ما يصلح موضوعا للموجبة يصلح موضوعا للسالبة دائما. وبعض الصالح موضوعا للسالبة لا يكون صالحا لموضوع الموجبة. قلنا نعم، ولكن بحسب الاعتبار فيما كانت الأعمّية بحسب الاعتبار وبحسب التحقيق فيما كانت الأعمّية بحسبه. وربما يجاب بعدم التسليم فأنّ «المتنفس بالفعل» أعمّ من الإنسان مع أنّه لا يصدق «كلّ إنسان متنفس بالفعل دائما». بل المرجع إلى موجّهتين متصادمتين: أمّا موجبة كلّية مطلقة عامة، وسالبة جزئية دائمة؛ كقولنا «كلّ إنسان متنفس بالفعل، وبعض المتنفس بالفعل ليس إنسانا دائما أو غيرهما» [و] كقولك «كلّ قمر منخسف بالضرورة وقتا لا دائما، وبعض المنخسف ليس قمرا بالضرورة الذاتية أو دائما». على أن صدق الكلّية من جانب الخاص غير لازم إلاّ فى المحصورات دون الطبيعيات والشخصيات ألا ترى الحيوان أخص من الجنس، والإنسان من النوع ولا يصدق «كلّ حيوان جنس» و«لا كلّ إنسان نوع» وأنّ «زيدا أخص من الإنسان» وليس يصدق كلّية موضوعها الشخص. وإن أجرى على الطبيعية والشخصية حكم الكلّية فكذلك أجرينا فيما نحن بصدده. فموضوع السالبة ببعض الاعتبارات غير موضوع الموجبة، كما يقال الحيوان بما هو حيوان ببعض الاعتبارات ليس حيوانا بلا شرط التحقق العموم الاعتبارى بينهما.

قوله [الشارح العلامة]، رحمه الله تعالى: «لكن المصنّف أيضا لما

ذهل عن هذه الحيثية، اه». ٣١٠

[أقول]: قد أشرنا فيما قبل، أنّ السالبة البسيطة والموجبة المعدولة متساوقتان فى اقتضاء الموضوع من بعض الجهات، وإن افترقته من هذه الجهة المذكورة فمن جملة جهات المضاهات عند ما يكون القضية محصورة لا سالبتها كموجبتها مشتملة على عقد وضع يقتضى وجود الموضوع.

وقول الشيخ، [قدّس سرّه] : «ولكن هذا الفرق إنّما يكون فى الشخصيات، [اه]». ٣١١

[أقول] معناه أنّه لو قطع النظر عن الوجوه التى اشترك القضايا كلّها

---

٣١٠ شرح شيرازى : ١٠٢ . متن حكمة الاشراق : والسياق الأتمّ ضرب واحد، وهو «كلّ ج ب بتّة وكلّ ب ا بتّة»، فينتج «كلّ ج ا بتّة». وإذا كانت المقدمة جزئية، فنجعلها مستغرقة، كما سبق، مثل «ان يكون بعض الحيوان ناطقا» و «كلّ ناطق ضاحك» مثلا . فلنجعل لذلك البعض مع قطع النظر عن الناطقية اسما وان كان معها، وليكن د؛ فيقال «كلّ د ناطق وكل ناطق كذا» على ما سبق . ثمّ لا نحتاج إلى ان نقول «وبعض الحيوان د» على انه مقدمة أخرى لانّ د اسم ذلك الحيوان، فكيف يحمل عليه اسمه؟ وان كان ثمّ سلب، فلنجعله جزءا كما مضى . فيقال «كلّ إنسان حيوان» و «كلّ حيوان فهو غير حجر» ينتج «كلّ إنسان هو غير حجر»؛ فلا يحتاج إلى تكثير ضروب وحذف بعض واعتبار بعض . ثمّ لما كان الطرف الاخير يتعدى إلى الطرف الأوّل بتوسط الأوسط، فالجهات فى القضية الضرورية البتّاتة تجعل جزء المحمول فى المقدمتين او فى أحداهما، فعدى إلى الأصغر، مثل «كلّ إنسان بالضرورة هو ممكن الكتابة» و «كلّ ممكن الكتابة فهو بالضرورة واجب الحيوانية او ممكن المشى»، ينتج «ان كلّ إنسان بالضرورة واجب الحيوانية او ممكن المشى» . ولا يحتاج إلى تطويل كثير فى المختلطات، بل الضابط الاشراقى مقنع، والسياقان الآخران ذنابتان لهذا السياق .

٣١١ شرح شيرازى : ١٠٢؛ حكمة الاشراق : ٢٥؛ شرح شهرزورى : ١٠١:١١-١٢

فى الاستدعاء لوجود الموضوع موجبة كانت أو سالبة، وأريد إثبات
الفرق بين ايجاب قضية وسلبه فى استدعاء الموضوع لا يتحقّق إلّا فى
الشخصيات أو الطبيعيات دون المحصورات لاشتمال موجبتها على
عقدين، واشتمال سالبتها على عقد واحد. فالسالبة المحصورة كالموجبة
فى اقتضاء الموضوع من جهة عقد الوضع، من جهة عقد الوضع وفيه
تأمل كما ستعلم.

**قوله، قدّس سرّه: «فلا بدّ وأن تكون الموصوفات بالانسانية
متحقّقة، اه».**٣١٢

أقول: اشتمال المحصورات على عقد الوضع لا يقتضى أن يكون
لافراد الموضوع عنوان يتعدى الحكم بالمحمول إليها بسببه. وهذا لا
يوجب أن يكون لتلك الافراد وجود محقّق، ولهذا يقال معنى «كلّ ج
ب أنّه كلما لو وجد كان ج فهو ب بالفعل». وعقد الوضع بالحقيقة
ليس قضية فأن محصّلة توصيف ذات الموضوع بوصفه العنوانى وحمل
وصفا الموضوع على ذاته ليس بقضية متعارفة مفادها وجود المحمول
للموضوع، بل فيه حمل ذاتى اولى مرجعه تسمية الشىء بالشىء، أو
التعبير عن مفهوم بمفهوم آخر. أو لا ترى أنّه لو أمكن فى المحصورة ذكر
افراد الموضوع مفصلة بدلّ ذكر عنوانها مجملا لكان المفاد فى
الصورتين واحدا و هو شمول الحكم بالمحمول عليها. فأنّك إذا قلت

٣١٢ شرح شيرازى: ١٠٣؛ حكمة الاشراق: ٢٥؛ شرح شهرزورى: ١٠١: ١٥

«زيد وعمرو وفلان وفلان وفلان» لا يستدعى مجرّد ذلك لقول
وجودهم، فكذلك إذا قلت كلّ إنسان لا يستدعى مجرّد هذا القول
وجود الافراد، فالحقّ أنّ عقد الوضع لا يصحّ أن يؤخذ تركيبا حمليا.
كيف؟ ويمتنع الحكم فى شىء من اطراف القضية ما دامت اطرافا لها،
بل إنّما يتعلّق الحكم بالنسبة الاتحادية[313] بين الحاشيتين فقط، لكن لما
كان المحكوم عليه فى المحصورات هو الطبيعة من حيث ينطبق على
الافراد بالاتحاد، بالإمكان أو بالفعل، والوصف الاعنوانى، غير ملحوظ
على أنّه يحمل على ما هو الموضوع، بل على أنّ الموضوع معه. فكان
يشبه عقد الحمل من حيث ان فى تركيبه التقيدى أشارة إلى تركيب
خبرى، ومجرّد ذلك لا يستدعى وجود الموضوع، على أنّا لا نسلّم[314]
أن كلّ تركيب خبرى ايجابى يستدعى ثبوت الموضوع، بل ما يكون
الحمل فيه من قبيل حمل الشائع لا من قبيل حمل العنوانى على
مدلوله. وأيضا قولنا «شريك البارى ممتنع» و«اجتماع النقيضين
محال» كما لا يستدعى وجود الموضوع كذلك قولنا «كلّ شريك
البارى ممتنع» و«كلّ اجتماع النقيضين محال». فلو استدعى عقد
الوضع ثبوت الموضوع لم يصحّ الحكم على أمر باطل الذات لا حقيقة له
أصلا، لا فى الذهن ولا فى العين. فلم يصدق مثل هذه القضايا

---

[313] م: الايجابية

[314] ن ــ لانسلّم، ٥٢ظ؛ شرح شيرازى: ١٠٢

أصلا[٣١٥] وهذا خلف.[٣١٦] والقول بأنّها سوالب بحسب المعنى كما أشار إليه الشارح العلامة، فيما مرّ وغيره ليس بشىء كما لا يخفى عند المراجعة إلى الوجدان. بل الحقّ أن الحكم فى الحملية إن كان على البتّ ويسمّى «حملية بتّية» استدعى ايجابه وجود الموضوع، وأمّا إذا كان الحكم بالاتحاد بالفعل على تقدير انطباق طبيعة العنوان على فرد مّا، ويسمّى «حملية غير بتّية». فلِم يستدعى ذلك وجود الموضوع أصلا؟ وهى مساوقة للشرطية الاتصالية، أو راجعة إليها كما ذهب إليه قوم. والأوّل أُولى، إذ قد حكم فيها بالاتحاد بالفعل على المأخوذ بتقدير مّا.

لست أقول على التقييد أو التوقيت حتّى يكون قد فرض موضوع و ثمّ فرضه فى نفسه، ثمّ خصص الحكم عليه بتقييد أو بتوقيت، فكان المحكوم عليه هو الطبيعة المقيدة أو الموقتة. فأن ذلك شأن الحمليات البتّية، بل إنّما ذلك على سبل التعليق المتمّم لغرض الموضوع فى نفسه حيث لم يكن طبيعة متقررة أصلا. وبين الاعتبارين فرقان لطيف، وفى شىء منهما لا يجب وجود الموضوع من جهة العنوان أصلا. وأمّا من جهة المحمول الايجابى ففى أحدهما وجود المحمول[٣١٧] بالفعل على البتّ، وفى الآخر وجوده على التقدير. وبهذا يدفع الشبهة المشهورة الواردة فى الحمل الايجابى على مفهومات الممتنعات كقولنا «الخلاء مستحيل» و«اجتماع النقيضين ممتنع»، و«المعدوم المطلق قسم من

_____

[٣١٥] ن: هف، ٥٣ظ؛ شرح شيرازى: ١٠٣

[٣١٦] ن: ‐وهذا خلف

المعدوم مطلقا» . فأنّ للعقل أن يتصوّر جميع المفهومات حتّى عدم نفسه وعدم العدم والمعدوم المطلق والمعدوم فى الذهن واللامفهوم وكافة الممتنعات ويحكم عليها باحكام ثبوتية . وذلك لا يستدعى وجودها أصلا كما أشرنا إليه سابقا . إذ هذه [٣١٨] ليست حقائق لتلك المتصوّرات، فإذا تصوّرنا مفهوم « الممتنع»، مثلا، فليس أن يكون ما نتصوّره هو حقيقة الممتنع إذ كان كلّ ما يرتسم فى ذهن أو متمثّل فى وهم، فهو مما يحمل عليه أنّه ممكن من الممكنات، نعم، يحمل عليه بالحمل الأوّلى فقط ولا يحمل عليه ذلك بالحمل الشائع، بل هو من افراد الموجود المطلق، وكذا مفهوم شريك البارى، والولد الصاحبة وسائر مفهومات الممتنعات . إذا صيّرها العقل عنوانا وحكم عليها باحكام، فلا يستدعى ذلك وجود ذوات هى عنوانات لها فى العقل ولا فى العين . وإنّما للعقل أن يقدر بتأمّله على الفرض البحت أن يجعل مفهوما من المفهومات عنوانا لطبيعة باطلة الذات محجوبة عن صقع الوجود مجهولة فى التصوّر ولتمثّل هذا المفهوم وتقدير أنّه لماهية مّا باطلة على الاطلاق يصحّ الحكم عليه بالامتناع، أو بعدم الاخبار عنه، أو ما يجرى مجراه على سبيل ايجاب عقد حملى غير بتّى فاصل بوجه الحكم عليه وصحته من حيث كونه مفهوما متمثلا، وخصوص كونه حكما بالامتناع اوبالعدم أو بنظائرهما . فباعتبار انطباقه على أمر باطل يقدر

---

[٣١٧] م:الموضوع

[٣١٨] م:+ التصورات

أنّه بحذائه[319] . ومن هذا القبيل . إذا قلنا الواجب تشخّصه عين ذاته كان الحكم فيه على مفهوم الواجب ، لأنّه المتمثّل فى العقل[320] لا غير ، لكن عينية التشخّص غير متوجهة إليه ، بل إلى ما يقوم البرهان على أنّه بازائه من الذات القيومية المتقدّسة عن أن يتصوّر فى ذهن أو يتمثّل فى عقل .

وفيه وجه آخر ، وهو أن مفهوم المعدوم المطلق مثلا ، لما كان يعتبر فيه بحسب مفهومه انسلاب جميع انحاء الوجود عنه ، فهو غير متصف بشىء من الوجودات فى هذا الاعتبار ، فهذا مناط امتناع الحكم عليه مطلقا . وحيث أنّ هذا الاعتبار هو بعينه نحو من انحاء وجود هذا المفهوم فكان هو موصوفا بالوجود فى هذا الاعتبار بحسب هذا الاعتبار فذلك مناط صحة الحكم عليه بسلب الحكم وبايجاب ذلك السلب .

فإذن فيه حيثيتان تقييديتان بحسبهما صحة الحكم وسلبها ، وكذلك القياس فى قولنا المجهول المطلق لا يخبر عنه فأنّ اعتبار كونه مجهولا مطلقا بحسب المفهوم يتأتى عن الاخبار عنه ، واعتبار كونه معلوما بنحو كونه مجهولا مطلقا يصحح الاخبار عنه بعدم الاخبار وإلى ذلك أشار افضل المتأخرّين فى «نقد المحصّل» بقوله رفع الثبوت الشامل للخارج والذهنى يتصوّر بما ليس بثابت ولا متصور أصلا فيصح الحكم عليه من حيث هو ذلك المتصور ، ولا يصحّ من حيث هو ليس بثابت ولا يكون تناقضا لاختلاف الموضوعية ، ولا مانع من أن يكون شىء

---

[319] يعنى : مايحذو حذوه

[320] ن:الحكم

قسيما لشىء وقسما منه باعتبار . مثلا إذا قلنا الموجود أمّا ثابت فى الذهن وأمّا غير ثابت فيه؛ فاللا موجود فى الذهن قسيم للموجود من حيث أنّه مفهوم اضيف فيه كلمة، لا إلى الموجود ومن حيث أنّه مفهوم قسم من الثابت فى الذهن

قوله [الشارح العلامة]، رحمه الله: «شرط الشكل الأوّل فى الانتاج موجبة الصغرى [وإلاّ لم يندرج الأصغر فى موضوع الكبرى ولم يتعدّ إليه الحكم من الأوسط]، اه».٣٢١

[أقول]: لقائل أن يقول قد صرّح الشيخ الرئيس فى «الاشارات» بأنّ شرطه أن يكون صغراه موجبة أو ما فى حكمها بأن كانت ممكنة أو كانت وجودية يصدق ايجابا، كما يصدق سلبا فيدخل أصغره فى أوسطه . فان السالبة الممكنة والسالبة الوجودية كلّ ينتجان فى صغرى الشكل الأوّل أمّا السالبة الممكنة فلأنّها يلزمها موجبتها وموجبتها منتجة فيكون سالبتها منتجة لأنّ لازم الازم لازم . فيقال متى صدقت السالبة الممكنة مع الكبرى صدقت موجبتها مع الكبرى، ومتى صدقت هذه مع الكبرى صدقت النتيجة، متى صدقت السالبة الممكنة مع الكبرى صدقت النتيجة وهو المطلوب . والنتيجة تكون موجبة وكذلك فى السالبة الوجودية اللا دائمة فان لها لازمين: الموجبة اللا دائمة، والموجبة اللا ضرورية، فهى منتج بالوجهين معا فهذه السوالب

منتج بقوّة تلك الموجهات[٣٢٢] اللازمة لها . فان قلت قول الشيخ الرئيس
حتّى يدخل الأصغر فى الأوسط دالّ على أنّ الصغرى إذا كانت ممكنة
يكون الأصغر داخلا فى الأوسط وليس كذلك، لأنّ الحكم فى الكبرى
على ما هو أوسط بالفعل فلا يتناول ما هو أوسط بالإمكان لجواز أن لا
يخرج إلى الفعل أصلا . قلنا المراد مادّة الإمكان التى يكون فى مثل قولنا
«الانسان ليس بكاتب» التى يكون الحكم الايجابى فيها حاصلا بالفعل
لا الإمكان بمعنى الاحتمال العقلى، فيتحقق الاندراج . وإليه أشار
المحقّق الطوسى فى شرحه [«شرح الاشارات» [٣٢٣]] ينبغى ان يحمل
الإمكان فى قول الشيخ على ما يكون ممكنا فى طبيعته والحكم
الايجابى حاصل فيه بالفعل . لأنّ الممكن الصرف لا يقتضى دخول
الأصغر فى الأوسط بالفعل . ويرد فى هذا المقام بحث وهو أن مثل هذا
القياس، أعنى الذى يكون صغراه سالبة ممكنة، أو سالبة وجودية، لا
يكون منتجًا لذاته، بل لغيره؛ وقد اعتبر هذا القيد فى حدّ القياس .
ووجه دفعه أنّ المراد بالاستلزام الذاتى فى تعريف القياس ليس أنّه لا
يكون بواسطة أصلا وإلّا خرج البيان العكس المستوى، بل أنّه لا يكون
بواسطة مقدمة غريبة، كما مرّ آنفا . وهى ما يغاير حدودها حدود
القياس والموجبة فى القضية المركّبة ليس مغايرة لسالبتها، ففى امثال

---

[٣٢٢] م:الموجبات

[٣٢٣] رك : ابو على سينا «الاشارات والتنبيهات» مع « شرح الاشارات » لنصير الدين
الطوسى . تحقيق الدكتور سليمان دنيا. القاهره: دار المعارف، ١٩٦٠؛ القسم الاوّل .

هذه القضايا ارتباط المحمول بالموضوع حاصل فى نفس الأمر حصولا مساوى الطّرفين بحسب الإمكان، كما فى الممكنة الخاصة، أو بحسب الوجود، كما فى الوجودية اللا دائمة. والفرق بين موجبتها وسالبتها لا يكون إلاّ فى اللفظ والنتيجة، لا يلزم السلب والايجاب اللفظين، بل بالنسبة المركّبة من جهة الايجاب المشتمل هى عليه. فانتاج مثل هذه السوالب فى الصغرى ليس لاستلزام ايجابها لسلبها، بل لاشتمال قضاياها بحسب المعنى على الايجاب المعنوى، فيكون القياس المشتمل عليها منتجا بالذات.

قال الشارح العلامة: «وإلاّ لم يندرج الأصغر فى موضوع الكبرى، ١ه». ٣٢٤.

[أقول]: اعلم أنّ الشرط الأوّل يفيد حصول الأصغر فى الأوسط الذى به يعلم أنّ الحكم الواقع على الأوسط شامل للأصغر الداخل فيه، ولولاه لما علم أنّ ذلك الحكم هل يقع على ما يخرج من الأوسط ام لا. فان كلا الأمرين محتمل كما أنّ الحكم بالحيوان الأكبر على الإنسان الأوسط يتعدى إلى الفرس الأصغر ولا يتعدى إلى الحجرالأصغر، وهما خارجان منه. فإن قلت «لا شىء من الفرس بانسان وكلّ إنسان حيوان»، فالحقّ «كلّ فرس حيوان»، وإذا قلت «لاشىء من الحجر بانسان وكلّ إنسان حيوان»، فالحقّ «لاشىء من الحجر بحيوان».

---

٣٢٤ شرح شيرازى: ١٠٥.

والشرط الثانى يفيد تأدّى الحكم الواقع على الأوسط الأصغر لعمومه جميع ما يدخل فى الأوسط. ولولاه لما علم ان الجزئى الواقع عليه الحكم من الأوسط هل هو الأصغر ام لا؟ فإنّ كلا الأمرين محتمل، كما أنّ الحكم بالانسان الأكبر على بعض الحيوان الأوسط يقع على الناطق الأصغر ولا يقع على الناهق الأصغر وهما داخلان فيه. فإذا قلت « كلّ ناطق حيوان، وبعض الحيوان إنسان »، فالحق [ان] « كلّ ناطق إنسان »، وإذا قلت « كلّ ناهق حيوان، وبعض الحيوان إنسان »، فالحق [ان] « لا شىء من الناهق بانسان ». وقد علم مما سبق أن حكم النتيجة فى الكم والكيف والجهة حكم الكبرى بعينه؛ بشرط أن يكون الصغرى فعليه. لأنّ الأصغر إذا كان داخلا فى الأوسط بالفعل كان الحكم عليه حكما على الأصغر، أىْ حُكم كان.

قـال الشـارح العـلامـة: «وبقـيت الضـروب المنتـجـة اربعـة، [٥١].»[٣٢٥]

[أقول] لما كانت المحصورات الاربع ممكنة الوقوع فى كلّ واحدة من المقدمتين، فالاقترانات الممكنة فى شكل ستة عشر، فالشرطان المذكوران يوجب حذف إثنتا عشر منها وابقاء اربع قرائن من الستة عشر. فأنّ ايجاب الصغرى، أمّا كلّى وأمّا جزئى، وكلّية الكبرى أمّا ايجابية أو سلبية، ومضروب الاثنين فى نفسه اربعة. فإذن القرائن

─────────────────

[٣٢٥] شرح شيرازى: ١٠٥.

القياسية اربعة والباقية عقيمة لفقدان أحد الشرطين أو كليهما. لكنك قد علمت أنّه إذا كانت الصغرى السالبة بجهات تستلزم سالبتها موجبتها كانت القرائن القياسية ثمانى، وجميع هذه القرائن الثمانى منتجة فى هذا الشكل بيّنة الانتاج، ونتائجها على أىّ تقدير يكون المحصورات الأربع.

وأمّا على مذهب المصنّف؛ فينحصر قرنيتها فى واحدة، وهى الموجبتان الكلّيتان الضروريتان البتاتان[٣٢٦] وينتجا واحدة، هى «الموجبة الكلّية الضرورية البتّاته».

قوله، قدّس سرّه: «فكيف يحمل عليه اسمه، سواء أريد من الاسم مجرّد اللفظ أو مفهرم العنوان».[٣٢٧]

[أقول]: فان الحمل فى الأوّل غير متصور وفى الثانى غير متعارف، والقضية المتعارفة فى العلوم ما يكون الحمل فيها على سبيل الشيوع الذى هو مفاده الاتحاد فى الوجود كما مرّ مرار، و كذا الكلام فيما ذكره الشارح سابقا. ولمية كلّ من القسمين غير خاف على الفطن المتدرب فى [هذا] الفن.

قال الشارح العلامة: «الشكل الثانى شرطه اختلاف مقدميته،

---

٣٢٦ ن: ـ البتاتان.

٣٢٧ شرح شيرازى: ١٠٣؛ حكمة الاشراق: ٢٥؛ شرح شهرزورى: ١٠٢:٥.

[أقول]: محصّل هذا القياس حمل محمول واحد على شيئين متغايرين لحمل أحدهما على الآخر فيشترط لانتاجه بحسب كمّية المقدمتين وكيفيتهما أمران اختلافهما فى الكيف لأنّهما لو اتفقنا فيه فهما أمّا موجبتان أو سالبتان. وأمّا ما كان يلزم الاختلاف الموجب للعقم [و] أمّا إذا كانت موجبتين فلجواز اشتراك المختلفات والمتفقات فى الايجاب كقولنا «كلّ إنسان حيوان وكلّ فرس حيوان وكلّ ناطق حيوان». والحق فى الأوّل السلب، وفى الثانى الايجاب. وأمّا إذا كانت السالبتين فلجواز اشتراك المختلفات والمتفقات فى السلب كقولنا «لا شىء من الإنسان بحجر» و«لا شىء من الناطق ٣٢٩ بحجر» والحق فى الأوّل السلب وفى الثانى الايجاب، فلا يستلزم القياس شيئا منهما والمعنى بالانتاج استلزام الشكل لاحدهما وثانيهما كلّية الكبرى بالبيان الذى ذكره الشارح. والضروب المنتجة باعتبار الشرطين اربعة: أمّا بطريق الحذف فلأنّ الشرط الأوّل اسقط ثمانية الموجبات مع الموجبتين والسالبتين مع السالبتين. والثانى أسقط أربعة أُخرى الكبرى الموجبة الجزئية مع السالبتين والسالبة الجزئية مع الموجبتين، وأمّا بطريق التحصيل فلأنّ الكبرى الكلّية أمّا موجبة أو سالبة والصغرى المخالفة له

---

٣٢٨ شرح شيرازى: ١٠٦

٣٢٩ م: الفرس

أمّا كلّية أو جزئية. ويشترط لانتاجه بحسب الجهة أن لا يكونا مطلقتين بالاطلاق العام ولا ممكنتين ولا عن خلط منهما. فان المختلفين فى الكيف من المختلطين منهما قد يجتمعان على الصدق، كما فى المطلقات والممكنات ولا يلزم من اختلافهما تباين الطرفين والشىء الواحد، بل الشيئان المحمول أحدهما على الآخر قد يوجد شىء يحمل عليه أو عليهما بالايجاب المطلق ويسلب بسلب المطلق. وقد يعرض الأمران للشيئين المسلوب أحدهما عن الآخر ولا يوجب ذلك أن يكون أحدهما محمولا على الآخر ولا مسلوبا عنه فلا يلزم سلب ولا ايجاب فلا يلزم نتيجة.

قال الشارح العلامة : «وبيان هذه الضروب بالخلف، اﻫ». ٣٣٠

[أقول]: قد نقل الشيخ الرئيس عن قوم أنّهم قالوا لا حاجة فى انتاج هذا الشكل إلى ما ذكر من البيانات لأنّ الأوسط لما ثبت لاحد الطرفين وسلب عن الطرف الآخر يلزم المباينة بين الطرفين. فإنّ ب إذا كان مباينا لا غير مباين لج لم يكن ج أو العلم به ضرورى. وزيف هذا القول بأنّهم أن جعلوه حجة على الانتاج لم يكن زائدة على نفس الدعوى بل هو اعادة الدعوى بعبارة أُخرى لأنّ معنى المتباينين والمسلوب أحدهما عن الأخرى واحد، وإن جعلوه بيّنا بنفسه لم يفرقوا بين البيّن بنفسه والقريب من البيّن. فإنّ البيّن بنفسه ما لا يحتاج إلى

فكر وهذا يحتاج لأنّ الذهن عند الانتاج يلتفت إلى ضرورة أن يقول ج
لما كان المباين لا أو التى لم يوصف بـ «آ» لم يكن آ فقد ردّه إلى البيّن
لأنّه حينئذ حكم على الباء سبب آ الذى هو عكس الكبرى وحكم
بثبوت الباء على ج وهو بعينه الشكل الأوّل. لكن لما ارتد إلى البيّن
بفكر لطيف وروية قليلة اعتقدوا أنّه بيّن بنفسه ومنهم مَن استعمل
هذا البيّن فى سائر الاشكال على أنّه برهان لِمى. فنقول ههنا مثلا
الأوسط لما ثبت للاصغر وسلب عن الأكبر أو بالعكس لزم بالضرورة
المباينة الذاتية بين الأصغر والأكبر وذلك هو الشكل الثانى، وهكذا فى
كلّ شكل ولا يخفى فساده. واعلم أن حاصل هذا الشكل راجع إلى
الاستدلال بتنافى اللوازم على تنافى الملزومات، فيكفى أن يقال من
لوازم أحد الطرفين ثبوتا لوسط له من لوازم الآخر سلبه وهما متنافيان
فينافى الملزومات فلا يحتاج إلى هذه التكلفات المذكورة. ولعلّ مقصود
القدماء القائلين بما نقل عنهم [الشيخ] الرئيس هو هذا المعنى، وكذا
القائل من القول الثانى لأنّ هذا الشكل وغيره بين. ثمّ ما ذكره إنّما يتم
لو كانت المقدمتان ضروريتين كما هو مذهب المصنّف. فالتمس
الحاجة إلى تلك البيانات فى غيرهما.

**قال الشارح العلامة: «لان كلّ مفهوم كلّى فيتصور له جزئيات
يحمل على كلّ منها، اه».** ٣٣١

---

٣٣١ شرح شيرازى: ١٠٨.

[أقول]: فيه منع والسند ما مرّ تحقيقه. فأن شريك البارى والمعدوم واللاشىء واللامفهوم ونظائرها ليست لها جزئيات يحمل هى عليها، لا فى الذهن، ولا فى العين، والأولى التمسك فى الجواب بما ذكره ثانيا.

قال الشارح العلامة: «وأمّا الشكل الثالث، اه». ٣٣٢

[أقول]: حاصل هذا الشكل وضع موضوع واحد لأمرين متغايرين لتوضع أحدهما للآخر، والشرط فى كون قرائنة نتيجة أمران: أحدهما أن يكون الصغرى موجبة أو ما حكمها، كما سبق فى الشكل الأوّل، والثانى يكون فيها مقدمة كلّية. أمّا لزوم الشرط الأوّل فلان الأصغر إذا كان مباينا للأوسط بالسلب كالفرس مثلا إنسان، فلم يعلم أنّ الأكبر المحمول على الأوسط هل تلاقيه كالحيوان أو بيانية كالناطق كقولنا «لا شىء من الإنسان بفرس وكلّ إنسان حيوان أو ناطق» وكذلك المسلوب عنه، كالصهّال تارة الحجر أُخرى كقولنا «لا شىء من الإنسان بفرس ولا شىء من الإنسان بصهّال أو حجر»، والصادق فى الأوّلين الايجاب وفى الآخرين السلب، والاختلاف يوجب العقم. وأمّا لزم الشرط الثانى فلأن يتحد مورد الحكمين من الأوسط فيتعدى الحكم بالأكبر إلى الأصغر. فلو كانتا جزئيتين جاز أن يختلف المحكوم عليه من الأوسط فى المقدمتين فلم يكن المحكوم عليه بالصغر نفس المحكوم عليه بالأكبر لعدم مجمع بينهما وجاز أن لا يختلف، والاختلاف فى النتيجة

يكشف عن عقمة، كما يقول إذا كانت الكبرى موجبة «بعض الحيوان إنسان» و«بعضه ناطق أو فرس» والحق فى الأوّل الايجاب وفى الثانى السلبا. ونقول إذا كانت سالبة «بعض الحيوان إنسان» و«بعضه ليس بناطق، أو ليس بفرس» والحق فى الأوّل الايجاب وفى الثانى السلب. والقرائن المحتملة بعد هذين الشرطين لا يكون إلّا ستا من الست عشرة، لأنّ أوّلهما اسقط ثمانية منها وثانيهما اسقط قرنيتين بالتحصيل الصغرى الموجبة الكلّية يقترن بكلّ المحصورات الاربع الموجبة الجزئية يقترن بالكلّيتين منها فالجميع ستة.

قال الشارح العلامة: «هذا الشكل لا ينتج إلّا جزئية، اه».[٣٣٣]

[أقول]:[٣٣٤] وذلك لأنّ الأصغر المحمول على الأوسط يحتمل أن يكون أعمّ منه كالحيوان على الإنسان، وحينئذ لا يكون ملاقاة الأكبر كالناطق ولا مباينة كالفرس إلّا للقدر الذى كان ملاقية منه للأوسط فهذا قلت «كل إنسان حيوان وكلّ إنسان حيوان وكلّ إنسان ناطق» لم يلزم أن يكون «كلّ حيوان ناطقا» بل لزم أن يكون «بعضه ناطقا» بأن بعكس الصغرى، وذلك لأنّ قياسات هذا الشكل ليست كاملة فتحتاج إلى تكميل، وذلك بعكس الصغرى إذا كانت كبراها كلّية حتّى يصيرحينئذ بالارتداد إلى الشكل الأوّل كاملا بيّنا. لأنّ هذا الشكل لا

---

[٣٣٣] شرح شيرازى: ١٠٩.

[٣٣٤] ن: ‌-وذلك

يخالف الأوّل إلّا بوضع الحدود فى الصغرى، كما أنّ الثانى لم يخالفه
إلّا بوضع الحدود فى الكبرى. فكلما كانت الكبرى كلّية فيه وعكست
الصغرى ازيد الاقتران إلى الأوّل، وأمّا إذا كانت الكبرى جزئية لم ينفكّ
عكس الصغرى لأنّها إذا عكست صارت جزئية ولا قياس من جزئيتين،
بل يجب أن يعكس الكبرى ويجعل صغرى حتّى ترتد إلى الأوّل ثمّ
يعكس النتيجة مثاله كلّ ب ج وبعض آ ب فبعض آ ب فبعض ج آ لأنّ
الكبرى ينعكس إلى آ ب، وينتج مع الصغرى على هيئة الضرب
الثالث من الشكل الأوّل بعض آ ج. ويعكس إلى بعض ج. أو هذا
الطريق، أى طريق العكس، جار فى خمسة ضروب من الستة المذكورة
وقد بقى ضرب واحد لا يتبيّن بالعكس وذلك حيث يكون الكبرى
جزئية وسالبة، فأنّها لا ينعكس أصلا وصغراها ينعكس جزئية فلا
ينتظم منهما قياس بل إنّما يتبيّن بطريق الافتراض او بطريق[٣٣٥] الخلف
والخلف جار فى الجميع كما ارشدك الشارح إليه. وأمّا دعاية الجهة فى
هذا الشكل فقد أشار إليه الشيخ الرئيس بقوله: أن العبرة فى الجهة
المنحفظة وهى التى يتعيّن فى الشكل الأوّل فيها على قياس ما أوردناه
إنّما هى الكبرى. أمّا فيما يتبيّن بعكس صغراه فذلك ظاهر، وأمّا فيما
يتبيّن بعكس صغراه فذلك ظاهر، وأمّا فيما يتبيّن بعكس الكبرى
فيتبيّن ذلك بالاقتراض بأن يغرض بعض ب آ الذى هوآ حتّى يكون ج

فيكون ج آ فينتج ج آ والجهة ما يوجبة جهة، قولنا كلّ ج الذى يوجبه بعض آ، إنتهى.

والكلام فى شرائط انتاج الاشكال بحسب جهات المقدمات، وبيان جهة[٣٣٦] النتيجة فى المختلطات طويل خارج عن طور حكمة الإشراق وسيرة الشيخ المدوّن لها، قدّس سرّه. ولهذا اهملها الشارح وطوى الكلام عنها أصلا.

[قاعدة الإشراقيين فى الشكل الثانى][٣٣٧]

قوله [شيخ الإشراق]، رضى الله عنه: «وههنا قاعدة».[٣٣٨]

[أقول]: عرض الشيخ من هذه «القاعدة» بيان حقية انتاج الشكل الثانى على طريقه الإشراقيين. واعلم أنّه كما أن الشكل الأوّل قرائنه منحصرة عندهم فى ضرب واحد مؤلّف من موجبتين كلّيتين، كذلك هذا الشكل منحصر عندهم فى ضرب واحد بقوله: «إذا كانت

---

[٣٣٦] ن:-جهة

[٣٣٧] شرح شيرازى: ١١٠؛ حكمة الاشراق: ٢٦؛ شرح شهرزورى: ١٠٢: ١٦ به بعد

[٣٣٨] شرح شيرازى: ١١٠؛ حكمة الاشراق: ٢٦؛ شرح شهرزورى: ١٠٢: ١٦. متن حكمة الاشراق: (٢٦) وهى أنّه إذا كانت قضيتان محيطتان مختلفتا الموضوع يستحيل إثبات محمول أحديهما على الأخرى من جميع الوجوه او من وجه واحد فيعلم يقينا أنّه لو كان أحدهما مما يتصور ان يدخل تحت الآخر ما استحال عليه ما محموله. [تتمه در پانوشت آتى ٠م٠]

قضيتان محيطتان مختلفتا الموضوع» .٣٣٩ أشارة إلى هيئة الشكل الثانى، وهو أن يكون الأصغر موضوع احدى المقدمتين والاكبر موضوع ٣٤٠ الأخرى. وقوله ويستحيل إثبات محمول أحدهما على الاخرى، أشارة إلى كون الأوسط فى أحديهما ثابتا لموضوعها فى الأخرى مسلوبا عنه بالامتناع، أو سلبه ثابتا له بالضرورة على اختلاف الطريفين حتّى يكون القضيتان متخالفتين فى الكيف، أو فى حكم المتخالفتين. مثاله كلّ آ ب وكلّ ج ليس ب ولاشىء من ج ب بالضرورة ينتج فكلّ آ ليس ج، أولا شىء من آ ج بالضرورة.

قوله [شيخ الإشراق، قدّس سرّه]: «فيعلم يقينا أنّه لو كان، إلى آخره». ٣٤١

[أقول]: استدلال على كون النتيجة سالبة كلّية ضرورية. أو ما فى حكمها فى صورة قياس استثنائى مقدمة حملية موجبة ممكنة وتاليه حملية سالبة ضرورية ينتج باستثناء نقيض التالى نقيض المقدّم من

---

٣٣٩ شرح شيرازى: ١١٠؛ حكمة الاشراق: ٢٦؛ شرح شهرزورى: ١٠٢ : ١٧. متن حكمة الاشراق: فيمتنع إذن ان يوصف أحدهما بالآخر ايّهما جُعل موضوعا فى النتيجة، وايّهما حمل حاهنا، فالنتيجة ضرورية بتّانة لامتناع حمل محمولها او وجوب السلب فيها فما يكون فى المقدمتين من جهات او سلب سلوب فتُجعل جزءا من المحمول، مثل قولك «كلّ إنسان بالضرورة ممكن الكتابة» و«كلّ حجر بالضرورة فهو ممتنع الكتابة» . [تتمه در پانوشت آتى. ٠م]

٣٤٠ ن :–احدى المقدمتين والاكبر موضوع

٣٤١ شرح شيرازى: ١١٠؛ حكمة الاشراق: ٢٦؛ شرح شهرزورى: ١٠٢ : ١٩–٢٠.

حملیة سالبة ضروریة، أو ما فی حکمها .

وهو قوله [شیخ الإشراق]: «فیمتنع إذن أن یوصف أحدهما بالآخر». ۳٤۲

[أقول]: أی لو امکن قولنا «بعض آج» لما استحال، بل جاز قولنا «بعض ج ب» والتالی باطل لمناقضة قولنا «لا شیء من ج ب بالضرورة»؛ فکذا المقدّم هو «بعض آج» بالإمکان فیکون نقیضة حقا و هو «لا شیء من آج»، أو «کلّ آ لیس بج بالضرورة»، وهو المطلوب. وإنّما قال والنتیجة ضروریة بتّاته لأنّه یدلّ فیها امتناع ثبوت المحمول للموضوع بضرورة ثبوت سلبه للموضوع هذا إذا کانت الجهة فی المقدمتین ضرورة بالاصالة. وأمّا إذا لم یکن کذلک فقد وصی الشیخ باستعمال القانون الإشراقی فی المقدمتین، وهو جعل الجهات

<hr/>

۳٤۲ **شرح شیرازی**: ۱۱۰؛ **حکمة الاشراق**: ۲٦؛ **شرح شهرزوری**: ۱۰۲ : ۲۱. متن

حکمة الاشراق: فنعلم انّ الإنسان بالضرورة ممتنع الحجریة وحینئذ لا یشترط اتحاد المحمول ایضا فی جمیع الوجوه فی هذا السیاق خاصة، بل إنّما تعتبر الشرکة فیها وراء الجهة المجعولة جزء المحمول، ویجوز تغایر جهتی القضیتین فیه ومخرجه من السیاق الأوّل: ان هذین القولین قضیتان استحال على موضوع احدیهما ما امکن على موضوع الأخرى وکلّ قضیتین استحال على موضوع احدیهما ما امکن على موضوع الاخرى، فموضوعهما بالضرورة متباینان؛ فهذان القولان موضوعهما بالضرورة متباینان . وکذا إذا کان فی البتّاتة محمول احدیهما ممکن فی النسبة وفی الأخرى واجب النسبة، فان وجوب النسبة یمتنع على الأوّلى والإمکان على الأخرى. وکذا إذا کان محمول احداهما واجب النسبة والآخر ممتنع النسبة فکان على ما قلنا. وان کان فی هذا السیاق جزئیة فلتُجعل کلیة، کما سبق. [تتمه در پانوشت آتى . م.]

والسلوب أجزاء للمحمول فيهما لينتجا موجبة ضرورية بتاته بشرط أن يكون الجهة للمجعول جزءا فى محمول أحديهما غير الجهة المجعولة جزءا فى محمول الأخرى. عندما كانتا موجبتين محصلتين كقولك « كلّ إنسان بالضرورة ممكن الكتابة، وكلّ حجر بالضرورة ممتنع الكتابة » وذلك لأنّ من شرائط هذا الشكل فى هذه الطريقة اختلاف المقدمتين. أمّا فى الكيف بأحد الوجهين أى بان يكون أحدهما موجبة محصّلة والأخرى سالبة بسيطة، أو يكونان موجبتين لكن يكون محمول أحديهما فقط مشتملا على سلب، وأمّا فى الجهة بأن يكون الجهة المجعولة جزء المحمول أحديهما غير الجهة المجعولة جزء محمول الأخرى.

وقوله، [قدّس سرّه] : « وحينئذ لا يشترط اتحاد المحمول، ٣٤٣. ١٥ ».

[أقول] : معناه أنّه قد ظهر مما ذكر أنّ الحدّ الأوسط لايجب تكرره بتمامه [فى] هذا الشكل لكون السلب جزءا فى أحد المحمولين دون

---

٣٤٣ شرح شيرازى : ١١٠؛ حكمة الاشراق : ٢٦؛ شرح شهرزورى : ١٠٣ : ٤ – ٥.
متن حكمة الاشراق : ولسنا نوجب ان نعمل فى آحاد مقدمات العلوم هذا العمل، بل إذا علمنا القانون هاهنا، فلكلّ مقدمتين صادفناهما على هذا القانون، علمنا ان حالهما كما سبق، وتركنا التطويل على اصحابه فى الضروب والبيان والخبط. ولهذا خرج من الشرطيات من انّه لو كان موضوعا هاتين المقدمتين ما يصح دخول أحدهما فى الآخر فما وجب على جزئيات أحدهما ما امكن على جزئيات الآخر او امتنع؛ ويستثنى نقيض التالى لنقيض المقدّم.

الآخر، أو يكون الوجوب والإمكان أو الامتناع جزءا فى أحدهما وغيره فى الآخر بل كفى فى الانتاج اشتراك الوسطين فى جزء واحد هو غير الجهة أو السلب المجعول المحمول جزء المحمول .

قوله، قدّس سرّه: «ويجوز تغاير جهتى [القضيتين فيه]ومخرجه من السياق الأوّل، اه».[٣٤٤]

[أقول]: غرضه أن تغاير جهتى القضيتين[٣٤٥] فى هذا الشكل يعنى عن الاختلاف فى الكيف بينهما، فاقام حجّة عليه من الشكل الأوّل . ويحتمل أيضا أنّه لما بين إثبات كون السياق الثانى قياسا منتجا بطريق القياس الشرطى الاستثنائى أراد أن يخرج ذلك فخرج القياس الاقترانى الحملى من الشكل الأوّل لأنّه اوفق للطبع ولأنّه المذكور بيانه من قبل الاستثنائى والأوّل اولى . فأنه سيخرج هذا السياق مخرج القياس الاستثنائى ولو كان المطلوب ذلك التكرار .

[فصل : فى الشرطيات][٣٤٦]

قوله، قدّس سرّه: «والشرطيات أيضا قد تؤلّف منها قياسات

---

[٣٤٤] شرح شيرازى: ١١١؛ حكمة الاشراق: ٢٦؛ شرح شهرزورى: ١٠٣:٦ – ٧

[٣٤٥] م: الجهة بين القضيتين

[٣٤٦] شرح شيرازى: ١١٤؛ حكمة الاشراق: ٢٨؛ شرح شهرزورى: ١١٥:٣ به بعد . صدرالدين شهرازى تعلياتى بر: «قاعدة: فى قاعدة الاشراقيين فى الشكل الثالث»، تحرير ننموده است . م .

اقترانية» . ٣٤٧

[أقول] كما أنّ الاحكام الحملية تنقسم إلى فطريات وفطريات يحتاج إلى الحجة، كذلك الشرطيات قد تكون فطرية، كقولنا «إن كانت الشمس طالعة فالنهار موجود» وقد تكون نظرية كقولنا «متى ٣٤٨ وجدت الحركة المستقيمة وجدّ محدّد الجهات». فمسّت الحاجة إلى معرفة الاقيسة الشرطية ٣٤٩ الاقترانية ينعقد فيها الاشكال الاربعة . لأنّ الأوسط إن كان تاليا فى الصغرى مقدما فى الكبرى فهو الشكل الأوّل، وإن كان بالعكس فهو [الشكل] الرابع، وإن كان تاليا فيهما فهو [الشكل] الثانى، وإن كان مقدما فيهما فهو [الشكل] الثالث.

قوله، قدّس سرّه : «والشرائط والحدود حالها كما سبق». ٣٥٠

---

٣٤٧ شرح شيرازى: ١١٤؛ حكمة الاشراق: ٢٨؛ شرح شهرزورى ١١٥:٥. ن: اقيسة اقترانية. **متن حكمة الاشراق:** (٢٨) والشرطيات تؤلّف منها قياسات اقترانية، كقولك فى المتصلات «كلّما كانت الشمس طالعة فالنهار موجود، وكلّما كان النهار موجودا فالكواكب خفية» ينتج «كلّما كانت الشمس طالعة فالكواكب خفية». والشرائط والحدود حالهما كما سبق. وقد يتركّب قياس من شرطية وحملية كقولك، فيما إذا كانت الشركة بينهما فى التالى والحملية كبرى، «كلّما كان ج ب فكلّ ه د، وكلّ د ا» فتحصّل النتيجة شرطية متصلة مقدمها مقدم صغرى القياس بعينه وتاليها نتيجة تأليف التالى والحملية، كقولنا «كلّما كان ج ب فكلّ ه ا».

٣٤٨ ن: -متى

٣٤٩ نك- الشرطية

٣٥٠ شرح شيرازى: ١١٥؛ حكمة الاشراق: ٢٨؛ شرح شهرزورى ١١٥:٧ - ٨

[أقول]: أى ولها أيضا شرائط فى الانتاج كشرائط الحمليات، فيشرط فى الاول ايجاب الصغرى وكلّية الكبرى، وفى الثانى اختلافهما فى الكيف وكلّية الكبرى إلى غير ذلك . وعدد ضروبها آت إلّا فى الرابع من الثلثة الأخيرة فأنّها غير آتيه ههنا . وكذا جهة النتيجة من اللزوم لاتفاق الذين هما بأزاء الضرورة والإمكان فإن كانت المقدمتان لزوميتين كانت النتجة لزومية، وإلّا لم تكن كانت اتفاقية وضروب الشكلّ الاولّ بيّنه بذاتها وضروب الاشكال الأُخرى يتبيّن كما فى الحمليات بالعكس، أو التبديل، أو الخلف . وبعضهم نازع فى قياسية الاتفاقيتين بأنّه إذا تركّب القياس من الاتفاقيتين فليس بمفيد وما لا يفيد قياسا لا يكون قياسا، لأنّه قول يستلزم قولا آخر كما سبق من تعريفه؛ وأيضا اجزاء الاتفاقيات لا امتياز بينهما فلا يتميز الاشكال فيها بعضا عن بعض فلم ينعقد الاشكال فيها . ويجاب عن الأوّل بأن القياس من الاتفاقيتين يوصل إلى مجهول تصديقى والمعتبر فى القياس بحسب الغاية هو الايصال المذكور . وأقول أنّ الاستلزام للنتيجة متحقق فى هذا القياس بحسب الصورة، وإن لم يتحقّق بحسب المادّة . واستلزام قول قولا آخر ينافى اتفاقية كما أن ضرورة استلزامه لقول آخر لم يكن منافيا، لأنّ يكون القول اللازم غير ضرورى بل قضية ممكنة كما مر . وعن الثانى بأنّا نكتفى فى انعقاده الاشكال بالامتياز الوضعى، وأمّا القياس المختلط من اللزومى والاتفاقى ففيه تفصيل يطلب من المطولات .

قال الشارح [العلامة]: « وقد شكك على هذا الاقتران، اه ».[٣٥١]

[أقول] قد اورد الشيخ [الزئيس ابو على سينا] فى « الشفاء »
شكلا آخر على الشكل الأوّل من لزومتين؛ وهو أنّه يصدق قولنا « كلّما
كان الاثنان فردا كان عددا » و « كلّما كان عددا كان زوجا »، مع أن
النتيجة، وهو قولنا « كلّما كان الاثنان فردا كان زوجا » كاذبة. وللقوم
فى حلّ هذا الشكل مسلكا أحدهما من جهة الصغرى والآخر من
جهة الكبرى. فالمسلك الأوّل ما سلكه فى « الشفاء » من أنّ الصغرى
كاذبة بحسب الأمر نفسه على مقتضى القاعدة السابقة فى الشرطيات،
وأمّا بحسب الالزام فيصدق النيجة، فأنّ مَن يرى أن الاثنين فرد فلا بدّ
من أن يلزم أنّه زوج أيضا. والمسلك الثانى ما ذكره غيره وهو أنّ الكبرى
أن أخذت اتفاقية فالقياس غير منتج لأنّ شرط كونه منتجا للايجاب أن
يكون الأوسط مقدما فى اللزومية دون الاتفاقية، وإن أخذت لزومية
فهى ممتنعة الصدق وإنّما يصدق لو لزم زوجية الاثنين عدديته على
جميع الاوضاع الممكنة الاجتماع مع العدد، وليس كذلك إذ من
الاوضاع الممكنة الاجتماع مع العددية كونه فردا والزوجية ليست
بلازمة على هذا الوضع. وضعّف شارح [كتاب] « المطالع » هذا الجواب
بوجهين؛ أحدهما قوله: لانختار أنّ الكبرى لزومية، فأنه كلّما كان
الاثنان عددا لكان موجودا لزومية ضرورة أنّ عددية الاثنين يتوقّف على

موجوده، وكلّما كان الاثنان موجودا كان زوجا لزومية أيضا، لأنّ تحقّق
الاثنية يقتضى الزوجية فلو انتج اللزوميتان انتج القياس تلك الكبرى
لزومية أيضا. والثانى قوله: وأيضا المقدّم ليس هو العددية مطلقا، بل
عددية الاثنين والفردية ليس مما أمكن اجتماعه مع عددية الاثنين لأنّه
مناف للاثنين فزوجية الاثنين لازمة لعدديته على جميع الاوضاع
الممكنة الاجتماع معها فيصدق لزومية.

أقول فى كلا قوليه ضعف، أمّا أوّلا فلان كون هذه الكبرى لزومية
باطل وما ذكره فى بيانه مقدوح، إذ اللزومية ما يقتضى ذات مقدمهما
بما هى هى، تاليها بأن يكون بينهما علاقة العلّية والمعلولية وليس العام
علّة للخاص فليس العدد علّة المتقضية للزوجية. فالعلاقة بين عددية
الاثنين وزوجيته اتفاقية. نعم لزوجية يقتضى العددية دون العكس،
وكذا الاثنية يقتضى كلا من العددية والزوجية ولا يقتضى شىء منهما
الاثنينية. وأمّا ما ذكره فى بيانه من قوله: كلّما كان الاثنان عددا كان
موجودا، فهو ممنوع على الوجه الكلّى، بل الصحيح أن يقال: كلّما
كان الاثنان عدد بحسب الاوضاع الممكنة الوقوع فى الخارج فهو
موجود لا مطلقا؛ أو لا يرى أن كون المفروض من الطيور، كـ«العنقاء»،
جوهرا لا يوجب وجوده فى الخارج وكذا كون «جبل من الياقوت» أو
«بحر من الزيبق» جوهرا لا يستلزم كونه موجودا فى الخارج، ولا فمَن
علم كون شىء جوهرا علم كونه من الموجودات وليس كذلك. وكذا
غير الجوهر من الذاتيات فليس يلزم من مجرّد كون كلّ اثنين عددا كون

كلّ اثنين موجودا فى الخارج وكذا قوله «**المقدّم ليس هو العـددية**
مطلقا، اه» لا يوجب ما ادعاه. فأنّ العددية التى وضعت فى الكبرى
لو كانت هى بعينها التى حملت فى الصغرى لم يلزم أن يكون زوجا
سواء كانت للاثنين أو لغيره فان كون الاثنين عددا على جميع التقادير
التى منها كونه فردا ليس بحق، وإن لم يكن العددية التى فى الكبرى
عين التى فى الصغرى لم يتكرر الأوسط فلم يتعد الحكم بالزوجية
عليها إلى الاثنين الذى هو الأصغر. ثمّ ذكرها الفاضل بحثا آخر ههنا
على انتاج اللزوميتين. وهو أنّه إن جاز المنافاة بين طرفى الملازمة فعدم
انتاج اللزومتين ظاهر، لأنّ الحكم فى الكبرى يلزم الأكبر بالأوسط على
الاوضاع الممكنة الاجتماع معه والأصغر لما جاز أن يكون منافيا للأوسط
لم يندرج تحت الأوسط فلا ينتج لعدم الاندراج وان لم يجد[٣٥٢]
المنافاة. ففى الانتاج نظر، لأنّا إذا اعتبرنا فى الكلّية لزوم التالى للمقدم
على جميع الاوضاع الممكنة الاجتماع مع والأصغر لما جاز أن يكون
منافيا للأوسط لم يندرج تحت الأوسط فلم ينتج لعدم الاندراج وأن
لم يجز المنافات[٣٥٣] فلا يخلو أمّا أن يعتبر لزومه لكلّ وضع منها، أو لا
يعتبر. فإن لم يعتبر لم ينتج الشكل الأوّل أصلا فضلا عن غيره، لأنّ
المعلوم فى الكبرى لزوم الأكبر للأوسط على جميع الاوضاع، لكن

---

[٣٥٢] ن:- وان لم

[٣٥٣] ن: -الاجتماع مع والأصغر لما جاز أن يكون منافا للأوسط لم يندرج تحت الأوسط
فلم ينتج لعدم الاندراج وأن   لم يجز المنافات

الأصغر من اوضاع الأوسط فجاز أن لا يلازمه الأكبر وإن اعتبر لزومه التالى لسائر الاوضاع. فتعقّل الموجبة الكلّية يتوقّف على اعتبار لزومات غير معدودة الاوضاع غير معدوده وأنّه متعسر أو ممتنع فما ظنّك باثباتها، وأيضا لزوم التالى بالقياس إلى كلّ من الاوضاع إن كان جزئيا عاد الاشكال على الانتاج. إذ غاية ما فيه لزوم الأكبر للاصغر جزئيا وإن كان كلّيا عاد الكلام فيه فيتوقّف اعتبار لزوم كلّى على اعتبار لزومات كلّية غير متناهية وأنّه محال.

أقول فى الجواب: إنّا نختار من التقسيم الأول ثانى شقيه ونختار من تقسيمه الثانى شقا آخر وهو لزوم التالى لطبيعة المقدّم من حيث هى تلك الطبيعة، فاينما تحقّقت طبيعة المقدّم اقتضت لزوم التالى بذاتها من غير مدخلية لخصوصية شىء من الاوضاع فى اقتضائها إيّاه، بل سائر الاوضاع يصلح لان يكون ظروفا لاقتضائها إيّاه لا قيودا و عللا للاقتضاء. وتعقّل الموجبة الكلّية اللزومية على ما صوّرناه لا يستدعى اعتبار لزومات غير معدودة لاوضاع غير معدودة أصلا إلاّ على سبيل الإجمال، وكذلك الحال فى كلّ حكم كلّى ضرورى سواء كان حمليا أو شرطيا لزوميا، فكما أنّ قولنا « كلّ إنسان حيوان بالضرورة » معناه أن طبيعة الإنسان من حيث هى هى عين الحيوان، أو مقتض له لا باعتبار خصوصيات الاشخاص. فان كون زيد حيوانا ليس من جهة زيديته بل من جهة إنسانيته ولهذا قيل حمل العالى السافل بواسطة حمله على المتوسط. فأينما وجدت هذه الطبيعة يكون حيوانا بالذات

والخصوصيات هى ظروف ومحال، لاقتضاء الإنسان الحيوانية وليست قيود عللا له فكذلك إذا قلنا كلما كان « شىء إنسانا كان حيوانا » معناه استلزام[٣٥٤] طبيعة ثبوت الإنسانية[٣٥٥] لشىء بذاتهما ثبوت الحيوانية من غير مدخلية خصوصيات الاوضاع، لكن كلما وجدت وفى أىّ وضع تحقّقت من الاوضاع الممكنة كانت مستلزما له فكما أن النظر فى الضرورية الحملية إلى طبيعة الموضوع مطلقا من غير تعيين ذهنى، أو خارجى، ومن غير ملاحظة الافراد تفصيلا؛ فكذلك النظر فى اللزومية إلى طبيعة المقدّم من غير ملاحظة الاوضاع تفصيلا، وهذا ما وعدناه سابقا من دفع بعض الاشكالات الموردة هناك بتحقّق اللزومية الكلّية. ومن تلك الاشكالات أنّ المعتبر فى الكلّية إن كان اللزوم أو سلبه للمقدم بسائر الاوضاع فالمعتبر فى الجزئية كان اللزوم أو سلبه له لبعض الاوضاع، فجاز اجتماع الموجبة الجزئية والسالبة الكلّية على الكذب؛ حيث لم يلزم التالى للمقدم ويلزم شيئا من الاوضاع وان كان اللزوم أو سلبه للمقدم فقط اجتمع السالبة الجزئية والموجبة الكلّية على الكذب؛ حيث يكون التالى لازما للمقدم ولا يلزم بعض اوضاعه وقد عرفت وجه اندفاعه . إذ فى الأوّل يصدق السالبة الكلّية دون الموجبة الجزئية، وفى الثانى يكذب الموجبة الكلّية دون السالبة الجزئية. ومنها أنّه لو انتج اللزوميتان فى الشكل الأوّل لزومية لانتجتا لزومية جزئية فى

---

[٣٥٤] ن :- إستلزام

[٣٥٥] م: الانسان

الشكل الثالث بالعكس والخلف والجواب ما عرفته . إذ لا يلزم من
استلزام كلّ من الإنسانية والفرسية للحيوانية بالطبيعة مع قطع النظر عن
سائر الاوضاع استلزام الإنسانية للفرسية بوجه من الوجوه .

<h2 align="center">[فصل : فى قياس الخلف]٣٥٦</h2>

[قوله] قدّس سرّه : «ويتركّب من قياسين اقترانى واستثنائى» .٣٥٧

[أقول]: حكى أن المعلم الأوّل اورد هذا القياس فى القياسات
الشرطية على الاطلاق . وزعم الشيخ الرئيس الاقترانيات الشرطية كانت
مذكورة فى كتاب مفرد لم ينتقل إلى لغاتنا، ولعل ذلك لحسن ظنّه
بالمعلم الأوّل . ولما أراد المتأخرون تحليل هذا القياس وردّه إلى الاقيسة
المذكورة فى التعليم الأوّل عسر عليهم فاختلفوا كلّ الاختلاف . والذى

---

٣٥٦ شرح شيرازى : ١١٦؛ حكمة الاشراق : ٢٩؛ شرح شهرزورى : ١١٧ : ١١ به
بعد

٣٥٧ شرح شيرازى : ١١٧؛ حكمة الاشراق : ٢٩؛ شرح شهرزورى : ١١٧ : ١٤ . متن
حكمة الاشراق : (٢٩) والقياس الّذى يتبيّن فيه حقة المطلوب بابطال نقيضه هو قياس
الخلف ويتركّب من قياسين : اقترانى واستثنائى، كقولك «ان كذب لا شئ من ب
فبعض ج ب وكلّ ب ا» على أنها مقدمة حقة ينتج على ما قلنا «ان كذب لا شئ من ج
أنّها ب، فبعض ج ا». وان شئت جعلت هذه محيطة كما سبق بان تجعل نقيض المطلوب،
الّذى هو تالى الشرطية، محيطا. ثمّ يستثنى نقيض التالى، لينتج نقيض المقدّم وهو أنّه «لم
يكذب لا شئ من ج ب بل هو صادق». وفى الخلف يتبيّن ان كذب النتيجة المحالة ما لزمت
من المقدمة الصادقة ولا من الترتيب، فتعيّن ان يكون لنقيض المطلوب .

استقر عليه رأى الشيخين الرئيس وصاحب الاشراق أنّ هذا القياس ليس قياسا بسيطا فهو من الاقيسة المركّبة وأنّه مركّب من قياسين: أحدهما اقترانى شرطى، والآخر استثنائى من متصلة، أمّا الاقترانى فمركّب من متصلة وحملية يشاركها فى تاليهما وما يكون مقدّم المتصلة هو نقيض المطلوب فرضا، وتاليها ما يلزم من ذلك. والحملية هى مقدّمة حقّة غير متنازع فيها يقترن بنقيض المطلوب على هيئة شكل ينتج فينتجان متصلة مقدمها المقدّم المذكور، وتاليها نتيجة الشكل المذكور وهى مناقضة لقاعدة متفق عليها. وأمّا الاستثنائى فهو من المتصلة التى هى نتيجة القياس الأوّل، ويستثنئ فيه نقيض تاليها لينتج نقيض تاليها لينتج نقيض مقدمها الذى هو نقيض المطلوب فرضنا فيكون النتيجة كون المطلوب حقا. وقد ظهر أنّه محتاج إلى مقدمتين مسلّمتين: أحديهما جعل جزء الاقترانى والثانية هى القاعدة المتفق عليها فهو يتألّف من نقيض المطلوب ومن تينك المقدمتين، وهذا مما لا شبهة فيه. إلّا أنّ بعض متأخرى المنطقيين لم يستقر عليه لوجهين: الأوّل أنّ المعلم الأوّل عد هذا القياس فى الاستثنائيات وهذا التحليل يقتضى كونه مركّبا من الاقترانى والاستثنائى فكيف يعد فيها ما ليس منها، والثانى أنّ الاقترانيات الشرطية لم تكن مذكورة فى كتابه وكيف يذكر المركّب من غير ذكر اجزائه ومنهم مَن جعل قياس الخلف مركّبا من اقيسة استثنائية وبين تحليله بوجهين ذكرهما الشارح.

ذهب الشيخ أفضل الدين المرقى القاشانى، قدّس سرّه، إلى أنّ
الخلف قياس استثنائى من متصلة مقدمها نقيض المطلوب ويحتاج فى
بيان تاليها لمقدّمها إلى جملة مسلّمة وهذا الطريق هو الذى ذكره
الشارح أخيرا. ثمّ قياس الخلف يقابل المستقيم والفرق بينهما من وجوه
أحدهما أنّ المستقيم يتوجه إلى إثبات المطلوب الأوّل، الأمر و الخلف لا
يتوجه أوّلا إلى إثبات المطلوب بل إلى ابطال نقيضه. الثانى أنّ المستقيم
يتألّف من مقدمات مناسبة للمطلوب والخلف يشتمل على ما يناقض
المطلوب الثالث. أنّ المستقيم ليشترط فيه أن يكون مقدماته مسلّمة
فى نفسها أو ما يجرى مجرى التسليم بخلاف الخلف الرابع. أنّ
المطلوب لا يكون موضوعا فى المستقيم أوّلا حتّى يتم تأليفه ويُحصل.
وأمّا الخلف فان المطلوب فيه يوضع أوّلا ومنه ينتقل إلى أن يوضع
نقيضه.

[الضابط السابع: فى موادّ الاقيسة البرهانية][٣٥٨]

قوله، قدّس سرّه: «الضابط السابع؛ [هو] أن العلوم الحقيقية لا
يستعمل فيها إلاّ البرهان، اه». [٣٥٩]

---

[٣٥٨] شرح شيرازى: ١١٨؛ حكمة الاشراق: ٣٠؛ شرح شهرزورى: ١١٩: ١ به بعد

[٣٥٩] شرح شيرازى: ١١٨؛ حكمة الاشراق: ٣٠؛ شرح شهرزورى: ١١٩: ١ – ٣.
متن حكمة الاشراق: (٣٠) هو ان العلوم الحقيقية لا يستعمل فيها إلاّ البرهان، وهو قياس
مؤلّف من مقدمات يقينية. ثمّ ما تعلمه يقينا من المقدمات أمّا ان يكون «اوليا» وهو الّذى

[أقول] لما ذكر الشيخ طرفا من بيان الاحوال الصورية للقياسات وما يشبهها أراد أن يشير إلى بيان احوالها الماديّة، وهى تنقسم بحسبها إلى خمسة اصناف والعمدة فيها هى البرهان، لأنّه المفيد لما به يصير الإنسان عارفا حكيما وغيره ليس يفيد ذلك بل ما يجعل الإنسان خطيبا أو شاعرا أو جدليا أو سفسطيا. فنقول القياس إن كان مفيدا لليقين وهو العلم الحقيقى الثابت أبدا الدهر الذى لا يشوب بظنّ أو يخيّل أو غلط، ولا يعتبر فيه قبول من واحد معظم أو عموم اعتراف أو تسلّم فيسمى بالبرهان، ولا فهو الخطابة أو الشعر أو السفسطة أو الجدل فهذه خمسة اقسام، والاثنان منها هو الشعر والسفسطة لا يفيدان علما بل خيالا أو وهما باطلا، وربما قيل فى وجه الحصر القياس أمّا أن يفيد التخيّل وهو الشعر أو يفيد التصديق، فإن كان ظنّا فهو الخطابة، وإن كان جزما فأمّا أن يكون حقّا، فهو البرهان. وإن لم يكن حقا، فأمّا إن لم يعتبر فيه عموم الاعتراف فهو السفطة؛ وإن اعتبر فأمّا يكون كذلك، وهو الجدل؛ أو لا يكون كذلك وهو الشغب تحت المغالطة. إذا المغالطة تعتبر فيها المشابهة بالتعينات فى السفسطة، والمشهورات فى المشاغبة، ولم يعتبر المشابهة بالمظنونات والمخيّلات التين

تصديقه لا يتوقّف على غير تصوّر الحدود، ولا يتأتى لاحد انكاره بعد تصور الحدود، كحكمك انّ «الكلّ اعظم من الجزء»، وانّ الاشياء المساوية لشئ واحد بعينه متساوية، وانّ السواد والبياض لا يجتمعان فى محل واحد. او يكون «مشاهدا» بقواك الظاهرة او الباطنة، كالمحسوسات مثل انّ الشمس مضيئة، او كعلمك بان لك شهوة او غضبا؛ ومشاهدتك ليست بحجة على غيرك ما لم يكن له ذلك المشعر والشعور. او يكون «حدسيا».

هما مبادى الخطابة والشعر؛ لأنّهما أن أفادت ظنّا أو تخيّلا فهى الخطابة أو شعر، وإلّا لم يكن معتدا بها. فالبرهان لما كان مفيد لليقيين وجب أن يكون مادته اليقنيات وهى القضايا الضرورية الدائمة أى الضرورى تصديقها للعقل ابدا سواء كانت ضرورية أو ممكنة، لأنّ الإمكان للممكن قد يكون يقينا فيصير مبدء البرهان. وقوم لما نظروا فى التعليم ورأو أنّ مقدمات البرهان ضرورية ونتائجها ضرورية فهموا من ذلك أنّها يجب أن تكون ضرورية مقابلة للممكنة. فرد عليهم الشيخ الرئيس فى «الشفاء» بأن المراد بها أنّها يقينية واجب قبولها، سواء كانت ضروية أو ممكنة، وكذا نتائجها وفيه موضع نظر، والحق كما عليه صاحب الكتاب أنّ متعلق اليقين لا يكون إلّا قضايا ضرورية، وأن البحث فى العلوم الحقيقية لا يكون إلّا عن الواجبات والإمكانات فيها لا يكون جهات، بل أجزاء المحمولات، ووجب أيضا أن يكون صورة البرهان يقينية الانتاج، فلا يكون إلّا قياسا لأنّ «الاستقراء» و« التمثيل» ليسا يقينى الانتاج وفاعله العقل الخالص لغير المشوب بالوهم والتخيل والتقليد، وغايته انتاج اليقينات، وهو المطلوب.

وأمّا القياسات الجدلية وما يجرى مجرها، أو المسلّمات، وكما أن مواد الجدل مشهورات أو مسلّمات، فصورها أيضا ما ينتج بحسب التسليم قياسا كان أو استقراءً. ولما كانت غاية سعى الجدلى هى الالزام. إن كان سائلا مغرضا أو دفعه إن كان مجيبا يحفظ رأيا أو وضعا لا اليقين، جاز وقوع الاصناف الثلثة من القضايا: أعنى الواجب والممكن

والممتنع^{٣٦٠} فى موادّها فالمجيب يؤلّف قياسا، أو ما يجرى مجراه من المشهورات وما يشبهها حقّا أو باطلا .

وأمّا القياسات الخطابية، فهى المؤلّف من المظنونات والمقبولات والمشهورات فى بادى الرأى التى تشبه المشهورات الحقيقية، حقة كانت أو باطلة، ويشترك الجميع فى كونها مقنعة؛ وكما أنّ موادها هى الظنيات، فصورها أيضا ما ينتج بحسب الظن قياسا كان أو استقراء أو تمثيلا منتجا كان القياس فى الواقع أو عقيما وغايتها الاقناع .

وأمّا القياسات الشعرية، فهى المؤلفة من المقدمات المخيّلة من حيث هى مخيّلة، أى لها هئية وتأليف مفيدان تأثّر النفس عنها لما فيها من المحاكات أو غيرها، سواء كانت صادقة أو كاذبة . والوزن أيضا يفيدها رواجا، لما فيها أيضا من محاكات . ولهذا قيل أنّ التكلّم^{٣٦١} الموزون يشابه الماء فى السلاسة، والهواء فى اللطافة، والدرر المنظومة فى الشكل . واعلم أنّ جميع الاشعار المشتملة على القضايا المخيلة صغريات للكبريات كلّية مطوية، هى كلّ من هذا شأنه، يجب أن يكون محبوبا ان كان فى^{٣٦٢} العشقيات، أو مكرّما ممدوحا، إن كان فى المدحيات، أو ذنبا مذموما إن كان فى الهجويات . وكذا فى كلّ باب لنتج أن فلانا من شأنه أن يكون محبوبا أو ممدوحا أو غير ذلك . وقدماء المنطقيين كانوا

---

^{٣٦٠}ن :-الممتنع

^{٣٦١}م : النظم

^{٣٦٢}ن :- محبوبا ان كان فى

لا يعتبرون الوزن فى حدّ الشعر، ويقتصرون على التخيل. وأمّا القياسات السفسطية المغالطة، فهى مؤلفة من المشبهات والوهميات، وصورتها أيضا كذلك. ويشاركها القياسات الامتحانية والعنادية فى المواد، ويخالفها فى الغايات. وليست هى من الصنائع بالذات، بل إنّما نشأت من قلّة التميّز، ولولا اعوجاج الطبع لما بحث للمغاليط صناعة. ولغير المحصلين من المنطقيين طوران آخران فى تقسيم الصناعات على الخمس؛ لأنّهم يعتبرون فيها أمّا الوجوب والإمكان، وأمّا الصدق والكذب. أمّا الأوّل، فهو أن يقال البرهان يتألّف من الواجبات، والجدل من الممكنات الاكثرية، والخطابة من الممكنات المتساوية، والشعر من المتنعات. ويكون المغالطة بحسب هذه القسمة من الممكنات الاقلّية، التى يدعى أنّها اكثرية أو واجبية. وأمّا الثانى، فهو بأن يقال البرهان يتألّف من الصادقات، والجدل مما يغلب فيه الصدق والخطابة ما يتساوى فيه الصدق والكذب [363] الكذب، والمغالطة مما يغلب فيه والشعر من الكاذبات. وذكر الشيخ الرئيس فى « الاشارات » الاعتبار الأوّل، لكونه أقرب إلى التحصيل والقائلون به أكثر عددا، وردّ عليهم وحكم قولهم بالبطلان. فان استعمال الجميع فى البرهان لاستناج امثالها واقع، ومع البطلان فهو قول مبتدع ليس مما يوجبه تقليد المعلم الأوّل، الذى يخبطوا بسببه فى مواضع كثيرة.

واعلم أن منافع البرهان و السفسطة لكلّ واحد من أهل النظر

بحسب الانفراد: أمّا البرهان فبالذات، لأنّه كالاغذية المحتاج إليها؛ وأمّا السفسطة فبالعرض كمعرفة السموم للاحتراز عنها. ومنافع الثلثة الباقية بحسب الاشتراك فى المصالح المدنية. ولهذا اقتصر صاحب الكتاب على بيان الأوّل وجعله أصلا.

قوله، قدّس سرّه: «ومن الحدسيات المتواترات». ٣٦٤

[أقول] وهى قضايا يحكم بها الإنسان لكثرة الشهادات يقينا. فإن قلت: نحن نرى كثيرا من المتواترات ليس بيقينى، ولا صادق، وذلك

---

٣٦٤ شرح شيرازى: ١٢٢؛ حكمة الاشراق: ٣٠؛ شرح شهرزورى: ١٢٠ : ١. متن حكمة الاشراق: والحدسيات على قاعدة الاشراق لها اصناف: اولها «المجربات»، وهى مشاهدات مكررة مفيدة بالتكرار يقينا تأمن فيه النفس عن الاتفاق، كحكمك بانّ «الضرب بالخشب مؤلم»، وليس هو من الاستقراء، والاستقراء هو حكم على كلّى بما وُجد فى جزئياته الكثيرة. فإذا كان الاستقراء عبارة عن هذا الحكم فنعلم انّ حكمنا على كلّ إنسان «بأنّه إذا قُطع رأسه لا يعيش» ليس إلّا حكما على كلّى بما صودف فى جزئياته الكثيرة إذ لا مشاهدة للكل، والاستقراء قد يفيد اليقين، إذا اتخذ النوع كما فى المثال المذكور. وإذا اختلف، قد لا يفيد اليقين، كحكمك بانّ «كلّ حيوان يحرّك لدن مضغة فكه الاسفل» استقراءا بما شاهدت ويجوز ان يكون حكم ما لم تشاهده، كالتمساح، بخلاف ما شاهدته. ومن الحدسيات «المتواترات»، وهى قضايا يحكم بها الإنسان لكثرة الشهادات يقينا ويكون الشئ ممكنا فى نفسه وتأمن النفس عن التواطئ واليقين هو القاضى بوفور الشهادات، وليس لنا ان نحصر عددها فى مبلغ معيّن، فرُبّ يقين حصل من عدد قليل وللقراين مدخل فى هذه الاشياء كلّها يحدس منها الإنسان حدسا. وحدسياتك ليست بحجة على غيرك، إذا لم يحصل له من الحدس ما حصل لك. وكثيرا ما يحكم الوهم الإنسانى بشئ ويكون كاذبا، كانكاره لنفسه وللعقل وللموجود لا فى جهة، ويساعد العقل فى مقدمات ناتجة لنقيضه؛ فإذا وصل إلى النتيجة، رجع عمّا سلّمه. فكلّ وهمى يخالف العقل فهو باطل والعقل لا يوجب ما يقتضى خلاف مقتضى آخره

ظاهر فى المذاهب المتناقضة التى ذهب إلى كلّ منها عدد غير محصور.

قلنا: ذلك لفوات شرط من شروط صحّة التواتر وأفادته يقينا ومن شرائطه أن يكون المخبر عنه أمرا محسوسا لا معقولا، كما ذكره الشارح. لأنّ أكثر الناس يشتبه عندهم الحقّ بالباطل فى المعقولات المحضة؛ ومنها أن لا يكون مبدء إذعانهم واخبارهم امام واحد وعقل واحد يأتمون به. قال المعلم الثانى [أبو نصر الفارابى، رحمه الله]: فى كتاب «الجمع بين الرائيين» [365] أنّه ليس من الحجج أقوى واقنع من الشهادات المعارف المختلفة بالشىء الواحد، واجتماع الاراء الكثيرة. إذا العقل عند الجميع حجة، ولأجل أنّ ذا العقل ربّما يخيل إليه الشىء على خلاف ما هو عليه من جهة تشابه العلامات، احتيج إلى اجتماع عقول كثيرة مختلفة، فمهما اجتمعت فلا حجة أقوى ولا يقين احكم. ثمّ لا يغرّنك وجود اناس كثيرة على آراء مدخولة. فان الجماعة المقلدين لرأى واحد، المذعنين لامام يؤمّهم قيما اجتمعوا عليه بمنزلة عقل واحد. العقل الواحد ربّما يخطى فى شىء الواحد حيثما ذكرناه. سيما إذا لم يتدبر مرارا، ولم ينظر فيه بعين التفتيش والمعاندة، فأن حسن الظن بالشىء أو الاهمال فى البحث قد يعم. فأمّا العقول المختلفة إذا اتفقت بعد تأمل منها وتدرب وبحث ومعاندة وتبكيت، فلا شىء

---

[365] كتاب «الجمع بين رأيى الحكيمين» از جمله كتب كتب پر ارزش فلسفى ابونصر فارابى است؛ اين كتاب در حاشيه شرح شيرازى: صص۵۳۷ إلى ۵۶۵ به چاپ رسيده است كه بل بهترين چاپهاست؛ چاپ بيروت اين كتاب مغلوط است. م.

اصح مما اعتقدته واتفقت عليه وشهدت، هذا كلامه.

[أقول]: وهو يدلّ أنّ التواتر وكثرة الشهادات فى الاعتقادات العقلية أيضا مما يفيد اليقين، وفيه تأمل. والحقّ أنّها فى أفادتها لليقين غير خال عن الحدس كما سيصرّح به المصنّف. ولهذا الاعتبار جعلها من اقسام الحدسيات.

قال الشارح العلامة «ومثال آخر أخص بهذا الموضع، [وهو أنّه يساعد العقل فى أنّ الإنسان الكلّى موجود فى الذهن وأنّه ليس فى جهة، ١٥] ». ٣٦٦.

[أقول] هذا يقرب بما ذكره الشيخ [الرئيس ابو على سينا] فى أوّل النمط الرابع من «الاشارات»، من قوله: «قد يغلب على اوهام الناس أن الموجود هو المحسوس، اه». ٣٦٧ [فأقول] وحاصله أن المدرَك من الطبائع الكلّية أمر غير متحيز، ولا مشار إليه باشارة حسية. وبالجملة مما لا يناله الحس فيكون معقولا مجرّدا عن الاجسام وعوارضها. فثبت أن فى الموجود مجردات عقلية، وبطل قول المتكلّمين المنكرين لوجودها. وأقول فيه نظر: فأن المطلوب إثبات المفارق عن المواد فى الوجود

---

٣٦٦ شرح شيرازى: ١٢٤

٣٦٧ رك: ابو على سينا «التنبيهات والاشارات» مع «لباب الاشارات» من فخر الدين الرازى. به اهتمام محمود شهابى. تهران: انتشارات دانشگاه تهران، ١٣٣٩. «النمط الرابع: فى الوجود وعلله: إنه قد يغلب على اوهام الناس أن الموجود هو المحسوس وأن ما لا يناله الحس بجوهره، ففرض وجوده محال، إلى آخره» ، ص ١٠٤

والتشخيص الخارجين وهما لم يثبت، ٣٦٨ والذى ثبت بذلك البيان أنّ هذه المحسوسات من حيث ماهياتها المأخوذة بما هى هى، أو من حيث وجوداتها الذهنية غير مادته ولانزاع فيه هو مما لم يثبت، فأن للذهن أن يجرّد كلّ ماهية عن خصوصياتها وعوارضها ويحكم عليها حينئذ بالكلّية، ونظائرها من العوارض الذهنية والمعقولات الثانية . وذلك لا يوجب وجودها فى العين على ذلك الوجه تصوّره وبالجملة المطلوب إثبات لمفارق ذاتا ووجودا، و هو غير ثابت بهذا البيان والذى ثبت به وهو إثبات المفارق ماهية واعتبارا غير مطلوب . حتّى أنا لو فرضنا نفى المجردات بالكلّية وكون الوجود منحصرا فى الاجسام وعوارضها لكان البيان جاريا فيها . وأمّا القول بوجود هذه الطبائع الجسمانية وجودا آخر مفارقا فى الخارج كما رآه أفلاطون وتابعوه، فذلك حديث آخر فيه خطب عظيم كما سيجئ انشاء الله تعالى .

قوله، قدّس سرّه : «المشهورات أيضا قد لا تكون فطرية» . ٣٦٩

---

٣٦٨ ن :- وهما لم يثبت

٣٦٩ شرح شيرازى : ١٢٥ ؛ حكمة الاشراق : ٣٠ ؛ شرح شهرزورى : ١٢٠ : ١٠ . متن حكمة الاشراق : و«المشهورات» قد لا تكون ايضا فطرية ؛ فمنها ما يتبين بالحجة، كحكمك بان «الجهل قبيح» ؛ ومنها باطل . وقد يكون الأوّلى مشهورا ايضا . ومن القضايا ما قُبل عمن يحسن به الظن ومن القضايا ما يُؤثر لا بتصديق بل بقبض وبسط وسُمّيت «المخيلات»، كحكمك بان «العسل مرة متهوعة» ؛ ومنها قضايا مزوّرة مشبهة بأمر مروج بالتزوير وسنذكرها . فلا تستعمل فى البرهان إلّا اليقينى سواء كان فطريا او يبتنى على فطرى فى قياس صحيح .

[أقول]: أشارة إلى أنّ القضية الواحدة يصلح أن تكون مبداء للبرهان وغيره من الصناعات باعتبارات مختلفة، فالمشهورات إذا كانت فطرية فان كانت كاذبة[370] يصير مبداء للبرهان من حيث فطريتها، وللجدل من حيث شهرتها. وإذا لم تكن فطرية فان كانت كاذبة يصير مبدء للسفسطة أيضا، وإن كانت مظنونه أو مخيلة يصير مبدء للخطابة أو الشعر.

[قـولـه]، قـدّس سـرّه: «ومن القـضـايا مـا يؤثر لا بـتـصـديق، [51]».[371]

[أقول]: لقائل أن يقول لهذه الاقسام هى القضية والتصديق يرادفها أو يلزمها، فكيف يعد الوهميات والمخيلات من جملتها. فنقول كلّ من الوهميات والخياليات من شأنها أن يصدق بها هى مما وقع التصديق بها لاحد أو لإذعان لها بحسب وهم، فهى بهذا الاعتبار داخلة تحت المقتسم وبحسب حالها عند العقل الصحيح تكون مقابلة له.

[فصل: فى التمثيل][372]

---

[370] ن: – فان كانت كاذبة

[371] شرح شيرازى: ١٢٥؛ حكمة الاشراق: ٣٠؛ شرح شهرزورى: ١٢٠: ١١–١٢

[372] شرح شيرازى: ١٢٦؛ حكمة الاشراق: ٣١؛ شرح شهرزورى: ١٢٥ : ٢١ به بعد

قوله، قدّس سرّه: «ثم يقرّر اصحاب الجدل هذا النمط بطريقتين، ١٥١». ٣٧٣

---

٣٧٣ شرح شيرازى: ١٢٧؛ حكمة الاشراق: ٣١؛ شرح شهرزورى: ١٢٦: ١. متن حكمة الاشراق: (٣١) التمثيل غير مفيد لليقين، وهو ما يُدَّعى فيه شمول حكم الأمرين بناء على شمول معنى واحد لهما ثمّ يقرر اصحاب الجدل هذا النمط بطريقين: أحدهما هو انّ المعنى الشامل حيث عُهد كان مقترنا بهذا الحكم، وكذا بالعكس؛ فيقترنان فى محل النزاع وهم فى حيّز الانقطاع عند مطالبة لِميّة عدم جواز انفكاكها فى موضع لم يعهده هذا المحتجّ؛ والثانى هو انّهم يعدّون صفات ما وُجد فيه الحكم بالاتفاق الّذى سمّوه الأصل او الشاهد ولا ينقطع عنهم احتمال جواز وصف غفلوا عنه هو مناط الحكم. فرُبّ حكم متعلق بشئ لا يطلع عليه إلّا بعد حين. ثمّ يثبتون انّ ما وراء ما نُسب اليه الحكم فى الأصل آحاده غير صالحة لاقتضاء الحكم لتخلف الحكم عن كلّ واحد فى موضع آخر او انّ الّذى نُسب اليه الحكم استقل دون الاوصاف باقتضاء الحكم فى موضع آخر. أمّا الغاء ما سوى الّذى نُسب اليه الحكم لا يتمشى لبقاء احتمال ان يكون فى الأصل لخصوصه وتشخيصه لا لمعنى يجوز ان يتعدى، او لمجموع الاوصاف وهو احوَط لاشتماله على العلّة يقينا. وعند النزول عند هذا، يجوز ان يكون اثنان اثنان او ثلاثة ثلاثة، وكلّ مرتبة من العدد له مدخل. وايضا يحتمل انقسام ما عيّنوه إلى قسمين لا يلازم إلّا لاحدهما، ولا يوجد فى محل النزاع؛ وهذا يقرب من الوجه الّذى سبق من احتمال غفلتهم عن وصف هو المناط، ودعوى استقلال الوصف الّذى عيّنوه فى موضع آخر لا ينجعهم لجواز ان يكون ذلك الوصف جزء أحدى العلتين إلى ايهما ينضم اقتضى الحكم، ويجوز ان يكون لحكم واحد عام اسباب كثيرة كما سندكره؛ فيكون فى ذلك الموضع معه صفة أخرى، فيقتضى الكلّ باجتماع ذلك الحكم، ويعود الكلام إلى عدّ الاوصاف ان التزم بعدّها فى الموضع الثانى؛ وهم ينكرون جواز تعليل الحكم العام فى المواضع المتعدّدة بالعلل المتعدّدة، ويقيمون الحجة عليه. ثمّ يرجع حاصل حجتهم إلى التمثيل، فيثبتون بالتمثيل بعض ما يبتنى عليه التمثيل، وايضا إذا جاز ان يكون الحكم واحد عام علل، لا تصحّ قاعدتهم ان العلّة فى الشاهد علّة فى الغائب، وكذا الشرط يجوز ان يكون لشئ عام او مشخص شروط وعلل على سبيل البدل. ومن قواعدهم ايضا انّ ما دلّ على أمر فى الشاهد دلّ على مثله فى الغائب؛ فيُقال ان كانت الدلالة له لذاته على الحكم العام، فنسبتها إلى ما فى الشاهد والغائب سواء، فلا حاجة إلى التمثيل وان كان لخصوص الشاهد مدخل فى الدلالة او إثبات

[أقول]: واعلم أن التمثيل الذى هو أحد الاقسام الثلثة للحجّة، هو أن يحاول الحكم على شىء بما يوجد فى شبه أو مثله أو مجانسة، وبالجملة أن يحكم على جزوى بمثل ما حكم على جزوى آخر يوافقه فى معنى جامع، وهو المعروف عند المتكلّمين والفقهاء الاصوليين بالقياس، لاستعمالهم التمثيل جميعا. أمّا المتكلّمون، ففى مثل قولهم: السماء محدث لكونه مؤلّفا أو مشكلا كالبيت ويسمّون البيت وما يقوم مقامة « شاهدا » والسماء « غائبا » والمؤلّف وما يجرى مجراه « معنى جامعا » والمحدث « حكما »، ولا بدّ فى التمثيل التام من هذه الأربعة. وأمّا الفقهاء، فلا يخالفونهم إلاّ فى الاصطلاحات والاسامى فيسمّون الشاهد « أصلا »، والغائب « فرعا »، والجامع « علّة » أو « وصفا » والحكم « قضية » أو « فتوى ». وإذا ردّ التمثيل إلى صورة القياس صار هكذا السماء يتشكّل وكلّ متشكّل فهو محدث، كالبيت فيكون الخلل من جهة الكبرى واردأ انواع التمثيل ما خلا عن الجامع، ثمّ ما اشتمل على جامع عدمى. واجود ما كان الجامع فيه علم للحكم وهم يثبتون تعليله به تارة « بالطرد » و « العكس » وهو « الدوران » ومعناه التلازم وجودا وعدما. وهذا مع أنّه يقتضى أن يكون كلّ منهما علّة للآخر لا يجدى بطائل. لأنّ التلازم لو صح لما ثبت فى ثبوت الحكم فى الفرع تنازع وتارة بالسبر والتقسيم. وهو أن يقال تعليل الحكم أمّا يكون البيت مشكّلا أو بكونه كذا أو كذا، ثمّ يسبر فلا يوجد معلّلا

___

الدلالة، فالكلام فى اعتبار الخصوص ما سلف.

بشىء من الاقسام إلّا بكونه متشكّلا فيعلل به وهم مطالبون؛ أو لا
يكون الحكم معلّلا، وثانيا بحصر الاقسام، وثالثا بالسبر فى المزدوجات
الثنائية، فما فوقها مما يمكن ولو سلّم الجميع لما أفاد اليقين أيضا، لأنّ
الجامع ربّما يكون علّة للحكم فى الأصل لكونه أصلا دون الفرع، إذ
ربّما التقسيم إلى قسمين يكون أحدهما علّة للحكم اينما وقع دون
الثانى وقد اختص الأصل بالاول. ثمّ إن صحّ كون الجامع علّة فى الفرع
كان الاستدلال به برهانا، والتمثيل بالأصل حشواً، وموضع استعمال
تمثيل الخطابة، ثمّ الشعر[٣٧٤] ويسمّى فى الخطابة اعتبارا.

[فصل : فى انقسام البرهان إلى برهان لِمَ وبرهان أنَّ][٣٧٥]
قوله ، قدّس سرّه : «الحدّ الأوسط قد يكون علّة لنسبة الطرفين ذهنا
وعينا ، اه»[٣٧٦] .

---

[٣٧٤] ن:-الشعر

[٣٧٥] شرح شيرازى: ١٣٠؛ حكمة الاشراق: ٣٢؛ شرح شهرزورى: ١٢٩ : ١٨ به
بعد

[٣٧٦] شرح شيرازى: ١٣٠؛ حكمة الاشراق: ٣٢؛ شرح شهرزورى: ١٢٩ : ٢٠. متن
حكمة الاشراق: (٣٢) الحدّ الأوسط قد يكون عليه نسبة الطرفين ذهنا وعينا والبرهان
الّذى فيه ذلك يُسمّى «برهان لم»؛ وقد يكون على نسبة الطرفين فى الذهن فقط، أى
يكون على التصديق فحسب، ويُسمّى «برهان انّ» لاقتصاد دلالته على انّية الحكم دون
لميته فى نفسه. وقد يكون هذا الأوسط معلول النسبة فى الاعيان إلّا أنّه أظهر عندنا،
كقولك «هذا الخشب محترق وكلّ محترق مسّته النار، فهذا الخشب مسّته النار».

[أقول] القياس البرهانى على ضربين: أحدهما مايكون الأوسط علّة لوجود الأكبر فى ذاته علّة لاعتقاد أن الأكبر موجود للاصغر وهذا الضرب يسمّى «برهان لِمَ». وثانيهما يكون الأوسط علّة لوجود الأكبر فى نفسه بل لاعتقاد وجوده فى الأصغر وهذا يسمّى «برهان أنّ». وهو على قسمين فأنه لايخلو أمّا أن يكون الأوسط مع كونه علّة لوجود الأكبر فى الأصغر وليس علّة للاكبر نفسه فهو معلول له، أو يكون الأوسط والاكبر كلاهما متضائفين أو معلولى علّة واحدة. والأوّل يسمّى «دليلا»، والثانى لا يخصّ باسم سوى «برهان أنّ» على الاطلاق. أمّا مثال «برهان اللمَ» فكقولك «هذه الخشبة مسّتها النار، فهو محترق»، أو القمر كرى وكلّ كرى يستفيد النور من المقابل على هذا الشكل، فماس النار وهو الأوسط فى علّة للاحتراق نفسه وهو الأكبر وللتصديق بثبوته للخشبة وهى الأصغر، وكذا الكرية علّة لاستفاده النور من المقابل وللتصديق به للقمر، وأمّا مثال الدليل فقولك «هذا المحموم ينوب حمامه غبا، وكلّ من ناب حماه غبا، فحماه من عفونة الصفراء». فأن نوبة الغب معلول لكون الحمى من عفونة الصفراء وقولك «أن القمر يتشكّل عند الاستنارة كذا وكذا، وما تشكّل عند الاستنارة كذا، فهو كرى»، وأمّا مثال المطلق، فقولك «هذا المحموم قد عرض له بول ابيض حائر فى علّته الحارّة»، وكلّ من يعرض له ذلك سيخيف عليه السرسام، وأنت تعلم أن البول الأبيض [و] السرسام معلولان لعلّة واحدة وهى حركة الاخلاط الحارّة إلى ناحية الدماغ

اندفاعها نحوه، وليس أحدهما علّة للآخر ولا معلولا وكذا قولنا
«العالم مؤلّف وكلّ مؤلّف ذو مؤلّف، فالعالم ذو مؤلف»، فأنّ المؤلَّف
بالفتح، وذى المؤلِّف بالكسر، معلولان للمـؤلِّف بالكسر، وههنا
اشكالات: أحدهما، إن جعل الدليل وهو الاستدلال من المعلول إلى
العلّة وهو لا يفيد اليقين من اقسام البرهان، وهو المفيد اليقين غير
جائز. وثانيهـمـا، أن الحكماء يصرحون بان العلم بذى السبب لا
يحصل إلّا من جهة العلم بسببه، وصرّح الشيخ الرئيس فى « الشفاء »
فى الفصل الذى يلى الفصل الذى فى تقسيم البرهان بأن ما لا سبب
لنسبة محموله إلى موضوعه، فأمّا أن يكون بيّنا نفسه، وأمّا أن لا يتبيّن
البتة بيانا يقينا بوجه قياسى، هذا أبعد ما أبدى الوجوه المحتملة فى
اكتسابه، وأبطل جميعها بالتفصيل البليغ، كما هو عادته فى
« الشفاء » وهذا يناقض ما ذكر فى هذا الفصل من كون الأوسط معلولا
لنسبة الأكبر إلى الأصغر التى هى النتيجة المطلوبة فى البرهان الأنّى.
وثالثها أنّه يلزم على ما ذكروه أنّ لا يمكن إقامة البرهان على وجود
الواجب، جل ذكره، لبساطته وعدم كـونه معلولا البتّة، واللازم
بطلان[٣٧٧] لوجود البراهين على وجوده. ورابعها أن الاستدلال بأحد
المعنيين فى التعقّل، كالمتضايفين على الآخر. وكذا بأحد المعنيين فى
الوجود، كالمعلولى علّة واحدة غير صحيح. أمّا فى المتضايفين، فلما

---

[٣٧٧] ن: بط؛ وهو مخفّف « بطلان ».

صرّح به [الشيخ] الرئيس فى هذا الفصل أيضا بقوله: اعلم أن توسط المضاف قليل الجدوى فى العلوم لأنّ نفس علمك بأن زيدا اخ هو علمك بأنّ له اخا أو يشتمل على علمك بذلك، فلا يكون النتيجة أعرف من المقدمة الصغرى. فإن لم يكن كذلك بل بحيث يجهل إلى أن يتبيّن أن له اخا مما تصوّرت نفس قولك زيد اخ، وامثال هذه الاشياء الاولى أن يسمّى «قياسات» فضلا عن أن تكون «براهين». وأمّا فى المعيّن فلعدم العلاقة اللزومية بينهما التى توجب انتقال الذهن من أحدهما إلى الآخر ليجعل أحدهما وسطا والآخر ذا الوسط. وخامسها، أنّهم ذكروا فى مثال ما كان الأوسط معلولا للاكبر، ولكنه علّة لوجود الأكبر فى الأصغر أن يقول « هذا إنسان، وكلّ إنسان حيوان، فهذا حيوان » أو نقول « الإنسان حيوان، وكلّ حيوان جسم، فالانسان جسم»، وهذا فاسد، لأنّ الأكبر إذا كان علّة، أو جزء الأوسط، كان مباينا له فى وجود الأوسط. فكيف يكون محمولا عليه متحدا معه وأيضا الأكبر ذاتى للاصغر. وقد صرّحوا بأن الذاتى لا يعلل، وأنه بين الثبوت لذى الذاتى [378] فكيف يجعل الوسط علّة لما لا علّة له، ولثبوت ما هو بين الثبوت. والجواب؛ أمّا عن الأوّل فبأن الاستدلال من المعلول على العلّة يتصوّر بوجهين يكون باحدهما دليلا وبالآخر برهانا. فأن العلّة لها اعتباران اعتبار ذاتها بذاتها، واعتبار نسبتها إلى المعلول. فهى بالاعتبار الأوّل علّة، وبالاعتبار الثانى معلول لمعلوله. فالوسط إذا كان

---

[378] م:-ذى الذاتى

معلولا لوجود الأكبر فى الأصغر فأنه يكون فى إثبات جوهر الأكبر
دليلا، ويكون فى إثبات أنّية الأكبر للاصغر «برهان أنّ». فالمطلب فى
أحدهما غير المطلوب فى الآخر، لأنّه فى أحدهما وجود الأكبر فى
نفسه، وفى الثانى وجوده للاصغر. فانك إذا قلت «هذا الخشب مسّته
النار» كان دليلا ولكن إذا قلت فى الكبرى «وكلّ محترق فله محرّق»
كان «برهان أنّ» والنتجة أن لهذا «المتحرّك محرّك»، وإن أثبت جوهر
المحرّك مثل إنسان أو ريح أو نار كان دليلا. وأمّا عن الثانى فبأن الأوسط
فى برهان الأنّ، وإن كان معلولا لجوهر الأكبر فى ذاته، إلّا أنّه علّة
لوجود الأكبر فى الأصغر بوجه. فان قولنا «هذا مؤلّف ولكلّ مؤلّف
مؤلّف» يكون الأوسط معلولا لذات المؤلّف بالكسر وعلّة لوجوده
النسبى، وبهذا الاعتبار يكون القول برهانا. وبالاعتبار الأوّل، دليلا
وقولهم العلم بذى السبب لا يحصل إلّا من جهة العلم بسببه لمراد به،
أنّ العلم اليقينى لا يحصل به إلّا من طريق السبب لا مطلق العلم.
وكذا قولهم ما لا سبب له لا يحصل العلم به المراد به[٣٧٩] العلم اليقينى،
وأمّا العلم الغير اليقينى فكثير، أمّا يحصل من الاستدلال بالآثار
والمعلولات على عللها واسبابها. وأمّا عن الثالث فبان الواجب، جل
مجده، وإن لم يمكن عليه برهان حقيقى إذ لا سبب له ولا جزء فلا
برهان عليه ولا حدّ له إلّا أن ذاته يكون مبرهنا عليه ببرهان شبيه
باللمى فى أفادة اليقين. فأنّ ذاته بذاته وإن كان أقدم من كلّ شىء

لكن كونه صانعا للعالم أو ما يجرى مجراه هذا المعنى النسبى محالة وسط وهو مثل المصنوع فى قولنا «العالم مصنوع» أو ما يشبهه. فالوسط علّة الاثبات كونه صانعا للعالم فى قولنا «العالم مصنوع، وكلّ مصنوع له صانع، فالعالم له صانع»، فالمبرهن عليه بالذات بهذا البرهان «وجود الصانع للعالم». وإذ أثبت بالبرهان ثبت وجود الصانع فى نفسه، وحصل العلم به بهذا الترتيب علما يقينا اوليّا، وذلك لأنّ وجود وجود شىء لغيره يقتضى وجوده فى نفسه بالضرورة فيصدق قولهم. أمّا أن يكون العلم بيّنا بنفسه، وأمّا أن يكون لا بيّن بيانا قياسيا على سبيل منع الخُلُوّ دون الجمع. فان المبيّن بالقياس البرهانى صانعية للعالم[٣٨٠] أو كونه منتهى سلسله الممكنات لا ذاته بذاته، وأمّا وجود ذاته بذاته فهو أمّا بين بنفسه بعد هذا البرهان لا به إلّا بالعرض وذلك للناظرين فى حقائق الآفاق والأنفس؛ حتّى يتبيّن لهم أنّه الحقّ. وأمّا مكشوف بالمشاهدة الحضورية لطائفة أُخرى لا ينظرون إلّا إليه فيشهدون به على كلّ شىء. وأمّا عن الرابع فبان البرهان من أحد المتضايفين يمكن على الآخر لا على وجه توسيطه المضائف، بل على توسيط السبب الموقع كما مرّ نظيره فى تحديد المضاف بمضائفه، وذلك بأن يقال مثلا « هذا حيوان يولد آخر من نوعه من نطفته، وكلّ حيوان كذلك فله ابن، فهذا الحيوان له ابن ». وأمّا المعانى فى الوجود كمعلول علّة واحدة فان لم يكن بينهما علاقة لزوميه فلم يمكن توسيط

---

٣٨٠ ن:-للعالم

أحدهما فى البرهان على ثبوت الآخر لشىء. وإن كان بينهما علاقة لزومية وستعلم أنّ تلازم المعيّن لا يكفى فيه مجرّد كونهما معلول علّة واحدة، بل لا بدّ مع ذلك من تحقّق علاقة عليه ومعلولية لكلّ واحد من المعلولين للآخر على وجه غير دائره دورا مستحيلا كما سيجئ بيانه، انشاء الله تعالى. والاشكاأل وارد على المصنّف حيث لم يقل به. وأمّا عن الخامس؛ فلأن الأكبر إذا كان جنسا للأوسط، كالحيوان للانسان، أو كالجسم للحيوان، كانت جنسيتة باعتبار وعلّيته باعتبار آخر. فللجسم مثلا اعتبار يصحّ أن يحمل على الحيوان أو غيره، كالنبات والجماد وذلك بأن يشرط فيه شرط زائد على مفهومه معناه وهو كونه جوهرا ذا امتداد ثلثة، سواء كانت معه صفة أُخرى أو لم يكن وله اعتبار آخر يكون هو بذلك الاعتبار غير محمول على الحيوان، بل يكون علّة ماديّة وجزء له و مادّة لصورته، وهى نفسه الحساسة وذلك بان يشترط كونه مجرّدا جوهر ذا امتدادات فقط، حتّى لو ضمّ إليه صفة أُخرى لكانت عرضية خارجة عن ذاته، وكذلك حال الحيوان بالقياس إلى الإنسان. فلا تناقض بين كون الأكبر علّة للأوسط، كالجسم للحيوان أو بين كونه محمولا عليه[٣٨١] لاختلاف الجهة. فالسبب بالحقيقة غير محمول والمحمول بالحقيقة غير سبب. وكذا لا تناقض بين كونه محمولا على الأصغر حملا بالذات، وبين كونه محمولا على الأصغر بواسطة حملة على الأوسط، وحمل الأوسط على الأصغر فى مثال يكون الحدود فيه

نوعا وجنسا. وجنس الجنس، كالجسم والحيوان أو الإنسان، مما يكون الأكبر فيه جزء الجزء الأصغر أعنى الأوسط، وجزء الجزء لما فى الأكبر من جهة عينية مع الأصغر وجهة جزئية معه. فإذا تقرّر ذلك فالعالى والأكبر بحسب وجوده فى نفسه علّة للمتوسط، وكذا المتوسط بحسب وجوده فى نفسه علّة للسافل والأصغر، لكن حمل العالى على السافل أى وجوده له، معلول الحمل المتوسط عليه ووجوده له. وأمّا قولهم: الذاتى لا يعلّل، فمعناه أن حمل الذاتى على ذى الذاتى ليس بواسطة أمر خارج، لا أنّه لا يكون حمله بواسطة ذاتى آخر هذا. واعلم أنّ اعتبار «برهان اللّمى والأنّى» فى القياسات الاستثنائية يكون بالمستثنى. فإذا قلت «إن كانت الشمس طالعة، فالنهار موجود» واستثنيت المقدّم كان «البرهان لما» ولو استثنيت نقيض التالى كان «أنّيًا»،لان عدم المعلول معلول لعدم العلّة. وإذا قلت «إن كان النهار موجودا، فالشمس طالعة» واستثنيت المقدّم كان «البرهان أنّيا» وإن استثنيت نقيض التالى كان «لمّيا»، لأنّ عدم العلّة علّة عدم المعلول.[٣٨٢] فأن المستثنى هو بازاء الأوسط فى الحمليات. إلّا ترى أنّك لو رددت الاستثنائى إلى الحملى جعلت المستثنى وسطا. واعلم أيضا أنّ الأوسط ليس بالحقيقة علّة لوجود اليقين بالنتيجة، وإلّا لكان المعلول فى « برهان أنّ» سبب الوجود العلّة وهذا محال على أن اليقين قد يحصل بالتواتر والتجربة وبالحس أيضا. فلا شبهة فى أنّها غير مغنٍ عن العلّة، ولا يكون لشىء واحد

---

[٣٨٢] ن: ــ علة عدم المعلول

علل موجبة فوق واحدة، بل السبب فى إفادة النتيجة واليقين أمر آخر.
كيف واليقين نور عقلى والنور لا يحصل إلّا من نور أجلّ منه؟ لكن
الاوساط وسائر ما يتوسل به إلى حصول العلم واليقين معدات لوجود
النتائج، إلّا أن البرهان معد يلزمه اليقين والتجربة وما يجرى مجراه
معدات فقط علّة الشىء وفى الآخر علّة علته.[٣٨٣] وما يتعلّق بهذا المقام
أن المطلوب الواحد قد يكون عليه «برهانان لّميان» من علمين
مختلفين، أحدهما تحت الآخر فيطلب فى أحد العلمين. وبيان ذلك
أن الاسباب أربعة: فاعل وغاية وهما مفارقان، ومادّة وصورة مقارنتين.
وكلّ منها يقع أوسطا فى البراهين اللمّية. فمن الاشياء ما له جميع
الاسباب، ومنه ما ليس له إلّا الفاعل والغاية، كالعقول التى صورتها
ذاتها والعلوم المختصة بمثل هذه يسمّى «علوم المفارقات» وما له جميع
الاسباب. ولكن المادّة غير متعينة فيه ولا داخلة فى حدّ صورته فالعلم
به يسمّى «رياضيا وتعليميا». وما كان له الجميع وله مادّة معيّنة لا
يمكن أن تفارقها صورته حدّا وقواما، فالعلم به مخصوص باسم
«الطبيعى» ويكون الفاعل والغاية الحقيقيتان خارجيتين عن موضوع
هذه الصناعة. وان كان فيه فاعل وغاية غير حقيقيتين لدثورهما
وتغيرهما، فهما بالحقيقة بالمعدّ أشبه منهما بالفاعل والغاية،
فتوسيطهما فى البرهان غير صحيح لأن البرهان[٣٨٤] يفيد اليقين.

---

[٣٨٣] م:- وفى الاخر علة علته

[٣٨٤] ن:- غير صحيح لأن البرهان

فتنافيه الوقتية والوجودية والممكنة، فلا يصير مبادى البرهان إلّا على وجه تصير تلك الجهات أجزاء لحدودها أو قيودا لاطرفها على وجه الشرطية. فأمكن أن يكون عليه «برهانان لـمّيان» من علمين مختلفين. فإذا أقيم البرهان عليها من جهة العلّتين القريبتين، أعنى المادّة والطبيعة كان العلم به طبيعيا. وإذا اقيم عليها البرهان من جهة العلّتين المفارقتين، كالعقل الفاعل، على الدوام والجزء الذى لا قصور فيه كان «العلم به آلهيا» وكذلك «العلم الطبيعى» و«الفلسفة الأولى» تشتركان فى النظر تشابه الحركة الأولى وثباتها. لكن الطبيعى بأخذ الوسط من الطبيعة التى لا ضدّ لها، والمادّة البسيطة التى لا اختلاف فيها. والفيلسوف يعطى العلّة المفارقة التى هى «الخير المحض» والعقل المحيط والعلّة الغائية الأولى التى هى الوجود المحض. فالطبيعى يعطى «برهانا لـمّيا» ما دامت الطبيعة والمادّة موجودتين. والفيلسوف يعطى «البرهان اللمى» الدائم مطلقا ويعطى علّة دوام المادّة والصورة التى لا ضدّ لها وبالجملة إذا أعطى البرهان من العلل المفارنة كان من «العلم الأسفل». وإن أعطى من العلل المفارقة كان من «العلم الأعلى». وأمّا العلوم التى ليس بعضها تحت بعض فقد يتفق لمسألة[٣٨٥] واحدة «برهان أنّ» من أحدهما و«برهان لـمَ» من الآخر. كما أن العلم الرياضى يعطى برهانا كروية الفلك بالدليل والطبيعى «برهان لِمَ» يتّفق فى العلوم الجرئية أن يكون على مسئلة واحدة برهانان لـمّيان من علمين مختلفين

وإلّا لم يكن العلم جزئيا. والبرهان يعطى اليقين الدائم وليس فى شىء
من الفاسدات عقد دائم لأنّ مقدماتها الصغروية لا تكون دائمة الصدق
فلا يكون الوقتية والوجودية والممكنة مبادى للبرهان إلّا بتعمّل كما
مرّ. فالفاسدات لا برهان عليها ولا حدّ لأنّ البرهان والحد متشاركان فى
الحدود كما بيّن، فما لا برهان عليه لا حدّ له والاشياء الضرورية الوقوع
المتكررة بالعدد، كالخسوف للقمر، والكسوف للشمس قد برهن
عليها. ويحدّ لها من جهة العلم بأسبابها لا من جهة مشاهدتها
ومشاهدة آثارها المتغيّرة. فأن أمثال ذلك قد تدرك وكانت معرفتة
للتغيّر وقد يدرك وكانت مصونة عن التغيّر، كما يدرك كسوف فى
وقت مّا بالمشاهدة فلم يكن العلم إلّا متغيّرا فلم يكن يقينا. وأمّا إذا
أدركت من جهة الاسباب فلم يكن العلم به متغيرا، وعلى هذا النحو
يكون علم الأوّل، جلّ اسمه، بالموجودات و أعلى من هذا كما سنبيّن.

[فصل : فى بيان المطالب]٣٨٦

قوله، قدّس سرّه : «والمطالب منها مطلب ما، اه».٣٨٧

---

٣٨٦ شرح شيرازى : ١٣٣ ؛ حكمة الاشراق : ٣٣ ؛ شرح شهرزورى : ١٣١ : ١ به بعد

٣٨٧ شرح شيرازى : ١٣٣ ؛ حكمة الاشراق : ٣٣ ؛ شرح شهرزورى : ١٣١ : ٣ . متن
حكمة الاشراق : (٣٣) والمطالب منها «ما»، ويطلب لها مفهوم الشئ؛ و«هَلْ»، ويطلب
به أحد طرفى النقيض ما قُرن به وجوابه باحدهما؛ و«أىْ»، ويطلب به التمييز؛ و«لِمَ»،
ويطلب به علّة التصديق وقد يطلب به علّة الشئ فى الاعيان. فهذه هى اصول المطالب
العلمية. ومن فروعها «كَيف» الشئ، وما يقال فى جوابه «كيفية» مثل «انّ الشئ أسود

[أقول]: المطالب بالقسمة الأولى ثلثة؛ مطلب ما، ومطلب هل، ومطلب لِمَ، وكلّ منها منقسم إلى اثنين فالمطالب سته فى الحقيقة، وما من مطلب إلّا ويندرج تحتها أو يرجع إليها كما ستعلم، ولهذا يقال لها «الامّهات». فـ «مطلب ما» ينقسم قسمين: أحدهما طلب معنى الاسم، كقولك «ما العنقاء» و«ما الخلاء»؛ والثانى طلب حقيقة الذات، كقولك «ما الحركة» و«ما الجسم». و«مطلب هل» ينقسم على قسمين: أحدهما كقولك «هل الشىء موجود كذا ام لا»؛ فـ «هل» أمّا بسيطة أو مركّبة. و«مطلب ما الشارحة» مقدّم على جميع المطالب؛ ثمّ «هل البسيطة»؛ ثمّ «ما الحقيقة»، فأن شرح الاسم يجوز أن يكون لمعدوم الذات. وأمّا مطلب «ما حقيقة الذات»، فلا يصحّ إلّا بعد إثبات الذات وهو بالحقيقة الحدّ، وما ثبت الأمر كما ذلك شرحا لاسمه، فإذا ثبت وجوده كان حدّا لحقيقة الذات. ومن هذا القبيل بالوضع فى اوائل المعلول وضعا؛ ثمّ يبين فى ذلك العلم، فهو إنّما يكون تحديده على سبيل شرح الاسم لا على سبيل تحديد الذات. وإذا ثبت الوجود كان شرح الاسم بعينه حدّا له؛ ويقال «مطلب ما» بحسب الاسم «معرفة» وبحسب حقيقة الذات «علم»، كما أن الحس معرفة

وابيض؛ و«كَمّ»، وما يقال فى جتوابه يُسمّى «كمية» كانت متصلة، كالمقادير، او منفصلة، كالاعداد؛ و«اين» الشىء، ويطلب به نسبة الشىء إلى مكانه؛ و«متى»، ويطلب به نسبة الشىء إلى زمانه. وقد يغنى عنهما «اى» إذا قرن بما يطلب، كما يقال «فى اى مكان هو؟» او «فى اى زمان هو؟» فيغنى «اى»، «عَنْ»، «متَىْ»، و«ايَنْ»، وعلى هذا غيرهما ومن المطالب «مَنْ» الشىء ويطلب به خصوص ما عُرف أنّه عاقل لذاته.

والعقل علم. ثمّ الحدّ يقال بالتشكيك على خمسة اشياء: فمن ذلك الحدّ الشارح لمعنى الاسم ولا يعتبر فيه وجود الشىء كما علمت، فإن كان وجوده مشكوكا فيه أخذ الحدّ أوّلا على أنّه شارح للاسم، كتحديد المثلث المتساوى الاضلاع فى افتتاح كتاب «اقليدس».[٣٨٨]

فإذا صحّ له وجود علم أنّ الحدّ لم يكن بحسب الاسم فقط وذلك[٣٨٩] كما عندنا بين وجود ذلك المثلث فى أوّل «المقالة الأولى» منه. و يقال حدّ لما كان بحسب الذات فمنه ما هو نتيجة برهان، ومنه ما هو مبداء برهان، ومنه ما هو حدّ تام مجتمع منهما، ومنه ما هو لأمور لا علل لها ولا أسباب، أو اسبابها وعللها غير داخلة فى جواهرها، مثل تحديد النقطة والوحدة والحدّ،[٣٩٠] وما أشبه ذلك. فأن حدودها لا بحسب الاسم فقط ولا مبداء برهان ولا نتيجة برهان ولا مركّب منهما.[٣٩١]

اعلم أنّه قد يجتمع فى الشىء الواحد علل فوق واحدة وحتّى الاربعة كلّها، وستعلم أن العلل الذاتية مقوّمة لحقيقة الشىء. فإذا كان مثل ذلك الشىء فيدخل فى مائه الحقيقة التامة جميع تلك العلل وقد يكون لبعض الاشياء دون بعض، والذات لا يدخل فى حدود

---

[٣٨٨] كتاب معروف هندسه اقليدس. رك:

The Thirteen Books of Euclid. Edited by. Sir Thomas Heath. New York, 1956.

[٣٨٩] ن: ‑وذلك

[٣٩٠] م: ‑ والحد

[٣٩١] قس، حكمة الاشراق: ١٤

التعليمات ولا براهينها علّة ماديّة لما ذكرنا . وإذا كانت للشيء علّة
مساوية أو أعمّ وكانت ذاتية فدخولها ظاهر . أمّا العلل التى هى أخص
من الشيء؛ كما للحرارة عللا مختلفة، كالحركة والنار والنور؛ كما أن
للحمّى عللا، كالعفونة والحركة العنيفة للروح، أو اشتعال من غير
عفونة؛ وللصوت أيضا اسباب، كانطفاء النار وانكسار قمقمه وقرع
عنبيق؛ فليس شىء منهما مدخل فى الحدود ومدخل فى البراهين . أمّا
عدم دخولها فى الحدّ لأنّ المطلوب فيه المعنى الجامع لافراده إن وجد مثل
القرع المقام والجامع لانواع الصوت فيكون هو العلّية التى يدخل فى
الحدّ . وأمّا العلل الخاصة فلحدود انواع الشىء، مثل انطفاء النار يحدّ
الرعد لا يحدّ الصوت المطلق، وقد يحدّ الشىء بجميع علله الاربع إن
كانت ذاتية له، كمن يحدّ القدوم بأنّه آلة صناعية من حديد شكلها
كذا ليقطع الخشب نحتا فالآلة جنس، والصناعية يدلّ على الفاعل،
والشكل على الصورة، والنحت على الغاية، والحديد على المادّة .

قال الشارح، رحمه الله : «وهو أمّا حدّ بحسب الاسم وأمّا رسم
بحسب التحقيق». ٣٩٢

[أقول]: أن الرسم لكونه عرضيا لا يقع فى جواب « ما هو » مطلقا،
سواء كانت شارحة أو حقيقية؛ والعرضى يقع فى جواب «أىّ» وغير
ذلك من المطالب العرضية على التفصيل المذكور . وأمّا التى يقع عند

٣٩٢ شرح شيرازى : بدون هذا المطالب

الاضطرار كما للبسائط إذا عرفت بلوازمها فهى بالحدود أشبه منها بالرسوم لايصالها إلى حاقّ الملزومات، كما دلّ عليه كلام [الشيخ] الرئيس فى «الحكمة المشرقية»: [٣٩٣] إلّا أنّها لاتسمّى حدود لعدم تركّبها من الجنس والفصل [و] لعدم أفادتها المعنى المطلوب على التساوى فى المعنى والصدق. فأن أفادة الناطق لحدّ جزئى للانسان البسيط، أعنى نفسه، ليست بأقصر من أفادة الحدّ المركّب من الحيوان الناطق لتمام ماهيته. وبالجملة فالمقول فى جواب «ما هو؟» منحصر فى حدّه، أو ما يجرى مجراه، إن كان السؤال بحسب الخصوصية أو جنسه إن كان السؤال عنه بحسب الشركة، أو نوعه إن كان السؤال بحسب الخصوصية والشركة معا. وأمّا ما وقع لصاحب «حواشى التجريد» من تجويزه وقوع العرضى فى جواب ما الشارحة ناقلا تارّة من ظواهر اقاويل الحكماء، ومستدلا أُخرى، بأن مطلوب الشارحة مقدم على سائر المطالب كما مرّ جوابه. فلولا أن المراد ما يعم الحدّ والرسم بل التعريف اللفظى لم يصحّ هذا الحكم لجواز أن يعلم برسم أو لا؛ ثمّ يطلب به الهلية البسيطة إلى آخر المطالب فمنظور فيه. أمّا الذى نقل منهم، فالمراد فيه من الرسم أمّا ما يكون على سبيل التوسع، أو على ما ذكرنا من الحدود الاضطرارية، وأمّا ما ذكره من الدليل فغير مجدٍّ، لأنّ العلم

---

[٣٩٣] رك: ابو على سينا «منطق المشرقيين والقصيدة المزدوجة فى المنطق»، قم: منشورات مكتبة آية الله العظمى المرعشى النجفى، ١٤٠٥ هجرى قمرى. «الفصل فى الحدّ»: الشئ الذى يقال له [الحدّ] إما ان يكون بحسب الاسم، وإما ان يكون بحسب الذات، إلى آخره. صص ٣٤ إلى ٤٦.

برسم الشىء ليس علما به بالحقيقة بل علما بوجه من وجوهه، وقد حقّق هذا هو وغيره من المحقّقين. والتعريف اللفظى ليس من المطالب التصوّرية.

قوله، قدّس سرّه: «ولمَ يطلب به التصديق، اه». ٣٩٤.

[أقول]: كما أنّ كلا من «مطلب ما» و«مطلب هل» ينقسم على قسمين، كذلك «مطلب لِمَ» ينقسم أيضا على قسمين: أحدهما، طلب علّة اعتقاد القول والتصديق فى قياس ينتج مطلوبا؛ والثانى علّة الأمر فى نفسه، كالمادّة والطبيعة، وعلّة وجوده فى نفسه، كالفاعل والغاية. و«مطلب لِمَ» هو بالقوّة «مطلب ما»لانك إذا قلت «لِمَ ج ب» كأنّك قلت «ما السبب فى أنّ ج ب»، أو «ما الوسط فى أنّ ج ب»، إلّا أنّه «مطلب لِمَ» بالقياس إلى النتيجة ويكون بالفعل، و«مطلب ما» بالقياس إلى الحدّ الأوسط ويكون بالقوّة. وكذا «مطلب اىّ» داخل تحت المركّبة. وباقى المطالب العرضية؛ كمطالب «كم» و«كيف» و«اين» و«متى»، وغيرها يدخل تحت «مطلب اىّ»،كما ذكره الشارح. وأنّا كما نطلب بماء الحقيقة إلّا بعد مطلب هل البسيطة؛ كذلك لا نطلب لِمَ إلّا بعد مطلب ما، وعن كلّ واحد منهما جواب آخر إذا كان المطلوب مركّبا، لكن الجواب الحقيقى فى السؤال عن لِمَ هو الجواب بالعلة الذاتية التى هى الوسط. ثمّ أنّ العلّة الذاتية مقوّمة

للشىء، فهى إذن داخلة فى الحدّ فيقع فى جواب «ما هو» فيتّفق إذن الداخل فى الجوابين، مثاله «لِمَ انكسف القمر؟»؛ فنقول: لأنّه توسطت بينه وبين الشمس الأرض فمحى نوره. ثمّ نقول «ما كسوف القمر؟»، فنقول هو انمحاء نور القمر لتوسيط الأرض بينهما، لكن هذا الحدّ الكامل للكسوف لا يكون عند التحقيق حدًّا واحدا فى البرهان بل حدّين، والذى يحمل منهما على الموضوع فى البرهان أوّلا وهو الحدّ الأوسط يكون محمولا أوّلا، لأنّك تقول فى البرهان أنّ القمر قد توسطت الأرض بينه وبين الشمس، وكلّ مستضئ من الشمس يتوسط الأرض بينهما فأنه ينمحى ضوئه، فينتج أن القمر ينمحى ضوئه، ثمّ نقول المنمحى ضوئه منكسف.[٣٩٥] فأوّلا حملت التوسط ثمّ الانمحاء وفى الحدّ التام تورد أوّلا الانمحاء ثمّ التوسط لأنّك تقول أن انكساف القمر انمحاء ضوئه لتوسط الأرض. فان جعلت كلّ واحد من توسط الأرض وانمحاء ضوء القمر حدًّا إذا كان اتفق إن كان مميزا فكان حدًّا ما، وإن لم يكن تامًّا وإذ وقع أحدهما فى القياس وسطا سمّى «مبداء برهان»، وسمّى الذى يكون منهما الطرف الأكبر «نتيجة برهان»، كقولك أن الكسوف انمحاء ضوء القمر وهذا إنّما يتفق إذا كان بعض أجزاء الحدّ التام علّة للجزء الآخر. فان اقتصرت على العلّة كتوسط الأرض كان الحدّ مبداء برهان وإن اقتصرت على المعنى كالانمحاء، كان الحدّ نتيجة برهان والحدّ التام هو مجموعهما مع الجنس.

---

[٣٩٥] م:+ فالقمر اذن منكسف

واعلم أنّ الموجودات على ضربين منها ما ينفكّ وجود ماهيتها عن وجود غايتها وينفك مبداء وجودها عن غاية وجودها، فمطلب ما هو فيها مطلب مفارق لم وذلك، كالمركّبات والجسمانيات الكائنات الفاسدة. ومنها ما لا يفارق وجود ماهيتها عن وجود فاعلها وغايتها وإن مبداء وجودها وغايتها شىء واحد غير مختلف ففى مثلها يكون مطلب ما هو ولم هو شيئا واحدا، وهى كالمفارقات والابداعيات. وقد صرّح بذلك المعلم الأوّل [ارسطاطاليس] فى كتاب «اثولوجيا» [396] فى مواضع كثيرة منه؛ منها قوله [فى] الميمر الخامس: «أن هو ولمَ هو فى العقل شىء واحد لأنّك إذا علمت ما العقل علمت لِمَ هو. وإنّما يختلف ما هو ولِمَ هو فى الاشياء الطبيعية». [397] ومنها فى ذلك الميمر

---

[396] كتاب «اُثولوجيا» در فلسفه اسلامى منسوب به ارسطو بوده است؛ در اصل، چنانچه در ١٨٥٧ مونك محقق آلمانى نشان داد، بخشى است از «تاسوعات» افلوطين. رك: «كتاب اُثولوجيا ارسطاطاليس، وهو القول على الربوبية»، تصحيح و مقابلة العبد الحقير الشيخ المعلّم فى المدرسة الكلّية البرلينية، فريدريخ ديتريصى. برلين، ١٨٨٢. اين متن عك بار نيز توسط عبد الرحمان بدوى به چاپ رسيده و نيز چهار ميمر (يا مئمر) آن همراه با تعليقات قاضى سعيد قمى توسط استادنا المعظم سيد جلال الدين آشتيانى به چاپ رسيده است. جهت اطلاع كامل از اين متن مهم رجوع كنيد به مقاله پر ارزش دكتر شرف الدين خراسانى: «اُثولوجيا» در «دائرة المعارف بزرگ اسلامى»، زير نظر كاظم موسوى بجنوردى (تهران، ١٣٧٣)، جلد ششم، صص ٥٧٩ إلى ٥٨٥.

[397] رك: «كتاب اُثولوجيا ارسطاطاليس، وهو القول على الربوبية»، تصحيح و مقابلة العبد الحقير الشيخ المعلّم فى المدرسة الكلّية البرلينية، فريدريخ ديتريصى. برلين، ١٨٨٢. «المئمر الخامس: فى ذكر البارى وابداعه ما ابدع وحال الاشياء عنه»: متن منقول توسط ملا صدرا در متن چاپ ديتريصى بدين صورت آمده: «انّ نعرف العقل أكثر من سائر الاشياء بأنّا لسنا نعرفه كنّه معرفته وذلك أن ما هو و لِمَ هو هما فى العقل شئ

أيضا: «وقد نجد فى عالمنا هذا أيضا ما الشىء ولِمَ هو شيئا واحدا مثل، كسوف القمر فأنّك تقول ما الكسوف فتصفه بصفة وإذا قلت لِمَ كان الكسوف وصفته بتلك الصفة بعينها. فإن كانت ههنا فى العالم الاسفل يوجد ما الشىء ولِمَ هو شيئا واحدا فبالحَرى أن يكون هذا لازمات فى الاشياء العالية».[398] ومنها قوله: «أن العقل أبدع تامّا كاملا بلازمان، وذلك أنّه كان مبداء إبداعه ومائيته معا فى دفعة واحدة».[399] فلذلك صار إذا علم أحد ما العقل علم لِمَ كان أيضا لأنّ مبدعه لا أبدعه لم يزد فى تمام كونه بل أبدع غاية العقل مع أوّل كونه. وإذا أبدع

واحد لأنّك إذا علمت ما العقل علمت لِمَ هو، وإما يختلف ما هو و لِما هو فى الاشياء الطبيعية التى هى اصنام العقل، ص ٥٨. در این مقام مسئله «اتحاد عاقل و معقول» مورد نظر است.

[398] رك: «كتاب أثولوجيا ارسطاطاليس، وهو القول على الربوبية»، تصحيح و مقابلة العبد الحقير الشيخ المعلّم فى المدرسة الكلّية البرلينية، فريدريخ ديتريصى. برلين، ١٨٨٢. «المثمر الخامس: فى ذكر البارى وابداعه ما ابدع وحال الاشياء عنه»: متن منقول توسط ملا صدرا در متن چاپ ديتريصى بدين صورت آمده: «لما صارت اعضا الانسان العقلى كلّها معا وفى موضع واحد صار ما الشئ و لِمَ هو شيئا واحدا، وقد نجد فى علمنا هذا ايضا ما الشئ و لِمَ هو شيئا واحدا مثل كسوف القمر فأنّك تقول ما الكسوف فتصفه بصفة مّا وإذا قلت لِمَ كان الكسوف وصفته بتلك الصفة بعينها فإن كان ههنا فى العلام الاسفل يوجد ما الشئ و لِمَ هو شيئا واحدا فبالحَرى أن يكون هذا لازما للاشيا العقلية أعنى ما هو و لِمَ هو شيئا واحدا، إلى آخره»، ص ٥٩.

[399] رك: «كتاب أثولوجيا ارسطاطاليس، وهو القول على الربوبية»، تصحيح و مقابلة العبد الحقير الشيخ المعلّم فى المدرسة الكلّية البرلينية، فريدريخ ديتريصى. برلين، ١٨٨٢. «المثمر الخامس: فى ذكر البارى وابداعه ما ابدع وحال الاشياء عنه»: متن منقول توسط ملا صدرا در متن چاپ ديتريصى با تغييراتى چند آمده، رك: ص ٦١ و ٦٣.

غاية الشىء مع أوّل كونه لم يقل لم كان ذلك الشىء لأنّ لم إنّما يقع على تمام الشىء. فإذا كان تمام الشىء مع أوّل كونه سواء فإذا كنت عرفت ما الشىء علمت لم كان. وذلك أنّ المائية إنّما يقع على كون الشىء الذاتى الطبيعى فإذا كان حدوث أوّل الشىء وآخره معا ولم يكن بينهما زمان استغنيت بمعرفة مائية الشىء عن لِمَ كان، وأنك إذا عرفت ما هو عرفت لِمَ كان أيضا، كما وصّفناه إلى غير ذلك من مواضع تصريحاته.

[المقالة الثالثة]

[فى المغالطات وبعض الحكومات بين أحرف إشراقية وبين أحرف المشائين]

[الفصل الأوّل: فى المغالطات][٤٠٠]

قال الشارح العلامة: «[كلّ قياس ينتج ما يناقض وضعـامّا] فهـو تبكيت، فان كـان حقا أو مـشهـورا لكان برهانا أو جدليا، [وإلاّ فسفسطى يشبه البرهان]، اه».[٤٠١]

[أقول]: التبكيت قسمان؛ مغالطى وغير مغالطى. فالتبكيت المغالطى، قياس يستعمله التشبه بالجدلى أو التعليمى لينتج نقيض وضع مّا؛ والتبكيت الغير المغالطى، ما يستعمله الحكيم لينتج نقيض وضع مّا و بالحرى به أن لا يسمّى هذا تبكيتا اوتوبيخا أو تضليلا؛

---

[٤٠٠] شرح شيرازى: ١٣٦ به بعد؛ حكمة الاشراق: ٣٤ به بعد؛ شرح شهرزورى: ١٣٤: ١ به بعد. متن حكمة الاشراق: الفصل الأوّل فى المغالطات: (٣٤) انّه قد يقع الغلط فى القياس بسبب ترتيبه وهو ان لا يكون من هيئة ناتجة على ما ذكرنا. ومما يتعلق بذلك لا ينتقل الحدّ الأوسط بالكلّية إلى المقدمة الثانية او لا يكون متشابها فيهما او لا يكون مقولا على الكلّ، كقولك «كلّ إنسان حيوان والحيوان عام» لينتج «انّ كلّ إنسان عام»، وهو خطأ قد نشأ من اهمال المقدمة الثانية وكون الحيوان فى المقدمة الثانية غير مقول على الكلّ، بل هو مختص بالحقيقة الذهنية فلا يتعدى او لا يكون أحد الطرفين فى النتيجة على ما ذكر فى القياس. فإذا حفظت ما مضى امنت من الغلط فى هذه الاشياء.

[٤٠١] شرح شيرازى: ١٣٦.

كما قاله [الشيخ الرئيس ابو على سينا] فى «الشفاء». وكما أن الأمور ما هو حقّ وما هو مشبّه، كالمسمّى بالانسان منه ما هو إنسان حقيقى، ومنه ما هو شبح للانسان غير حقيقى. ومن الحس ما هو مطبوع، ومنه ما هو مجلوب بفطرتة؛ فى الجماديات ما هو فضّة أو ذهب بالحقيقة، ومنه ما هو مفضّض مغشوش أو ملوّن مصبوغ من غير حقيقة أصلا. ولكلّ من المتقابلات الواهية لا بدّ من نوع مشابهة بمقابلة الحقّ ليروج؛ كذلك يكون من الحكيم تسميته ما هو مبرهن بالحقيقة، ومنه ما هو مزوّر مموّه. ويكون من القياس ما هو حق موجود ومنه ما هو تبكيت سوفسطائى، أو مشاغى، وهو قياس يرى أنّه مناقض للحق ونتيجة نقيض الحقّ، وليس كذلك مناقض للمشهور ونتيجة نقيض المشهور وليس كذلك، ولا بدّ من ترويج توجيه مشابهة بروجه من غير أن يشعر به المغالطة إن كان سوفسطائيا، ولا يشعر به أكثر الناس سواء كان المغالط سوفسطائيا أو مشاغيا. ولهذا الترويج والمشابهة اسباب كثيرة ذكرها الشارح على وجه الضبط أخذا من كتاب «الشفاء».

واعلم أن الحكيم المبرهن يكون فى غاية الندرة، وأكثر الناس عاميون والمشتغلون بمواظبة العلوم قليل بالنسبة اليهم، ثمّ الاكثر من هذا القليل أمّا جدليون أو مغالطون. وأكثر الباقين من هؤلاء الاقلّين يرجح عنده ويقدم لديه ايثار لظنّ الناس به أنّه حكيم ولا يكون حكيما على ايثاره لكونه فى نفسه حكيما ولا يعتقد الناس فيه، ذلك كما حكى الشيخ الرئيس فى «الشفاء» بقوله: «ولقد شاهدنا فى زماننا

قوما هذا وصفهم، فأنّهم كانوا أوّلا يتظاهرون بالحكمة ويقولون بها
ويدعون الناس إليها ودرجتهم فيها سافلة، فلما عرفناهم أنّهم
مقصورون وظهر حالهم للناس انكروا أن يكون للحكمة حقيقة
وللفلسفة فائدة. وكثير منهم لما يمكنه أن ينسب إلى صريح الجهل
ويدعى بطلان الفلسفة من الأصل وإن ينسلخ كلّ الانسلاخ من المعرفة
والعقل قصد المشائين بالسلب وكتب المنطق والتباين والتباين عليها بالعيب؛
فأوهم أنّ الفلسفة أفلاطونية وأنّ الحكمة سقراطية وأنّ الدراية ليست
إلّا عند القدماء من الاوائل والفيثاغورثين[٤٠٢] من الفلاسفة. وكثير منهم
قال أن الفلسفة وإن كان لها حقيقة ما فلا جدوى فى تعلمها، وأن
النفس الإنسانية كالبهيمة باطلة ولا جدوى للحكمة فى العاجلة وأمّا
الاجلة. ومَن أحسب أن يعتقد فيه أنّه حكيم وسقطت قوته عن إدراك
الحكمة لم يجد عن اعتناق صناعة المغالطين محيصا ومن ههنا يبحث
المغالطة التى يكون عن قصر وربما كانت عن ضلالة، إنتهى كلامه».
والغرض من نقله أن يعرف أنّ المغالطة لها سبب فاعلىّ هو العقل
الناقص أو الوهم الزائغ، وسبب غائى هو الشهرة عند الناس بمراياته
وتعظيمهم إيّاه، والنظر إليه بعين التوقير والرياسة والسبب الصورى لها
هو صورة الكذب والخباثة فى الباطن، والتشبه بزى العلماء والحكماء
فى الظاهر بالكلام المزخرف والمنطق المزور. ثمّ أنّ المغالطين، كما ذكره
صاحب «الشفاء»، طائفتان سوفسطائى ومشاغى؛ فالأوّل هو الذى

---

[٤٠٢] كذا فى ن؛ و فى نسخ أخرى: فيثاغورسيين

يترائى بالحكمة ويدعى أنّه مبرهن ولا يكون كذلك، والثانى هو الذى يترائى بأنّه جدلى وأنه آت بقياس من المشهورات المحمودة وليس كذلك. والحكيم بالحقيقة هو الذى أقضى بقضية يخاطب به نفسه أو غير نفسه قال حقًّا وصدقا فيكون قد عقل الحقّ عقلا مضاعفا وذلك لاقتداره على قوانين يميّز به الحقّ والباطل فهذا الذى إذا فكر وقال أصاب وإذا سمع من غيره قولا كاذبا أمكنه إظهاره، والأوّل بحسب ما يقوله والثانى بحسب ما يسمعه.

قوله، قدّس سرّه: «وممّا يتعلّق بذلك أن لا ينتقل الحدّ الأوسط إلّا بكلّيّة، الخ». ٤٠٣

[أقول]: ظاهر هذا الكلام يدلّ على وجوب كون الأوسط بكلّية متكررا مذكورا فى المقدمتين، وعلى أنّ الغلط فى قولنا «الانسان له شعر ينبت» إنّما نشاء من عدم جعل محمول الصغرى بتمامه موضوع الكبرى، كما صرّح الشارح. وليس الأمر كذلك لما علمت أن ذلك غير واجب. والغلط إنّما نشاء ههنا من عدم نقل ما بقى بعد ما حذف يتكرر من المقدمتين إلى النتيجة وهى ههنا «الانسان له ما ينبت» وكذا قولنا «زيد على السرير» والسرير جماد ليس نتيجة زيد جماد بل زيد

---

٤٠٣ شرح شيرازى: ١٤٠؛ حكمة الاشراق: ٣٤؛ شرح شهرزورى: ١٣٤: ٩. متن حكمة الاشراق: (٣٥) وقد يقع الغلط بسبب المادّة، كالمصادرة على المطلوب الأوّل، وهو ان تكون النتيجة بعينها موردة فى القياس مغيرة فى اللفظ وكما تكون المقدمة اخفى من النتيجة او مثلها، فلا يكون تبيّين النتيجة بها اولى من تبيّينها بالنتيجة؛ او تكون المقدمة كاذبة، فغلط فيها لاشتباه اللفظ من اداة او اسم او تركيب او تصريف يحتمل الوجوه.

على جماد وهو حقّ. فالغلط فى ذلك ليس من باب سواء التأليف بل
من وضع ما ليس بعلّة علّة، لأنّ مادّة القياس صحيحة وصورتها
صحيحة، إلّا أنّ نتيجة غير ما ذكر.

**قـوله، قـدّس سـرّه: «او لا يكون الأوسط مـقـولا على الكلّ،
كقولك كلّ إنسان حيوان والحيوان عام، اه».٤٠٤**

[أقول]: اعلم أن الحيوان فى قولنا الحيوان عام أو جنس أو ما يجرى
مجراها إن أخذ بشرط التجريد عن الزوائد كانت القضية طبيعية. وقد
سبق أنّها فى الحقيقة شخصية ذهنية، كما أن قولنا زيد موجود قضية
شخصية خارجة، وإن أخذ لا بشرط تجريد وخلط كانت القضية مهملة
تلازم الجزئية؛ وعلى كلا التقديرين لا يتكرر الأوسط إذا ركّب مع قولنا
«كلّ إنسان حيوان» وقولنا «الحيوان عام» فلا ينتج شيئا. فقوله «غير
مقول على الكلّ» أشارة إلى كونها مهملة وقوله [شيخ الإشراق]: «بل
هو مختصّ»٤٠٥ بالحقيقة الذهنية أشارة إلى كونها طبيعية.

---

٤٠٤ شرح شيرازى: ١٤١؛ حكمة الاشراق: ٣٤؛ شرح شهرزورى: ١٣٤:١٠-١١

٤٠٥ شرح شيرازى: ١٤١؛ حكمة الاشراق: ٣٤؛ شرح شهرزورى: ١٣٤:١٢-١٣.
متن حكمة الاشراق: (٣٦) وقد يقع الغلط بسبب تقدّم السلوب وتأخرها وتكثرها؛
وكذا الجهات كما يظن انّ قولنا «ليس بالضرورة» و«بالضرورة ليس» سواء وهو خطأ، فان
الأوّل يصدق على الممكن دون الثانى؛ وليس قولنا «لا يكون» كقولنا «يلزم ان لا
يكون». وما ليس بممكن قد يكون ضرورى العدم او الوجود بخلاف ما هو ممكن ان لا
يكون، فانه بعينه ممكن الكون إلّا ان يعى بالإمكان ما ليس بممتنع وهو (الإمكان) العام،
فانه لا ينقلب موجبة إلى سالبة وسالبة إلى موجبة وإذا جعلت السلوب على ما قلنا اجزاء،
او لا يستعمل الزائد وعدلت إلى اللفظ الايجابى بحسب طاقتك لئلا كثر السلوب

قال الشارح العلامة، رحمه الله: «على ما نصّ عليه الشيخ [الرئيس] فى «الشفاء» و[فى الحكمة] المشرقية، [اه]».٤٠٦

[أقول]: قال [الشيخ الرائيس] فى « قاطيغورياس» فى الفصل الخامس من المقالة الأولى من النص الثانى: «من الجملة الذى عقد فى مزاوجات يقع بين قول على وجود فى إذا حمل شىء على شىء حمل المقول على موضوع، ثمّ حمل على ذلك الشىء شىء آخر هذا الحمل حتّى يكون طرفان ووسط. فان هذا الذى قيل على المقول على الموضوع يقال عليه قال وقد يتشكّل على هذا. فيقال أنّ الجنس يحمل على الحيوان والحيوان يحمل على الإنسان، فنقول أنّ الجنس ليس يحمل على طبيعة الحيوان حمل على، فان طبيعة الحيوان ليس بجنس ولو كان طبيعة للحيوان يحمل على الجنس حمل الكلّى لكان يلزم ما لا يلزمون، ولكان كلّ حيوان جنسا. كما لما كانت طبيعة الحيوان يحمل عليها الجسم حتّى كان كلّ حيوان جسما كان الإنسان لا محالة جسما، بل أن الذى يحمل عليه الجنسية هو طبيعة الحيوان عند ايقاع اعتبار فيها بالفعل، وذلك الاعتبار تجريدها فى الذهن بحيث يصلح الايقاع الشركة فيها وايقاع هذا التجريد اعتبار أخص من اعتبار الحيوان

والتراكيب اللفظية، أمنت من هذا الغلط، والسلوب مغلّطة جدا.

٤٠٦ شرح شيرازى: ١٤١. متن حكمة الاشراق: (٣٧) وقد يقع بسبب السور، كما يؤخذ «البعض السورى» مكان «البعض» الّذى هو الجزء الحقيقى، وكما يؤخذ كلّ واحد والجميع كلّ مكان كلّ الآخر.

بما هو حيوان فقط الذى هو طبيعة الحيوان. فأن طبيعة الحيوان بما هو
حيوان فقط بلا شرط تجريد هو أعمّ اعتبارا من الحيوان باعتبار شرط
التجريد؛ وذلك لأنّ الحيوان بلا شرط يصلح أن يقترن به شرط التجريد
فتعرض حيوانا قد نزع من الحيوان المنوعة والمتشخصّة ويصلح أن يقترن
به أحد الشرطين: أمّا أحدهما فقد حصل فلا يحصل تحصيله وقرنه
ذى قبل. وأمّا الثانى فلأنّه لا يجتمع مع شرط التجريد فلطبيعة الحيوان
لا بشرط تجريد ولا خلط اعتبار أعمّ ولطبيعة الحيوان بشرط التجريد
اعتبار أخص. وإنّما يقال عليه الجنسية إذا اعتبر فى الذهن بشرط إلاّ
خلط بالفعل وقبول خلط بالقوّة لعدم مقارن عائق عن ذلك، مثل فصل
بنوع أو عوارض جزئية تشخصّ. فلمّا كان الموضوع للجنسية حيوانا
بشرط لا خلط وبشرط التجريد ولم يكن الحيوان بشرط لا خلط وبشرط
التجريد مقولا على الإنسان». ثمّ قال «وبالحقيقة هذا يرجع إلى أنّ
الطرف الأكبر يحمل على بعض الوسط وعلى البعض الذى لا يحمل
على الطرف الأصغر، إنتهى كلامه».

وإنّما نقلناه لاشتماله على فوائد وتدقيقات نافعة فى هذا المقام.

قول الشارح، رحمه الله تعالى: «لو كان قولنا الحيوان جنس
مهملة، [كما فى الاشارات والتلويحات، لزم ذلك]، اه».[٤٠٧]

---

[٤٠٧] شرح شيرازى: ١٤١ و ١٤٢. متن حكمة الاشراق: وقد يقع بسبب ايهام
العكس، كمن حكم ان «كلّ لون سواد» بناء على ان «كلّ سواد لون»؛ او بسبب تركيب
المفصل كقولك «زيد طبيب وجيد»، فيأخذ انّه «طبيب جيد»؛ ولتفصيل مركّب،

التعليقات على شرح حكمة الاشراق

[أقول]: الحقّ أن المهملة، كما مرّ، ما حكم فيه على الطبيعة من حيث هى لا بشرط شيء وهى يلازم الجزئية. وأمّا الحكم على الطبيعة من حيث تعيّنها العقلى وتجرّدها عن القيود الخارجية فهى ليست مهملة، ولا مهملة تلازمها لأنّ الحكم فيها ليس على ما صدقت عليها الطبيعة بلا شرط بل على الطبيعة المحضة الذهنية وهى نفس المفهوم العنوانى الذى لا يصدق عليه العنوان حملا متعارفا فلا يسرى إِليه الحكم الذى فى المهملة، لأنّ الحكم فيها على طبيعة الموضوع مطلقا وليس موضوع القضية الطبيعية من افراد الحيوان. فليتأمل قول الشارح، رحمه الله: «لأنّ جزء الجوهر إِنّما يكون جوهرا، اه».[٤٠٨] ههنا شرط آخر لكونه جزء الجوهر جوهرا وهو أن يكون للمركّب وحدة طبيعة لا صناعية، كالسرير فأنه جوهر وجزئه وهو الهيئة المخصوصة عرض.

قوله، قدّس سرّه: «وما ظنّ بعض أهل العلم أنّه لا يتصوّر أن

كقولك «الخمسة زوج وفرد» فنقول «أنّها زوج وأنّها فرد»؛ او بسبب ما يظن انّ أحد المتلازمين بعينه هو الآخر، او انّ أحدهما علّة الآخر ولا يعلم انّ من المتلازمات ما ليس بينهما إِلّا الصحبة، كاستعدادى الضحك والكتابة فى الإِنسان. وهذه المغالطة كثيرا ما تقع لمن لم يترسّخ فى العلوم فيأخذ ما مع الشيئ مكان ما به الشيئ. وقد يبتنى على هذا كثير من الدور الفاسد، كما يقال «ان لم تكن الأبوّة دون البنوّة والبنوّة دون الأبوّة»، فيتوقف كلّ واحد منهما على الآخر فيكون دورا، وهو فاسد؛ فأنّهما يكونان معا، والتوقّف الممتنع إِنّما هو إِذا كان كلّ واحد منهما بالآخر، فيلزم منه تقدّم كلّ واحد منهما على نفسه وعلى المتقدّم عليه.

[٤٠٨] شرح شيرازى: ١٤٢.

يكون شيئان كلّ واحد منهما مع الآخر بالضرورة، اه». [٤٠٩]

[أقول] هذا تعريض الشيخ الرئيس ومتابعيه حيث ذكروا أن معّية التلازم بين شيئين سواء كان فى الوجود أو فى العقل لا ينفكّ عن علاقة العلّية بينهما. وبرهانهم أن كلّ شيئين لا يكون بينهما علاقة علية معلولية فلا استحالة فى انفكاك أحدهما عن الآخر عند العقل. إذ لكلّ واحد منهما عبارة عن عدم ايجاب ذلك الغير ولا استجابة لهذا الشىء وذلك فى اشياء لا يكون بعضها علّة لبعض لا معلولا له وإن كان بعضها أو كليهما واجبا لذاته، فلو فرض فى الوجود واجبان ذاتيان، تعالى القيوم عن الشريك علوّا كبيرا، لم يكن بينهما معّية لزومية، بل صحابته اتفاقية. فكل اثنين بينهما معّية لزومية فلا بدّ من أن يكون بينهما علاقة بأحد وجهين: أمّا بأن يكون أحدهما بعينيه علّة والآخر معلول، أو بان يكونان جميعا معلولى علّة واحدة اوقعت تلك ارتباطا لكلّ منهما إليها بالآخر على وجه لا يكون دورا مستحيلا، بل كما أوضحة الفلاسفة فى تلازم الهيولى والصورة وتلازم المتضائفين فى كون كلّ واحد منهما مفتقرا إلى صاحبه فى شىء آخر. فالتلازم عند التحقيق لا يقتضيه إلّا العلّة الموجبة ويكون أمّا بينهما وبين معلولها أو بين معلولين لها لا كيف[لا] اتفق، بل كما ذكرناه. فكلّ شيئين معيّنين ليس أحدهما علّة موجبة للآخر ولا معلولا له ولا

---

[٤٠٩] شرح شيرازى: ١٤٧؛ حكمة الاشراق: ٣٨؛ شرح شهرزورى: ١٣٦:١ - ٢.

ارتباط بينهما بالانتساب إلى ثالث . كذلك فلا ضرورة فى معيّتهما إلّا
مجرّد الاتفاق إذ لم يكن رفع أيّهما لو حُظّ أو فُرض موجب دفع الآخر
البتّة . فإن اتفق إن كان رفعه مع رفعه كما أنّ ثبوته مع ثبوته اتفاقا لا
لزوما وهذه القاعدة برهانية لكن المصنّف ومَن تبعه يظنّون أن التلازم
الضرورى قد يتصوّر بين شيئين لا علاقة بينهما ويمثّلون بالمتضائفين
وبالبينتين[٤١٠] المنحيتين وستعرف حالهما، انشاء الله تعالى .

قوله ، قدّس سرّه : «ثم أنّه بعينه متوجّه بالمتضائفين، اه » .[٤١١]

[أقول] : اعلم أن أمر المتضائفين ليس هو المشهور من عدم الرابطة
العلّية والمعلولية لأحدهما بالقياس إلى الآخر . أمّا الحقيقيان كالأبوّة

---

[٤١٠] ن :- المبينيتين

[٤١١] شرح شيرازى : ١٤٧؛ حكمة الاشراق : ٣٨؛ شرح شهرزورى : ١٣٦ : ٧-١٦ .
متن حكمة الاشراق : (٣٨) وما ظنّ بعض أهل العلم أنّه لا يتصوّر ان يكون شيئان كلّ
واحد منهما مع الآخر بالضرورة . لينتقض عليه المتضايفين، فانه لا يتصوّر وجود كلّ واحد
منهما إلّا مع الآخر بالضرورة . وحجته انّ كلّ واحد منهما ان استغنى عن الآخر، فيصحّ
وجوده دونه؛ وان كان لكلّ واحد منهما مدخل فى وجود الآخر، فيتوقّف كلّ واحد منهما
على الآخر؛ وان كان لاحدهما مدخل فى وجود الآخر فيتقدّم عليه فلا معيّة . وهذا إذا مُنع
لا يقدر على اقامة الحجة عليه . ثمّ انّه بعينه متوجه فى المتضايفين فى وجودهما العينى وفى
وجوب تعقّلهما معا ايضا؛ وربما يستثنى هذا القائل المتضايفين على القاعدة . ومن جملة
المغالطات ان تثبت قاعدة بحجة ويستثنى عنها شىئ تكون نسبة الحجة اليه وإلى غيره، مما
يدخل تحت القاعدة سواء، دون حجة وهذا غرضنا فى ايراد هذه المباحثة العلمية، والارشاد
لا القدح، ليعلم مغلطتان فى حجة واحدة وليطلع الباحث على جواز ان يكون شيئان لكلّ
واحد منهما مدخل فى وجود الآخر، فلا يتصوّر إلّا مع المعية . وليس من شرط كلّ ما له
مدخل، التقدّم والعلية المطلقة ولا من شرط وجوب الصحبة، المدخل .

والبنوّة فيهما معلولا ثالثا، كالولادة، على افتقار كلّ منهما لا إلى مفهوم بل إلى ذات هو عارضها مع حيثيّة المعروضية له، لما تقرّر أن المضاف مختص من بين سائر الاعراض المفترقة إلى موضوعها بالافتقار إلى معروض عرض آخر معروضه بما هو معروض العرض ذلك الآخر. وأمّا المشهور بأن كالأب والابن فيفتقر كلّ منهما لا فى جملته بل فى بعضه أى اضافته لا إلى جملة الأخرى بل إلى بعض، أى ذاته هذا إذا كان لمضاف المشهورى عبارة عن المركّب من الإضافة ومعروضها، كالأبيض إذا أريد به المركّب من البياض والجسم. وأمّا إذا أريد به الذات المعروضة للاضافة بما هى معروضة لها فكلّ من المتضائفين يحتاج لا فى ذاته بل فى عارضه لا إلى ذات الآخر بل إلى معروضه بها. فقد ثبت أن معيّة المتضائفين لا ينفكّ عن تعلق ما ضرورى لاحدهما بالآخر على وجه التلازم العقلى. والفرق بين معيّة المتضائفين ومعية المتلازمين فى[412] الوجود كالهيولى والصورة أنّها بحسب المفهوم والماهية، وهذه بحسب الوجود والهوية وستعلم الفرق بينهما. فالمضاف ألحق مع مضائفه فى درجة واحدة فى التعقّل وبحسب الوجود معلول لعلّته ومفترق معروضه بما هو معروضه، والمعان بالمعلولية إن كانت معيتها ضرورية عقلية فلا يصحّ أن يكتفى فى تلك المعيّة استنادهما فى درجة إلى علّة واحدة حقّة وحدة ذاتا وحيثيّة جميعا، بل غاية ما يستأثر أنّ من الاتحاد فى العلّة أن يكون لهما جميعا

---

412 ن:ــفى

علّة موجبة أحدية الذات متكثّرة الحيثيّة فهذا ما يوجبة البرهان
والفحص. فإن رجعت وقلت أنّ معلولى علّة واحدة يستحقّان أن
يتلازمان مطلقا سواء تعلق أحدهما بالآخر بوجه من الوجوه ام لا،
محتجا بأنّه كلّما تحقّق أحد المعلولين تحقّقت عليه الموجبة يتحقّق
الآخر، فكلّ واحد منهما ملزوم لتلك العلّة وهى ملزومة للآخر وملزوم
الملزوم فكلّ منهما ملزوم للآخر وهو المطلوب. فنقول إذا صدر اثنان عن
ذات فإنّما صدورهما عنها عند الفلاسفة من حيثيتين متكثّرتين بالاعتبار
التقيدى لا من حيثيّة واحدة. فكل واحد[413] من المعلولين ليس يستلزم
العلّية إلّا من الحيثيّة التى هى جهة المصدرية بالقياس إليه، وهى ليست
تستلزم الآخر إلّا من جهتها الأُخرى فلا يتكرر الأوسط. فإذا لم يكن
أحد المتلازمين علّة موجبة للآخر لم يكن التلازم إلّا من جهة
استنادهما معا إلى علة موجبة موقعة[414] بينهما ارتبطا متكررا من
الجانبين، ولكن لا على وجه الدور المستحيل. بل كما علمت فالمعانى
بالذات لابدّ فى معيتهما الذاتية بعد أن يكونا معلولى علّة من أحد
أمرين: أمّا كون كلّ منهما مشتملا على ضرب من تركيب كجزئين أو
حيثيّتين، أو يكون كلّ منهما حيثيّة صدور الآخر عن علّة واحدة
بسيطة الذات مركّبة الحيثيّة. وقل من أهل النظر من تفطّن لهذا الفرق
بين تلازم المعيّة الذى بين المعلولين وبين التلازم الذى يكون بين العلّة

[413] ن:- فكل واحد

[414] ن: -موقعة

ومعلولها، فيظنون أمّا الاستشكال والحمل المعيّة على المصاحبة الاتفاقية أو انحصار التلازم بين العلّة الموجبة ومعلولها. وأمّا النقض باللبنيتين المنتخبين اللتين يقام كلّ منهما مع الآخر لا بالآخر كما وقع فى « التلويحات ». ⁴¹⁰ وفى هذا الشرح فليس بقادح فلأنّه ليس بينهما تلازم عقلى أو وجودى، بل كما فى تدافع الاثقال لاجزاء جسم واحد حتّى يستقر على الأوسط كتدافع جواب الأرض لينطبق مركزها على وسط الكلّ. ثمّ لو سلّم أنّه معدود من باب التلازم فليس فى الوجود ولا فى الماهية، بل [فى] حفظ صفة خارجية كـ« وضع » بعينه أو « أين » بعينه، وكلّ واحدة منهما فى ذلك الوصف مفتقرة إلى ذات الأُخرى.

قوله، قدّس سرّه: « كـمَن يقول أنّ الـسـواد دائما يجمع البصر لكونه لونا، اﻟﺦ ». ⁴¹⁶

---

⁴¹⁰ كتاب « **التلويحات اللوحيه والعرشية** » از جمله كتب اصلى سهروردى در فلسفه اشراقى است. تنها بخش « العلم الثالث: فى علم ما بعد الطبيعة » اين كتاب چاپ شده است. رك: « **مجموعه مصنفات شيخ اشراق** »، جلد يكم (تهران، ١٣٧٢). نسخه كاملى از آنرا در دست داريم: نسخه خطى برلين Berlin 5062

⁴¹⁶ شرح شيرازى: ١٤٨ ؛ حكمة الاشراق: ٣٩ ؛ شرح شهرزورى: ١٣٦ : ١٦. متن حكمة الاشراق: (٣٩) ومما يوقع به الغلط ان يؤخذ مبنى الأمر فى شئ معنى عاما ليثبت فى مشاركته فيه، كمن يقول « السواد إنّما يجمع البصر لكونه لونا » ليتعدى إلى البياض. وقد يقع الغلط بسبب أخذ ما بالفعل مكان ما بالقوة؛ او أخذ مكان ما بالقوة مكان ما بالفعل؛ وأخذ مكان ما بالذات وما بالعرض كلّ واحد منهما مكان الآخر؛ وأخذ الاعتبارات الذهنية والمحمولات العقلية أمورا عينية، كمن يسمع انّ الإنسان كلّى، فيظن انّ كونه كليا أمر يحمل عليه لاتصافه به فى الاعيان؛ وأخذ مثال الشئ مكانه وأخذ جزء العلّة مكانها؛ وأخذ ما ليس بعلة الكذب فى الخلف علّة له؛ واجراء طريق اللااولوية عند اختلاف

[أقول]: يمكن تقرير هذه الشبهة على وجه يصعب حلّها إلّا على من أيّد بنور البصيرة، وهو أنّ المعنى الجنسى والفصلى كاللونية وقابضية البصر لحقيقة السواد عند ما حلّله العقل إليها. أمّا أن يطابق كلّ منهما وجود السواد الخارجى، أو لا، يطابق شىء منهما له و يطابق أحدهما منه شيئا آخر منه، فعلى الثالث لا يكون السواد بسيطا فى الخارج، بل مركّبا من كيفيتين ثمّ الكلام عائد فى كلّ منهما من حيث انقسامه إلى جنسه وفصله وهكذ. فيلزم فيه محالات وعلى الثانى لا يكون ما فرضناه جنسا وفصلا مقوّمين ولا داخلين فيه، [و] هذا محال. على الأوّل يلزم أن يكون صورة السوادية التى وضعت أن ألوانية يطابقها وهى بعينها تطابق نفس البياض مطابقة لصورة البياضية فيكون كلّ لون قابضا للبصر، والحل بعد اختيار الشقّ الأوّل متوقّف على تحقيق حقيقة الوجود وانحاء الوجودات، وأن بعضها كيف يكون مع بساطتها مصداق لمعان كثيرة ذاتية، وسيجيئ تحقيقها انشاء الله تعالى. ولقوّة مثل هذه الشبهة وما يجرى مجراها أنكر المصنّف ومن تبعه تحقيق أجزاء الماهية كالجنس والفصل فى البسائط وارجعها إلى العرض

___

النوع، كمن يقول «ليس الإنسان بوجوب التنفس اولى من السمك بعد اشتراكهما فى الحيوانية»؛ وكذا اجراء هذا الطريق فى عالم الاتفاقات، كقولك «ليس زيد بالطول اولى من عمرو بعد اشتراكهم فى الإنسانية، فلا ينبغى ان يتخصص أحدهما به» ولا يعلم انّ هاهنا أسبابا غائبة عنا يجب او يمتنع بها أمور ممكنة، وسنبرهن عليها. وفى النوع الواحد المتفاوت بالكمال والنقص لا يجرى هذا فان بعض اشخاصه قد يكون اولى بأمر لكماله فى نفسه، وأمّا كيفية هذا الكمال فسيأتى فيما بعد.

العام الخاصة. فالشبهة ناشية من الخلط بين احوال الماهية باحوال الوجود وهو من باب أخذ ما بالعرض مكان ما بالذات.

قوله، الشارح العلامة: «كمن حكم على الهيولى بأنّها بالقوّة فيكون ذاتها بالقوّة [فيكون معدومة]، اه»[417].

[أقول]: هذا بناء على ما ذهب إليه المصنّف وأتباعه. وأمّا على ما رأه أتباع المعلم الأوّل، فليس فى كون الهيولى بالقوّة أخذ ما بالفعل مكان ما بالقوّة؛ ولا أخذ ما بالعرض مكان ما بالذات أصلا؛ وتحقيق ذلك من الغوامض ولبيانه موعد سيجئ، انشاء الله تعالى.

قوله، قدّس سرّه: «كمن يسمع أنّ الإنسان كلّى، اه»[418].

[أقول]: هذا المثال أصوب مما ذكره الشارح لهذا المقام. فان قولنا الإنسان كلّى والكلّى معدوم فى الخارج فالانسان معدوم فى الخارج مغالطة نشأت من أخذ الاعتبار الذهنى والمحمول العقلى مكان المحمول الخارجى، كذا فى قولنا «زيد إنسان والإنسان نوع، فزيد نوع». فأنّ الكلّية والنوعية من الأمور الذهنية التى يعرض إلّا لموضوع ذهنى من حيث كونه ذهنيا. وكذلك شأن المعقولات[419] الثانية التى لا يعقل إلّا عارضا لمعقول آخر بما هو معقول فهذا معنى العارض الذهنى

---

[417] شرح شيرازى: ، ١٤٩

[418] شرح شيرازى: ١٤٩؛ حكمة الاشراق: ٣٩؛ شرح شهرزورى: ١ :١٣٧

[419] ن، م: المعلولات؛ شرح شيرازى: ١٤٩: المعقولات

والمحمول[420] العقلى . وأمّا الامتناع والوجوب ونظائرها فليست هى من العوارض الذهنية والمحمولات العقلية بمعنى أن يكون مصداق عروضها وحملها نحو وجود الشىء فى الذهن حتّى تكون القضايا التى هى محمولاتها ذهنيات صرفة ، بل هى حقيقيات وحمليات غير بيّنة ، كما مرّ . فمعنى قولنا أن الخلاء ممتنع، أن كلّ ما يوجد فى الخارج، ويكون خلاء، يكون ممتنع . فالامتناع من المحمولات الخارجية على التقدير وإن لم يكن على البتّ والتحقيق ففيه أخذ ما بالعرض والتقدير مكان ما بالبتّ والتحقيق . فقولهم لو كان الخلاء ممتنعا فى الخارج لكان امتناعه حاصلا فى الخارج فيكون الممتنع موجودا . جوابه أن ثبوت الامتناع فى الخارج على تقدير وجود الخلاء لا يوجب ثبوته محقّقا فلا يلزم كون الممتنع كالخلاء موجودا محقّقا بل مقدرا ، وذلك غير مستحيل ، فاللازم غير محذور والمحذور غير لازم .

قوله ، قدّس سرّه : «وأخذ مثال الشىء مكانه» .[421]

[أقول] هذا من الاغلاط الكثيرة الوقوع بل ما من قوم إلّا وقد وقع لآحادهم اغلاط كثيرة من هذا النوع ، كيف وأكثر ما ورد فى الشرائع الحقّة فى باب المبداء والمعاد تمثيلات وتجاوزات . والقوم يحملونها على ظواهرها لا على حقائقها ومعانيها . وإنّما نعنى بالتمثيل ههنا أداء المعنى

---

[420] م : المعقول

[421] شرح شيرازى : ١٥٠ ؛ حكمة الاشراق : ٣٩ ؛ شرح شهرزورى : ٢ : ١٣٧.

فى صورة أنّ نظر إلى معناه وجد صادقا، وأن نظر إلى صورته وجد
كاذبا؛ حتّى إنّا إذا قلنا أن زيدا مثلا مثال المعنى الإنسان يجب أن لا
يحتجب أحد بصورته عن معناه المخصوصة. فان كون زيد إنسانا ليس
من جهة خصوص تعنيه بل من جهة اشتماله على معنى الحيوانية
والناطقية والخصوصية ملغاة فى ذلك. فمن جملة الاغلاط الواقعة من
هذا الباب ما زعمه أكثر المتأخرين، كالعلامة الدوّانى ومَن فى طبقته أنّ
صورة الجوهر فى الذهن جوهر و صورة الإنسان فيه إنسان؛ وارتكبوا فى
بيان ذلك تمحّلات شديدة؛ ومنها ماوقع أيضا له ولمن وافقه أن كلّ ما
يتصوّره الإنسان فهو موجود فى نفس الأمر، وفى المدارك[٤٢٢] العالية بناء
على ما يحكم بحكم ثبوتى، واقلّة أنّه هو، وأنّه ليس غيره؛ ولم
يتفطّنوا بأن وجود العنوان لا يستلزم وجود ذى العنوان. فأن الكلّيات
العرضية، كمفهوم شريك البارى والخلاء وغيرهما، لا يصدق شىء
منها على نفسه بالحمل المتعارف. فالموجود فى الذهن ليس يصدق
عليه شريك البارى تعالى عن ذلك. وما يقدر أنّه بازاء هذا المفهوم
الموجود فى الذهن ليس موجودا فى الذهن ولا فى طرف آخر أصلا،
وكذلك فى مفهومات الأمور الممكنة التى افراد لها فى نفس الأمر،
كجبل من الياقوت وبحر من الزيبق.

قوله الشارح العلامة، رحمه الله: «بعد اشتراكهما فى

الجسمية». ٤٢٣

[أقول]: فإن قلت ما بال الاشتراك فى الجسمية يوجب الاشتراك فيما يقتضيه، وهى جنس بعيد للاجسام؛ والاشتراك فى الحيوانية لا يوجب ذلك وهى جنس قريب لاقسامها. قلنا الجسم إن أخذ بالمعنى الذى هو به جنس أعنى الجوهر الذى له ابعاد ثلثة مطلقا، سواء كان مجرّد ذلك ام لا، بل مع شىء آخر فليس الاشتراك فيه مما يوجب الاشتراك فيما تقتضيه فى موضع. وأمّا إن أخذ بالمعنى الذى هو به مادّة لا جنس أعنى مجرّد الجوهر الذى له ابعاد فالاشتراك فيه اشتراك فى معنى نوعى متفق، وذلك مستلزم لاتفاق فيما يلزمه أو يقتضيه. وقد علمت أن الجنس فى المركّبات إنّما جنسية بضرب من الاعتبار وهى بالحقيقة نوع محصل غير محتاج إلى مبادىء الفصول إلّا فى كمالاتها الثانوية. فالجسمية اذا اقتضت التحيز أو التشكّل فإنّما يقتضيه من حيث حقيقتها النوعية فذلك يوجب اتفاقا الاجسام كلّها فيه، وكذلك الحيوانية إذا اقتضت شيئا بحسب ما هى محصله وجب الاتفاق فيه للحيوانيات، وذلك كاستعدادات الحركة الارادية وغيرها. وأمّا وجوب التنفس بعض الانواع فليس مما يقتضيه الحيوانية ولو كان كذلك لاتفقت افرادها فيه.

---

٤٢٣ شرح شيرازى: ١٥١

قوله، قدّس سرّه: «ليس زيد بالطول أُولى من عمرو، اه». ^{٤٢٤}

[أقول]: اعلم أن كلّما هو ممكن لفرد فهو ممكن للطبيعة المشتركة وكلّما هو ممكن لها ممكن لافرادها من حيث تلك الطبيعة، لكن الطبيعة إن كانت من الطبائع الخارجة عن عالم الاتفاقات فكلّما يمكن لها بالإمكان الذاتى فهو واجب التحقيق فيها بعللها الذاتية. إذ لا مانع ولا قاسر هناك من وصول الفيض الوجودى إليها؛ وإن كانت من الأمور الواقعة تحت الحركة والاستعداد فلا يكفى^{٤٢٥} فيها الإمكان الذاتى ما لم ينضم إليها الإمكان الاستعدادى الحاصل من الحركات العرضية ومباديها الاتفاقية. ومن شأنها أن يقرب البعيد من قبول الوجود عن مبدئه المفيض، ويبعد القريب عنه فيجب عنه ما أمكن بها تارة ويمتنع بها أُخرى.

قوله، قدّس سرّه: «ولا يعلم أنّ ههنا اسبابا غائبة، اه». ^{٤٢٦}

[أقول]: لا حاجة فى بيان هذا، أعنى كون بعض الاشخاص المتفقة فى نوع واحد بالغة إلى خيراتها المحتملة أو ممنوعة عن كمالاتها الممكنة إلى الحوالة، إلى الاسباب الغائبة عنا، بل ههنا أمور شاهدة ويوصل الأمور إلى خيراتها وتمنع الاشياء عن كمالاتها، كالبرد المفسد للثمار والحرّ الشديد المضرّ للحيوانات، كالهواء المنضج للفواكه وكالاغذية

---

^{٤٢٤} شرح شيرازى: ١٥١؛ حكمة الاشراق: ٣٩؛ شرح شهرزورى: ١٣٧: ٥ – ٦

^{٤٢٥} ن:-يكفى

^{٤٢٦} شرح شيرازى: ١٥٢؛ حكمة الاشراق: ٣٩؛ شرح شهرزورى: ١٣٧: ٦ – ٧

والادوية المبقية والمحصّلة للحيونات، ولهذا ذكر الشارح بعد قوله
«كهيأت سماوية»، قوله «واتفاقات أرضية» [٤٢٧].

قـولـه، قدّس سرّه: «وأمّا كيفيـة هذا الكمـال فسيأتى فيمـا بعد» [٤٢٨].

[أقول]: هذه أشارة إلى ما سيحقّقه الشيخ من كون بعض الحقائق
بحسب طبيعتها المشتركة مما يقبل الأكمل والأنقص والأشدّ
والأضعف، لا بواسطة أمر زائد عليها كمخصص فصلى أو لاحق
عرضى. وهذا مبنى كثير من قواعده الإشراقية، كاثبات المُثُل النورية،
وكإثبات الانوار العقلية وغيرذلك كما سيقف عليه الشارح.

قوله، قدّس سرّه: «فأنّ البياض داخل فى الأبيض، اه» [٤٢٩].

[أقول]: الحقّ أن مفهوم الأبيض، من حيث هو أبيض، أبيض لا
يعتبر فيه شىء غير البياض بل هو نفس البياض لا شىء داخل فيه
البياض. وكذا قياس الناطق وغيره من المشتقات. وفى «حواشى
المطالع»: «مفهوم الشىء لا يعتبر فى مفهوم الناطق، وإلّا لكان العرض
العام داخلا فى الفصل ولو اعتبر فى المشتق ما صدق عليه الشىء انقلب
مادّة الإمكان الخاص ضرورية. فإن الشىء الذى له الضحك هو

---

[٤٢٧] شرح شيرازى: ١٥٢.

[٤٢٨] شرح شيرازى: ١٥٢؛ حكمة الاشراق: ٣٩؛ شرح شهرزورى: ١٣٧: ٩.

[٤٢٩] شرح شيرازى: ١٥٢؛ حكمة الاشراق: ٣٩؛ شرح شهرزورى: ١٣٧: ١٣.

الإنسان، وثبوت الشىء لنفسه ضرورى فذكر الشىء فى تفسير المشتقات بيان لما رجع إليه الضمير الذى يذكر فيه، إنتهى».

وفى «حواشى التجريد»: «الأبيض إذا أخذ لا بشرط فهو عرضى. وإذا أخذ بشرط لا شىء فهو العرض المقابل للجوهر، فكما أن طبيعة الذاتى جنس ومادّة باعتبارين أو فصل وصورة باعتبارين فطبيعة العرضى عرضى وعرض باعتبارين. ومايدلّ على ذلك أن الحكماء عبّروا عن مفهوم الإضافة بالمضاف الحقيقى وعن معروضه أو عنهما جميعا بالمضاف المشهورى، وعبر المعلم الأوّل فى تعليمه عن أكثر المقولات بالمشتقات، كالفاعل والمنفعل والمضاف، وأورد فى التمثيل المشتقات وما فى حكمها، كالأب والابن، وفى الدار وفى الوقت، ونظائرها هذا». وملخّص الكلام أن مفهوم الأبيض مثلا، ما له البياض مطلقا سواء كان عين البياض ومعروضه أو المركّب منهما؛ ولهذا يصدق على كلّ منها وإن لم يعتبر فى مفهومه غير البياض. وهذا كالمفهوم الكلّى الصادق على المنطق والطبيعى والعقلى.

قوله، الشارح العلامة: «فحكم مطلقا أنّها لا موجودة ولا معدومة».[٤٣٠]

[أقول]: يمكن تصحيح هذا القول على وجه لا يكون باطلا ولو كان بالقياس إلى طرف واحد، وهو أن يؤخذ الكلّى من حيث ماهية

وذاته. فأنها ليست من حيث هى هى لا معدومة ولا موجودة إذا الوجود ليس بثابت فى مرتبة ماهية الممكن ولا رفع الوجود، وأن مكان نقيضه بثابت فى تلك المرتبة فأنّ نقيض الوجود فى تلك بان يكون قولنا فى تلك المرتبة قيدا للوجود المضاف إليه الرفع لا قيدا للرفع الذى أضيف إلى الوجود. على أن المحال هو ارتفاع النقيضين عن مطلق نفس الأمر؛ لارتفاعهما عن مرتبة من مراتبها. إلّا ترى أنّ رجلا إذا تحرّك فى السوق فيصدق عليه أنّه ليس بمتحرّك ولا ساكن فى بيته.

قول الشارح، رحمه الله تعالى: «وهو أنّ الشرّ ليس ضدّا للخير، [ولا الظلمة ضدّا للنور]، اﻫ».[٤٣١]

[أقول]: الشرّ كالخير يطلق بالاشتراك أو التشابه على معنيين حقيقى وإضافى. والأوّل عبارة عن عدم ذات أو عدم كمال الذات. والثانى ما يكون منشاء لعدم ذات أو عدم كمال الذات أو مصحوبا له. فالأوّل شرّ بالذات وهو لا محالة عدم أو عدمى، بما هو عدمى، ولاذات له أصلا[٤٣٢]؛ والثانى شرّ بالعرض ويقال له «الضارّ»، وهو أمر وجودى يمكن أن يكون ضدّا لما هو خير بالذات وهو الخيرالحقيقى، أو بالعرض وهو الاضافى ويقال له «النافع» فشبهه الثنوية وهى أن المبداء الواحد لا يصدر عنه خير وشرّ معا إن كانت فى الخير والشرّ الحقيقيين؛ فجوابهم،

---

[٤٣١] شرح شيرازى: ١٥٥

[٤٣٢] ن:- بما هو عدمى، ولاذات له أصلا؛ والثانى شر بالعرض

كما أشار إليه، وهو أن الشرّ أمر عدمى لا ذات له حتّى يمكن صدوره
عن فاعل. فلِمَ يصدر من المبداء ما هو شرّ حقيقى أصلا وإن أجريت
الشبهة فى الخير والشرّ الاضافيين؟ فجوابهم أن الاشياء الموجودة ينقسم
بحسب الاحتمال العقلى إلى ما لا شرّية فيه أصلا وهو ما هو شرّ
محض، وما يكون الشرّ فيه غالبا، وما هو بالعكس منه، وما يتساوى
فيه المتقابلان. فهذه خمسة اقسام ثلاثة منها وهى التى يكون شرّا
محضا أو شرّا مستوليا أو مساويا لما ليس بشرّغير موجودة. لأنّ كلّ
موجود فهو أمّا محض الوجود، أو وجوده أغلب من عدمه. كيف؛
والشىء الموجود لا يكون فاقدا لذاته وذاتياته بل لا يفقد فيه إذا فقد إلّا
بعض صفاته وعرضياته. فالوجود الحقيقية والإضافية فى الموجودات
أكثر من الاعدام الإضافية. فالصادر من المبداء الأوّل قسمان باقيان ما لا
شرّ فيه أصلا ولا ظلمة كالعقول الفعالة والانوار القاهرة، وما فيه شرّ
قليل كالاجسام سيّما الكائنة[٤٣٣] وهما جميعا من اقسام الخير. أمّا
الأوّل، فظاهر لأنّه خير حقيقى؛ وأمّا الثانى، فلأنّ فى عدمه شرّا أزيد
من وجوده فيكون وجوده خيرا اضافيا، فيجب صدورهما جميعا من
المبداء الأوّل والخير المحض. وهذا مسلك المعلم الأوّل فى دفع شبهة
الثنوية، والأوّل طريق أفلاطون فالغلط فى الأوّل من اشتباه الأمر العدمى
بالوجودى. وفى الثانى من اشتباه أحد المتضائفين بالآخر.

---

[٤٣٣] ك: ن: الكائنية؛ شرح شيرازى: ١٥٥: الكائنة

[الضابط : فى معرفة الاعدام][٤٣٤]

قوله، قدّس سرّه : « ومن اسماء الاعدام ما لا يشترط فيها إمكان ،
الخ ». [٤٣٥]

[أقول]: السبب المبنى فى كون بعض الاعدام لا يشترط فيه المحل
الممكن، وفى بعضها يشترط. والمشترط فيه المحل، والإمكان قد يشترط
فيه الإمكان المتضاعف، وقد يشترط ذلك أنّ العدم معناه رفع الوجود.
والوجود قد يكون قائما بذاته من غير محل بوجه من الوجوه، كالبارى
جلّ اسمه، فلا يتصوّر له عدم أصلا. وما يكون وجوده لماهية فيتصور

---

[٤٣٤] شرح شيرازى : ١٥٦ ؛ حكمة الاشراق : ٤٢ ؛ شرح شهرزورى : ١٤٩ : ١٢ . متن
حكمة الاشراق : (٤٢) ومن ذلك أخذ العدم المقابل مكان الضدّ كالسكون، فانه عدم
مقابل لأنه عدم الحركة فيما يتصوّر فيه الحركة؛ وكذا العمى، فانه عبارة عن انتفاء البصر فى
حق من يتصوّر فى حقه البصر، فان الحجر لما لم يتصوّر فى حقه البصر لا يُسمّى اعمى .
والضابط فى معرفة الاعدام : هو انّا إذا استبقينا الموضوع، كالجسم او الإنسان مثلا،
ورفعنا عنه الملكة كالحركة والبصر، لا يحتاج إلى وضع شئ آخر حتّى يكون ساكنا او
اعمى، بل كفى استبقاء الموضوع ورفع شئ منه . فالعدم لا يحتاج إلى علّة، بل علّته عدم
علّة الملكة؛ فإذا أخذ ضدّا، فيكون أمرًا وجوديا، فيحتاج إلى علّة ويلزم منه أمور أخرى
ويوقع الغلط . ومن اسماء الاعدام ما لا يشترط فيها إمكان، كالقدوسية والتفرّد، فهى
اسماء للسلوب . ومنها ما لا يطّرد فى نوع واحد، كالمرودية . ومنها ما باعتبار الإمكان،
كالاعمى والسكون، والاصطلاحات مختلفة . ومن ذلك أخذ الايجاب والسلب مكان
العدم والملكة، فانّ الايجاب والسلب لا يخرج عنهما شئ بخلاف العدم والملكة . فلك ان
تقول « انّ الحجر ليس ببصير »، ولا تقول « انّه اعمى » .

[٤٣٥] شرح شيرازى : ١٥٦ ؛ حكمة الاشراق : ٤٢ ؛ شرح شهرزورى : ١٤٩ : ١٦–١٧

له عدم عن محل متّصف بالإمكان ولو بحسب الاعتبار العقلى فى
طرف التحليل، كعدم العقول والنفوس عند تصوّر ماهياتها مجردة عن
الوجود ولو أمكن ذلك. وما وجود يحتاج إلى إمكان زائد على إمكان
الذاتى، فيتصوّر له عدمان: عدم بإزاء وجود ماهية مطلقا؛ وعدم بإزاء
وجوده المقيّد بالإمكان الاستعدادى. فيقدر تضاعف الإمكان فى شىء
يشـترط[436] عدمـه تلك الإمكانات ناقصا بشىء. لأنّ الإمكان
الاستعدادى إذا تم كان الوجود حاصلا من المبدء الفياض. إذا تقرّر
هذا، فنقول: العدم والحاجة والحدوث[437] لايتصور بالقياس إلاّ ذات
الحقّ تعالى بلا حدوث؛ وأمّا القدوسية فهى بالقياس إلى مطلق الوجود
من اسماء الاعدام التى يشترط فيما يقابلها قابلية وامكان، وبالقياس
إلى المفارقات من اسماء السلوب وعدم الحركة، وهى عبارة عن التغيّر
من حالة إلى حالة على التدريج. ولا يتصوّر إلاّ أن يكون الموصوف بها
موجودا، ثمّ جوهرا، ثمّ جسما. وإن كان عن الجسم فهو من اسماء
الاعدام المحوجة الى هذه الإمكانات واسمه «السكون»، والموت نوع
منه، وهو عدم حركة الحيوة عن الجسم الذى كانت فيه قوّة الحيوانية؛
وإن كان عن غيره فهو من السلوب ولا يسمّى حينئذ باسم مخصوص؛
وعدم الحس عن الحيوان لكونه عبارة عن انتقاش جسم لطيف حيوانى

بصورة منتزعة عن مادّة يسمّى باسم خاص، كالخدر، ونحوه، كالعمى والصمم والبكم وغيرها؛ وفى غير الحيوان لا يسمّى باسم. وكذلك ما يقتضى من الوجودات إلى استعداد نوعى فوق الجنسى، فعدمه من افراد ذلك النوع يليق أن يسمّى باسم خاص من اسماء الاعدام المختصة، ومن غير نوعه لا يكون كذلك، كالعمى فى غير العقرب. وكذلك القياس فيما[٤٣٨] يفتقر بعد ذلك إلى استعداد شخصى بعد تلك الاستعداد أو الإمكانات، فيستحق عدمها المقابل له لا يسمّى باسم مخصوص أخص من اسامى الاعدام المذكورة لافتقاره إلى استعداد شخصى. وما يفتقر بعد ذلك إلى استعداد زمانى أيضا من جملة ازمنة وجود الشخص، فعدمه بالقياس إلى ذلك الزمان يحتاج إلى مثل تلك القابلية فى الجملة؛ ويستحق لاسم يليق به فالمرودية بالنسبة إلى النساء والصبيان لا يسمّى باسم زائد، وبالنسبة إلى الرجل البالغ تسمّى باسم زائد، وبالنسبة إلى الرجل البالغ تسمّى بالكوسجية.

قوله، قدّس سرّه: « والاصطلاحات مختلفة ».[٤٣٩]

[أقول] لا يبعد أن يكون أشارة إلى تخالف الاصطلاح فى العدم والملكة، وفى الضدّين بحسب علمين مختلفين، أعنى « قاطيغورياس » و« الفلسفة الأُولى ». فأنّ الضدّ الذى يستعمل فى « قاطيغورياس

---

[٤٣٨] ن:ـوكذلك القياس فى

[٤٣٩] شرح شيرازى: ١٥٧؛ حكمة الاشراق: ٤٢؛ شرح شهرزورى: ١٤٩: ١٩.

الشفاء» غير الضدّ المستعمل فى غيره. قال الشيخ [الرئيس] فى
«منطق الشفاء»: فلنقسم الآن التقابل على الوجه الذى ينبغى أن
يقسم عليه بالاصطلاح الذى فى «قاطغورياس» وهو غير المصطلح عليه
فى العلوم ومن تجشّم أن يجمع الأمرين فقد عنى نفسه. ثمّ قسم
التقابل على اصطلاح المنطق هكذا المتقابلان: امّا أن يكون ماهيتهما
معقولة بالقياس إلى الآخر، فهما متضائفان؛ وامّا أن يكون الموضوع
صالحا للانتقال من أحد الطرفين إلى الآخر من غير عكس؛ وامّا أن
يكون كذلك، بل يكون صالحا للانتقال من كلّ واحد منهما إلى
الآخر، أولا عن أحدهما إلى الآخر. لأنّ الواحد لازم له فيسمّى القسم
الأوّل «تقابل العدم والملكة»، مثل العمى والبصر. ثمّ قال: وامّا القسم
الثانى من القسمين اللذين ذكرناهما، وما دخل فيه مجموع ذلك
يسمّى فى «قاطغورياس» اضداد سواء كان أحدهما وجوديا والآخر
عدميا أو كان كلاهما وجوديين. وكذلك إذا كان الموضوع ينتقل من
كلّ منهما إلى الآخر أو كان أحدهما طبيعيا لا ينتقل عنه ولا إليه. فأن
جميع هذه تسمّى اضدادا فى هذا الموضع ولا نبالى بأن يكون أحدهما
معنى وجوديا، والآخر عدميا. وعلى أى انحاء الاعدام كان إذ لم يكن
على النحو المذكور فلا يجب أن يشتغل المتعلم لكتاب «قاطغورياس»
بان يجعل العدم غير الضدّ قائلا أنّ الضدّ هو ذات تخلف المعنى
الوجودى فى الموضوع، والعدم ليس بذات. فان الضدّ الذى يقال فى
هذا الكتاب ليس يعنى به هذا، إنتهى.

قـول الشـارح، رحـمـه الله، «قلنا: لا نسلّم أنّه لا مـفـهـوم له، ‏٤٤٠ ‏‏ا».

[أقول]: فيه بحث، أمّا أوّلا: فلأنّ المقدمة التى أدعاها المعترض ٤٤١ وهى أنّ ما ليس بممكن عام لا مفهوم له، وقد أقام عليها الدليل، وهو قوله: لأنّ الممكن العام يعم المفهومات الموجودة والمعدومة، فمنعها غير موجه إذ المنع طلب الدليل على مقدمة، والدليل قائم فطلبه طلب الأمر الحاصل، وهو باطل بالضرورة. فالأولى أن يكون ما أسند به معارضة لدليل المقدمة، وأمّا ثانيا فإن قولنا: كلّ ما ليس بممكن ليس بانسان ليس قضية طبيعية حتّى يكون الحكم فيها على نفس الموضوع، بل هو قضية محصورة، والحكم فيها على الافراد، فيستدعى وجود الافراد ولا فرد لهذه المفهوم ضرورة واتفاقا. وأمّا ثالثا فلأنّ هذه القضية وامثالها، ليست ذهنيات كما علمت منا سابقا يقابل الذهنيات منحصرة فيما يحكم فيها على الموضوع من حيث وجوده الذهنى بمعنى أن مطابق الحكم ومصداقه حال الموضوع الذهنى لا غير. فهى منحصرة فى القضايا الطبيعية. وقولنا «كلّ لا ممكن لانسان» و«كلّ شريك البارى ممتنع»، وكذلك سائر المحصورات التى حكم فيها على الموضوعات

‏٤٤٠ شرح شيرازى: ١٥٨.

‏٤٤١ ن: الحرض؛ ك: م: شرح شيرازى: المعترض

المستحيلة،[٤٤٢] كاللاشىء، والمعدوم المطلق، والمجهول المطلق ونظائرها باحكام يناسبها، كالامتناع، وعدم الاخبار، وعدم المعلولية وغيرها، ليست ذهنيات كما مرّ مرارا، بل إنّما هى قضايا حقيقية وحمليات غير بتّية، فهذا الاشكال، ونظائرها، مندفعة بمثل ما مرّ بما لا بما ذكره.

قوله، [قدّس سرّه]: «ومما يوقع الغلط أخذ الماهية المركّبة من أجزاء متشابهة، الـ»[٤٤٣].

[أقول]: اعلم أنّ أجزاء الماهية، بما هى ماهية لا يجوز أن يكون متشابهة، وإلّا لكان كل منها عرضا للماهية لتحصيلها بغيره وغناها عنه بما سواه وبما هو أقلّ منه، كما بيّنه الحكماء فى مقامة وبنوا عليه أن محل المعقولات لا يجوز أن يكون جسما أو جسمانيا. فالأجزاء المتشابهة ليست أجزاء لنفس الماهية، بل لوجودها أو لوجود مقدارها؛ والأوّل يكون فى المقدار نفسه، والثانى فى المتكممات المتصلة، كالحركات والاجسام، وما يقارنها.

قوله، [شيخ الإشراق، قدّس سرّه]: «إنّما يصحّ هذا فيما وراء

---

[٤٤٢] م:- كاللاشىء، والمعدوم المطلق، والمجهول المطلق ونظائرها باحكام يناسبها، كالامتناع

[٤٤٣] شرح شيرازى: ١٥٩؛ حكمة الاشراق: ٤٤؛ شرح شهرزورى: ١٥٠: ١١. متن حكمة الاشراق: (٤٤) ومما يوقع الغلط أخذ الماهية المركّبة من أجزاء متشابهة لكلها حقيقة جزئها. وإنّما يصحّ هذا فيما وراء الشكل وبعض الكميات، فان قطعتى الدائرة متشابهتان وحقيقتهما غير حقيقة الكلّ الّذى هو الدائرة ولا تشاركها الدائرة فى الحقيقة والاثنان يحصل من واحد وواحد، ولا يتشارك الاثنان مع الواحد فى الحقيقة.

الشكل ، ٥١». ^{٤٤٤}

[أقول]: يدلّ على أن أخذ الجزء مكان الكلّ فيما له أجزاء متشابهة يصحّ فى بعض المواضع دون بعض، وليس الأمر كذلك. إذ كلّ ما له أجزاء متشابهة فيصح أخذ الجزء مكان الكلّ فى جميع الاحكام الذاتية، لاتحاد الكلّ والجزء فى الماهية، ولوازمها وبالجملة الأجزاء المتشابهة أجزاء مقدارية؛ والأجزاء المقدارية متماثلة ومماثلة للكلّ. وأمّا الدائرة والمربع والفلك والعرق وغيرها، فليست هى بحسب اوصافها العارضة ذات أجزاء مقدارية فالقستى مثلا، إنّما هى أجزاء الدائرة لابما هى دائرة على الخصوص، بل بما هى خط مستدير، حتّى أنّا لو فرضنا قطعه من الخط المستدير هى اعظم من الدائرة كان، يكون دورا ونصف دورا، وأصغر منها كان يكون ثلثة ارباع منها، لكان لها قطع واجزاء مماثلة لها فى طبيعتها الخطية الفرجارية وجزء المربع ليس جزءا لتربيعته، بل لمقداره فيكون مشابها له، وكذا الجزء المقدارى للفلك ليس جزء للحقيقة الفلك، وإلّا لكان مثله بل لمقدار جزئيته، وكذا جزء العرق مع كونه من الاعضاء المتشابهة لبدن الإنسان وقد عرفت بأنّها ما يساوى جزئها كلّها فى الاسم والحد، وذلك لأنّ الشىء قد يكون بحسب نفسه متشابهة الأجزاء، لكن يعرض له معنى آخر، ويقع له التسمية بحسبه لا بحسب ذاته المتشابهة. فعلى هذا لا يكون جزئه المقدارى الذى له

---

^{٤٤٤} شرح شيرازى: ١٥٩؛ حكمة الاشراق: ٤٤؛ شرح شهرزورى: ١٥٠: ١٢

بحسب ذاته متشابها لكله بهذه الحيثية، ولا مسمّى باسمه، فجزء
العرق على أى وجه كان جزء مقدارى لحقيقة المتشابهة الأجزاء، إلاّ
لكونه مقترنا بشكل مخصوص مشترطا بتجويف وطول أو حركة أو
سكون. فعلى هذا لولم[440] يصدق اسم الشَرَيان والوَريد؛ ولا الحدّ الذى
بحسبه على اجزائها التى لا يكون فيها تجويف لا يرد نقضا، فالغلط
ههنا إنّما نشاء من أخذ ما بالعرض مكان ما بالذات. فأن قطعى الدائرة
مثلا، ليسا جزئين للدائرة، بما هى دائرة بل للخط المستدير، فالكلّ
مشابه لجزئه المقدارى دائما. وأمّا العدد وما يرتكب منه، فالتحقيق فيه
عميق.

[الفصل الثانى: فى بعض الضوابط وحلّ الشكوك][446]

قوله، قدّس سرّه: «وهذا الشكّ ينشاء من أخذ مابالقوّة، اهـ».[447]

---

[440] شرح شيرازى: -لم؛ ص ١٥٩؛ ك: ل: ن: +لم

[446] شرح شيرازى: ١٥٩؛ حكمة الاشراق: ٤٥ و٤٦؛ شرح شهرزورى: ١٥٣: ١٧
به بعد

[447] شرح شيرازى: ١٦٠؛ حكمة الاشراق: ٤٥؛ شرح شهرزورى: ١٥٤: ١. متن
حكمة الاشراق: (٤٥) أنه قد يظنّ ان المقدمة الثانية تغنى عن المقدمة الأولى ولا يعلم انا
وان علمنا ان كلّ اثنين زوج لم يندرج تحته ما فى كُمّ زيد بخصوصه بالفعل حتّى يعلم أنّه
زوج عند حكمنا بهذا، ما لم نعلم أنّه اثنان بعلم آخر، إذ جهة الخصوص غير جهة العموم.
وهذا الشكّ ينشئ من أخذ ما بالقوة مكان ما بالفعل، فانه لما رأى ان موضوع المقدمة الأولى
يندرج تحت موضوع المقدمة الثانية بالقوة ظنّ أنّه يندرج بالفعل، فغلط.

[أقول]: هذا الشكّ مما ذكره بعض المنكرين لاستعلام المجهولات بالدليل، وربما اورده بعض المتكلّمين المنكرين لوجوب النظر فى معرفة الله تعالى عقلا، فقد حوى فى القياس البرهانى الاقترانى على هيئية الشكل الأوّل، وهو أُولى الحجج باعطاء النتيجة المطلوبة، ولا شك فى أن القدح فيه يوجب القدح فى سائر البراهين والحجج بالطريق الأولى حتّى يلزم لهم أنّ لا سبيل لاحد إلى تحصيل المطالب بالدليل، بل بطريق آخر. وهذا قد بعثه بعض الصوفية الذى كان معاصرا لشيخ الرئيس إليه فأجاب الشيخ [الرئيس] عنه، بمثل ما ذكره المصنّف [الشيخ السهروردى]. واعلم أن كون الأصغر مندرجا تحت الأوسط أو الأكبر بالقوّة لا بالفعل، أليس[448] معناه أنّه كذلك بحسب الوجود فى الواقع ليردّ عليه أن ذلك غير صحيح فى المحمولات الذاتية، وكثير من المحمولات العرضية. فإن زُيدا فى قولنا: كلّ إنسان حيوان وكلّ حيوان [جسم]، مندرج تحت الحيوان، والجسم فى وجوده العينى إنّما المراد كونه كذلك بحسب الوجود العلمى. وهذا الشكّ مخصوص باستعلام المجهولات التصديقية من معلوماتها والذى سيأتى، يجرى فى استعلام المجهولات التصوّرية من معلوماتها.

قوله الشارح، رحمه الله تعالى: «لأنّا لا نسلّم أنّ الوجه المجهول

---

448 رك: ابو نصر الفارابى « كتاب الحروف»، تصحيح محسن مهدى، بيروت: دارالمشرق، ١٩٧٠: «حرف «أليس» ويقرنه بالذى يلتمس تسلّمه، إلى آخره»، ص ٢٠٢.

يمتنع طلبه، الخ». ^{٤٤٩}

[أقول] الأولى أن يسند هذا المنع بما ذكرنا من قبل فى دفع هذه
الشبهة، وهو أن الشىء إذا كان معلوما من وجه مجهولا من وجه،
كالإنسان، مثلا إذا علم بوجه الضحاكية ولم يعلم بوجه الناطقية
فيمكن أن يجعل للوجه المعلوم عنوانا لما صدق عليه الوجه المجهول من
الافراد ومرآة لملاحظة حقيقتها المجهولة، كما فى قولنا «كلّ ضاحك
كذا»، أو «بعض الضاحك كذا» ويمكن أن لا يجعل كذلك، كما إذا
جعل الضاحك موضوعا لقضية طبيعية إذ لا يكون حينئذ^{٤٥٠} عنوانا
لشىء غير نفسه، فلا يسرى الحكم عليه إلى غيره. فعلى الأوّل يكون
ما صدق عليه الوجه المجهول من الافراد معلومه بعلم إجمالى لانطباق
الوجه المعلوم عليها فيكون حينئذ شىء واحد معلوما ومجهولا، فطلبه
لا يكون طلبا للمجهول المطلق ولا طلبا للحاصل.

فقوله، [الشارح العلامة]: «وإنّما يكون كذلك لو لم يقترن به
الوجه المعلوم». ^{٤٥١}

[فأقول]: أن أراد بـ «الاقتران» ما فى حدود القياس واجزاء
التعريف؛ فلا يمكن ذلك إلاّ بين المعلومين دون المجهول والمعلوم، فلا

---

^{٤٤٩} شرح شيرازى: ١٦١.

^{٤٥٠} ك: م: ن: شرح شيرازى: ح؛ وهو مخفف حينئذ.

^{٤٥١} شرح شيرازى: ١٦١.

يمكن أن يقال أن الوجه المجهول، بما هو مجهول، مقترن بالوجه المعلوم. وهل هذا إلاّ كالاقتران بين الموجود والمعدوم؟ وإن أراد به أن الوجه المجهول من شأنه أن يقترن به الوجه المعلوم أى بعد حصوله ومعلوميته، فذلك غير مفيد . وإن أراد به معنى آخر، فلا بدّ من تصوّره حتّى يعلم صدقه أو كذبه . والمثال الذى ذكر فى هذا المقام لا يدفع الاشكال، كما لا يخفى ولضعف هذا الجواب عدل إلى غيره .

قول [الشارح العلامة]، رحمه الله: «ولا نحو الوجه المعلوم وإنّما يتوجّه نحو الذات [الّتى صدّق عليها الوجهان]، اه». [٤٥٢]

[أقول]: تلك الذات التى صدّق عليها الوجهان، إن كانت مطلوبيتها من حيث كونها مأخوذة كذلك، أى بأنّها يصدق عليها الوجهان، فهى معلومة بهذا الوجه وهو جهة معلوميتها فلم يصحّ قوله «ولا نحو الوجه المعلوم». وإن كانت مطلوبيتها من حيث ذاتها التى ليست هى من تلك الحيثيّة مجهولة ولا معلومة بوجه من الوجوه، ولو بعنوان المجهولية فذلك ممتنع. فأن ذاتا ما من الذوات ليست من حيث هى هى مطلوبة ولا مقصودة، كما ليست مجهولة ولا معلومة من تلك الحيثية. فالأولى أن يتمسّك بما ذكرنا، وهو أن الطلب يتوجه نحو الذات المعلومة الحاصلة بوجه لأجل معلوميتها وتحصيلها بوجه

[٤٥٢] شرح شيرازى: ١٦١.

آخر. وتحقيق ذلك[٤٥٣] مما يبتنى على تجويز أن يكون لذات واحدة انحاء
من الوجود بعضها قوى من بعض، وكذلك فى الحصول العلمى انحاء
بعضها جلى من بعض من غير أن يصير تلك الذات متكثّرة بها.

**قـولـه، قـدّس سـرّه: «إلاّ أن يحـصـل عنده بضـرب من التواتر،
اى».[٤٥٤]**

[أقول]: حاصل كلام المصنّف، كما فسّره الشارح، أن العلم
باختصاص الذات المجهولة بصفة لا يمكن إلاّ أن يحصل بالتواتر، كما
فى المحسوسات. أنت تعلم أن هذا على تقدير صحته إنّما يجرى فى
الذوات الشخصية التى لايمكن العلم به إلاّ من طريق الاحساس، أو ما

---

[٤٥٣] م: - ذلك؛ شرح شيرازى: ١٦١ : + ذلك؛ ك: + ذلك

[٤٥٤] شرح شيرازى: ١٦٢؛ حكمة الاشراق: ٤٦؛ شرح شهرزورى: ١٥٤ : ١٦. متن
حكمة الاشراق: (٤٦) ومما اشتهر من المغالطات قول القائل «ان مجهولك إذا حصل فبم
تعرف أنّه مطلوبك؟» فلا بدّ من بقاء الجهل او وجود العلم به قبله حتّى يعرف أنّه هو.
وهذا أيضا لزم من اهمال الوجود والحيثيات. فان المطلوب ان كان من جميع الوجوه
مجهولا، لم يُطلب. وكذا ان كان معلوما من جميع الوجوه، بل هو معلوم من وجه مجهول
من وجه متخصص بما علمناه. وبهذا إنّما هو فى القضايا والتصديقات، فانا إذا طلبنا
التصديق فى قولنا «العالم هل هو ممكن؟» لم نطلب إلاّ حكما متخصصا بهذه التصورات،
فحسب. أمّا من سمع اسم الشئ فحسب وطلب مفهومه، فقيل له ان هذا وُضع بازاء معنى
كذا، لا يحصل له العلم بمجرّد السماع ان مطلوبه هو. وكذا من تصوّر الشئ بلازم واحد،
ولم يشاهده، فقد شكّ فى بعض الصفات، وان شرح له شارح، فإذا تيقن الإنسان وجود
طير يقال له «قُقنُس» ولم يشاهده فطلب خصوصه، وهو لا يعلم إلاّ جهة عمومه فيه
كالطيرية، مثلا، لم يمكن لاحد ان يعرف بحيث يعلم ان الصفات التى ذكرها الشارح هى
لمطلوبه وان ذلك مطلوبه، إلاّ ان يحصل عنده بضرب من التواتر ان اشخاص الطائر
المسمّى بقُقنُس له صفات كذا وكذا.

ينتمى إليه من التواتر وغيره . والمطالب الكسبية ليست منحصرة فى استعلام الشخصيات، بل من علم عنوانا كلّيا لذات كلّية مجهولة، فيمكن له أن يستعلم بوسيلة ذلك العنوان صفة أُخرى له مختصة، أو غير مختصة، علما كلّيا لا علما جزئيا؛ كمن علم أوّلا مفهوم الكاتب على الوجه الذى جاز صدقه على كثيرين، ثمّ حكى على افراد المحققة أو المقدرة بأنّه كذا وكذا. فقد حصل له علم آخر[٤٥٥] بصفة أُخرى أو صفات اُخَر لافراد الكاتب على الوجه الكلّى من غير أن يعرف شخصا لاشخاص الكاتب بخصوصه إلاّ من طريق الاحساس، إذ التواتر وهذا القدر كاف فى هذا المرام. ولا بدّ على أحد أنّه يمكن معرفة كلّ حقيقة مخصوصة لها صفات مخصوصة بالنظر والدليل، بل ربّ حقيقة مخصوصة لها صفات مخصوصة لم تقع هى ولا صفة من صفاتها فى طريق الفكر وحدود النظر، كالطير المذكور المسمّى «بالبيضائى» فى لغة العرب، و« ققنس » فى لغة اليونانية؛ وهو طائر ابيض يضرب المثل فى البياض كما يضرب بـ « الغراب » المثل فى السواد؛ وله منقار فى غاية الطول، وفيه ثقب كثيرة يخرج منها اصوات عجيبة وهوحسن الالحان . وأمّا قصّته عجيبة، فهى أنّه يعيش ألف سنة ثمّ يلهمه الله تعالى بأنّه يموت فيجمع الحطب حواليه فيضرب بجناحيه على الحطب إلى أن يخرج منها النار فيشتعل الحطب فيحرق هو، فيخلق الله تعالى من رماده بعد مدّة مديدة مثله؛ و قد نظم [فريد الدين] العطّار، رحمه

_____

الله، هذه القصة فى كتابه المعروف بـ « منطق الطير » . [٤٥٦]

[قاعدة : فى المقوّمات الشئ] [٤٥٧]

قوله، قدّس سرّه : «لا يجوز أن يكون للشىء مقوّمات مختلفة، [٤٥٨]
الا» .

[أقول] : فإن قلت : كلّ واحد من فصول الحيوان مثلا، كالناطق، والصاهل، وغيرهما، مقوّم لحقيقة الجنسية تقويم الفصل للجنس، وإن لم يكن مقوّما لها تقويم الفصل للنوع المركّب منهما قلنا تقويم الفصول للجنس ليس تقويما إيّاه بحسب ماهيته ومعناه، لأنّ معناه متقرر فى حدّ نفسه مع قطع النظر عنها، لأنّها خارجة المعانى عن معنى الجنس سواء أخذ لا بشرط شىء اوبشرط لا شىء، بل الجنس بما هو

---

[٤٥٦] ن : – فى لغة العرب . . . منطق الطير؛ ك : م : شرح شيرازى : + فى لغة العرب . . . منطق الطير

[٤٥٧] شرح شيرازى : ١٦٢؛ حكمة الاشراق : ٤٧؛ شرح شهرزورى : ١٥٦ : ١٩ به بعد

[٤٥٨] شرح شيرازى:١٦٢؛ حكمة الاشراق : ٤٧؛ شرح شهرزورى : ١٥٦ : ٢٠. متن حكمة الاشراق : (٤٧) لا يجوز ان يكون للشئ مقوّمات لوجوده مختلفة على سبيل البدل ولا يتصوّر ان يكون لماهيته مقوّمات مختلفة على سبيل البدل، إذ تختلف الماهية بكلّ واحد منها يجوز ان يكون للشئ مقوّمات مختلفة لوجوده على سبيل البدل. فمن أراد إثبات تجويز البدل لمقوّم، فليبين أنّه ليس مقوّما للماهية أوّلا ويحتاط حتى لا تكون العلّة ما يعمّ المأخوذات عللا مختلفة، فيستقل الأمر العام بالعلية دونها، ولا يتمشى دعوى التعدّد .

جنس، يفتقر إلى فصل من الفصول فى وجوده وتحصّله العينى، أو الذهنى. فالجنس بما هو جنس، معنى لا وجود له فى الخارج، ولا يحصل[٤٥٩] فى الذهن، إلّا بانضمام أحد الفصول المقسمة إليه.

قـوله، قـدّس سـرّه: «ولكن يجـوز أن يكون للشىء مـقـوّمـات مختلفة [لوجوده على سبيل البدل]»[٤٦٠].

[أقول]: هذا مما يدلّ على أن للوجود هوية فى الاعيان غير الماهية، ولو كان أمرا عقليا انتزاعيا محضا، كسائر الأمور النسبية[٤٦١] المنتزعة عن نفس الماهيات، لكان حاجته إلى المقوّم تابعة لحاجة الماهية إليه فيتعدّد بتعدّدها ويتوحد بتوحدها.

قـوله، قـدّس سـرّه: «ونحـتـاط حـتّى لا تكون العلّة مـا يعمّ المأخوذات عللا [مختلفة]، ١ه»[٤٦٢].

[أقول]: الحقّ الذى لا محيض عنه أن الواحد العددى الوجودى[٤٦٣] لا يجوز توارد العلل المستقلّة، أو غير المستقلّة عليه. إذ وجود العلّة بخصوصها مقوّم لوجود المعلول بخصوصه فتعدّدها يوجب تعدّده

---

٤٥٩ م: تحصيل له

٤٦٠ شرح شيرازى: ١٦٢؛ حكمة الاشراق: ٤٧؛ شرح شهرزورى: ١٥٧:٢ – ٣

٤٦١ م: السببية

٤٦٢ شرح شيرازى: ١٦٣؛ حكمة الاشراق: ٤٧؛ شرح شهرزورى: ١٥٧:٤

٤٦٣ م: والوجودى

ووحدتها يوجب وحدته. اللّهم إلّا أن يكون ذلك الواحد ذا شئون كثيرة واطوار متعدّدة، وكذا الكلام فى الواحد النوعى بالقياس إلى العلل المتخالفة بالنوع، وإلّا لكان المعلول أقوى تحصّلا من علّته وسواء فى ذلك التبادل الابتدائى وعلى التعاقب. أليس[٤٦٤] إذا فرض استناد طبيعة واحدة إلى طبيعتين، فأمّا أن يكون لخصوصية أحديهما مدخل فى حصول المعلول فيمتنع أن يحصل بالأخرى ضرورة، وإن لم يمكن كذلك فعادت العلّية إلى الطباع المشترك، وهو أمر واحد متفق. فمهما اختلفت العلل فى ظاهرالأمر كانت العلّية بالحقيقة هى الطباع المشترك وتكون الخصوصيات ملغات فى العلّية ويكون جعلها علّة مغالطة من باب أخذ ما بالعرض مكان ما بالذات. ولذلك وصى الشيخ، قدّس سرّه، بالاحتياط فيه. وأمّا إذا كان المعلول طبيعة جنسية ذات وحدة مبهمة، فيجوز أن يتقوّم بعلل متخالفة الحقائق، كالجنس، بالقياس إلى الفصول المستقيمة إيّاه انواعا، والمقوّمة لمعناه وجودا. وكذا حكم الهيولى المشتركة الشخصية، وذلك لضعف تشخصّها وقصور وحدتها الشخصية وابهام وجودها الناقص المفتقر إلى أى تحصيل وجودى كان، ولكونها قوّة محضة ينفعل بكل هيئة وصورة كما ستعلم فيجوز أن يستند تقوّمات مختلفة الحقيقة، كالجنس. والفرق بين الهيولى والجنس أن الجنس، بما هو جنس، له وحدة معنوية هى تصير عين

---

[٤٦٤] رك: ابو نصر الفارابى «كتاب الحروف»، تصحيح محسن مهدى، بيروت: دارالمشرق، ١٩٧٠: «حرف «أليس» ويقرنه بالذى يلتمس تسلّمه، إلى آخره»، ص ٢٠٢.

المعاني المختلفة عند اعتبار انضياف الفصول إليه، وإذا جردت طبيعتها عن القيود الفصلية، فهى ذات وحدة وجودية ذهنية قابلة للصور العقلية المكملة إيّاها. وأمّا الهيولى فهى المادّة الخارجية ونسبتها إلى الصور الخارجية كنسبة طبيعة الجنس المأخوذ بالمعنى المذكور إلى الصور الذهنية. وبالجملة فوحدة الهيولى وحدة شخصية ناقصة يساوق الوحدة الذهنية الجنسية. فكلّ من الجنس والمادّة يصلح لأنّ يتقوّم بحسب المعنى اوالوجود بمقوّمات مختلفة، وذلك لصيرورة كلّ منهما عين كلّ واحدة من علله المقوّمة إيّاه، ومن منع أن يكون المعنى واحد جنسى أوعرض عام علل كثيرة ولو ناقصة إلاّ إذا اشتملت على طبيعة مشتركة أو جهة جامعة هى ملاك العلّة عنده دون الخصوصيات إلاّ بالعرض، حتّى فى اللازم الواحد بالنسبة إلى الملزومات فقد تركّب شططا، أليس مفهوم العرض مستندا إلى المقولات التسع العرضية، والزوجية مستندا إلى مراتب الشفع العددية، كالاربعة والستة، وغيرهما؛ وهى متخالفة الانواع عندهم. ومفهوم الشيئية والإمكان وما يجرى مجراهما مستندة إلى الماهيات المتخالفة. والاعتذار عن بعض هذه النقوص بأنّها عدمية، كالإمكان وعن بعضها بأنّها حقائق متخالفة، كالزوجية غير مفيد. أمّا الأوّل، فلأنّ العدمى من حيث اعتباره وصدقه كالوجودى فى الافتقار إلى السبب. وأمّا الثانى، فلأنّ مثل الزوجية وإن فُرضت أنّها حقيقة مختلفة فلا شبهة فى أن لها معنى مشترك واحد لازم. فلا محالة ذلك المعنى اللازم مستند إلى تلك

الحقائق، ومن ادّعى أن اطلاق الزوج على زوجية الاربعة وزوجية الستة بمجرّد الاشتراك اللفظى، فقد خرج عن الانصاف. وكذا من اعتذر منهم فى اشتراك طبيعة الجنس بين فصول متخالفة الحقيقة مقوّمة للجنس بأن تلك الفصول لعلها تشترك فى قدر جامع هو ملاك السببية يرد عليه أن القدر الجامع إن كان جنسا لها، فالكلام راجع إلى فصولها، إذ هى خارجة عن طبيعة جنسها وملزومه لها لا محالة. وكلّ ملزوم فهو علّة للازمه فيكون للازم واحد علل كثيرة، وكذا الكلام فى فصول الفصول إذا كانت هذه الفصول مشتملة على جنس آخر حتّى يلزم. أمّا التسلسل أو الدور، أو الانتهاء إلى ما قصدنا؛ والأوّلان محالان فتعيّن الثالث. وإن كان القدر الجامع عرضا لازما أو مفارقا، فالكلام فى اسباب عروضه التى هى تلك الفصول قائم. لا يقال لعلّ القدر الجامع هو معروض لها أو علّة مشتركة لها وعلّة للجنس أيضا بوجه من الوجوه. لأنّا نقول لو كان الجامع علّة للفصول، ولم يكون بتوسطها علّة للجنس، فلا فائدة فى فرضه وإن كان هو علّة للجنس بتوسط الفصول فهى علل متخالفة أيضا لأمر واحد، وإن كانت غير مستقلّة ولا ندّعى فى هذا المقام أزيد من هذا.

ولك أن تقول أنّك قد منعت من كون طبيعة واحدة نوعية مستندة إلى طبائع متخالفة نوعا، وهاهنا قد جوزت أن يكون للمعنى الواحد الجنسى أو العرض العامى عللا متخالفة كذلك. والجنس إذا أخذت طبيعتها من حيث هى مجردة عن غيرها، فهو نوع واحد. وكذا الكلّى

الذى هو العرض العام بالقياس إلى الانواع المختلفة المندرجة تحته قد يكون نوعا حقيقيا بالقياس إلى افراده الذاتية فما وجه التوفيق؟ فنقول أمّا طبيعة الجنس فباعتبارها جنسا قد علمت أنّه غيراعتبارها نوعا فلعل حاجتها إلى الفصول المتخالفة من حيث اعتبارها جنسا، لا من حيث اعتبارها نوعا أو مادّة عقلية. لأنّها من حيث وجودها النوعى المتفق الاعداد يكفيها بما هى واحدة نوعا علّة واحدة نوعا، وبما هى متعدّدة شخصا علل كثيرة كذلك. وأمّا العرض العام إذا كان نوعا فعلل حاجته فى وجوده النوعى إلى المعروضات الكثير[ة] المتخالفة إنّما هى من جهة كثرته العددى إلى اشخاصها الوجودية لامن جهة وحدتة نوعا إلى معانيها النوعية، مثلا العرضية لها مفهوم واحد تعرض لحقائق الاعراض من جهة وجوداتها المتخالفة عددا لا من جهة ماهياتها المتخالفة نوعا وجنسا.

قوله، قدّس سرّه: «ولا يتمشّى دعوى التعدّد، اه».[٤٦٥]

[أقول]: قد تعلّمت أن الشىء إذا كانت له تحصّلات مختلفة نوعا، كالجنس بماهو جنس، يجوز أن يكون مقوّم[٤٦٦] وجوده التحصّلى أمور متعدّدة نوعا، كالفصول المختلفة ويمكن دعوى التعدّد فى العلّة المقتضية له انوعا. إذ لو كانت علّة تحصّلها انواعا هى القدر المشترك

---

[٤٦٥] شرح شيرازى: ١٦٤؛ حكمة الاشراق: ٤٧؛ شرح شهرزورى: ١٥٧:٥.

[٤٦٦] م: مفهوم

الجنسى الذى بينها لكان المعلول أقوى تحصّلا من العلّة، بل للمعنى
الجنسى لاقتضاء له فى ذاته أصلا لكونه أمرا بالقوى غير تام الحصول،
ولو كانت العلّة لها أمرا متفقا نوعيا فكيف يجوز أن يكون واحد متفق
بجهته واحدة موجبا لانواع متخالفة من غير مناسبة. وكذا الكلام فى
«الهيولى المشتركة» باعتبار تنوعاتها المختلفة، كالماء والهواء والحيوان
والنبات، فلكلّى تحصّل نوعى لها علّة أُخرى هى صورة نوعية. وأمّا
كون الصور من حيث، هى الصورة علة لوجودها، كما جوزه الشارح
ففيه أن هذا المعنى أمر عقلى اعتبارى لا يصلح علّة للهيولى المتحصّلة.
بل لو أمكن ذلك لصلح أن يكون علّة لها باعتبار جهة وحدة واشتراك
فيها، والهيولى بتلك الجهة لاوجود لها فى الخارج، لأنّها « اعتبار
ذهنى» فيكون سببيتة القدر المشترك من الصور للهيولى من جهة
وحدتها المبهمة فى الطرف التحليلى من الذهن. فإن قلت: المادّة من
الأجزاء الخارجية للمركّب، وما ذكرته يوجب كونها من الأجزاء
العقلية، كالجنس، وإلّا فما الفرق بين المادّة والجنس؟ قلتُ: معنى
التركيب الخارجى بين المادّة والصورة ليس أن كلا منهما موجود بوجود
مغاير للآخر، وإلّا لم يحصل منهما واحد طبيعى، بل معنى ذلك كون
الشىء بحيث يصدق له معنيان: هو باحدهما بالقوّة، وبالآخر بالفعل.
ثمّ يمكن أن ينقلب صورته إلى صورة أُخرى، كالماء إذا صار هواء. فأن
الماء من حيث جسميته ماء بالقوّة غير تام الحقيقة، ومن حيث صورته
ماء بالفعل. فإذا انفسخت صورته المائية فلم يبق هو من حيث كونه

لكنه بقى من حيث جسما. ولا يمكن مثل هذا فى الجنس والفصل،
بما هو جنس، وفصل ولهذا المطلب زيادة شرح ليس ههنا موضع بيانه .

[قاعدة : فى القاعدة الكلّية][٤٦٧]

قـوله، قـدّس سـرّه : «واعلم أن القـاعـدة الكلّيـة لوجوب شىء على
شىء، ٥١».[٤٦٨]

[أقول] : مرجع هذه القاعدة إلى «قضية موجبة كلّية ضرورية»
وحقّية الموجبة الكلّية ينتقض بسبب محمولها عن بعض افراد
موضوعها، وهو معنى السالبة الجزئية التى تلازم نقيض الموجبة الكلّية

---

[٤٦٧] شرح شيرازى : ١٦٣؛ حكمة الاشراق : ٤٨؛ شرح شهرزورى : ١٥٨ : ٣ به بعد

[٤٦٨] شرح شيرازى : ١٦٣؛ حكمة الاشراق : ٤٨؛ شرح شهرزورى : ١٥٨ : ٤ . متن
حكمة الاشراق : (٤٨) واعلم ان القاعدة الكلّية لوجوب شىء على شىء يبطلها عدم ذلك
الشىء فى جزء واحد والقاعدة الكلّية لامتناع شىء على شىء يبطلها وجود ذلك الشىء فى
جزء واحد، كمن حكم ان « كلّ ج بالضرورة ب » فوجد ج واحدا ليس ب تنتقض به
القاعدة الكلّية. وكذا من حكم «انّه ممتنع ان يكون كلّ ج ب» فوجد ج هو ب، فتنتقض
قاعدته. ومن حكم «انّ كلّ ج ب بالإمكان» لا يبطل هذه القاعدة وجود او عدم. ومن
ادّعى إمكان شىء كلّى على كلّى آخر، مثل البائية على الجيم، كفاه ان يجد جزئيا واحدا
منه هو ب وجزئيا آخر ليس ب«ب»، فيعرف أنّه لا يمتنع على الطبيعة الجيمية الكلّية البائية،
والا ما اتصف من اشخاصها واحد بها، ولا يجب، والا ما تعرّى جزئى واحد منها والطبيعة
البسيطة إذا كان لها جنس ذهنى، كما سنذكره، يمكن على جنسها فى الذهن ان يكون
هى او قسيما لها أى متخصصا بفصل أحدهما كاللونية، فإنّها لطبيعتها ممكنة ان تكون
سوادا او بياضا. أى لا مانع لها فى الذهن عن تخصصها باحدهما، وفى الاعيان لا يتصوّر،
إذ لا لونية مستقلة فى الاعيان ليمكن لحوق خصوص بياضية وسوادية بها، كما سنذكره.
فيمكن على كلّى اللون ما لا يمكن على كلّ لون. [تتمه در پانوشت آتى . م .]

لأنّ نقيضها الصريح رفعها، أعنى رفع الايجاب الكلّى . وهو] الايجاب
الكلّى] والسلب الجزئى متلازمان إذ كلما تحقّق رفع الايجاب الكلّى لم
يكن المحمول ثابتا لجميع افراد الموضوع، فهو أمّا مسلوب عن الجميع، أو
مسلوب عن البعض؛ وثابت للبعض الآخر وعلى أى الوجهين مسلوب
عن البعض فى الجملة، وهو معنى السلب الجزئى . وكذلك كلما تحقّق
السلب الجزئى فلم يكن المحمول ثابتا للكلّى وهذا معنى رفع الايجاب
الكلّى .

قوله ، قدّس سرّه : ((والقاعدة الكلّية لامتناع شىء على شىء،
الخ)) . ٤٦٩ .

[أقول]: مرجع هذه القاعدة إلى ((قضية سالبة ضرورية)) وصدقها
ينتقض بايجاب محمولها لبعض افراد موضوعها . وهو معنى الموجبة
التى تلازم نقيض السالبة الكلّية لأنّ نقيضها الصريح رفعها . أعنى
سلب السلب الكلّى ، وهو والايجاب الجزئى متلازمان . إذ كلما تحقّق
سلب السلب الكلّى لم يكن المحمول مسلوبا عن جميع افراد الموضوع،
فهو أمّا ثابت للكل، أو ثابت للبعض . ومسلوب عن البعض الآخر
وعلى الوجهين ثابت للبعض فى الجملة، وهو معنى الايجاب الجزئى .

---

٤٦٩ شرح شيرازى: ١٦٤ ؛ حكمة الاشراق: ٤٨ ؛ شرح شهرزورى: ١٥٨ : ٥ . متن
حكمة الاشراق : والطبيعة النوعية، كالانسانية، يمكن على نوعها سائر ما يتخصص به
اشخاصها ويمكن على كلّ واحد واحد ايضا، مثل السواد والبياض والطول والقصر وان
امتنع، فإنّما يكون لأمر من خارج.

وكذلك كلما تحقّق الايجاب الجزئى فلم يكن المحمول مسلوبا عن الكلّ، وهذا معنى سلب السلب الكلّى . وأمّا الجهات كالضرورة أو الامتناع، فهى قيود مخصصة للقضايا والاحكام، سيّما على «قاعدة الإشراق» وانتقاض الأعمّ يستلزم انتقاض الأخصّ ضرورة، فإذا انتقض اصل القاعدة بشىء، فانتقاض ما هو أخص منه، كالضرورى أو الممتنع منه بذلك الشىء يكون اولى . وأمّا الإمكان الخاص فلكونه موجبة وسالبة فى حكم واحد فلا يتصوّر فيه انتقاض ويكفى فى إثبات دعوى ايجابه الكلّى أو سلبه، اوسلبه الكلّى ثبوت المحمول لفرد من الموضوع، وسلبه عن فرد آخر منه ليظهر أنّ المحمول غير ضرورى للجميع ولا ممتنع على الجميع بمعنى الكلّ الافرادى، كما هو شأن المحصورات، كما مرّ .

قوله ، قدّس سرّه : «كاللونية فأنّها لطبيعتها ممكنة أن تكون سوادا وبياضا، اه» . [470]

[أقول]: أى ممكن أن يلحقها فصل السواد وفصل البياض؛ أعنى قابضية البصر ومعرفته، واللونية ليست جنسا لهما، بل مادّة أو موضوعه لهما . فإن قلت: إذا كانت اللونية متفقة فى السواد والبياض، فلا تضاد لهما من قبل الجنس . فإن كان تضاد بينهما فمن قبل الفصل فالمتضادان بالذات هما الفصلان؛ ومن شرط التضاد الاشتراك فى الجنس القريب؛ والفصلان لا يشتركان فى الجنس القريب لأنّه خارج عنهما،

والجنس ذاتى[٤٧١] لما هو جنس له، وأيضا مما يتعاقبان على موضوع واحد، فهما عرضان مستقلان لا فصلا عرضيين. قلت: لا ينحل هذا الشكّ بما يشير إليه.

قوله، [قدّ سرّه]: «وفى الاعيان لا يتصور، [الى]»[٤٧٢]

[أقول]: إذ لا لونية مستقلّة فى الاعيان، يعنى أنّ جنس السواد وفصله متحدان جعلا ووجودا، ليس لجنسه جعل ولفصله جعل آخر، فغاية الخلاف الثابتة بين فصله وفصل البياض ثابتة بينهما أيضا بالذات وهما مشتركان فى الجنس القريب. والفصلان ليسا عرضين مستقلّين فى الوجود منحازين عن اللونية، بل إنّما يفصل الذهن كلا من السواد والبياض إلى جزئين مشترك ومختص، ويجرّد اللونية عن الفصلين فيصير موضوعة لكلّ منهما.

قوله، قدّس سرّه: «والطبيعة النوعية كالانسانية يمكن على نوعها، الى».[٤٧٣]

[أقول]: الفرق بين الطبيعة الجنسية والطبيعة النوعية أنّ: الأوّل: يمكن لكليهما بحسب الوجود الذهنى[٤٧٤] ما يمكن على فرد منها؛

---

[٤٧١] م: الذاتى

[٤٧٢] شرح شيرازى: ١٦٥؛ حكمة الاشراق: ٤٨؛ شرح شهرزورى: ١٥٨: ١٦

[٤٧٣] شرح شيرازى: ١٦٥؛ حكمة الاشراق: ٤٨؛ شرح شهرزورى: ١٥٨:١٨-١٩

[٤٧٤] ن: وجود الذهن

والثانية: يمكن لها بحسب الواقع ما يمكن فرد منها من حيث ماهية ونوعه ما امكنت على سائر الافراد، وليس أنّه يمكن على كلّ شخص من حيث شخصيته كلّ ما تشخّصت به سائر الافراد، كما توهّمه عبارة الشارح المحقّق، وهى قوله «لكن باينة فى إمكان تخصّص كلّ شخص من اشخاصه بسائر[٤٧٥] ما تشخّص به»[٤٧٦] غيره، فأن تشخّص كلّ واحد من الاشخاص إنّما تكون بنحو من الوجود نسبته إلى الشخص كنسبة الفصل إلى النوع؛ وقد بان أنّ تبدّل مقوّم الحقيقة غير جائز وعبارة المصنّف حيث قال «ما يتخصّص به اشخاصها»،[٤٧٧] ولم يقل ما يتشخّص به أشدّ وأُولى، إذ يمكن لكلّ هوية شخصية سائر ما يوصف به هويات شخصية لنوعه من اللواحق العرضية.

[قاعدة واعتذار][٤٧٨]

قوله، قدّس سرّه: «وليس التصديق هو نفس النسبة الايجابية،

[٤٧٥] ك؛ شرح شيرازى: متن: بغير؛ شرح شيرازى: حاشية: بسائره

[٤٧٦] شرح شيرازى: ١٦٥

[٤٧٧] شرح شيرازى: ١٦٥؛ حكمة الاشراق: ٤٨؛ شرح شهرزورى: ١٥٨: ١٩

[٤٧٨] شرح شيرازى: ١٦٦؛ حكمة الاشراق: ٤٩؛ شرح شهرزورى: ١٦٠: ١٥ به بعد

٤٧٩. «٥١»

[أقول] قد علمت أن التصديق مطلقا عبارة عن حاله، ووجودية إدراكية للنفس متعلّقة بنسبة ذهنية سواء تطابق نسبة خارجية، أو لا تطابق؛ والتصديق السلبى ليشارك الايجابى فى كونهما جميعا حالة نفسانية إلّا أنّ مطابق هذا التصديق إن كان صادقا عدم الموضوع أو عدم نسبة له. فان أريد بالسلب نفس التصديق، فلا شكّ أنّه حكم وجودى؛ وإن أريد به مطابقة، فهو عدم، أو عدمى، إذ يكفى فى حكمها أن «ليس زيد بموجود» أو «ليس بكاتب» عدم زيد أو عدم نسبة الكتابة إليه. فمَن قال أن السلب حكم عقلى لا بدّ له من ثبوت أراد به المعنى الأوّل؛ ومَن قال أنّه رفع النسبة [أ]و قطعها، فليس بثابت، أراد به المعنى الثانى.

قوله، قدّس سرّه: «فالمطلق العام فى المحيطة لا يطّرد إلّا فى الضروريات، ٥١». ٤٨٠.

---

٤٧٩. شرح شيرازى: ١٦٦؛ حكمة الاشراق: ٤٩؛ شرح شهرزورى: ١٦٠: ٢١. متن حكمة الاشراق: (٤٩) إنّما اقتصرنا فى هذا الكتاب على هذا القدر اعتمادا على الكتب المصنّفة فى هذا العلم، الّذى هو المنطق، واكثرنا فى المغالطات لتدرب الباحث بها فان الباحث يجد الغلط فى حجج طوائف الناس وفرقهم أكثر مما يجد الصحيح. فلا يكون انتفاعه فى التنبيه على مواقع الغلط أقلّ من انتفاعه بمعرفة ضوابط ما هو حق. [تتمه در پانوشت آتى . م.]

٤٨٠. شرح شيرازى: ١٦٦؛ حكمة الاشراق: ٤٩؛ شرح شهرزورى: ١٦١: ٩. متن حكمة الاشراق: ولما كان السلب وجوديا من وجه مّا من حيث هو نفى فى الذهن وحكم عقلى وليس التصديق هو النسبة الايجابية التى يقطعها السلب فحسب، فان التصديق بعد

[أقول]: كلّ قضية أمّا خالية عن الجهات كلّها، فهى مطلقة عامة الاطلاق، وهى التى بيّن فيها حكم سلبى أو ايجابى من غير أن يفيد بشىء، ذاتية أو وضعية،[٤٨١] أو وقتية؛ وأمّا غير خالية عن الجهة، فهى يسمّى «موجّهة»، وهى التى بيّن فيها حكم مفيد بشىء، كضرورة ذاتى، أو وضعى،[٤٨٢] أو وجودى، أو دوام، أو لا ضرورة ذاتية، أو لا دوام ذاتى. فالاطلاق فى القضية يقابل التوجيه تقابل العدم والملكة، كما سبق. وعدّ «المطلقة العامة» من الموجّهات من قبيل عدّ السالبة من

ـــــــــــــــــــــــــــــــــ

السلب باق، فالنسبة التصديقية الباقية عند السلب غير النسبة الايجابية المشهورة. فالسلب هو حكم وجودى، أى له وجود فى الذهن، وان كان قاطعا لايجاب آخر. ثمّ وجدنا الامتناع مغنيا عن ذكر السلب الضرورى، والوجوب مغنيا عن ذكر السلب الممتنع، والإمكان ايجابه وسلبه سواء؛ وكانت التركيبات الممكنة غير محصورة، اقتصرنا على ذكر الموجب فى هذا المختصر إذ غرضنا فيه أمر آخر. ولما كان فى العلوم الحقيقية المطلوب أمراً يقينيا، وكان المطلق الّذى لم تذكر فيه جهة لم يتناول من الممكن ما لا يقع ابدا، فانّا لا نقول «كلّ ج ب مطلقا» إذ لم يقع بعضه ابدا، مثل قولنا «كلّ إنسان كاتب بالفعل». فالمطلق العام فى المحيطة لا يطّرد إلاّ فى الضروريات الستة المشهورة فى الكتب، ولكلّ واحد ضرورة بجهة مّا فتتعرض لها ولا فائدة فى المطلق والممكن العام أعمّ منه وأشدّ اطّرادا واطلاقا، فان المطلق العام يتعيّن وقوعه وقتا مّا، وهو مُشعر بضرورة مّا فى المحيطة دون الممكن العام. فإذا عرضنا أمراً عاما او جهة عامة فكفانا الإمكان العام، فلا حاجة بنا إلى الاطلاق المغلط ولما لم يطلب فى علم مّا حال بعض موضوعه بعضا غير معين إلاّ فى معرض نقض، حذفناه ذكر البعضيات المهملة. وكما ليس يحتاج الناظر فى كلّ مطلب من المطالب العلمية إلى ردّ السياق الثانى والثالث إلى الأوّل بعد ان عرف ضابطه فى موضع واحد، وكذلك لا يحتاج إلى ادراج السلوب وتعميم البعضيات فى جميع المواضع بعد ان عرف الضابط.

[٤٨١] شرح شيرازى: وصفية

[٤٨٢] ك؛ م؛ شرح شيرازى: وصفى

الحمليات، فهى يتناول القضايا الضرورية وغيرها ما سوى الممكنة، من حيث العموم لا من حيث الاعتبار؛ لأنّ اعتبار الاطلاق غير اعتبار التوجيه. وأمّا «الممكنة»، فهى يغايرها من حيث العموم والاعتبار جميعا، لما علمت أن المطلقة ما بيّن فيها حكم بالفعل، والممكنة ما لا حكم فيها إلّا بالقوّة. فلا يتناولها المطلقة لا تحقيقا ولا اعتبارا؛ فإذا تقرّر هذا ظهر لك ما فى كلام المصنّف. فأنّ إسقاط المطلقة وحذفها إن كان من جهة العموم للفعليات فكلّ قضية تعمّ غيرها ينبغى أن يحذف. فالممكنة أُولى بالحذف من المطلقة لصدقها فى مادّة لا تصدق المطلقة، وإن كان لأجل الوجود لا ينفكّ عن الضرورة بحسب الواقع بمعنى أنّ الشىء ما لم يجب لم يوجد. فالإمكان أيضا لا يخلو أحد طرفيه بل كلا طرفيه عن ضرورة ما بحس الواقع. فان ممكن الكتابة لذاته أمّا واجب الكتابة، وممتنع الكتابة، أو واجب اللاكتابة ممتنع الكتابة، بحسب الواقع. فلا إمكان مجرّدا عن الواجب أو الامتناع، وكلّ منهما ضرورة لجانب والتغاير بحسب الاعتبار إن كان ملحوظا فى الموجّهات فهو متحقّق فى الجميع، فكما أن اعتبار الإمكان غير اعتبار الضرورة والدوام وغيرهما، فاعتبار الاطلاق أيضا غير اعتبار التوجيه والتقييد. ثمّ أنّ القول بأن الاطلاق مشعر بالضرورة فى الكلّية دون الجزئية، كما نبه عليه مما لا وجه له ظاهر.

[قاعدة: فى هدم قاعدة المشائين فى العكس][٤٨٣]

قوله، قدّس سرّه: «واعلم أنّ المشائين يثبتون[٤٨٤] العكس بالافتراض والخلف، اه»[٤٨٥].

[أقول]: قد سبق أن الحجّة الموردة فى التعليم الأوّل[٤٨٦] كانت هكذا، إذا صدق «لا شىء من ج ب» فليصدق «لا شىء من ب ج» وإلّا لصدق نقيضها، وهو «بعض ب ج» فـ«بعض ج ب»، وقد كان «لاشىء من ج ب»، هذا خُلف. ولما ورد الاعتراض عليها بوجهين: أحدهما، أنّها مبنية على بيان انعكاس الموجبة الجزئية موجبة جزئية، وهو انّما يتبيّن فى موضعه بالانعكاس السالبة الكلّية، وذلك دُور. وثانيهما، بأنّها تثبت بالخلف الذى يبيّن بعد هذا عند ذكر القياسات

---

[٤٨٣] شرح شيرازى: ١٦٧؛ حكمة الاشراق: ٥٠؛ شرح شهرزورى: ١٦١: ٢٠.

[٤٨٤] شرح شيرازى: ثبتوا +وكثير من النسخ يثبتون

[٤٨٥] شرح شيرازى: ١٦٧؛ حكمة الاشراق: ٥٠؛ شرح شهرزورى: ١٦١: ٢١. متن حكمة الاشراق: (٥٠) واعلم ان المشائين ثبتوا العكس بالافتراض والخلف، والخلف ايضا فى العكس يبتنى على الافتراض. فنقول «إذا كان لا شئ من ب بالضرورة، فلا شئ من ب ج كذا» والا يصح «بعض ب ج» فنفرضه شيئا معينا وليكن هو «د». فـ«د» يكون هو «ب» وهو «ج» فـشئ مما يوصف بـ«ج» يوصف بـ«ب» وقـد قيل «لا شئ من ج ب بالضرورة». ثمّ الموجبة الكلّية والجزئية يثبتون عكسيهما بالافتراض وقد يثبتونهما بالخلف، والخلف يبتنى تارة أخرى على الافتراض. فان الخلف فيهما ابتناؤه على عكس السالبة، وفى السالبة لا بدّ من الافتراض على ما ذكرناه والافتراض بعينه هو الشكل الثالث إذ يطلبون شيئا يحمل عليه الجيمية والبائية مثلا. [تتمه در پانوشت آتى. م.]

[٤٨٦] م: المعلم الأول

الشرطية نقضوا عن الأوّل بالعدول عن بيانها بعكس إلى بيانها بالافتراض، واعتذروا عن الثانى بان الخلف قياس بيّن بنفسه. ثمّ توجه الاعتراض عليهم بأن الافتراض مبنى على قياس من الشكل الثالث. أجابوا بأنّه ليس كذلك لأنّ الحدود ليست بمتباينة ولا بعضها محمولا على بعض وحملها ليس على طريق الحمل الشائع، فالصورة ليست بقياس فضلا عن ان يكون من الشكل الثالث، بل فيه تصرف ما فى موضوع ومحمول بالفرض والتسمية. وتسمية الشىء باسمين لا يصيره شيئين، وكذا توصيف الشىء بصفة ليس قضية، بل تركيبا تقييديا. إذا القضية تستدعى تغاير الحدين والقياس يستدعى حدّاً آخر مغاير لهما. ٤٨٧

قوله، قدّس سرّه : «وقد يثبتونها بالخُلف، اى». ٤٨٨

[أقول]: أى يثبتون عكس الموجبة إلى الموجبة الجزئية بالخلف

٤٨٧ن:- والقياس يستدعى حدا آخر مغاير لهما

٤٨٨ شرح شيرازى: ١٦٨ ؛حكمة الاشراق: ٥٠ ؛ شرح شهرزورى: ١٦٢ : ٥ - ٦ .
متن حكمة الاشراق: ثمّ يثبتون الشكل الثالث بردّه إلى الأوّل بالعكس، فيدور البيان. ويلزم منه تبيين الشئ بما مبين به. ثمّ الخلف فى العكس استعماله غير مطبوع، فان الخلف من القياسات المركّبة. ومن لم يعرف القياسات واستنتاجها، إذ كفته سلامة القريحة فى معرفة صحّة قياسية فليقنع بذلك فى جميع المطالب العلمية، فلا يحتاج إلى تطويل فى قياس الخلف. ولست انكر انّ الإنسان ينتفع بالخلف ويعرف صحته، وان لم يعرف كونه مركّبا من قياسين، اقترانى واستثنائى، ولم يطّلع على تفاصيل احكامه. وانّ الخلف يعرف منه ويتبيّن به صحّة العكوس التى ذكروها، ولكن عن التطويل فى مثل هذه الاشياء استغناء. [تتمه در پانوشت آتى . م .]

المبتنى على انعكاس السالبة الكلّية سالبة كلّية وقد كان بيان انعكاسها بالخلف المبتنى على انعكاس الموجبة موجبة جزئية كما فى الحجة المنقولة عن المعلم الأوّل. فيكون البيان دوريا وقد علمت اندفاعه وبالجملة إذا اسقط الخلف عن أحد البيانين أعنى بيان انعكاس السالبة الكلّية وبيان انعكاس الموجبة أو عن كليهما وبين أحدهما أو كلاهما بالافتراض فقد اندفع هذا الايراد .

قوله ، قدّس سرّه : «ثم يثبتون الشكل الثالث بردّه إلى الأوّل بالعكس ، فيدور البيان» . [٤٨٩]

[أقول]: قد علمت مرارا أنّ الافتراض ليس صورة الشكل الثالث، فاندفع هذا الدور أيضا.

قوله ، قدّس سرّه : «ثمّ أنّ الخُلف غير كاف ، اه» . [٤٩٠]

[أقول] لا يخفى أنّ العادة جارية بأنّه إذا سمّى شىء باسم، أو يحدّ

---

[٤٨٩] شرح شيرازى : ١٦٩ ؛ حكمة الاشراق : ٥٠ ؛ شرح شهرزورى : ١٦٢ : ٥–١١ .

متن **حكمة الاشراق** : ثمّ انّ الخلف غير كاف فى انّ يتبيّن انّ هذا هو العكس لا غير، فان من ادّعى انّه «إذا كان لا شىء من ج ب بالضرورة»، فأنه ينعكس «بالضرورة ليس بعض ب ج»، والا «فكلّ ب ج»، فيفرض الموصوف بالجيمية من الباء أنّه دالّ على ما عرفته. فيلزم ان يكون « شىء من الجيم ب » وقد قلنا «بالضرورة لا شىء من ج ب»، هذا محال . فصحّة العكس هكذا بهذا البيان لا يدلّ على أنّه هو العكس . وإذا كان الخلف وحده غير كاف وامكن ان يتبيّن دونه صحة العكس، كما بيّنا، فلا يكون به بأس . وكذا بياننا للشكلين دون الحاجة إلى العكس والخلف .

[٤٩٠] شرح شيرازى : ١٦٩ ؛ حكمة الاشراق : ٥٠ ؛ شرح شهرزورى : ١٦٢ : ١٧ .
[بند ٥١ از متن حكمة الاشراق جزو تعليقات صدرالدين شيرازى نيست . م .]

بحدّ، أو يوصف بعنوان، فإنّما يقع له ذلك باعتبار معنى جامع هو ملاك الأمر، ويكون له ذلك بحسب أقلّ درجة من ذلك المعنى الجامع يوجد فيه ويستحق به لذلك الاسم أو الحدّ بشرط أن لا يعوزه شىء منه لا باعتبار ما يلزم من الأمر الأعم، أو يقترنه من الأمر الأخص، وعليه مبنى الاصطلاحات المنطقية، وغيرها كالهندسة والحساب وما يشبههما . فإذا اطلق، مثلا فى علم الحساب، المخرج المشترك لكسور، فإنّما يراد به أوّل عدد يصحّ منه تلك الكسور، ويكون كلّ منهما عادا له لا ما هو أزيد منه من ذلك أو أعمّ منه؛ وإن صدق عليه معنى كونه بحيث يصحّ منه الكسور، فإذا ادلّ الدليل على كون اعداد كثيرة بالصفة المذكورة فلا يحكم على شىء منها ما به مخرج مشترك بحسب الاصطلاح إلّا إذا ظهر أنّ لا عدد دونه بهذه الصفة، وكذا إذا قيل عدد ذلك كذا ضعف أو ثلثة امثال لهـذا العدد . فإنّما يراد به أوّل مراتب الضعف وأدنى ما وجد فيه الثلثة الامثال لا يوجد فيه ذلك المعنى وأزيد منه . فكذلك الكلام ههنا فى النقائض والعكوس؛ فعكس كلّ قضية أوّل ما يتحقّق فيه معنى العكس ولا يعوزه شىء من احكام العكس التى منها كون الاستلزام متكررا من الجانبين؛ فعكس «لا شىء من ج ب» يكون «لاشىء من ج ب» لا ما يلزمه من المعنى الأعم، كـ «ليس بعض ب ج» أو «ليس هذا الباء أو ذاك الباء بجيم» لأنّ منها لا يشتمل على تمام أوّل ما يتحقّق فيه معنى العكس بحسب الاصطلاح على وجه يقع فيه

الاكتفاء. فان قولنا ليس «بعض ب ج» لو كان عكس «اللاشيء من ج ب» مستلزما لها، كما أنّها تستلزمه، وليس كذلك هذا خُلف. فعلم أن عكس تلك القضية معنى أخص من السالبة الجزئية، ولما يوجد معنى يكون هو أخص من السالبة الكلّية ويتحقّق فيه كمال العكس حكموا بأنّها العكس لا غير.

قال الشارح المحقّق: «أى ممكن ليخرج عنه الواجب، الخ».[٤٩١]

[أقول]: لا حاجة إلى هذا القيد لإخراج الواجب لأنّ قوله، قدّس سرّه، «له وجود» يعنى أن هذا الدلالة على ما يكون وجوداً[٤٩٢] زائداً على ماهيته والواجب ليس كذلك.

[الفصل الثالث]

[فى بعض الحكومات فى نكت إشراقية والنظر فى بعض القواعد ليعرف فيها الحقّ ويجرى أيضا مجرى الامثلة لبعض المغالطات]

[ولنقدّم على ذلك مقدّمة يصطلح فيها على بعض الأشياء ليكون توطئة إلى المقصود]

[مقدّمة][٤٩٣]

---

[٤٩١] شرح شيرازى: ١٦٩.

[٤٩٢] م: وجوده.

[٤٩٣] شرح شيرازى: ١٧١؛ حكمة الاشراق: ٥٢ إلى ٥٦؛ شرح شهرزورى: ١٦٧.

قـولـه، قـدّس سـرّه: «فـأمّـا أن يكـون حـالاً فى غيـره شـائعـا [فيـه] بالكلّية، [ونسمّيه الهيئة، اﻫ]». ٤٩٤

[أقول]: هذا التعريف مع اشتماله على المشترك اللفظى فيه خلل آخر، وهو عدم شموله لاعراض المجردات والاعراض ما لا ينقسم من جهة ما لا ينقسم كالإضافات وغيرها. والاعتذار عن خروج القسم الثانى بأنّها أمور عدمية غير مجد، لأنّ مفهوماتها صادقة على الموجودات الخارجية، إذ كثير من الاشياء الخارجية مما يصدق عليها لذاتها حدّ المضاف، وهو كون الشىء بحيث إذا عُقل معه عَقل معه شىء آخر، وكلّ ما يصدق عليه حدّ شىء فهو من افراده الموجودة ولا معنى لوجود المفهوم فى الخارج إلاّ ذلك. وقد عرفت الحلول بتعريفات شىء ليس شىء منها خاليا عن الخلل والفساد أمّا طردا أو عكسا أو كليهما، كقولهم: الحلول هو اختصاص الناعت. وكقولهم هو اختصاص شىء بآخر بحيث يكون أحدهما نعتا والآخر منعوتا به، فانتقض عكسه بالسواد والبياض وغيرهما. إن كان النعت حملا بالمواطئة وطرده بالمكان

٣ به بعد

٤٩٤ شرح شيرازى: ١٧١؛ حكمة الاشراق: ٥٢؛ شرح شهرزورى: ١٦٧: ١٠-١١.
متن حكمة الاشراق: (٥٢) هى انّ كلّ شئ له وجود فى خارج الذهن، فأمّا أن يكون حالاً فى غيره شائعا فيه بالكلية ونسمّيه «الهيئة»؛ او ليس حالاً فى غيره على سبيل الشيوع بالكلية ونسمّيه «جوهرا»، ولا يحتاج فى تعريف الهيئة بالتقييد بقولنا «لا كجزء منه»، فان الجزء لا يشيع فى الكل. وأمّا اللونية والجوهرية وامثالهما ليست باجزاء على قاعدة الاشراق، على ما سنذكره. فلا يحتاج إلى التقييد به والاحتراز عنه؛ فمفهوم الجوهر والهيئة معنى عام.

والكوكب، بل المحل إن كان بالاشتقاق وربما تكلف بعضهم بأن المراد غير الاشتقاق الجعلى، وكقولهم: كون الشىء ساريا فى شىء بحيث يكون الإشارة إلى أحدهما أشارة إلى الآخر. فورد عليهم النقص باحوال المجردات فزادوا قيدا آخر، وهو قولهم تحقيقا أو تقدير[١]، فبقى النقض بالاطراف والاضافات وغيرها مما لا سراية فيه، وقد ذكرنا هذه المباحث فى [كتابنا] «شرح الهداية الأثيرية»[٤٩٥] مفصلة من أراد فليرجع إليه. والأولى فى تعريف الحلول ما ألهمنا به وتحدّسنا عناية من الله تعالى وهو كون الشىء بحيث يكون وجوده بعينه وجوده لشىء آخر بعد تمام ذلك الشىء الآخر. فلا يردّ عليه شىء من النقوض والايرادات طردا وعكسا لصدقه على الاعراض كلّها، وعلى الصورة أيضا بما هى متأخّرة عن موادها، وكذبه عن ساير انحاء الحصولات النسبية، كحصول الفصل للجنس بما هو جنس وكحصول كلّ منهما للنوع. وكلّ من المادّة والصورة للمركّب كما يظهر بالتأمل.

---

[٤٩٥] مفضل بن عمر اثير الدين ابهرى صاحب كتب و رسائل عديده اى است در فلسفه، منطق، نجوم، و رياضيات. اثر معروف وى «هداية الحكمة» بر مبناى ساختار كتب فلسفه مشائى در سه بخش است: منطق، طبيعى، الهى. بر اين كتاب شروح و حواشى متعددى نگاشته شده است، كه تماما در مقاله پر ارزش آقاى صمد موحد مذكوراند. رك: «اثير الدين ابهرى»، در «دائرة المعارف بزرگ اسلامى»، زير نظر كاظم موسوى بجنوردى (تهران، ١٣٧٣)، جلس ششم، صص: ٥٨٦ الى ٥٩٠. اهم شروح فلسفى نگارش ملا صدرا است، كه در متن «التعليقات» بدان اشاره شده؛ چاپ سنگى اين شرح موجود است.

قوله، قدّس سرّه: «ولا يحتاج فى تعريف الهيئة[496] إلى التقييد بقولنا لا كجزء منه».[497]

[أقول]: قد عرّفت المشاؤون «العرض» بقولهم: هو الموجود فى شىء غير متقوّم به، لا كجزء منه، ولا يصحّ قوامه دون ما هو فيه؛ فهذه قيود اربعة. فقولهم «فى شىء» أرادوا به الشىء الواحد لاستحالة وجود عرض واحد فى شيئين، أو ما زاد وأمّا العدد ومفهوم الكلّية، وغيرهما فالموضوع فى كلّ منهما من حيث كونه موضوعا له أمر واحد لا يشترط كونه واحدا، حقيقيا، أو واحدا من جميع الوجوه. فموضوع العشرة مجموع الوحدات لا كلّ واحدة، وإلّا لكانت العشر عشرات ومجموع الوحدات أمر واحد. فإن قلت: ننقل الكلام إلى كيفية عروض تلك الوحدة، وبيان موضوعها. قلتُ: لا يلزم أن يكون وحدة كلّ موضوع عرضا لاحقا به من خارج، حتّى يعود الكلام إلى وحدة موضوعة. بل ربّما يكون من مقوّمات وجوده سيّما على ما ذهبنا إليه من أن لكلّ موجود عينى وحدة هى عين وجوده الخاص به. والوجود ليس عرضا لما هو موجود به، بل الوجود لكلّ شىء هو صورة ذاته الموجودة به. وبذلك يخرج الجواب عن هذه الشبهة التى توقّف كثير من الفضلاء، مثل الامام الرازى وغيره فى دفعها. وربما توهّم أن قولهم

---

[496] ن: الماهية؛ ك؛ م؛ شرح شيرازى: الهيئة

[497] شرح شيرازى: ١٧١؛ حكمة الاشراق: ٥٢؛ شرح شهرزورى: ١٦٧:١٢-١٣.

فى شىء لإخراج وجود الكلّ فى الأجزاء، وهو فاسد . لأنّ كون الكلّ
فى الأجزاء قول مجازى لأنّ الكلّ إنّما هو موجود بحسب نفسه فى
نفسه لا فى الأجزاء . إذ لو كان لوجوده نسبة إلى الأجزاء فأمّا أن يكون
فى كلّ جزء جزء فيكون الكلّ كلّات لا كلّ واحد، والمفروض خلافه،
هذا خُلف . وأمّا أن يكون فى مجموع الأجزاء، وهو أيضا محال لأنّ
نفس المجموع لا أنّه فى المجموع، فلكلّ كلّ صورة تمامية فى اجزائه هى
نفس وجود اجزائه جميعا، لا أنّه شىء آخر موجود فى اجزائه كما ظنّ،
ولا أنّه موجود فى واحد واحد منها كما توهم. ومن ههنا يعلم أن
الصورة النوعية هى عين وجود المركّب الخارجى . وأنّ التركيب هى^{٤٩٨}
المادّة والصورة فيما له صورة فى الخارج اتّحادى . وأنّ العشرة مثلا،
صورتها عين الوحدات التى هى مادّتها . فعليك بالتثبت فى هذه
الأمور من غير تزلزل ولا تلعثم. وأمّا قولهم غير متقوّم به فاحتراز عن
وجود ما يحل فى المادّة وتقوّمها موجودة به، فلاجرم لا يكون عرضا
عندهم، بل صورة. اعلم أن صفات الأمور، كما حقّقه الشيخ الرئيس
فى « الشفاء»، تكون على اقسام؛ لأنّ الموصوف أمّا أن يكون قد
استقرّت له ذات متقوّمة بالفعل، ام لا يكون . فعلى الأوّل : أمّا أن يكون
الصفة التى توصف بها تلحقها خارجة عنه لحوق عارض أو لازم، أو
ليست يلحقه من خارج، بل هو جزء من قوامه . وعلى الثانى : أمّا أن
يكون الصفة ملحقّة ليتقرّر بها ذاته سواء كانت جزءا من ذاته أو ليست

---

^{٤٩٨} م: بين

جزء منها، أو لا يكون الصفة مما تقرّر ذاته بل لحوقها لازم أو عارض لما يقرره بالذات ويكون لحوقها بالتبعية مثال الأوّل وجود البياض للجسم، والضحك للانسان، ومثال الثانى وجود النفس للانسان، ومثال الثالث وجود الصورة الجرمية للجسم المطلق، ومثال الرابع وجود الصورة للهيولى، ومثال الخامس وجود البياض أو التحيز للهيولى. وأمّا وجود الفصل للنوع اوالجنس من حيث كون الفصل فصلا، والجنس جنسا فهو قول مجازى. لأنّ هذه الأمور إذا أخذت على الوجه المذكور يكون وجودها وجود أمر واحد ومقتضى النسبة سواء كانت بـ«فى» أو بـ«اللام الغرية» فذلك مما خرج بالقيد الأوّل. وأمّا إذا أخذ كلّ من الجنس والفصل أمرا متحصّلا بحسب مفهومه ومعناه فيكون نسبة الفصل إلى النوع بالدخول فى ماهية وحدّ معناه، وإلى الجنس بالدخول فى تقوّم وجوده دون معناه، فيكون خارجا عن مفهوم العرض بالقيد الثانى. وأمّا قولهم: لا كجزء منه فاحتراز عن وجود الجزء فى الكل، ووجود طبيعة الجنس فى طبيعة النوع الواحد من حيث هما طبيعتان، ومن وجود عمومية النوع فى عمومية الجنس من حيث٤٩٩ هما عامّان، ومن وجود كلّ من المادّة والصورة فى المركّب. فأنّ كلا من هذه الاشياء موجودة فى شىء هو جزء منه؛ ووجود العرض فى الموضوع ليس كذلك. وأمّا قولهم: لا يمكن قوامه دون ما هو فيه، فالمراد به استحالة وجود ذلك الشىء من حيث طبيعته إلّا فى محل ومن حيث شخصيتة

إلّا فى محل معين. ولهذا يقع الامتياز بين وجود العرض فى موضوعه ووجود الجسم فى مكانه ووجوده فى زمانه ووجود الشىء فى الغاية والغرض ككون النفس فى السعادة وكون المادّة فى الصورة، وذلك لجواز مفارقة هذه لاشياء عن ما ينسب إليها بـ « فى » بحسب الطبيعة فلو كان فى شىء منها امتناع مفارقة لأمر خارج عن ذاته وعن نحو وجوده الخاص به، كلزوم الكوكب فى فلكه، ولزوم المحوى من الفلك فى حاويه، فهو لا يقتضى عرضية. ثمّ عدم مفارقة الجسم عن خير مطلق وزمان مطلق، وعدم مفارقة الإنسان عن غاية مطلقة، وغرض مطلق، لا يوجب المنسوب إليه موضوعا وذلك لأنّ معنى عدم القوام للشىء دون ما هو فيه، كما مرّ. أن الشىء بطبيعته يقتضى محلا وبشخصيتة يقتضى محلا شخصيا. والأمور الكلّية لا وجود لها من حيث كلّيتها وعمومها، وما لا وجود له يستحيل أن يوجد فيه شىء آخر فى الخارج. فى كلامنا فى الوجود الخارجى فليس الجسم بحسب وجوده الشخصى مما يفتقر لذاته إلى مكان معين أو زمان كذلك، وكون كلّ جسم شخصى مفتقرا إلى زمان وقع فيه من حيث استيعاب ابعاضه وآناته جميعا، كما هو شأن العرض بالقياس إلى الموضوع محلُ نظر؛ وذلك لأنّ الجسم عند حصوله فى الآن لا يكون فى زمان. فأن قلت: لو صحّ وجود الجسم فى أن يلزم ارتفاع النقيضين لعدم اتصافه لا بالحركة ولا بالسكون؛ لأنّ كلا منهما زمانى. قلنا: يمكن الجواب عنه بوجهين: أحدهما؛ الجسم المتحرّك كالفلك مثلا متصف فى كلّ

آن بأنّه متحرك، وهو بحسب المفهوم أعمّ من أن يكون حركته فى نفس ذلك الآن، أو فى الزمان الذى هو طرفه. فقولنا «هذا الجسم متحرّك فى الآن» لا يستدعى كون حركته فى الان إذ يجوز أن «فى الآن» قيدا أو طرفا لاتصافه بالحركة لا لنفس الحركة، ولا أيضا يستدعى سكونه فى الآن؛ وذلك لأنّ معناه رفع الحركة عما من شأنه الحركة ورفع الحركة فى الآن إذا كان فى الآن قيدا للمرفوع لا يستلزم أن يكون الرفع فيه فلا يلزم منه كون السكون آنيا؛ لأنّ المقيّد أمّا برفع ذاته المقيدة أو برفع قيده، والأعمّ لا يوجب الأخص. فيجوز أن يتحصّل رفع الحركة فى الآن بوجود الحركة لا فى «الآن» بل فى «الزمان» الذى هو طرفه لصدقها رفع الحركة عليه. والثانى أن خلوّ الجسم عن الحركة والسكون وان كان مستحيلا بحسب نفس الأمر، لكن لاستحالة فى خلوّ منهما بحسب مرتبة من مراتب نفس الأمر، فكما أنّ زيد الموجود فى الأرض لا يكون متحركا ولا ساكنا فى السماء لكون الواقع أوسع منها، فكذلك الجسم المتحرّك فى الزمان ليس ساكنا ولا متحركا. فإن قلت: الاجرام الكوكبية لكونها ابداعية عندهم يمتنع عليها مفارقة أمكنتها الخاصة فيكون اعراضا؛ قلتُ: استحالة المفارقة عن الموضوع فى العرض لأجل أن وجوده وتشخصّه لذاته يستدعى الافتقار إلى الموضوع، ولهذا يكون الموضوع من مشخصات العرض بخلاف الاجرام الإبداعية. فأن وجودها قد تم بذاتها وبأمور مقررة فى ذاتها لا بحصولها فى احيازها الطبيعية، لأنّ ذلك بعد تقررها. فإن قلت: التعريف منقوض بمواد الاجرام الفلكية

فأنّها موجودة فى صورها وصورها متحصّلة القوام، وليست أيضا جزء منها ولا يصحّ قوامها دون ما هو فيه من الصور. قلتُ: قد يقتضى بعض الفضلاء بقوله «لا نسلّم» أن المادّة يصحّ أن يقال فى الصورة؛ لأنّ ذكرنا أنّ معنى فى هو أن يكون ناعتا للمحل، والمادّة لا تنعت الصورة، وما ذكره فى غاية السخافة والوهن كما لا يخفى. فالحقّ أنّ الهيولى أمر مبهم الوجود إنّما يتحصّل وجودها بالصورة بمعنى أنّ الصورة وجودها بنفسها نحو وجود الهيولى بخلاف العرض، لأنّ له وجودا تابعا لوجود موضوعه لا أن وجوده وجود موضوعه. وبالجملة معنى العرض هو الموجود فى شىء متقوّم بنفسه، ومعنى الهيولى هو الموجود بشىء متقوّم بنفسه وبين المعنيين فرقان. إلّا أنّ بينهما مشاركة فى خسة الوجود ودنوّ المرتبة، ولكلّ منهما فضلية على الآخر ودنائة بيّناها فى [كتابنا] «الاسفار الاربعة».

قوله، قدّس سرّه: «وأمّا اللونية والجوهرية [وامثالهما] فليست بأجزاء [على قاعدة الإشراق]، اه». ٥٠٠

[أقول]: قيّد الشارح الأجزاء بالخارجية والاصوب تركه. فأن الشيخ [السهروردى]، قدّس سرّه، أنكر وجود الأجزاء مطلقا للماهية البسيطة بدليل لاحق له، كما سيجئ، [و] قد أشرنا إليه سابقا. وأمّا ما نقله [الشارح العلامة] من عبارة الشيخ، فلا دلالة له صريحا على أن اللونية

جنس للسواد عنده. ثمّ لا يخفى أنّ انتقاض تعريف الهيئة بقولنا ما
يجامع لشىء « شايعا فيه بالكلّية » الجزء الخارجى المعنوى، كالمادّة
والصورة للمركّب، باق مندفع بما ذكره الشارح.

قوله، قدّس سرّه: «الاجسام لمّا تشاركت فى الجسميـة»، إلى
قوله: «فهما متباينان». ٥٠١.

[أقول]: مجرّد الاشتراك فى أمر جامع، والافتراق بأمر مميّز لا يلزم
كونهما متباينين فى الوجود وإلّا لزم أن يكون البياض مركّبا فى الخارج
من اللونين لون مـشترك ولون مختص، وليس كـذلك؛ وإلّا لزم منه
محالات. فلا بدّ فى بيان ذلك من إثبات أمر آخر، ككون الجسمية
طبيعة نوعية متحصّلة بذاتها، أو كون هذه الأمور جائزة الانفكاك عنها
مع بقائها بحالها ماهية ووجودا.

قول الشارح العلامة: «لأنّه أن يرجح وجوده على عدمه، اه». ٥٠٢.

[أقول]: الأولى فى هذا التـقسيم أن يقال كما فى « الشفاء »

٥٠١ شرح شيرازى: ١٧٥؛ حكمة الاشراق: ٥٣؛ شرح شهرزورى: ١٦٧: ٢٠ إلى
١٦٨: ١. متن حكمة الاشراق: (٥٣) واعلم انّ الهيئة لما كانت فى المحل، ففى نفسها
افتقار إلى الشيوع فيه فيبقى الافتقار ببقائها فلا يتصوّر أن تقوم بنفسها أوّلا أن تنتقل فأنّها
عند النقل تستقل بالحركة والجهات والوجود فيلزمها ابعاد ثلاثة، فهى جسم لا هيئة.
والجسم هو جوهر يصحّ أن يكون مقصودا بالإشارة، وظاهر أنّه لا يخلو عن طول وعرض
وعمق مّا، والهيئة ليس فيها شئ من ذلك، فهما متباينان. والاجسام لما تشاركت فى
الجسمية والجوهرية وفارقت فى السواد والبياض، فهما زائدان على الجسمية والجوهرية،
فهما متباينان.
٥٠٢ شرح شيرازى: ١٧٥.

الموجود أمّا أن يكون ذاته بحسب ذاته مع قطع النظر عما عداه موجودا، أو لا يكون كذلك. والأوّل، هو الواجب إذ لا يعنى به إلّا ما يكون الوجود غير خارج عن قوام ذاته. والثانى، هو الممكن إذ كلّ ما لايكون الشىء موصوفا به فى مرتبة ذاته فهو عرضى له وكلّ عرضى معلّل أما به وأما بغيره، لكن وجود الشئ لايمكن أن يكون معللا^{٥٠٣} بذاته وإلّا لزم تقدّم الوجود على نفسه وهو محال، فكلّ ممكن محتاج إلى غيره وهو علّته. وأمّا هذا التقسيم فلا يتم إلّا ببيان استحالة الأوّلية الذاتية للممكن^{٥٠٤} وبيان ذلك لا يخلو عن صعوبة.

قوله، قدّس سرّه : «فيجب ويمتنع بغيره، [اه]».^{٥٠٥}

---

^{٥٠٣} ن :ـ أما به وأما بغيره، لكن وجود الشئ لايمكن أن يكون معللا

^{٥٠٤} م :ـللممكن

^{٥٠٥} شرح شيرازى : ١٧٦؛ حكمة الاشراق : ٥٤؛ شرح شهرزورى : ١٧٢ :٣. شرح شهرزورى: فيمتنع ويجب . **متن حكمة الاشراق**: (٥٤) واعلم أن الشئ ينقسم إلى واجب وممكن والممكن لا يترجح وجوده على عدمه من نفسه. فالترجح بغيره، فيترجح وجوده بحضور علّته وعدمه بعدم علّته. فيمتنع ويجب بغيره، وهو فى حالتى وجوده وعدمه ممكن، فلو أخرجه الوجود إلى الوجوب كما ظنّ بعضهم، لأخرجه العدم إلى الامتناع، فلا ممكن ابدا وما توقّف على غيره، فعند عدم ذلك الغير لا يوجد، فله مدخل فى وجوده فيمكن فى نفسه. ونعنى بالعلة ما يجب وجوده وجود شئ آخر بتّة دون تصور تأخر، ويدخل فيه الشرائط وزوال المانع فان المانع أن لم يزل يبقى الوجود، بالنسبة إلى ما يُفرض علّته ممكنا. فإذا كانت نسبته اليه إمكانية دون ترجح، فلا علية ولا معلولية. وليس هذا مصيرا إلى أن العدم يفعل شيئا، بل معنى دخول العدم فى العلية أن العقل إذا لاحظ وجوب المعلول، لم يصادفه حاصلا دون عدم المانع وللعلة على المعلول تقدّم عقلى لا زمانى؛ وقد يكون فى الزمان معا، كالكسر مع الانكسار، فنقول «كسر فانكسر» دون العكس. ومن المتقدّم، ما هو زمانى، ومن المتقدّم، ما هو مكانى او وضعى كما فى الاجرام؛

[أقول]:إذ لو لم يجب وجوده بعلّته لكان، أمّا باقيا على ما هو حاله بالنظر إلى ذاته من عدم رجحان أحد الطرفين له، أو صار أحدهما أولى به من غير أن يبلغ حدّ الوجود. والأوّل باطل، وإلّا لم يكن ما فُرض علّة، علّة لعدم الفرق بين وجوده وعدمه. والثانى أيضا، لأنّ أولوية أحد الطرفين يستلزم مرجوحية الطرف الآخر وهو يستلزم امتناعه لاستحالة ترجيح المرجوح. واستحالتة يستلزم وجوب الطرف الأولى، وقد فرض غير واجب، هذا خُلف. ومن هذا البيان ظهر أنّ الممكن لا يجوز أن يكون موجودا من ذاته إذ لو وجد، فأمّا مع تساوى وجوده وعدمه لذاته وهو محال بديهة، وأمّا بان يترجح وجوده من ذاته وهو أيضا محال، إذ لا يلزم كون ما فرضناه ممكنا واجبا لأنّ هذا الترجح الذاتى أن بلغ حدّ الوجوب فذاك، وإن لم يبلغ وصار الوجود به، أولى؛ وصار العدم به مرجوحا فكان ممتنعا لذاته، كما مرّ؛ فكان الوجود واجبا فكان المفروض غير واجب واجبا لذاته، هذا خُلف. وأورد عليه مناقضة ونقضا بأنّا لا نسلّم أنّ امتناع أحد الطرفين يستلزم وجوب الطرف الآخر لجواز أن يكون كلا الطرفين ممتنعا فى صورة التساوى، كما فى صورة[٥٠٦] الممكن. والجواب أن هذا المنع مكابرة، لأنّ المقدمة المذكورة برهانية ضرورية لا يقبل المنع وإلّا لزم ارتفاع النقيضين. وأمّا النقض بالممكن فغير وارد لعدم تحقّق مادّة النقض، لأنّ التساوى فى نفس الأمر

او شرفى بحسب صفات الاشرف. وجزء العلة قد يتقدّم زمانا، وقد يتقدّم تقدّما عقليا.

[٥٠٦] ن: ذات

مستحيل، كما علمت. وليس معنى الممكن ما تساوى له وجوده
وعدمه نفس الأمر كيف وهو أمّا موجود أو معدوم، ويستحيل انفكاكه
عن الوجود والعدم جميعا. بل معنى الإمكان هو كون الشىء بحيث لا
يقتضى الوجود ولا العدم أو كون الشىء، بحيث إذا قطع النظر عن
غيره لا يكون موجودا و لا معدوما، كما مرّ. فيكون اعتبارا عقليا
وليس معناه كونه يقتضى تساوى وجوده وعدمه أو كونه متساوى
الوجود والعدم فى الواقع .

**قـولـه، قـدّس سـرّه : «وهو فى حـالتى وجـوده وعـدمـه ممكن،
٥٠٧. [٥١]».**

[أقول]: ليس معنى كون الموجود ممكنا سيّما فى الإبداعيات
الخارجة عن القوّة، والإستعداد أن يكون الإمكان وهو لا ضرورة الوجود
والعدم صفة له أو صادقة عليه بحسب حاله فى نفس الأمر؛ بل معناه
كونه بحيث إذا فُرض مجرّدا عن علّة وجوده لم يكن موجودا فهذه
صفة له بالقياس إلى حالة مفروضة له بخلاف الواجب سبحانه فأنه
موجود أزلا وإن قطع النظر عن جميع ما سواه .

قوله، قدّس سرّه : «فلا يمكن ابدا، [٥١]». ٥٠٨.

[أقول]: قد علمت أن الإمكان الذاتى حاله عقلية فان أريد به أن

---

٥٠٧ شرح شيرازى: ١٧٦ ؛ حكمة الاشراق : ٥٤؛ شرح شهرزورى: ١٧٢ : ٣

٥٠٨ شرح شيرازى: ١٧٧ ؛ حكمة الاشراق : ٥٤؛ شرح شهرزورى: ١٧٢ : ٤

لا شىء يوصف بالإمكان فى الخارج بمعنى عدم كون الإمكان صفة خارجية له فهو غير مستحيل، بل متحقق لا الاشياء الموجودة فى الخارج حالهما بحسب الخارج الوجود الوجوب، بل هى متحدة الذوات فى الخارج بالوجود والوجوب. وإن أريد به أن لا شىء يوصف بالإمكان بمعنى عدم كونهما بحيث إذا لاحظها العقل وفرضها منحازة مجردة عن عللها وجدها متصفة بالوجود والوجوب فالحقّ خلافه، وإلّا لم يبق فرق بين الواجب بالذات والممكن بالذات. هذا تحقيق المقام، وستعلم زيادة بصيرة عند مباحث الوجود.

قـولـه، قـدّس سـرّه: «للعلّة على المعلول تقدّم عقلى لا زمانى، ٥٠٩.»

[أقول]: معنى التقدّم كون أحد الشيئين بحيث يجب حيث لا يجب الآخر، والآخر لا يجب إلّا حيث يكون الأوّل قد وجب. فأن وجوب الثانى من وجوب الأوّل، ومرجع هذا التأخّر والحدوث الذاتى والإمكان الذاتى إلى شىء واحد، وهو غير التقدّم بالطبع وهو كون أحدهما بحيث متى وُجد كان الأوّل موجودا، والأوّل يوجد حيث لا يوجد الآخر سواء كان معه بالزمان أو لا يكون. واعلم أن ههنا قسمين آخرين غير الخمس المشهوره وغير التقدّم بالماهية الذى اثبته بعض العلماء وهو تقدّم أجزاء الماهية كالجنس والفصل بحسب المعنى

والمفهوم على نفس مفهوم الماهية مع قطع النظر عن وجودها: أحدهما
ما سمّيناه « التقدّم بالحقّ » وهو تقدّم طبقات الوجود الآخذة من الأوّل،
تعالى، إلى أدنى الوجود، بعضها على بعض. فأن للوجود نشآت
واطوار بعضها فوق بعض بالإحاطة والتقويم متفاوتة فى ذلك، وليس
تقدّم ما هو أشدّ حيطة وتقويما ونفوذا فيما تحته على ما دونه تقدّم
بالفضيلة والشرف فقط، إنّ كان هذا متحققا أيضا؛ إذا لا يلزم أن
يكون الأشرف من شىء مقوّما لما هو دونه ولا محيطا به، ولا تقدّم
بالذات والعلّية فقط، وإن لم ينفكّ عن ذلك أيضا؛ لأنّ ذلك فى الأمور
المتباينة ذاتا ووجودا بما هى كذلك، ولا أيضا بالوضع والمكان ولا بالرتبة
والزمان، وهو ظاهر؛ بل هو تقدّم آخر يعرفه الراسخون فى علم
التوحيد؛ وثانيهما، التقدّم بالحقيقة، وهو تقدّم وجود الشىء على
ماهيته الموجودة به، ومعناه كون الوجود ذا حقيقة بالذات والماهية تابعة
له عند التحليل العقلى، كما سيجىئ.

**قوله، قدّس سرّه: « ومن التقدّم ما هو زمانى، [ومن التقدّم ما
هو مكانى أو وضعى] »، اه».** ٥١٠

---

٥١٠ شرح شيرازى: ١٧٨؛ حكمة الاشراق: ٥٤؛ شرح شهرزورى: ١٧٢:١٢–١٣.
تتمه متن حكمة الاشراق، يعنى بند ٥٥ در تعليقات نيامده، امّا به دليل اهميت فلسفى
متن رادر اين پانوشت ذكر مينماييم: متن حكمة الاشراق: (٥٥) واعلم انّ كلّ سلسلة
فيها ترتيب، اىّ ترتيب كان، وآحادها مجتمعة يجب فيها النهاية. فان كلّ واحد من
السلسلة بينه وبين اىّ واحد كان، أن كان عددا غير متناه، فيلزم أن يكون منحصرا بين
حاصرى الترتيب، وهو محال. وإن لم يكن فيها اثنان، ليس بينهما لا يتناهى، فما من أحد

قال الشارح العلامة : «وهذا [التقدّم أى] الذى باعتبار الزمان بالطبع فى أجزاء الزمان ، إذ لا يتقدّم بعضها على بعض بالزمان ، وإلّا لكان للزمان زمان ، [اه]»^{٥١١}.

[فأقول]: وفيه نظر؛ فأن معنى هذا التقدّم كون الشيئين بحيث لا يوجدان معا، سواء كان معروض التقدّم نفس^{٥١٢} أجزاء الزمان أو غيرها.

وليس من شرط المتقدّم أن يكون ما به التقدّم صفة زائدة عليه، بل جميع انحاء التقدّم والتأخّر سوى ما بحسب الوضع والاعتبار لا بدّ وأن ينتهى إلى ما هو بذاته متقدّم وما هو بذاته متأخر، فكلّ جزء من أجزاء الزمان تقدّم ومتقّدم باعتبارين؛ إذ التقدّم إن أريد به المعنى المصدرى الانتزاعى فهو متقدّم؛ وإن أريد ما يكون به الشىء متقدّما، فهو تقدّم بهذا المعنى لأنّه ملاك التقدّم؛ واشتمال أجزاء الزمان على نحو آخر من التقدّم وهو بالطبع لا يدفع كونها متقدّمة ومتأخرة بهذا التقدّم والتأخّر

لا بينه اىّ واحد مما كان فى السلسلة اعداد متناهية. والكلّ يجب فيه النهاية وهذا فى الاجسام ايضا متوجه فنفرض فيها سلسلة من حيثيات مختلفة او اجسام مختلفة فيطّرد فيها البرهان. وايضا لك أن تفرض عدم قدر متناه من وسط السلسلة، تأخذه كأنّه ما كان وطرفاه من السلسلة متصل أحدهما بالآخر؛ تأخذ هكذا مرة ومع القدر المفروض عدمه مرة أُخرى كأنّهما سلسلتان وتطبق أحداهما على الأخرى فى الوهم؛ او يجعل عدد كلّ واحد مقابلا لعدد الآخر فى العقل، أن كان من الاعداد، فلا بدّ من التفاوت وليس فى الوسط، لأنّا اوصلنا. فيجب فى الطرف فيقف الناقص على طرف والزائد يزيد عليه بالمتناهى وما زاد على المتناهى بمتناه، وبه يتبيّن تناهى الابعاد باسرها والعلل والمعلولات وغيرهما.

^{٥١١} شرح شيرازى: ١٧٨

^{٥١٢} ن:−نفس

الزمانيين. فالتقدّم الزمانى إنّما هو باعتبار عدم اجتماعها، والتقدّم الذاتى باعتبار[٥١٣] التوقّف بينهما وربما اجتمعا فى شىء واحد كالعلّة المعدّة، بل لأحد أن يقول أن أجزاء الزمان[٥١٤] لما كانت متشابهة ومتماثلة فى الماهية لأنّها متصلة واحدة؛ فليس بعضها أُولى بالعلّية والآخر بالمعلولية، فلا تقدّم لبعضها على بعض بالطبع بل بالزمان فقط.

فإن قلت: هذا بعينه ينفى أن يكون تقدّم بعضها على بعض بحسب الزمان، لأنّ هذا التقدّم أيضا كما اردت مقتضى ذوات تلك الأجزاء، وإلّا لكان للزمان زمان. قلنا: نفس حقيقة الزمان عبارة عن هوية اتصالية غير ثابتة، بل متجددة؛ وكونها متشابهة الأجزاء يقتضى أن يكون لكلّ جزء من اجزائها حكم الانقضاء والتجدد، ولا نعنى بالتقدّم، أى بتقدّم اجزائها بعضها على بعض، إلّا هذا المعنى، لأنّ حقيقتها حقيقة التجدد والتقضى، وكلّ حقيقة هذا شأنها يكون بين اجزائها هذا النحو من الاختلاف. فالاختلاف فيها عين التشابه كما أن المعيّة الاتصالية فيها عين التقدّم والتأخّر بينها. وبهذا يندفع الإشكال الذى وقع الاعياء فى حلّه لهم من جهة كون الإضافة حاصلة بينها بنسبة السابقية والمسبوقية؛ والمتضائفان يجب أن يكونا معا فى درجة الوجود والتعقّل جميعا واجزاء الزمان غير مجتمعة. وذلك الاندفاع بأن تقول أن المعيّة لا تتصوّر بين تلك الأجزاء إلّا بنحو الانقضاء والتجدد،

---

[٥١٣] ن: – باعتبار

[٥١٤] نك– زمان

كما أن المعيّة الوضعية لا تتصوّر بين أجزاء المقدار المكانى إلّا بأن يكون بعضها فى جانب وبعضها فى جانب آخر، وهذا فى الحقيقة ينشاء من ضعف وجود المتصلات الزمانية والمكانية وشوب وجودها بعدمها، وثباتها بتغيّرها، وجميعتها بفرقتها، لكونها واقعة فى النائئ عن الوجود فاحتفظ بذلك، فأنه لا تجده فى غير تواليفنا.

قال الشارح العلامة : «وإطلاق لفظ المتقدّم على الباقى بالمجاز والعرض لا بالحقيقة، اه».[٥١٥]

[أقول]: قد أخذ لهذا من كتاب «المطارحات» للشيخ، قدّس سرّه، حيث قال: «ونحن فى هذا الكتاب خاصة قد بيّنا أن تقدّم الزمان على الزمان بما هو بالطبع لا غير»،[٥١٦] وساق الكلام فى بيانه . ثمّ قال: «وأمّا الرتبى الوضعى، وإن كان ينسب إلى المكان فهو متعلّق بالزمان أيضا، وللزمان مدخل فيه . فان همدان قبل بغداد لا بذاتهما [ولا باعتبار الحيّز والمكان][٥١٧] بل بالنسبة إلى القاصد من خراسان إلى الحجاز؛

---

[٥١٥] شرح شيرازى : ١٧٩.

[٥١٦] رك: سهروردى «كتاب المشارع والمطارحات : العلم الثالث»، مطبوع در «مجموعه مصنفات شيخ اشراق» جلد يكم مشتمل بر الهيات كتاب التلويحات وكتاب المقاومات وكتاب المشارع والمطارحات، به تصحيح و مقدمه هنرى كربن (تهران، ١٣٥٥)، ص ٣٠٥؛ سطر ١٢ به بعد: «ونحن فى هذا الكتاب خاصّة قد بيّنا انّ تقدّم الزمان على الزمان إنما هو بالطبع لا غير، إلى آخره».

[٥١٧] همان؛ سهروردى «كتاب المشارع والمطارحات : العلم الثالث»، مطبوع در «مجموعه مصنفات شيخ اشراق» : ص ٣٠٦، سطر ٢ و ٣.

ومعنى قولنا: يصلّ أوّلا إلى همدان، أن زمان وصوله إليها قبل زمان
وصوله إلى بغداد». ٥١٨ قال: «وأمّا بالشرف، فهو أمّا فيه تجوّز أو
اشتراك. أمّا التجوّز، فباعتبار [أنّ] صاحب الفضيلة ربما تقدّم فى
المجالس، أوفى الشروع» ٥١٩، [وقال أيضا]: «ويرجع حاصله أمّا إلى
المكان، أو إلى الزمان. والمكان أيضا يرجع إلى الزمان، فيرجع [فى
الأخير] إلى ما سبق. وإن لم يكن كذا، فيكون الوقوع على ما بالشرف
وعلى غيره باشتراك الاسم، إنتهى». ٥٢٠

[أقول]: وفيه ما لا يخفى من التعسّف، أمّا ما ذكره فى إرجاع التقدّم
الزمانى إلى التقدّم بالطبع، فقد علمت حاله مما سبق. وأمّا ما ذكره فى
«التقدّم بالشرف»، فأنه مع جريانه فى غير الإنسان، وكون التقدّم
بالشرف جاريا فى غيره كثيرا يوجب أن يكون الأمور التى لها علاقة
باقسام التقدّم معدودة منها، فلا وجه لتخصيصه من بين تلك الأمور
بجعله قسما برأسه. ثمّ ما ذكره لا يلزم إلّا أن يكون لبعض اقسام
التقدّم بالشرف تقدّم بالزمان وبذلك لايبطل تقدمه بالشرف لجواز

---

٥١٨ همان؛ سهروردى « كتاب المشارع والمطارحات: العلم الثالث»، مطبوع در
«مجموعه مصنفات شيخ اشراق»: ص ٣٠٦، سطر ١ الى ٥

٥١٩ همان؛ سهروردى « كتاب المشارع والمطارحات: العلم الثالث»، مطبوع در
«مجموعه مصنفات شيخ اشراق»: ص ٣٠٦، سطر ١٤ الى ١٦

٥٢٠ همان؛ سهروردى « كتاب المشارع والمطارحات: العلم الثالث»، مطبوع در
«مجموعه مصنفات شيخ اشراق»: ص ٣٠٦، سطر ١٧ الى ص٣٠٧، سطر ٣

اجتماع عدة اقسام التقدم فى ٥٢١ شىء واحد .

قوله، الشارح العلامة: «ليس مقولا على الخمسة بالتواطؤ ولا بالتشكيك، اه». ٥٢٢

[أقول]: اعلم أن القوم اختلفوا فى أن لفظ «التقدّم» على اقسامه هل هو واقع بالتواطؤ، ام بالتشكيك، ام بالحقيقة والمجاز؛ وأكثر المتأخرين على أنّه واقع على الكلّ بمعنى واحد، لا أنّه بالتشكيك . وعبارة الشيخ [الرئيس] فى «الهيات الشفاء» تدلّ على أن للكلّ معنى جامعا مقولا عليها بالتشكيك، وأن القدر المشترك بين التقدّمات هو أن يكون للمتقدّم، بما هو متقدّم شىء ليس للمتأخر ولا يكون ذلك الشىء للمتأخر الأوّل، وهو موجود للمتقدّم. فهذا المعنى مشترك بين الجميع على سبيل التشكيك مثلا فى التقدّم بالمكان ما هو أقرب إلى المبدء المحدود يكون له أن يلى ذلك المبدء حيث ليس يليه ما بعده وما بعده لا يلى ذلك المبدء إلّا وقد وليه الأقرب. وفى الزمان كذلك أيضا بالنسبة إلى «الآن الحاضر»، ثمّ نقل إلى اشياء أُخَر فجعل الفائق والفاضل والسابق أيضا، ولو فى غير الفضل جعل مقدّما فجعل نفس المعنى كالمبدء المحدود. فما كان له منه ما ليس للآخر، وليس للآخر إلّا بذلك الأوّل جعل متقدّما فى ذلك الشىء، من هذا القبيل ما جعلوا المحدود

---

٥٢١ ن: -بالزمان وبذلك لايبطل تقدمه بالشرف لجواز اجتماع عدة اقسام التقدم فى

٥٢٢ شرح شيرازى: ١٧٩

والرئيس قبل النسبة إلى المرؤس، فأن الاختيار يقع للرئيس وليس
للمرؤس وإنّما وقع للمرؤس حيث وقع للرئيس أوّلا فيتحرّك باختيار
الرئيس. ثمّ نقلوا ذلك إلى ما يكون هذا الاعتبار بالقياس إلى الوجود،
فجعلوا الشيء الذى يكون له الوجود أوّلا، وأن لم يكن للثانى؛ والثانى
لا يكون له الوجود إلّا وقد كان للأوّل متقدّما على الآخر، مثل الواحد
بالقياس إلى الكثير. ثم نقل منه إلى حصول الوجود من جهة أُخرى بأن
يكون شيئان وجود أحدهما من الآخر، وذلك الآخر ليس منه بل من
نفسه. أو من ثالث فله من الأوّل وجوب الوجود الذى ليس من ذاته،
كحركة اليد بالنسبة إلى حركة المفتاح، بل له من ذاته الإمكان. فأن
الأوّل يكون متقدّما بالوجود على الثانى، ثمّ لا يخفى أن المعنى الذى
فيه التفاوت فى كلّ من الاقسام مخالف. وهذا يدلّ على أن اطلاق
التقدّم على الجميع ليس بالاشتراك اللفظى لوجود المقدر المشترك
المعنوى فيها، ولا بالتجوز والتشابه بوجود معانى مختلفة من هذا الباب
فيها، مثلا فى التقدّم بالطبع المعنوى الذى باعتباره يحصل التفاوت
وهو ملاك التقدّم هو نفس الوجود. فان الواحد من حيث أنّه يمكن
وجوده بدون، الكثير ولا يمكن وجود الكثير إلّا وقد صار الواحد
موجودا أوّلا مقدماً على الكثير. فأصل الوجود هاهنا ملاك[٥٢٣] التقدّم؛
وفى التقدّم بالعلّية، هو الوجود باعتبار وجوبه وتأكّده لا باعتبار أصله
وقد مرّ. وفى التقدّم بالرتبة، القرب من المبدء المحدود فى التقدّم

_____

[٥٢٣] ن: –هاهنا ملاك

بالشرف زيادة المعنى الذى به الفضيلة؛ وفى التقدّم بالزمان أجزاء الزمان بحسب المضى والانقضاء. وظن بعض الناس أنّه يقع على الكلّ بالاشتراك. والشيخ [السهروردى]، قدّس سرّه، على أنّه يقع على البعض بمعنى واحد بالنسبة إلى بعض آخر بالاشتراك، أو بالتجوّز.أمّا الحقيقى، فهو [إ]مّا بالذات، و[إ]مّا بالطبع؛ وأمّا المجازى ففى البواقى كما مرّ. وقال بعض العلماء أن جميع اصناف التقدّم اشترك فى أنّه يوجد للمتقدّم الأمر الذى به التقدّم أُولى من التأخّر وهو يؤيد ما ذكرناه. واورد عليه أن ما ذكره غير جاز فى التقدّم الزمانى، إذ لا أولويّة لاجزاء الزمان بعضها بالنسبة إلى بعض، وقد علمت حقيقة الحال فيه.

قوله، الشارح [العلامة]: «وبالقيد الأوّل خرج ما لا ترتيب فيه كالنفوس الناطقة [المفارقة؛ وبالثانى ما لا يجتمع آحاده، وإن كانت مترتّبة]، ١ه». ٥٢٤

[أقول]: واعلم أن كلّ كثير لا يخلو عن ترتيب ما باعتبار عروض العدد له، فأن كلّ مرتبة من العدد يزيد على ما تحته بواحد فما ينقص عن تلك المرتبة بواحد يتقدّم عليها فى الوجود وهو أيضا يزيد على ما تحته بواحد، فما تحته يتقدّم عليه فى الوجود. وهكذا فمعروض الكثيرة المتناهية أو غير المتناهية. وإن لم يكن ترتيب بين احادها لذواتها لكن يحصل فيها ترتيب باعتبار عارضها التى هو مراتب الاعداد مثلا

---

٥٢٤ شرح شيرازى: ١٨٠

معروض العشرة متوقّف على معروض التسعة، وهكذا إلى الواحد. فمعروض العدد الغير المتناهى ثبت فيه ترتيب، فيجرى فى بيان استحالة البراهين المذكورة فى المرتبات المجتمعة. فلا يكون النفوس الناطقة المفارقة غير متناهية العدد، اللّهم إلّا أن يقال أن العدد من الأمور الاعتبارية وليست لها صورة فى الاعيان والترتيب فيه فرع وجوده أو اعتبار العقل إيّاه اعتبارا تفضيلا. واعتبار العقل ينقطع لعدم اقتداره على ملاحظة الغير المتناهى تفصيلا. إذ لا يكفى فيما لا وجود له فى الخارج ملاحظة العقل إيّاه إجمالا لإجراء البراهين وهذا بخلاف ما لا وجود وترتيب مع قطع النظر عن تحصيل الذهنى إيّاه. إذ كفى فيه ملاحظة آحاده إجمالا بأن نفرض كلّ جزء من سلسلة مع جزء آخر منها كما فى برهان التضائف والحيثيات، أو من سلسلة أُخرى كما فى برهان التطبيق. ولو توقّف على ملاحظة الآحاد بالتفصيل لم يتم شىء من البراهين على تقدير الترتيب أيضا، أو يقال أن العدد لا يتوقّف على عدد يكون اقل منه بواحد بل يتوقّف ابتداء على كلّ واحد واحد من الوحدات التى يتألّف منها، كما حقّقه الشيخ فى «الهيات الشفاء».

[حكومة: فى الاعتبارات العقلية][٥٢٥]

[زاد الشارح العلّامة على هذا «الحكومة» بقوله: «فى نزاع بين

---

[٥٢٥] شرح شيرازى: ١٨٢؛ حكمة الاشراق: ٥٦ إلى ٦٩؛ شرح شهرزورى: ١٧٩: ٩ به بعد.

أتباع المشائين الذاهبين إلى أنّ وجود الماهيات زائد عليها فى الاذهان والاعيان، وبين مخالفيهم الصائرين إلى أنّه يزيد عليها فى الاذهان لا فى الاعيان»].[526]

قوله، قدّس سرّه: «الوجود يقع بمعنى واحد، اه».[527]

[أقول]: هذا الدعوى أى كون مفهوم الوجود مشتركا بين الموجودات قريب من الأوّليات. فان العقل يجد بين موجود وموجود من المناسبة والمتشابهة ما لا يجد مثلها بين موجود ومعدوم، وليست هذه

---

[526] شرح شیرازی: ١٨٢ . م.

[527] شرح شیرازی: ١٨٢؛ حكمة الاشراق: ٥٦؛ شرح شهرزوری: ١٧٩ : ١١ .
متن حكمة الاشراق: (٥٦) الوجود تقع بمعنى واحد ومفهوم واحد على السواد والجوهر والإنسان والفرس، فهو معنى معقول أعمّ من كلّ واحد. وكذا مفهوم الماهية مطلقا والشيئية والحقيقة على الاطلاق، فندعى أن هذه المحمولات عقلية صرفة. فان الوجود، أن كان عبارة عن مجرّد السواد ما كان بمعنى واحد يقع على البياض وعليه وعلى الجوهر فإذا أُخذ معنى أعمّ من الجوهرية، فأمّا أن يكون حاصلا فى الجوهر قائما به او مستقلا بنفسه، فان كان مستقلا بنفسه فلا يوصف به الجوهر، إذ نسبته اليه وإلى غيره سواء. وإن كان فى الجوهر، فلا شكّ أنّه يكون حاصلا له والحصول هو الوجود فالوجود إذا كان حاصلا فهو موجود، فان كونه موجودا أنّه عبارة عن نفس الوجود فلا يكون الموجود على الوجود وغيره معنى واحدا إذ مفهومه فى الاشياء أنّه شئ له الوجود وفى نفس الوجود أنّه هو الوجود. ونحن لا نطلق على الجميع إلّا بمعنى واحد. ثمّ نقول «ان كان السواد معدوما، فوجوده ليس بحاصل، فليس وجوده بموجود إذ وجوده ايضا معدوم». فإذا عقلنا الوجود وحكمنا بأنّه ليس بموجود، فمفهوم الوجود غير مفهوم الموجود ثمّ إذا قلنا «وُجد السواد الّذى كان قد أخذناه معدوما وكان وجوده غير حاصل ثمّ حصل وجوده فحصول الوجود غيره»، فللوجود وجود ويعود الكلام إلى وجود الوجود، فيذهب إلى غير النهاية. والصفات المرتبة الغير متناهية اجتماعها محال .

المناسبة لاجل كونها متحدة فى الاسم حتّى لو فرضنا أنّه وضع الطائفة من الموجودات اوالمعدومات اسم واحد ولم يوضع بين الموجودات اسم واحد لم نجد هذه المناسبة بينهما، كما نجد بين هذه. ومن الشواهد أن رجلا لو ذكر قصيدة وجعل قافية جميع ابياتها لفظ الموجود لحكموا بأن القافية متكررة بخلاف، ما لو جعل قافيتها لفظ العين. مثلا ولو لا أن العلم الضرورى حاصل بان المفهوم من لفظ الوجود وأخذ فى الكلّ لما حكموا بالتكرير فى أحدهما دون الآخر.

قوله، قدّس سرّه: «فندّعى أن هذه المحمولات عقلية صرفة، ٥٢٨.»

[أقول]: لو كان الوجه مفهوما ذهنيا صرفا بحيث لا يحاذيه أمر فى الخارج، لا يكون له منشاء انتزاع، أى أمر عينى، يكون مصداقاً لحمله ومطابقا له لما كان وقوعه على الموجودات بالتشكيك الأشدّى وغيره، كما بين الجوهر والعرض، والاقدمى وعدمه، كما بين العلة والمعلول، والاولوى وخلافه، كما بين الوجود الذى لا سبب له والوجود الذى له سبب. وعند المشائين أن المتقدّم والمتأخّر، وكذا الأشدّ والأضعف، كالمقوّمين للوجودات. فالوجود الواقع فى كلّ مرتبة من مراتب العلة والمعلول وقوعه فيها مقوّم له. وهم إذا قالوا مثلا أن العقل متقدّم بالطبع على النفس أو الهيولى والصورة متقدّمتان على الجسم فليس مرادهم أن

---

٥٢٨ شرح شيرازى: ١٨٣ ؛ حكمة الاشراق: ٥٦؛ شرح شهرزورى: ١٧٩: ١٣

ماهية شىء منها متقدّم على ماهية الآخر، إذ لا علاقة بين ماهية وماهية من حيث كلّ واحدة منهما هى هى . فأن كلّ ماهية كلّية إذا نظرت إليها من حيث هى هى لم تجد فيها اقتضاء التقدّم ولا التأخّر ولا العلّية ولا المعلولية، وإلّا لكان مفهومها من مقولة المضاف لصدق حدّ المضاف وتعريفه عليها؛ وهو ماهية كلّية إذا عقلت عقلت معها آخر. والوجود ليس كذلك إذ ليست صورته إلّا هوية عينية والذى يقع من الهويات الوجودية فى الذهن أمر مشترك انتزاعى هو حكاية عنها. إذ البرهان قائم على أن تعقّل الوجود العينى لا يمكن بالعلم الذهنى الارتسامى، وإلّا يلزم انقلاب الحقيقة. وليس الوجود الخاص العينى كالماهية الموجودة التى يمكن انتزاع صورتها ومعناها من وجودها الخارجى إلى وجودها الذهنى . وبالجملة «العلم الحصولى» بالشىء عبارة عن حصول صورته من حدّ العين إلى حدّ الذهن وهذا إنّما يتصوّر فيما له ماهية غير الوجود ليستدلّ عليه الوجود ويكون تارة فى العين وتارة فى العقل . وأمّا الذى هو نفس الوجود العينى والهوية العينية فلا يتصوّر فيها ذلك.

قوله، قدّس سرّه: «فأنّ الوجود أن كان عبارة عن مجرّد السواد، ٥٢٩ .»

[أقول]: اعلم الوجود يطلق بالاشتراك الصناعى بين المعنيين

أحدهما الأمر الانتزاعى النسبى، وهو عبارة عن موجودية الشىء
بالمعنى المصدرى ويقال له الوجود الإثباتى ولا شكّ أنه من المحمولات
العقلية وأنّه مشترك بين الماهيات. وثانيها ما به الحصول والذى يطّرد به
العدم عن الشىء وقيل أنّه خير محض مؤثر عند الكلّ، وليس هو أمرا
عاما ولاكلّيا طبيعيا، وإن كان حقيقة واحدة. وليس اشتراكه بين
الموجودات كاشتراك الكلّى بين افراده، بل على نحو آخرا يعلمه الأ
الراسخون. [٥٣٠] فإذا تقرّر هذا، فنقول: كون وجود السواد غيره عند
القائلين بتحقق اعيان الوجودات ليس معناه أن للسواد وجودا ولوجوده
وجود اخر يزيد عليه، كذا كون وجود السواد عين السواد عندهم ليس
معناه أن المفهوم من أحدهما نفس المفهوم من الآخر حتّى لم يكن فرق
بين أن يقال السواد موجود أو يقال السواد سواد. بل المراد أن هذا المحو
من الوجود العينى متحد مع مفهوم السواد بمعنى أن السواد ما فى
الخارج أمر بسيط يحمل عليه أنّه موجود، وأنّه سواد. وكلاهما
مفهومان كلّيان يحملان على الوجود العينى. والموجود من البياض
أيضا فى الخارج أمر عينى بسيط يحمل عليه أنّه موجود وأنّه بياض.
فالسواد والبياض مشتركان فى أوّل كلّ من المفهومين ويختص كلّ
منهما بواحد من الآخرين. فبقى الكلام فى أن الموجود فى الخارج من
السواد مثلا، هل هو ما بازاء المعنى الأوّل، أو ما هو بازاء المعنى الثانى.
إذ لا يمكن أن يكون محمولات متعدّدة بعضها على بعض ويكون كلّ

_____

[٥٣٠] ن: – الا الراسخون

منها موجودا متاصلا، وإلّا لما أمكن حمل بعضها على بعض، بل المتحدان فى الوجود لا بدّ وأن يكون أحدهما حقيقيا، والآخر اعتباريا عقليا. بقى الكلام فى أن مفهوم الوجود هل هو أُولى بأن يكون ذا حقيقة أو مفهوم غيره، كماهية السواد والبياض وغيرهما. والحقّ عندنا أن مفهوم الموجود أُولى بأن يكون من مفهوم غيره فلا جرم حكموا بأنّ وجود السواد موجود بالذات وماهية السواد متحدة به، وموجود بالعرض لا بالذات. وأمّا قولكم بأنّ الموجود لو كان متحدا بالسواد وكذا بالبياض لزم كون البياض متحدا بالسواد فيه مغالطة منشائها أخذ المتحد مع الشيء فى الوجود، كما فى الحمل المتعارف مكان المتحد معه فى المعنى والمفهوم، كما فى الحمل الذاتى الأوّلى وقد مرّ الفرق بينهما.

قوله، قدّس سرّه: «فان كان مستقلا بنفسه فلا يوصف به الجوهر، اه». ٥٣١.

[أقول]: الحقّ أن اتصاف الجوهر بالوجود بمعنى اتحاده معه وحمله عليه؛ فأن معنى الجوهر متحد مع نحو من اتحاد الوجود، وليس اتصافه به بمعنى قيام الوجود به بل وجود الجوهر فى العين وزائد عليه فى التصوّر؛ وكذا وجود العرض نفس العرض فى العين وزائد عليه فى التصوّر؛ وكذا وجود كلّ شيء عينه فى الخارج وغيره فى التحليل

٥٣١ شرح شيرازى: ١٨٣؛ حكمة الاشراق: ٥٦؛ شرح شهرزورى: ١٧٩: ١٦.

العقلى.

قوله : « فالوجود إذا كان حاصلا فهو موجود ، اه». ٥٣٢

[أقول]: لقائل أن يقول فى دفعه أن الوجود ليس بموجود فانه لايوصف الشئ ٥٣٣ بنفسه، كما لايقال فى العُرف أن البياض أبيض، فغاية الأمر أن الوجود مكان البياض ليس بذى بياض وكونه معدوما بهذا المعنى لا يوجب اتصاف الشىء بنقيضه عند صدقه عليه، لأنّ نقيض الوجود هو العدم واللاوجود لا المعدوم، واللاموجود أو يقول الوجود موجود وكونه موجودا هو بعينه كونه موجودية الشىء فى الاعيان، لا أن له وجودا آخر، بل هو الموجود من حيث هو موجود؛ ٥٣٤ والذى يكون لغيره منه، وهو أن يوصف بأنّه موجود يكون له فى ذاته وهو نفس ذاته. كما أن التقدّم والتأخّر لما كان فيما بين الاشياء الزمانية بالزمان كان فيما بين اجزائه بالذات من غير افتقار إلى زمان آخر. فإن قيل: فيكون كلّ وجود واجبا إذ لا معنى للواجب سوى ما يكون تحققه بنفسه، قلنا: معنى وجود الواجب بنفسه أنّه مقتضى ذاته من غير احتياج إلى فاعل يجعله، أو قابل يقبله. ومعنى تحقّق الوجود بنفسه أنّه إذا حصل أمّا بذاته، أو بفاعل لم يفتقر تحقّقه إلى وجود آخر يقوّم به، أو

---

٥٣٢ شرح شيرازى : ١٨٤ ؛ حكمة الاشراق : ٥٦؛ شرح شهرزورى : ١٧٩ : ١٨

٥٣٣ ن : - فانه لايوصف الشئ

٥٣٤ ن :- من حيث هو موجود

يتحد به، بخلاف غير الوجود؛ فأنه إنّما يتحقّق بعد تأثير الفاعل بوجوده واتصافه به لا بنفسه . والحكماء إذا قالوا «كذا موجود» لم يريدوا بمجرّد ذلك أن يكون الوجود زائدا عليه، بل قد يكون وقد لا يكون، كالوجود الواجبى المجرّد أن الماهية فيكون الوجود ذا ماهية إنّما يعلم ببيان وبرهان غير نفس كونه موجودا؛ فمفهوم الموجود مشترك عندهم بين القسمين.

قوله، قدّس سرّه: «فإن أُخذ كونه موجودا أنّه عبارة عن نفس الوجود، اىٰ».٥٣٥

[أقول]: مفهوم الوجود أمر واحد مشترك بين الوجودات والماهيات مقول على الكلّ بمعنى واحد؛ لأنّ معناه ما ثبت له الوجود إلاّ أن مصداق هذا المفهوم ومطابقه يكون مختلفا. ففى الوجود العينى مصداق ذلك المعنى، هو ذاته بذاته، وفى غيره كونه متحدا بالوجود أو قائما به، كما أن مفهوم الأبيض يصدق على العارض والمعروض والمركّب منهما بمعنى واحد وهو ما ثبت له البياض، لكن منشاء الحمل فى كلّ منها يختلف. وكذا مفهوم الكلّى يصدق بالاشتراك المعنوى على المنطقى والطبيعى والعقلى، لكن فى بعضها بالذات وفى بعضها بالعرض. ونظير ذلك قول الشيخ [الرئيس] فى «الهيات الشفاء»: أن واجب الوجود قد يعقل نفس واجب الوجود، كالواحد قد يعقل نفس

---

٥٣٥ شرح شيرازى: ١٨٤؛ حكمة الاشراق: ٥٦؛ شرح شهرزورى: ١٧٩:١٨-١٩

الواحد، وقد يعقل من ذلك أن ماهية ما إنسان مثلا، أو جوهر آخر من جواهر ذلك الإنسان هو واجب الوجود. كما أنّه قد يعقل من الواحد أنّه ماء أوانسان وهو واحدة. قال: فعرّف إذن بين ماهية تعرض لها الموجود و الواحد، وبين الوجود والواحد من هو موجود وواحد. وقال أيضا فى «التعليقات»: إذا سئل هل الوجود موجودا وليس بموجود، فالجواب أنّه موجود بمعنى أن الوجود حقيقته أنّه موجود، فأنّ الوجود هو الموجودية. ثمّ نقول: لو لم يكن للوجود افراد حقيقية لما اتصف بلوازم الماهيات المتخالفة الذوات أو متخالفة المراتب لكنه متصف بها لأنّه متصف بالغنى والحاجة، كما فى الوجود الواجبى والوجود الممكنى. ولا شكّ أنّ الغنى والحاجة من لوازم الماهيات، وكذا يتصف بالتقدّم والتأخّر والأشدّية والضعف، وهذه كلّها من صفات الوجودات، وحينئذ لا بدّ وأن يكون فى كلّ من الموجودات أمر وراء الحصة من مفهوم الوجود ووراء الماهية الموجودة به وإلّا لما كانت الوجودات متخالفة الماهيات، كما عليه المشاؤون اومتخالفة المراتب كما رأه طائفة أُخرى، إذ الكلّى مطلقا بالقياس إلى حصصه نوع. وأمّا قول القائل: لو كانت للوجود افراد فى الماهيات سوى الحصص لكان ثبوت فرد الوجود للماهية فرعا على وجودها ضرورة أن ثبوت الشىء الآخر فرع على ثبوت ذلك الآخر فيكون للماهية وجود قبل وجودها، فغير مستقيم لعدم خصوصية هذا الكلام يكون الوجود ذا فرد. بل منشاء اتصاف الماهية بالوجود سواء كان له افراد أو لم يكن له إلّا الحصص، وتحقيق

ذلك أن الوجود نفس ثبوت الماهية لا بثبوت شىء للماهية، حتّى يكون فرع ثبوت الماهية. والجمهور حيث غفلوا عن هذه الدقيقة تريهم تارة يخصصون القاعدة الكلّية القائلة بالفرعية، وتارة ينتقلون إلى الاستلزام، وتارة ينكرون ثبوت الوجود لا ذهنا ولا عينا. ويقولون: أن الماهية لها اتحاد بمفهوم الوجود، وهو أمر بسيط يعبّر عنه فى الفارسية بـ«هست» ومرادفاته. وليس له مبدء أصلا عنده لا فى الذهن، ولا فى الخارج إلى غير ذلك من التعسفات.

قوله، قدّس سرّه: «إن كان السواد معدوما، فوجوده ليس بحاصل، اه»[٥٣٦].

[أقول]: كلّ ما له معنى غير الوجود فيمكن انفكاكه عن الوجود، والحكم عليه بأنّه معدوم. فمعنى كون السواد معدوما إذا اشير إلى نفس ماهية السواد، أنّه لم يحصل فى الخارج أو لم يتحد مع حقيقة الوجود العينى. وأمّا ما هو عين حقيقة الوجود، أو نحو من انحائه فلا يمكن تصوّره إلى بصريح المشاهدة، وعند المشاهدة لا يمكن الحكم عليه بأنّه ليس بحاصل، لأنّه نفس ما به الحصول كما لا يمكن الحكم على الإنسان باللاإنسان أو بسلب الإنسانية عنه. وأنّك إذا قلت: «وجود السواد غير حاصل له»، فمفاده قولك: «ان السواد غير موجود»، أى متحد مع طبيعته فى الخارج لا أنّ وجود السواد غير

موجود فى نفسه، [٥٣٧] فقد تصوّرت معنى السواد وتصورت مفهوم الموجود العقلى وحكمت بسلب اتصاف السواد بمبدء هذا المحمول العقلى.

قوله، قدّس سرّه: «فللوجود وجـود ويعود الكـلام [إلى وجود الوجود، فيذهب إلى غير النهاية]، ا٥». [٥٣٨]

[أقول]: قد علمت أن موجودية غير الوجود بانضمام الوجود إليه، أو اتحاده به، أو انتسابه إليه، أو موجودية الوجود بنفسه؛ كما فى كثير من مبادئ المشتقات. فأنّ أبيضية البياض بنفسه، وأبيضية الجسم بانضمام البياض إليه.

قوله، [قدّس سرّه]: «فأنّا بعد أن نتصوّر مفهومه قد يشكّ فى أنّه هل له الوجود [ام لا]، ا٥». [٥٣٩]

[أقول]: هذا الوجه سواء، أورد نقضا لحجّة المشائين على كون الوجود زائدا على الماهية؛ أو أورد استدلالا على أنّ ليس فى الوجود

---

[٥٣٧] ن: ‒ لا أنْ وجود السواد غير موجود فى نفسه

[٥٣٨] شرح شيرازى: ١٨٥؛ حكمة الاشراق: ٥٦؛ شرح شهرزورى: ١٨٠: ٥ ‒ ٦

[٥٣٩] شرح شيرازى: ١٨٦؛ حكمة الاشراق: ٥٧؛ شرح شهرزورى: ١٨٢: ٩. متن **حكمة الاشراق** (٥٧) وجه آخر: هو أن مخالفى هؤلاء، أتباع المشائين، فهموا الوجود وشكّوا هل هو فى الاعيان حاصل، ام لا، كما كان فى اصل الماهية. فيكون للوجود وجود آخر ويلزم التسلسل. وتبيّن بهذا انّه ليس فى الوجود ماعين ماهية الوجود، فانّه بعد أن نتصوّر مفهومه، قد نشكّ فى انّه هل له وجود ام لا؟ فيكون له وجود زائد ويتسلسل.

ما٥٤٠ عين ذاته؛ الوجود يندفع الفرق بين الوجود وغيره، بأن حقيقة
الوجود والموجود وكنهه لا يمكن أن يتصوّر فى الذهن، وما حصل فى
الذهن من حقيقة الوجود والموجود هو مفهوم انتزاعى مصدرى، أو
مفهوم المشتق منه، وهو وجه من وجوهه. والعقل وجه الشىء، لا
يوجب تعقّل حقيقته بالكنه، فلا يلازم مما ذكره المصنّف. إلّا كون
الوجود العينى مغايرا لهذا المفهوم العقلى، ولم يدع أحد منهم أن هذا
المفهوم عين ما هو حقيقة الوجود، إلّا بمعنى أن ما هو حقيقة الوجود
مطابق لهذا المفهوم ومصداق للحكم به عليه بنفس ذاته.

[قوله]، قدّس سرّه: «فله نسبة إليها وللنسبة وجود، اه».٥٤١

[أقول]: وجوابه أنّ هذه النسبة غير موجودة فى الخارج، إنّما
الموجود أمر واحد من غير تركيب فيه من الجزئين ونسبة بينهما، أو
بين عارض ومعروض؛ إلّا أن للعقل أن يحلل الموجود العينى إلى حقيقة
الوجود. ومعنى آخر هو المسمّى «بالماهية»، وينسب أحدهما إلى
الآخر. فحصول النسبة بين الماهية والوجود إنّما يتحقّق فى الذهن دون
الخارج، لاتحادهما فيه. ثمّ إذا عاد النظر إلى وجود هذه النسبة العقلية
وماهيتها، بعد تحليل العقل إيّاهما، حصل نسبة أُخرى، والكلام فيه

٥٤٠ن: - ما؛ك؛ م؛ شرح شيرازى: ١٨٦: +ما

٥٤١ شرح شيرازى: ١٨٦؛ حكمة الاشراق: ٥٨؛ شرح شهرزورى: ١٨٣: ١٦-١٧.
متن حكمة الاشراق: (٥٨) وجه آخر: هو أنّه إذا كان الوجود للماهية، فله نسبة اليها،
وللنسبة وجود، ولوجود النسبة نسبة اليها، ويتسلسل إلى غير النهاية.

كالكلام فى الأوّل؛ لكن مثل هذا التسلسل لكونه فى الأمور الاعتبارية فينقطع بانقطاع اعتبار العقل إيّاه .

قوله ، قدّس سرّه : «إذا كان حاصلا فى الاعيان وليس بجوهر ، الخ» . ٥٤٢

[أقول]: قد مرّت الإشارة إلى أن حقيقة الوجود ليس بجوهر ولا عرض ، لأنّهما من المعانى الكلّية والمفهومات العقلية ، والوجود ليس له ماهية كلّية؛ لكن الماهيات متّحدة باتّحاد٥٤٣ الوجودات . فوجود الجوهر جوهر لا بجوهرية أُخرى؛ وكذا وجود العرض عرض لا بعرضية أُخرى؛ وكذلك وجود الإنسان مثلا ، فإنّ ما فى الخارج من الإنسان هو أمر واحد يصدق عليه أنّه موجود ، وأنّه كذا وكذا ، فهو بحسب الضرب الأوّل : حقيقة من حقائق الوجود ، ونحو من انحائه؛ وبحسب الضرب

---

٥٤٢ شرح شيرازى : ١٨٦؛ حكمة الاشراق : ٥٩؛ شرح شهرزورى : ١٨٤:١ ـ ٢ .
متن حكمة الاشراق : (٥٩) وجه آخر : هو انّ الوجود إذا كان حاصلا فى الاعيان وليس بجوهر ، فتعين أن يكون هيئة فى الشئ فلا يحصل مستقلا . ثمّ يحصل محله ، فيوجد قبل محله ولا أن يحصل محله معه إذ يوجد مع الوجود لا بالوجود ، وهو محال؛ ولا أن يحصل بعد محله ، وهو ظاهر؛ وايضا إذا كان الوجود فى الاعيان زائدا على الجوهر فهو قائم بالجوهر؛ فيكون كيفية عند المشائين لانّه هيئة قارة لا تحتاج فى تصورها إلى اعتبار تجزء واضافة إلى أمر خارج كما ذكروا فى حدّ الكيفية . وقد حكموا مطلقا أن المحل يتقدّم على العرض من الكيفيات وغيرها فيتقدّم الموجود على الوجود ، وذلك ممتنع . ثمّ لا يكون الوجود أعمّ الاشياء مطلقا ، بل الكيفية والعرضية أعمّ منه من وجه . وايضا إذا كان عرضا فهو قائم بالمحل؛ ومعنى انّه قائم بالمحل أنّه موجود بالمحل مفتقر فى تحقّقه اليه . ولا شكّ انّ المحل موجود بالوجود ، فدار القيام ، وهو محال . [تتمه در پانوشت آتى . م .]

٥٤٣م : بانحاء

الثانى: ماهية من الماهيات التى يمكن حصولها، تارة فى العقل، وتعرضها الكلّية؛ وتارة فى الخارج، ويعرضها التشخّص.

قوله، قدّس سرّه: «وايضا إذا كان فى الاعيان زائدا على الجوهر، الخ».[٥٤٤]

[أقول]: زيادة الوجود على الجوهر مثلا، ليست موجبة لقيامه بالجوهر، لأنّه معنى هذه الزيادة كون مفهوم الموجود عرضيا للماهية، كما أن مفهوم الحيوان عرضى للماشى وليس قائما به، فلا يلزم من ذلك كون الوجود عرضا حتّى يكون كيفا، أو غيره، على أنّك قد علمت أن هذه الزيادة فى التصوّر لا فى الوجود. وستعلم كيفية اتصاف الماهية بمطلق الوجود فى التصوّر.

قوله، قدّس سرّه: «ايضا إذا كان عرضا، فهو قائم بالمحلّ، الخ».[٥٤٥]

[أقول]: قد علمت ما فيه، فتذكر.

قوله، قدّس سرّه: «والخصم يقول نفس الماهية العينية من

---

[٥٤٤] شرح شيرازى: ١٨٧؛ حكمة الاشراق: ٥٩؛ شرح شهرزورى: ١٨٤: ٤ – ٥.

متن حكمة الاشراق: ومن احتج فى كون الوجود زائدا فى الاعيان بانّ الماهية أن لم ينضم اليها من العلة أمر فهى على العدم اخطأ يفرض مجرّدا يفرض ماهية، ثمّ يضم اليها وجودا والخصم يقول نفس هذه الماهية العينية من الفاعل، على أن الكلام يعود إلى نفس الوجود الزائد فى أنّه هلّ أفاده الفاعل شيئا آخر ام هو كما كان؟

[٥٤٥] شرح شيرازى: ١٨٨؛ حكمة الاشراق: ٥٩؛ شرح شهرزورى: ١٨٤: ٩ – ١٠

الفاعل، اه». ٥٤٦.

[أقول]: الماهية العينية مركّب عند العقل من الماهية وكونها عينية،
فأثر الفاعل أمّا نفس الماهية أو كونها عينية؛ لكن الأوّل لا يصلح أن
يكون للفاعل فيه تأثير، لأنّ نفس الماهية قد يتصوّر قبل تأثير الفاعل
وبعده، ويحكم عليها بأنّها هى هى، وهى من حيث هى هى لا
موجودة، ولا معدومة، ولا مجعولة، ولا لامجعولة، فبقى أن تأثير
الفاعل، بما هو فى كونها، عينية. وذلك لا يمكن إلّا بإفادة الفاعل أمرا
زائدا على الماهية، وهو المعنى عندهم بـ«الوجود».

وأمّا قوله، قدّس سرّه: «على أن الكلام يعود إلى نفس الوجود
الزائد فى أنّه هل أفادة الفاعل شيئا آخرا، وهو كما كان». ٥٤٧.

[أقول]: فالجواب أنّ: الوجود هو نفس الكينونة الخارجية التى
أفادها الفاعل لا شىء آخر، وليس له حصول قبل أفادة الفاعل ولا مع
قطع النظر عن أفادته إيّاه، كحال الماهية المتصورة فى حدّ نفسه مع قطع
النظر عن غيرها. فحقيقة كلّ وجود يقتضى لذاته الارتباط إلى فاعله
المقوّم إيّاه بخلاف الماهية، فأنّها لذاتها لا تقتضى التعقّل والارتباط بغير
الذى هو فاعل وجودها، إلّا من حيث الوجود. فالفقر والحاجة من
خواصّ الوجود المعلول، كما أنّ الغنى[هو] من خواص الوجود الذى لا

---

٥٤٦ شرح شيرازى: ١٨٨؛ حكمة الاشراق: ٥٩؛ شرح شهرزورى: ١٨٤:١٣.

٥٤٧ شرح شيرازى: ١٨٨؛ حكمة الاشراق: ٥٩: ص ١٨٤: ١٤–١٥.

علّة له. ومن الاشكالات القوية الواردة على عينية افراد الوجود ما ذكره المصنّف، قدّس سرّه فى «كتاب التلويحات»؛ وهو قوله: إن كان الوجود فى الاعيان صفة للماهية، فهى قابلة أمّا أن تكون موجودة بعده، فحصل الوجود مستقلا دونها، فلا قابلية ولا صفتية أو قبلية، فهى قبل الوجود موجودة أو معه، فالماهية موجودة مع الوجود لا بالوجود فلها وجود آخر، واقسام التالى باطلة[٥٤٨] كلّها، فالمقدّم كذلك»[٥٤٩]. والجواب عنه باختيار أنّ الماهية مع الوجود فى الاعيان، وما به المعيّة نفس الوجود الذى به هى موجودة بدون الافتقار إلى وجود آخر، كما أن المعيّة الزمانية الحاصلة بين الحركة والزمان الذى حصلت فيه، إنّما كانت بنفس ذلك الزمان بلا اعتبار زمان آخر، حتّى يكون للزمان زمان إلى [ما] لانهاية. ثمّ أن اتصاف الماهية بالوجود أمر عقلى، ليس كاتصاف الموضوع بسائر الصفات القائمة به حتّى يكون للماهية وجود ولوجودها وجودا آخر ثمّ يتصف أحدهما بالآخر، بل هما فى نفس الأمر واحد، بلا تقدّم بينهما، ولا تأخّر، ولا معيّة أيضا بالمعنى

---

[٥٤٨] ن: موجودة

[٥٤٩] رك: سهروردى «كتاب التلويحات اللوحية والعرشية: العلم الثالث»، مطبوع در «مجموعه مصنفات شيخ اشراق» جلد يكم مشتمل بر الهيات كتاب التلويحات وكتاب المقاومات وكتاب المشارع والمطارحات، به تصحيح و مقدمه هنرى كربن (تهران، ١٣٥٥)، ص ٢٢٣؛ سطر ٥ الى ٩: «ثم إذا كان الوجود فى الاعيان صفة للماهية فهى قابلة أمّا أن تكون موجودة بعده فحصل مستقلا دونها، فلا قابلية ولا صفتية، أو معه، فالماهية موجودة مع الوجود لا بالوجود فلها وجود آخر، و اقسام التالى كلّها باطلة، فلامقدّم باطل».

المذكور واتصافها به فى العقل. وتفصيل هذا الكلام ما ذكره بعض المحقّقين: من أنّه إذا صدر عن المبدء وجود كان لذلك الوجود «هويّة» مغايرة للأوّل؛ ومفهوم كونه صادرا عنه غير مفهوم كونه ذا هوية. فإذن ههنا أمران معقولان: أحدهما الأمر الصادر عن الأوّل، وهو المسمّى بـ«الوجود»؛ والثانى هو الهوية اللازمة لذلك الوجود، وهو المسمّى بـ«الماهية». فهى من حيث الوجود تابعة لذلك الوجود، لأنّ المبداء الأوّل لو لم يفعل شيئا لم يكن ماهية أصلا؛ لكن من حيث العقل يكون الوجود تابعا لكونه صفة لها، إنتهى [قولى فى باب هذا المطلب]. فالحقّ أن الماهية متحدة مع الوجود فى الواقع، نوعا من الاتحاد بمعنى أنّ الوجود الخارجى يصدق عليه أنّه موجود، وأنّه كذا وكذا، مثل إنسان أو فرس؛ لكن العقل إذا حلّل^{٥٥} شيئين حكم بتقدّم أحدهما بحسب الواقع، وهو الوجود، لأنّه الأصل فى الصدور عن الجاعل، والماهية متحدة معه محمولة عليه فى مرتبة ذاته، لا كالعرض المتأخر عن الماهية فى الوجود، ويتقدّم الآخر بحسب الذهن، وهى الماهية؛ لأنّها الأصل فى الاحكام الذهنية. وبالجملة مغايرة الماهية للوجود واتّصافها به، أمر عقلى ثابت فى الذهن، لا فى الخارج. وإن كانت الماهية فى الذهن أيضا غير منفكّ عن مطلق الوجود، إذ الكون فى العقل أيضا «وجود عقلى»، كما أن الكون فى الخارج «وجود خارجى»، لكن العقل من شأنه أن يأخذ الماهية، يلاحظها وحدها من

غير ملاحظة شىء من الوجودين، ويصفها به . فإن قلت: هذه الملاحظة أيضا نحو من انحاء وجود الماهية، فالماهية كيف تتّصف بهذا النحو من الوجود، أو بالمطلق الشامل له، مع مراعاة القاعدة الفرعية فى الاتصاف؟ قلنا: لهذه الملاحظة اعتباران؛ أحدهما اعتبار كونها تجريد الماهية عن جميع انحاء الوجود؛ وثانيهما اعتبار كونها نحو من انحاء الوجود . فالماهية، بأحد الاعتبارين، موصوفة بالوجود وبالآخر ملحوظة به غير موصوفة به . وهذا دقيق، على أن لنا مندوحة عن هذه الكلفة، حيث قرّرنا أن الوجود نفس ثبوت الماهية لا بثبوت شىء للماهية، حتّى يتفرّع على ثبوتها . وكان اطلاق لفظ «الاتّصاف» على الارتباط الذى بين الماهية والوجود على ضرب من التوسّع، أو الاشتراك؛ فان اتّصاف الماهية بالوجود من قبيل اتّصاف البسائط بالذاتيات، لاتّحادها به .

قوله، قدّس سرّه: «اعلم أن أتباع المشائين قالوا إنّا نعقل، الخ»[551].

---

[551] شرح شيرازى: ١٨٩؛ حكمة الاشراق: ٦٠؛ شرح شهرزورى: ١٨٤: ١٦. متن حكمة الاشراق: (٦٠) واعلم أن أتباع المشائين قالوا «انّا نعقل الإنسان دون الوجود ولا نعقله دون نسبة الحيوانية». والعجب أن النسبة الحيوانية إلى الإنسانية ليس معناها إلّا كونها موضوعة فيه، أمّا فى الذهن او فى العين. فوضعوا فى نسبة الحيوانية إلى الإنسانية وجودين: أحدهما للحيوانية التى فيه، والثانى ما يلزم من وجود الإنسانية حتّى يوجد فيها شىئ. ثمّ انّ بعض أتباع المشائين بنوا كلّ أمرهم فى الالهيات على الوجود. والوجود قد يقال على النسب إلى الاشياء، كما يقال: الشىئ موجود فى البيت، وفى السوق، وفى الذهن، وفى العين، وفى الزمان، وفى المكان؛ فلفظة «الوجود» مع لفظة «فى» فى الكلّ بمعنى واحد؛ ويطلق بازاء الروابط، كما يقال «زيد يوجد كاتبا». وقد يقال على الحقيقة

[أقول]: لا يخفى أن للموجودات، كالإنسان و غيره، شيئين:
شيئية الوجود، وشيئية الماهية؛ وكلّ منهما قد يكون بسيطا، وقد
يكون مركّبا. فأن أجزاء الشيء قد يكون اجزاءً لوجوده، كالمادّة
والصورة الخارجيين. مثل وجود الإنسان العينى المركّب من وجود البدن
ووجود النفس؛ وكالمادّة والصورة العقليتين، مثل وجود الإنسان
الذهنى المركّب من الحيوان٥٥٢ المأخوذ بشرط لا شيء، والناطق المأخوذ
بشرط لاشىء؛ وقد يكون أجزاء الماهية ومعناه مع قطع النظر عن
الوجود والعدم، كماهية الإنسان المتقوّم بحسب معناه من الحيوان
والناطق، مطلقين.

فقوله [شيخ الإشراق]: «نسبة الحيوانية إلى الإنسانية»،٥٥٣

[أقول]: ليس معناه إلاّ كونها موجودة فيه غير مسلّم، بل الذى
ذكره؛ إنّما يصحّ إذا اعتبر العقل وجود الإنسان على الوجه التفصيلى
المركّب، من وجود الحيوانية ووجود الناطقية. وهذا لا يناقض قولهم: إنّا
نعقل الإنسان دون الوجود، أى قد يعقله دون اعتبار الوجود، وحينئذ
لا ينفكّ عن اعتبار معنى الحيوانية دون اعتبار وجودها، وهكذا فى

_____

والذات، كما يقال « ذات الشيئ وحقيقته.ووجود الشيئ وعينه ونفسه »، فتؤخذ اعتبارات
عقلية وتضاف إلى الماهيات الخارجية، هذا ما فهم منه الناس. فان كان عند المشائين له
معنى آخر فهم ملتزمون ببيانه فى دعاويهم، لاعلى ما يأخذون من أنّه أظهر الاشياء، فلا
يجوز تعريفه بشيئ آخر.

٥٥٢ ن :– الحيوان

٥٥٣ شرح شيرازى: ١٨٩؛ حكمة الاشراق: ٦٠؛ شرح شهرزورى ١٨٤: ١٧

لوازم الماهيات . فان معنى الأربعة يلزمها معنى الزوجية، كما أن وجود الأربعة يستلزم وجود الزوجية. والفرق بين مقوّمات الماهية ولوازمها، بالتقدّم على الماهية والتأخّر عنها. وهذا التقدّم والتأخّر ليس بالوجود، بل بالمعنى والمفهوم. وقد أشار الشارح العلامة إلى هذا المقصد بقوله له : « لا يلزم من اقتضاء كون الحيوان فى الإنسان وجودهما أن لا يمكن تعقّل الإنسان دون وجوده على ما يخفى ». ٥٥٤

قوله ، قدّس سرّه : «الوجود قد يقال على النسب [إلى الاشياء]،
الخ». ٥٥٥

[أقول]: الوجود، لكون مفهومه، اشمل المفهومات صدقا، وحقيقته اشمل الحقائق تحقّقا وانبساطا، يعرض لكلّ شىء حتّى الاعدام، والملكات والإضافات، لكنّ لبعضها بالأصالة، ولبعضها بالتبعية، وفى بعضها أقوى وأشدّ، وفى بعضها أقوى وأنقص. وأقوى الوجودات الخارجية، الوجود الذى لا سبب له؛ وضعفها وجود الهيولى، واضعف منه وجود النسب والروابط، لأنّها تابعة فى الحصول للاشياء التى لها تاصّل فى الوجود. فقولنا: «الشىء موجود فى البيت»، معناه: له وجود، ولوجوده نسبة إلى البيت؛ لكن وجود نسبته غير وجوده فى نفسه، وكذا القياس فى نظائره من الامثلة. وكون

٥٥٤ شرح شيرازى : ١٨٩.

٥٥٥ شرح شيرازى : ١٩٠؛ حكمة الاشراق : ٦٠؛ شرح شهرزورى : ١٨٤: ٢١.

بعض افراد الوجود عقلية، أو ناقصة شبيهة بالعدم، لا يوجب كون
حقيقة الوجود اعتبارية عقلية محضة، كـ « الإمكان » و« الشيئية »،
ونظائرهما .

وأمّا قوله [شيخ الإشراق]: «فلفظة «الوجود» مع لفظة «فى» فى
الكلّ، بمعنى واحد». ٥٥٦

[فأقول]: فليس كذلك . بل الوجود فى بعضها من باب « الأين »،
وفى بعضها من باب « متى »، وفى بعضها من مقولة « الكيف »، وفى
بعضها من مقولة « الوضع ». ومنشاء اختلاف هذه المعانى: الجوهر
والعرضية واجناسها وانواعها واشخاصها، اختلاف الوجود « فى ذاته »
بحسب القوّة، والضعف، والكمال، والنقص، والتقدّم، والتأخّر،
والحاجة، والغنى . قال الشيخ الرئيس: أن الوجود فى ذوات الماهيات لا
يختلف بالنوع، بل أن كان اختلاف، فبالتأكّد والضعف . وإنّما يختلف
ماهيات الاشياء التى تنال الوجود بالنوع، وما فيها من الوجود غير
مختلف . فأنّ الإنسان يخالف الفرس بالنوع لأجل ماهيته لا وجوده .

قوله ، [شيخ الإشراق]: «ويطلق بازاء الرابطة، اﻫ». ٥٥٧

[أقول]: يمكن إرجاع الرابطة إلى نحو من انحاء الوجود؛ وهو كون

---

٥٥٦ شرح شيرازى: ١٩٠؛ حكمة الاشراق: ٦٠؛ شرح شهرزورى: ٢: ١٨٥

٥٥٧ شرح شيرازى: ١٩٠؛ حكمة الاشراق: ٦٠؛ شرح شهرزورى: ٢: ١٨٥

الشىء على صفة،٥٥٨ كوجود الاعراض وغيره، ممّا يكون وجودها فى
أنفسها بعينه وجودها لغيرها؛ ويمكن أن يكون اطلاق الوجود عليها
بالاشتراك اللفظى؛ ولا يلزم من كون الرابطة أمرا عقليا، أن يكون
الوجود المحمول كذلك على التقديرين: أمّا على تقدير الاشتراك
اللفظى، فظاهر؛ وأمّا على التقدير الآخر.٥٥٩ فلمّا علمت أنّه مشكّك،
والمشكّك قد يكون متفاوت الحصول كمالا ونقصانا بحسب اصل
حقيقتة، سيّما على مذهب المصنّف، من أن التفاوت قد يكون
بحسب اصل الماهية

قوله، قدّس سرّه: «فهم ملتزمون ببيانه فى دعاويهم، اه».٥٦٠

[أقول]: هذه الدعوى ممّا بيّنوه فى كتبهم. قال بهمينار فى
«كتاب التحصيل»: «أنّ بعض الوجود أقوى وبعضه أضعف. فبيّن أنّه
لا يصحّ أن يقال أنّ الوجود عامّ يحمل، مثلا، على وجود الإنسان
والحمار والفلك بالتساوى؛ وستعلم أنّ بعض الاجسام متقدّم على
بعض. ومعنى ذلك أن وجود تلك الاجسام على وجود غيرها لأنّ
الجسمية متقدّمة على الجسمية، وكذلك إذا قلنا: أنّ العلّة متقدّمة
على المعلول، فمعناه أنّ وجودها متقدّم على وجود المعلول. وكذلك

٥٥٨ م: حقيقة

٥٥٩ ن: −الآخر؛ ك: شرح شيرازى: ١٩٠: +الآخر

٥٦٠ شرح شيرازى: ١٩١: حكمة الاشراق: ٦٠؛ شرح شهرزورى: ١٨٥:٦

إذا قلنا: أنّ الاثنين متقدّم على الأربعة، وامثالها. فأنه أن لم يعتبر الوجود، لم يكن تقدّم ولا تأخّر. فالمتقدّم والمتأخّر، وكذلك الأقوى والأضعف، كالمقوّمين للوجودات [أى الموجودات]، إنتهى كلامه » [٥٦١].

[أقول]: وفيه بيان أن الوجود ذا افراد عينية بوجهين:

أحدهما بكونه أقوى وأضعف، ولو كان أمرا عقليا يكون تعدّده بمجرّد الإضافة إلى الاشياء، كما فى خصص النوع الواحد مما عرض له الاختلاف بالقوّة والضعف. وليس لاحد أن يقول: القوّة والضعف حالتان للمعانى والمفهومات لا للوجودات، حتّى يكون مفهوم الإنسان أقوى من مفهوم البعوضة مع قطع النظر عن وجوديهما، لأنّه معلوم الفساد. فمَن قال: أن مفهوم العقل من مفهوم النفس، فقد خرج عن الانصاف.

وثانيهما بكونه علّة ومعلول؛ والأمر الانتزاعى لا يكون مؤثرا ومتأثرا، وليس لأحد أيضا أن يقول: بعض الماهيات علّة لبعض، لأنّ ذلك، وإن سلّم، فى أجزاء القوام بحسب المعنى، لكن فى علل الوجود، كالفاعل والغاية والشرائط غير صحيح. وكون الماهية علّة ومعلولا فى كثير من المواضع، معلوم الفساد، مثل كون بعض الاجسام علّة لبعض، كالفلك للعناصر، والعناصر للمركّبات، والنطفة للحيوان، والبذر

---

[٥٦١] رك: بهمنيار بن المرزبان « كتاب التحصيل: الكتاب الثانى: فى العلم الموسوم بعلم ما بعد الطبيعة: المقالة الاولى: فى الوجود »، تصحيح وتعليق مرتضى مطهرى (تهران: انتشارات دانشكده الهيات ومعارف اسلامى، ١٣٤٩)، ص ٢٨١ به بعد.

للنبات .

وقال [بهمنيار] أيضا فى « [كتاب] التحصيل » : «وبالجملة فالوجود حقيقته أنّه فى الاعيان، لا غير، وكيف لا يكون فى الاعيان ما هذه حقيقته؟ والفاعل، إذا أفاد الوجود، فأنه يوجب الوجود؛ وايجاب الوجود هو أفادة حقيقته، لا أفادة وجوده . فأنّ للوجود حقيقة وماهية، وكلّ ماهية مركّبة، فلها سبب فى أن يتحقّق تلك الحقيقة لا فى حمل تلك الحقيقة عليها، إنتهى » .[٥٦٢]

[أقول]: ولا يخفى ما فيه من بيان كون الوجود ذا حقيقة فى الاعيان من وجهين أيضا:

أحدهما، أن حقيقة كلّ شىء غير الوجود ليس بنفسه، بل بوجوده الخاصّ به أو كثيرا ما يتصوّر الشىء، ولا يعلم وجوده، فليس موجوديته بنفسه بل بوجوده . فالوجود أحقّ الاشياء بأن يكون ذا حقيقة .

وثانيهما، أن الجاعل إذا أفاد شيئا غير الوجود، فقد أفاد وجوده لا نفسه، لأنّ نفسه لا يتعلّق بجعل جاعل وتأثير مؤثر، وإلّا لما أمكن تصوّر حدّ الشىء ومفهومه قبل الجعل . لكنّا نتصوّر ماهيات قبل جعلها وبعد الجعل أيضا نتصوّرها من غير تعلّقها بالجاعل مجردة عن غيرها . وأمّا إذا أفاد الفاعل وجودا، فقد أفاد نفسه وحقيقته، لأنّ

---

[٥٦٢] رك : بهمنيار بن المرزبان «كتاب التحصيل : الكتاب الثانى : فى العلم الموسوم بعلم ما بعد الطبيعة : المقالة الاولى : فى الوجود»، تصحيح وتعليق مرتضى مطهرى (تهران : انتشارات دانشكده الهيات ومعارف اسلامى، ١٣٤٩)، ص ٢٨٠ به بعد .

حقيقته هى بعينها كون الشىء فى الاعيان أو فى الاذهان؛ فلا يمكن
أن يتصوّر أحد حقيقة الوجود إلاّ بصريح المشاهدة، كما مرّ ذكره . وهذا
المطلب مما يستفاد من كتبهم وكلماتهم . ولنا أيضا براهين وحجج قوية
على هذا المطلب ذكرناها فى كتبنا و«اسفارنا» [و] تركنا ذكر الجميع
ههنا مخافة التطويل، ومما يجب أن يعلم فى هذا المقام لزيادة البصيرة أن
جهة الاتحاد فى الاحكام الصادقة على شيئا هى الوجودية المتحدة أن لا
يمكن أن يكون كلّ منهما موجودا بالأصالة، وإن لم يكونا متحدين
فجهة الاتحاد أمر حقيقى ينسبان إليه؛ ففى حمل الوجود على الماهيات،
كـما فى قولنا «الانسـان موجود» و«الفلك موجود» أمّا أن يكون
الوجود أمرا حقيقيا، والماهيات أمورا انتزاعية واحكاما عقلية، أو
بالعكس كما ذهب إليه المصنّف ومَن تبعه . لكن الحقّ هو الأوّل عندنا؛
فالوجود العينى، وإن كان حقيقة واحدة نوعية بسيطة لا جنس له ولا
فصل ولا يعرض له العموم والكلّية والجزئية، وإنّما له التعدّد والتفاوت
والتقدّم والتأخّر والتعيين من قبل ذاته، لا بأمر خارج، إلاّ أنّه مشترك
بين الماهيات وهى متحدة به، وهو بذاته منشاء الانتزاع الموجودية التى
هى من المفهومات الشاملة، كالشيئية الممكنية والمعلومية[563] المشترك
بين الاشياء؛ فالحقيقى مشترك بين الحقائق على نحو آخر، ومع اشتراكه
يكون فيها بالتفاوت . والانتزاعى منه يعرض له العموم والكلّية، ويكون
نسبته إلى الاشياء بالإضافة، لا بالاتحاد؛ والحقيقى منه ظاهر بذاته،

---

[563] م: المعلولية

بجميع انحاء الظهور ومظهر لغيره به يظهر الماهيات، وله، ومعه، وفيه .
إذا الوجود قد يكون عارض لوجود آخر، والوجود كله نور، والنور
العارض نور على نور. والمصنّف أيضا، قدّس سرّه، ليس بمحجوب عن
حقيقة الوجود فى معظم الموجودات، كالواجب تعالى، والعقول،
والنفوس، وغيرها، بحسب المفاد والمعنى .حاشاه من ذلك، إلاّ أنّه يدلّ
لفظ «الوجود» بـ«النور»، ولولا ظهور الوجود فى الاكوان والماهيات
لكانت باقية فى حجاب العدم، وظلمة الاختفاء؛ فى حدود انفسها،
هالكات الذوات، مظلمات الهوية. فظهور الوجود فى كلّ مرتبة،
وتنزّله إلى كلّ منزلة، يوجب ظهور مرتبة من مراتب الإمكانات، وعين
من الاعيان الثابتة، التى ما شمّت رائحة الوجود أزلا وأبدا. وكلما كان
مراتب النزول أكثر، كان ظهور الاعدام، وظلمات بصفة الوجود ونعت
الظهور، أكثر؛ واحتجاب عين الوجود باعيان المظاهر والمجابى، أشدّ
وأخفى . ولو لم تكن المدارك البشرية ضعيفة قاصرة عن إدراك الاشياء
كما هى، لكان ينبغى أن يكون ما وجوده أقوى ظهوره على القوى
الدرّاكة، أقوى وحضورها لديها أجلى . ولما كان واجب الوجود من
فضيلة الوجود وسطوع النور فى أعلى المراتب، فيجب أن يكون وجوده
أظهر الاشياء عندنا، كما ادّى إليه البرهان. لكن قد نجد الأمر على
خلاف ما علمنا بالبرهان. إذ نجد الاجسام أظهر منه تعالى وجودا على
كثير من الاذهان، فعلمنا أن هذا من جهتنا، لا من جهته؛ وذلك
لضعف عقولنا، وانغماسها فى المادّة، وملابستها للاعدام والظلمات،

فبطونه عنّا من جهة غاية ظهوره. وإنّما بسّطنا الكلام فى هذه المسئلة،
وإن كان ما تركناه أكثر لعزّتها وشرفها وغموضها، وهى من اهمّ
المقاصد وأولاها بان يصرف الوكد فى تحصيلها. شعر:[٥٦٤]

لئن كان هذا الدمع يجرى صبابة   على غير ليلى فهو دمع مضيع

[قوله]، قدّس سرّه: «واعلم أن الوحدة أيضا ليست بمعنى زائد،
الخ».[٥٦٥]

[أقول]: الوحدة أيضا، كالوجود، له مفهوم عام بديهى التصوّر غير
قابل للتعريف لغاية ظهورها وعمومها؛ وله أيضا حقيقة قابلة للشدّة
والضعف، والتقدّم والتأخّر، ومفهومها غير مفهوم الوجود وحقيقتها
حقيقة الوجود، ولهذا متساويان فى الصدق على الاشياء يدور أحدهما
مع الأخرى حيث ما دارت. وكلّ ما يقال عليه: «أنّه موجود»، يقال

---

[٥٦٤] م: ـ شعر

[٥٦٥] شرح شيرازى: ١٩٢؛ حكمة الاشراق: ٦١؛ شرح شهرزورى: ٣:١٨٨ در
چاپ سنگى در ترتيب اشتباه شده. متن حكمة الاشراق: (٦١) واعلم انّ الوحدة ايضا
ليست هى بمعنى زائد فى الاعيان على الشئ، والا لكانت الوحدة شيئا واحدا من الاشياء،
فلها وحدة. وايضا يقال: واحد وآحاد كثيرة، كما يقال: شئ واشياء كثيرة. ثمّ الماهية
والوحدة التى لها إذا أخذتا شيئين فهما اثنان: أحداهما الوحدة، والآخر الماهية التى هى
لها؛ فيكون لكلّ واحد منهما وحدة فيلزم منه محالات، منها «اثنان» يكون
للماهية دون الوحدة وحده، ويعود الكلام متسلسلا إلى غير النهاية، ومنها أن يكون
للوحدة وحدة ويعود الكلام، فتجتمع صفات مترتبة غير متناهية. وإذا كان حال الوحدة
كذا، فالعدد ايضا أمر عقلى، فان العدد إذا كان من الآحاد والوحدة صفة عقلية فيجب أن
يكون العدد كذلك.

عليه: «أنّه واحد»، ويوافق الوحدة الموجود فى القوّة والضعف. فكلما

[كان] وجوده أقوى، كانت وحدانية أقوى. ولذلك ربّما ظنّ أن المفهوم

فى كلّ منهما واحد، وليس كذلك. وإلّا لكان مترادفين لفظا، بل هما

واحد بحسب الذات، متغايران بحسب المفهوم. والوحدة،كالوجود،

زائدة على الماهيات عقلا غير مقوّمة لشىء من الماهيات، وهى متحدة

مع وجودها؛ وكيفية عروضها للماهيات للكيفية عروض الوجود،

إيّاها. فيجب أن يتأمل ما أسلفناه فى «باب الوجود»، حتّى يتبيّن لك

أن سبيل عروضها «ماذا». ولقائل أن يقول حسبما وجد فى « كتاب

الشفاء»: أن الوحدة مغايره للوجود؛ لأنّ الكثير، من حيث هو كثير،

موجود؛ ولا شىء من الكثير، من حيث هو كثير، بواحد. ينتج: فليس

كلّ موجود، من حيث أنّه موجود، بواحد فإذن الوحدة مغايرة للوجود.

نعم! يعرض للكثير وحدة وخصوصية، لا أنّه يعرض الكثرة لما عرضت

له الوحدة. فيقال له: أن اردت بالحيثيّة المذكورة فى المقدمتين، ما يراد

منه مباحث الماهية للفرق بين الذاتى والعرضى، فالصغرى ممنوعة. لأنّ

الكثير بهذا المعنى، لا موجودة، ولا معدومة؛ وإن أردت بأن الموصوف

بالكثرة موجود فى الواقع، بوجه من الوجوه، فالكبرى إذ كما أنّه

موجود فى الجملة فلها أيضا وحدة فى الجملة، كالعشرة الواحدة. فإن

قلت: أن هذه الوحدة عرضت للكثرة، لا لما عرضت له الكثرة،

فموضوعاهما متغايران؛ مثلا العشرة عارضة للجسم، والوحدة عرضة

للعشرة، من حيث أنّها عشرة. فههنا شيئان: الكثرة وموضوعها،

والوحدة لتلك الكثرة، فوحدة الكثرة لا تناقض تلك الكثرة لعدم اتحاد الموضوع بخلاف وحدة موضوع الكثرة. فأنّها تنافى كثرته مع اتحاد الزمان، ولا تنافى وجوده، فثبت المغايرة. قلنا: ما ذكرت لا يدلّ على مغايرة الوحدة المطلقة للوجود المطلق، ونحن نقول لكلّ وجود وحدة يناسبه، ولكلّ وحدة وجود يناسبها. فقولك الكثير، من حيث هو كثير، موجود؛ أمّا أن يكون معناه[566] أنّه موجود بوجودات متعدّدة، فكذلك أيضا له وحدات كثيرة، أو أن للعقل أن يعتبرها موجودا؛ فكذلك للعقل أن يعتبرها واحدة، أو أن مادّتها التى عرضت لها الانقسام موجودة، وليس معناه أن لها صورة موجودة غير صُور الافراد، لكانت له وحدة أُخرى غير وحدات الآحاد لا يقال المراد مفادّ القضية الوضعية؛ وهو أن الكثير، بشرط الكثرة، موجود بنحو من الانحاء، ولا يمكن اتّصافه بالوحدة المقابلة لها للمنافات بينهما؛ وحاصله أن صفة الوحدة تنافى صفة الكثرة، والوجود لاينافيها. قلنا: لكلّ كثرة وحدة يقابلها وحدة أُخرى، كما أن لكلّ وجود عدم يقابله، ولا يقابله عدم غيره. وما ذكرتم لا يدلّ إلاّ على المغايرة بين نحو من الوجود، ونحو من الوحدة وهذا ليس بصائر.

قوله [قدّس سرّه]: «ثم الماهيـة والوحـدة التى لهـا إذا أُخـذتا

---

566 ن: ــ معناه

شیئین، ۱ه». ۵٦۷

[أقول]: هما شیئان بحسب المعنى والمفهوم، واحدة بحسب
الوجود والعین. فان للعقل أن یحلّل الواحد إلى مفهوم الواحد وأمر
آخر، كانسان، أو فرس، وحینئذ یكون لكلّ منهما عند هذا الاعتبار
وحدة أُخرى، ویعود الاعتبار. لكن هذا التسلسل، لكونه اعتباریا،
ینقطع لا محالة بانقطاع الاعتبار العقلی؛ وما احتج به المصنّف فی غیر
هذا الكتاب على «اعتباریة الوحدة» وكونها عقلیة محضة، ما ذكره
فی «المطارحات» فی مباحث «النفس» جوابا عن النقض الوارد على
برهان تجرّد النفس من جهة كونها محلا للمعقول الغیر المنقسم، ۵٦۸
فیكون غیر منقسمة بوحدة الجسم مع كون محلها، وهو الجسم
منقسم. فقال: «وحدة الجسم أمر عدمی وجودها فی العقل، إذ لو
كانت الوحدة المضافة إلى الجسم موجودة فی الاعیان لكانت عرضا فیه،
والعرض الثابت فی الشیء لا یبطل بتوهّمنا. فنقول: إذا توهّمنا انقسام
الجسم إلى جزئین معینین، ویشیر إلى كلّ جزء موهوم منهما. فهل فیه
شیء من وحدة الجسم، أو كلّ وحدة الجسم؛ أو لیس فی أحدهما
الوحدة، ولا شیء منهما لا یتصور أن یكون فی كلّ جزء من الوحدة
الخارجیة، فیكون الوحدة لها جزء. والوحدة لا یتصوّر أن یكون لها

---

۵٦۷ شرح شیرازی: ۱۹۳؛ حكمة الاشراق: ٦۱؛ شرح شهرزوری: ۱۸۸:٥.

۵٦۸ ن:- المنقسم

جزء، ولا فى كلّ جزء وحدة الجسم واحدا بوحدتين، بل بآحاد غير متناهية على حسب إمكان توهّم القسمة. ثمّ لا يكون صفة الشىء فيه، بل فى جزئه، إذ لم يتصوّر فى كلّ جزء موهوم شىء من الوحدة العينية، ولا جزئها ولا كلّها. فليس للوحدة فى الاعيان وجود أصلا، بل هى صفة عقلية، إنتهى كلامه [من الكتاب المشارع والمطارحات]». [٥٦٩] [أقول]: وفيه ما فيه. والحقّ [٥٧٠] كما وقعت الإشارة إليه، من أن وحدة الجسم صورته الاتّصالية، واتّصالها عين وجودها، فهو جوهر وليست بعرض فيه. وهذه الوحدة فيها قوّة الكثرة كما أن الصورة الاتّصالية فيها قوّة الانفصال. وبالجملة وحدة الجسم بعينه وجوده لا أنّها صفة زائدة عليه، فهى كوجوده أمر عينى؛ كما حقّقناه. وفيها إمكان الكثرة خارجا، وهما كما فى وجود قوّة الفساد كذلك، ولهذا احتيج إلى مادّة، كالهيولى الأولى؛ فذلك لضعف وجود الجسم ونقص وحدته، حيث أن كلا منها مشوب بمقابله مستعد لطريان نقيضه. فلا بعيد أن يكون الوحدة الاتّصالية ذات اجزاء، بالقوّة أو بالفعل، بالمعنى الذى يحوج إلى إثبات مادّة غير متّصلة ولا منفصلة.

---

[٥٦٩] اين قسمت ا ز «كتاب المشارع والمطارحات»، كه شامل در «العلم الثانى: فى الطبيعى» ميباشد هنوز به چاپ نرسيده است؛ نسخه خطى برلين در دسترس اينجانب است. اما، رك: سهروردى «كتاب المشارع والمطارحات: العلم الثالث»، مطبوع در «مجموعه مصنفات شيخ اشراق»، جلد دوم، صص ٣٤٠؛ ٣٦٥ به بعد.

[٥٧٠] ن: ــ والحق

قوله: «فالعدد أيضا أمر عقلى، اه».^{٥٧١}

[أقول]: هذا حقّ؛ لا لكون الوحدة غير موجودة، بل لأنّ ما فى الخارج لا يكون إلّا متعيّنا واحدا شخصيا، فالكثير لا وجود له فى الخارج غير وجودات الآحاد. وأمّا الهيولى إذا قبلت الانفصالات الفلكية، فذلك لأنّها ضعيفة الوجود، كالكلّى الطبيعى ونحوه، فوحدتها فى الحقيقة وحدة عقلية يجامع الكثرة العينية، كالطبيعة النوعية والجسمية المشتركة بين الاقسام الخارجة بحسب العقل، فتأمّل.

قوله، قدّس سرّه: «فمجموع الأربعية ليس له محل غير العقل، اه».^{٥٧٢}

[أقول]: الأربعة، وكذا كلّ عدد وكثرة، لها اعتباران: اعتبار كونها نوعا من انواع العدد، واعتبار كونه كثرة. فهى باعتبار الأوّل أمر واحد له حدّ نوعىّ، لكن نحو وجودها إنّما يكون فى العقل. وبالاعتبار الثانى

---

^{٥٧١} شرح شيرازى: ١٩٣؛ حكمة الاشراق: ٦١؛ شرح شهرزورى: ١٨٨: ١٠.

^{٥٧٢} شرح شيرازى: ١٩٣؛ حكمة الاشراق: ٦١؛ شرح شهرزورى: ١٨٩: ٩. بند ٦٢ از متن حكمة الاشراق در تعليقات نيامده در اين پانوشت آوردها ايم ؛ متن حكمة الاشراق: (٦٢) وجه آخر: هو أن الاربعة إذا كانت عرضا قائما بالانسان مثلا فأمّا أن يكون فى كلّ واحد من الاشخاص الاربعية تامة، وليس كذا؛ او فى كلّ واحد شئ من الاربعية، وليس إلّا الوحدة، فمجموع الاربعية ليس له محل غير العقل او ليس فى كلّ واحد من الاربعية ولا شئ منها افليست على هذا التقدير ايضا فى غير العقل. فظاهر انّ الذهن إذا جمع واحدا فى الشرق إلى آخر فى الغرب، فيلاحظ الاثنينية. وإذا رأى الإنسان جماعة كثيرة، أخذ منهم ثلاثة واربعة وخمسة بحسب ما يقع النظر اليه وفيه بالاجتماع. فياخذ ايضا فى الاعداد مئة ومئات وعشرة وعشرات ونحوهما.

موجودة فى الخارج بوجودات الآحاد فوجودها بوجودات الآحاد ليس غيرها، ولعل مراد الحكماء بقولهم ان الكثرة موجودة فى الخارج.[٥٧٣] هذا المعنى، ومن قال أنّها غير موجودة إلّا فى العقل، أراد ما ذكرناه. وكلا القولين حقّ من أهله.

قــولــه، قـدّس سـرّه: «واعلم أن الإمكان للشىء مـتـقـدّم على [وجوده[٥٧٤]]، الخ».[٥٧٥]

[أقول]: صفات الاشياء على ضربين: صفة الوجود، كالسواد والبياض وغيرهما؛ وصفة الماهية بما هى هى، كالكلّية والجزئية والذاتية

---

[٥٧٣] ن: ‐بوجودات الآحاد ليس غيرها، ولعل مراد الحكماء بقولهم ان الكثرة موجودة فى الخارج

[٥٧٤] ن: غيره؛ ك؛ م؛ شرح شيرازى: ١٩٣: وجوده

[٥٧٥] شرح شيرازى: ١٩٣؛ حكمة الاشراق: ٦٣؛ شرح شهرزورى: ٧: ١٩٠. متن حكمة الاشراق: (٦٣) واعلم أن الإمكان للشىء متقدّم على وجوده فى العقل فان الممكنات تكون ممكنة، ثمّ توجد ولا يصح أن يقال أنّها توجد، ثمّ تصير ممكنة. والإمكان بمفهوم واحد يقع على المختلفات. ثمّ هو عرضى للماهية وتوصف به الماهية فليس الإمكان شيئا قائما بنفسه وليس بنفسه بواجب الوجود، إذ لو وجب وجوده لقام بذاته بنفسه؛ فما افتقر إلى اضافة إلى موضوع. فيكون ممكنا إذن، فإمكانه يعقل قبل وجوده. فانّه ما لم يمكن أوّلا، لا يوجد فليس إمكانه هو، ويعود الكلام هكذا إلى إمكان إمكانه إلى غير النهاية فيفضى إلى السلسلة الممتنعة لاجتماع آحادها مترتبة.

وكذا الوجوب فان الوجوب صفة للوجود. فإذا زاد عليه ولم يقم بنفسه فهو ممكن؛ فله وجوب وامكان فيذهب اعداد إمكاناته ووجودياته مترتبة إلى غير النهاية. ووجوب الشئ يكون قبله فلا يكون هو ما إذ «يجب ثمّ يوجد» ولا «يوجد ثمّ يجب» ثمّ للوجود وجوب وللوجوب وجود، وهكذا يلزم سلسلة أُخرى من تكرار الوجود على الوجوب والوجوب على الوجود غير متناهية، وهى ممتنعة لما سبق.

والعرضية، وكلما هو من القبيل الثانى فطرق عروضه الذهنى والإمكان
سيّما الإمكان الذاتى من هذا القبيل، لأنّ معناه لا ضرورة الوجود
والعدم بالنظر إلى ذات الشىء وماهيته. وقد مرّ أن ماهية الشىء متقدّم
على وجوده فى الذهن، وكذا صفات الماهية واحوالها الذاتية قبل
وجودها واحوال وجودها، بل كلّ شىء متقدّم فى نفسه بالقياس إلى
نفسه على ثبوت غيره له لأنّ ثبوت غيره فرع ثبوته فى نفسه.
والإمكان حال الماهية فى نفسها بالقياس إلى غيرها من حيث هو
غيرها، أعنى الوجود فى طرق التحليل والتجريد، فيكون ثبوته للماهية
متقدّما على ثبوت الوجود لها، لهذا قيل أنّ الإمكان من الصفات
السابقة على الوجود بعدة مراتب لصحة قولك: أمكنت فاحتاجت،
فأوجبت فوجبت، فأوجدت فوجدت. فتقدّم إمكان الماهية على
وجودها بخمس مراتب اعتبارية هى: الاحتياج. والايجاب، والوجوب،
والايجاد والوجود؛ لا يقال الايجاب والايجاد من احوال علّة الماهية لا
من احوالها، لأنّا نقول بل هما من اوصاف الماهية أيضا بالقياس إلى
علّتها من باب وصف الشىء بحال يتعلّق به؛ فظهر مما ذكرنا أن
الإمكان الذاتى ليس من باب الاحوال الخارجية للاشياء. فالقضية
المعقودة منه كقولنا «الإنسان ممكن ذهنية» بخلاف قولنا «الإنسان
موجود» فأنّها خارجية بمعنى أن مصداق الحكم به واقع فى الخارج، لأنّ
شيئا واحدا يصدق عليه أنّه إنسان وأنّه موجود، بل وجود وليس فى
الخارج شىء يصدق عليه أنّه ممكن أو إمكان تعمّ الموصوفية والصفتية

بين الماهية ومفهوم الوجودية، إنّما يكونان فى طرفى الذهن فقط، وكذلك حمل الذاتيات فافهم.

قوله، قدّس سرّه: «وكذا الوجوب فأنّ الوجوب صفة الوجود، الخ». ٥٧٦

[أقول]: كلّ من لفظى الإمكان والوجوب قد يؤخذ معناه على أنّه صفة الماهية، وقد يؤخذ على أنّه صفة الوجود. فإذا أخذ الإمكان صفة الماهية يكون معناه إلى ٥٧٧ ضرورة الوجود والعدم، ويكون لا محالة اعتبارا عقليا موجودة فى الذهن، كما مرّ. وكذا إذا أخذ صفة الوجود بالقياس إلى الماهية يكون مرجعه أيضا حال الماهية. وأمّا إذا أخذ صفة للوجود فى نفسه فلا يصحّ أن يكون معناه ذلك المعنى، بل الصحيح أن يكون المراد منه كون الوجود متعلقا بغيره أو محمولا له فاقرا إليه لكونه ضعيفا ناقصا كما هو مذهب الشيخ [السهروردى]، قدّس سرّه، فى إمكان الماهيات بحسب تعلّقها بجاعلها التام بناء على ما رأه من مجعولية أصل الماهيات بالجعل البسيط. وكذا الوجوب إذا أخذ على أنّه حال الماهية بالقياس إلى وجودها الزائد عليها، أو حال وجودها بالنسبة إليها فى طرف التحليل العقلى فيكون أمرا اعتباريا ذهنيا. وأمّا إذا نسب إلى الوجود العينى فى نفسه فلا يصحّ أن يكون صفة ذهنية

---

٥٧٦ شرح شيرازى: ١٩٤؛ حكمة الاشراق: ٦٣؛ شرح شهرزورى: ١٩١: ١٠.

٥٧٧ م: لا

بل معناه الوجود المتأكد بذاته أو بغيره فيكون وجوب كلّ وجود عينه.
والوجود الواجبى محض الوجوب والغنى، وكذا الوجودات الفاقرة
الذوات باعتبار ارتباطها إلى سنخ الوجود لها وجوب وغنى، ولها
باعتبار قصور ذواتها إمكان وفقر ومراتب الوجوبات متفاوتة شدّة
وضعفا، كالوجودات مع اتحاد المعنى فيكون الوجوب كالوجود أمرا
عينيا زائدا على الماهيات.

قوله، قدّس سرّه: «ووجوب الشىء [يكون] قبله، اه». ٥٧٨.

[أقول] إذا نسب الوجود إلى الماهية يكون قبل وجودها؛ لما مرّ
سابقا أن الماهية ما لم تجب لم توجد. وأمّا قوله [السهروردى] «**ثم
للوجود وجوب**» ٥٧٩ أن أراد المفهوم العقلى منه فهو زائد فى التصوّر
عليه لكنه عين فى التحقيق كما علمت. واعلم أن كثيرا من المفهومات
كالوجوب والوجود والوحدة والعرضية واللزوم وما يجرى مجراها يمكن
القول بأنّها أمور خارجية لكونها عين حقائق عينية، بمعنى أن تلك
الحقائق بعينها مصداق الحكم بتلك المفهومات عليها بالذات. ولها
أيضا صورة ذهنية انتزاعية بتكرر اعتبار نوعها وتتضاعف نسبة كلّ فرد
منها إلى مثلها؛ إذ للعقل أن تعتبر لمفهوم وجود أو لوجوده وجودا آخرا،
وكذا للوجوب وجوبا ولوجوبه وجوبا آخر وكذا لكل منهما اتصاف

---

٥٧٨ شرح شيرازى: ١٩٥؛ حكمة الاشراق: ٦٣؛ شرح شهرزورى: ١٩١: ١٢

٥٧٩ شرح شيرازى: ١٩٥؛ حكمة الاشراق: ٦٣؛ شرح شهرزورى: ١٩١: ١٤

عند العقل بالآخر وللاخر اتصاف به، وهكذا تتضاعف الاعتبارات وتترادف متسلسلة متشابهة أو متشابكة، لكنها تنقطع بانقطاع العقل ومصداق هذه الاعتبارات المتضاعفة قد يكون ذات واحدة بسيطة، من غير مشوب تركيب عينى أو ذهنى أصلا.

قال الشارح العلامة: «إذ لو اتحد الجعلان لامتنع بقاء الجسم مع زوال النفس النامية، اه». ٥٨٠.

[أقول]: قد ذهب المصنّف ومن وافقه إلى أن الجنس والفصل فى المركّبات الخارجية موجودان بوجودين مجعولان بجعلين. مستدلّين بأنّه لو اتحد الجعل والوجود لهما لما امكن بقاء الجنس مع زوال فصله عنه، لكنه باق، كالشجر إذا قطع والحيوان إذا مات، زال فصله وبقى جنسه القريب والبعيد.

قال المصنّف فى «المطارحات» فى المشرع الثالث من الالهيات: «وليس بصحيح قولهم: أنّ الحيوان إذا مات إذا صار الجسمُ الذى كان مع النفس غير ما بقى بعد الموت، بل فى الحقيقة الجسم من حيث جسميته باق، كما كان مع النفس، بل ربّما لا يسمّى بدنا أو جسما بدنيا أو حيوانا، فبطل تخصّصه بعلاقة النفس. أمّا أنّ الهوية ليست تلك الهوية فكلام مختل، وهو قريب من تحكمات المتكلّمين كرأيهم

فى استحالة بقاء الاعراض والتفكيك والفطرة، وغير ذلك، إنتهى ». [٥٨١]

أقول : أنّ الجنس، بما هو جنس، ماهيته ناقصة غير تامة المعنى إلّا بما يتممه وهى أيضا غير محصّلة الوجود لا عينا ولا ذهنا، إلّا بفصل مقوّمة وجودا ويتممه ماهية. فلا معنى لكون الجنس، بما هو جنس، متفرد الوجود، والجعل عن فصله فهما مجوعلان بجعل واحد. وأمّا الاستدلال ببقاء الجسمية عند زوال النفس، فدفعه بأنّ الجسم له معنيين بأحدهما جنس وبالآخر مادة فعند زوال الصورة عن الجسم يبقى الجسم بما هو مادة ولايبقى بما هو جنس، [٥٨٢] فليس فيما ذكروه بحكم أصلا. كيف؟ والحكماء قائلون ببقاء المادّة الأولى عند تبدّل الصورة الجسمية بالفصل، والفصل مع كون الأولى جنسا باعتبار والثانية فصلا. فالجوهر بما هو جنس، متبدّل بتبدّل البعد الجرمى لاتحادهما فى الوجود، بما هى مادّة مستبقاة بتعاقب الابعاد عليها عندهم.

قال الشارح العلامة : «ومن العرضيات عنده [لقوله بعد هذا]،

---

[٥٨١] رك: سهروردى « كتاب المشارع والمطارحات : العلم الثالث »، مطبوع در « مجموعه مصنفات شيخ اشراق » جلد يكم مشتمل بر الهيات كتاب التلويحات وكتاب المقاومات وكتاب المشارع والمطارحات، به تصحيح و مقدمه هنرى كربن (تهران، ۱۳۵۵)؛ « المشرع الثالث : فى كلام فى تقاسيم الوجود: الفصل السابع : تتمة البيان فى الاعتبارات العقلية والأمور الذهنية »، ص ۳۶۷؛ سطر ۳ الى ۸.

[٥٨٢] ن: -وبالآخر مادة فعند زوال الصورة عن الجسم يبقى الجسم بما هو مادة ولايبقى بما هو جنس

٥٨٣. «ا»

[أقول]: هذا تناقض ما ذكره سابقا عند قول المصنّف . وأمّا اللونية وامثالها فليست باجزاء على قاعده الإشراق ، حيث قيّد الأجزاء بالخارجية ، واستدلّ بقول المصنّف فيما تقدّم . والطبيعة البسيطة إذا كان لها جنس ذهني إلى آخره .

قوله ، قدّس سرّه : «واعلم أن لونية السواد ليست لونية وشيئا ، ٥٨٤. «ا»

[أقول]: مقصود المصنّف أن النوع البسيط الخارجي ، كالسواد مثلا ليست له أجزاء الماهية ، كما ليست له أجزاء وجودية . لكن الدليل الذى ذكره ههنا لا دلالة له إلّا على نفى الاجزاء الخارجية عنه ، إلّا أن الوجود لما كان عنده اعتبارا عقليا لا تعدّد فيه ولا تغاير إلّا بالإضافة إلى الخصوصيات ؛ حكم يكون كلّ بسيط خارجى ، كالسواد بسيطا عقليا ، إذ لو كانت ماهية متقوّمة بالمعنيين ، لكان عنده موجودا بالوجودين فلا

---

٥٨٣ شرح شيرازى : ١٩٥ .

٥٨٤ شرح شيرازى : ١٩٦ ؛ حكمة الاشراق : ٦٤ : شرح شهرزورى : ١٩٢ : ٩ . متن حكمة الاشراق : (٦٤) واعلم أن لونية السواد ليست لونية وشيئا آخر فى الاعيان فان جعله لونا هو بعينه جعله سوادا ولو كان لللونية وجود وللخصوص السواد وجود آخر ، جاز لحوق أى خصوصية اتفقت بها إذ ليس واحد من الخصوصيات بعينه شرطا لللونية ، والا ما امكنت مع ما يضادها او يخالفها ، فيجوز تعاقب اقتران الخصوصيات بها وايضا اللونية ان كان لها وجود مستقل فهى هيئة ، أمّا أن تكون هيئة فى السواد ، فيوجد السواد قبلها لا بها ؛ او فى محله ، فللسواد عرضان ، لون وفصله لا واحد .

فرق فيما ذهب إليه بين تركيب الماهية وتركيب الوجود. وأمّا عند المشائين فالوجود لما كان أمرا عينيا، زائدا على الماهية. وقد يكون وجود واحد عينى مصداقا لمعان متعدّدة بنفس ذاته، فجاز أن يكون الشيء بسيطا بحسب الوجود، ومركّبا بحسب المعنى.

قوله، قدّس سرّه: «وايضا اللونية أن كان لها وجود، اه». ٥٨٥

[أقول]: يعنى أن طبيعة اللونية لو كانت متحققة فى الخارج، وكان فصله أيضا متحققا لزم أن يكون السواد عرضان إن كان كلّ منهما قائما بالموضوع بلا ترتيب. وإن كان أحدهما قائما بالآخر، أو قائما بالمجموع، يلزم أن يكون السابق هو للمستقلّ فى اللونية أو السوادية والتوالى بأسرها باطلة، فكذا المقدم. وقد علمت وجه اندفاعه وهو أن اللونية وفصله متحدان فى الوجود متغايران فى المعنى، فالسواد فى الخارج معنى مجمل، أى موجود بوجود واحد، وللعقل أن يفصّله إلى معنيين أحدهما يصدق عليه وعلى غيره أيضا، كالبياض وهو اللونية والآخر يصدق عليه فقط دون غيره وهو القابضية للبصر. والأوّل هو «الجنس» والثانى هو «الفصل». فالترقّى الذى ذكره ساقط، لأنّ مبناه على أن وجود المعانى المتعدّدة فى الخارج لا يكون إلّا بوجودات متعدّدة، وهو أوّل البحث.

قال المصنّف فى «المطارحات»: «السواد فى الاعيان إن كان فيه

---

٥٨٥ شرح شيرازى: ١٩٧؛ حكمة الاشراق: ٦٤؛ شرح شهرزورى: ١٩٢: ١٣

شيئان، حصة لونية [وحصة] فصلية، فهما موجودان؛ ويلزم أن يكونا هيئتين،^{٥٨٦} إذ لا[بد] لكلّ واحد من المحلّ، ويلزم منه المحالات المذكورة». ^{٥٨٧} قال [السهروردى أيضا فى «المطارحات»]: ففى الحقيقة اللونية وصف اعتبارى، وكذا الاجناس والفصول. فالسواد حقيقة واحدة وجودها فى النفس كما فى الاعيان، فلا ذاتى له بوجه من الوجوه، أى لا جزء له. والذى بسطنا القول فيه فى الذاتى والعرضى، والالفاظ الخمسة إنّما كان على الطريقة المشهورة [وعلى سبيل التساهل]؛ إذ لو كان اللون جزءا للماهية لكان جزءا فى الاعيان؛ ولو كان جزءا فى الاعيان فكان الفصل أيضا جزءا آخر، وكانا موجودين إذ ليس أحد الجزئين هو الآخر، ولا المجموع فكان السواد مجموع عرضين لا عرض واحد، إنتهى كلامه». ^{٥٨٨}

[أقول]: والجواب ما عرفت من كون الوجود هو الأصل فى الاشياء،

---

^{٥٨٦} ن؛ ك؛ شرح شيرازى: ١٩٧: حقيقتين

^{٥٨٧} ركـ: سهروردى « كـتاب المشارع والمطارحات: العلم الثالث»، مطبوع در «مجموعه مصنفات شيخ اشراق » جلد يكم مشتمل بر الهيات كتاب التلويحات وكتاب المقاومات وكتاب المشارع والمطارحات، به تصحيح و مقدمه هنرى كربن (تهران، ١٣٥٥)؛ «المشرع الثالث: فى كلام فى تقاسيم الوجود: الفصل السابع: تتمة البيان فى الاعتبارات العقلية والأمور الذهنية»، ص٣٦٨؛ سطر ٣ الى ٥.

^{٥٨٨} ركـ: سهروردى « كـتاب المشارع والمطارحات: العلم الثالث »، مطبوع در «مجموعه مصنفات شيخ اشراق »، جلد يكم؛ «المشرع الثالث: فى كلام فى تقاسيم الوجود: الفصل السابع: تتمة البيان فى الاعتبارات العقلية والأمور الذهنية»، ص ٣٦٨؛ سطر ١٠ الى ١٧.

فقد يكون وجود واحد مصداقا لحمل معان مختلفة فى العموم والخصوص بنفس ذاته . وكلّ ما كان الوجود أقوى وأشدّ كان المعانى المنتزعة منه اكثر . وستعلم أن العقل بذاته كلّ الاشياء ، كما هو مذهب الفيلسوف الاعظم ، ومن تبعه كفرفوريوس[٥٨٩] ومتابعيه .

قوله ، قدّس سرّه : «والإضافات أيضا اعتبارات عقلية» .[٥٩٠]

[أقول]: واعلم أن الإضافة والقوّة والاستعداد والسكون والجهل والعمى ، وما يجرى مجراها ، لا يخلو عن حظّ من الوجود العينى . ووجودها العينى إنّما يثبت من صدق معانيها وحدودها على اشياء خارجية . فأن كثيرا من الموجودات يصدق عليه بحسب الوجود الخارجى أنّه [مضاف]، أو مستعد أوساكن ، أو جاهل ، أو أعمى تعم هى ونظائرها اشياء حقيقية الوجود مشوبة بالاعدام والناقائص ، وهذه كلّها بخلاف الكلّية [و] الجنسية والنوعية والفصلية ، ومفهوم القضية

---

[٥٨٩] فرفوريوس از فلاسفه متأخّر يونانى ، صاحب كتاب معروف «ايساغوجى »؛ رك : Commentaria in Aristotelem Graeca, edited by A. Busse (Berlin, 1887), Vol. IV, Part I.; see also T. Whittaker, *The Neo-Platonists*, 2nd ed. (Cambridge, 1918; reprinted Hildesheim 1961).

[٥٩٠] شرح شيرازى : ١٩٨؛ حكمة الاشراق : ٦٥ : شرح شهرزورى : ١٩٢ : ١٦ . متن حكمة الاشراق : (٦٥) والاضافات ايضا اعتبارات عقلية ، فان الاخوّة مثلا ، أن كانت هيئة فى شخص فلها اضافة إلى شخص آخر واضافة إلى محلها . فاحدى الاضافتين غير الأخرى ، فهما غير ذاتها بالضرورة ، إذ ذاتها إذا فُرضت موجودة ذات واحدة واضافتهما إلى شخصين متغايرتان ، فكيف تكونان هى ؟ فتعيّن أن يكون كلّ من الاضافتين موجودا آخر . ثمّ الإضافة التى لها المحل يعود هذا الكلام اليها ويتسلسل على الوجه الممتنع فإذن هذه كلّها ملاحظات عقلية .

والوضع والحمل والتناقض والعكس وما يجرى مجراها. قال الشيخ الرئيس فى « الشفاء »، بعد كلام فى المضاف لكن الأشدّ اهتماما من هذا معرفتنا هل الإضافة فى نفسها موجودة فى الاعيان أو أمر إنّما يتصوّر فى العقل ويكون ككثير من الاحوال التى يلزم الاشياء إذا عقلت بعد أن يحصل فى العقل، فأن الاشياء إذا عُقلت يحدث لها فى العقل أمور لم يكن لها من خارج، فتصير كلّية وذاتية وعرضية، ويكون جنسا وفصلا، ويكون محمولا وموضوعا أو اشياء من هذا القبيل. فقوم ذهبوا إلى أن حقيقة الإضافات إنّما تحدث أيضا فى النفس إذا عُقلت للاشياء. وقوم قالوا لا بل الإضافة شىء موجود فى الاعيان، واحتجوا وقالوا: نحن نعلم أن هذا فى الوجود أو «بذلك»؛ وإن ذلك فى الوجود «أبن هذا» عُقل أو لم يعقل؟ ونحن نعلم أن النبات يطلب الغذاء، وأنّ الطلب نوع إضافة، وليس للنبات عقل بوجه من الوجوه ولا إدراك. ونعلم أن السماء فى نفسها فوق الأرض، والأرض تحتها أدركت أو لم تدرك. قالت الفرقة الثانية لو كانت الإضافة موجودة فى الاشياء لوجب من ذلك أن لا تنتهى الإضافات. فأنه كان يكون بين الأب والابن إضافة وكانت تلك الإضافة موجودة لهما أو لاحدهما أو لكلّ منهما؛ فمن حيث الأبوة للاب وهى عارضه له، والأب معروض فهى مضافة فيجب أن يكون للاضافة اضافة أُخرى، وإن يذهب إلى غير النهاية، والذى ينحل به الشبهة من الطرفين جميعا أن يرجع إلى حدّ المضاف المطلق. فنقول: هو الذى ماهية معقولة بالقياس إلى غيره، فكلّ

شىء فى الاعيان يكون بحيث ماهية إنّما يقال بالقياس إلى غيره، فهو من المضاف لكن فى الاعيان اشياء كثيره بهذه الصفة، فالمضاف فى الاعيان موجود. فان كان للمضاف ماهية أُخرى، فينبغى أن يجرّد ما له من المعنى المعقول بالقياس إلى غيره، فذلك المعنى هو المضاف بالحقيقة، وغيره إنّما هو مضاف، أى معقول بالقياس إلى غيره بسبب هذا المعنى. وهذا المعنى ليس مضاف بسبب شىء غير نفسه، بل هو مضاف لذاته فليس هناك ذات وشىء هو الإضافة، بل هناك مضاف بذاته لا باضافة أُخرى، إلى آخر كلامه».

[أقول]: وقد بالغ [ابن سينا] فى بيان هذا المقام وتحقيقه بما لا محال معه لاحد فى الايتاب، وإنّما نقلنا منه موضع الحاجة لما فيه من عظيم الجدوى وما يسرى تحقيقه فى كثير من المفهومات، وما يقع منه التنبيه أيضا لحال المشتقات، كالموجود والأبيض، وامثالها من جهة عدم دخول الموضوعات فى معانيها مفهوماتها، كما هو رأى كثير من المحقّقين.

قوله، قدّس سرّه: «والعدميات كالسكون أيضا أمر عقلى، ٥٩١».

---

٥٩١ شرح شيرازى: ١٩٨؛ حكمة الاشراق: ٦٦؛ شرح شهرزورى: ١:١٩٣. متن حكمة الاشراق: (٦٦) والعدميات، كالسكون أمر عقلى؛ فان السكون إذا كان عبارة عن انتفاء الحركة فيما تتصور فيه الحركة، والانتفاء ليس بامر محقق فى الاعيان، ولكنه فى الذهن معقول، والإمكان ايضا أمر عقلى، فيلزم أن تكون الاعدام المقابلة كلّها أمورا عقلية.

[أقول]: السكون والعمى والجهل وغيرها، وإن كان مفهوماتها مشتملة على اعدام، إلّا أن مفهوم كلّ منها مما يصدق فى الخارج على اشياء عينية ويحمل عليها، والحمل هو الاتحاد فى الوجود. فإذا قلت: الأرض ساكنة، أو زيدا عمى، أو فلان جاهل، فمعناه أن وجودها متحد مع وجود موضوعاتها على ما هو مفاد الحكم الايجابى. فلا بدّ أن يكون لها ضرب من الوجود العينى، هو يرجع إلى كون الموضوع بحيث يستصحب عدم حركة أو بصر أو علم، والوجود المسلوب عنه شىء ضرب من الوجود. فيكون هذه المعانى موجودة فى الاعيان بخلاف مفهوم الكلّى والجنس والفصل ونظائرها، إذ ليس فى الخارج ما يصدق عليه بحسب الخارج أنّه كلّى أو جنس أو قضية أو ما يجرى مجرى هذه، فيكون موجودات ذهنية.

قـولـه، قـدّس سـرّه: «واعلم أن الجـوهر بالضـرورة ليـست فى الاعيان، اه». ٥٩٢.

[أقول]: هذه الكلمة حق عند المشائين أيضا لأنّ الجوهر عندهم

---

٥٩٢ شرح شيرازى: ١٩٩؛ حكمة الاشراق: ٦٧؛ شرح شهرزورى: ١٩٥:٢١. متن حكمة الاشراق: (٦٧) واعلم انّ الجوهرية ايضا ليست فى الاعيان أمراً زائدا على الجسمية، بل جعل الشئ جسما هو بعينه جعله جوهرا، إذ الجوهرية عندنا ليست إلّا كمال ماهية الشئ على وجه يستغنى فى قوامه عن المحل، والمشاؤون عرّفوه بانّه الموجود لا فى موضوع فنفى الموضوع سلبى والموجودية عرضية، فإذا قال الذابّ عنهم انّ الجوهرية أمر آخر موجود، فيصعب عليه شرحه واثباته على المنازع. ثمّ إذا كانت أمراً آخر موجودا فى الجسم، فلها وجود لا فى موضوع فتكون موصوفة بالجوهرية ويعود الكلام إلى جوهرية الجوهرية، فيتسلسل إلى غير النهاية.

جنس الماهيات الجوهرية، والجنس لا يزيد فى الجعل والوجود على ماهية انواعه. لكن المصنّف أراد به أنّها من الاعتبارات التى لا وجود لها فى الاعيان، كالإمكان والشيئية. واعلم أن معنى الجوهر الذى جعلوه جنسا للانواع والاجناس الجوهرية، هو قولهم «ماهية شىء» حقّها فى الوجود الخارجى أنّها لا موضوع، فكلّ ماهية وجودها الخارجى بهذه الصفة، فهى يكون من الجواهر وإن لم يكن وجودها الذهنى بهذه الصفة، فالواجب تعالى لا يكون جوهرا بهذا المعنى، إذ لا ماهية له، وربما عرّفوه بأنّه الموجود بالفعل لا فى الموضوع، وهو بهذا المعنى لم يكن جنسا لماهية شىء، بل هو نحو من انحاء الوجود المسلوب عنه الموضوع. فيكون من العوارض للماهيات الجوهرية، لأنّ أصل الوجود عرضى للماهيات كلّها. فباضافة معنى سلبى إليه لم يصر ذاتيا لبعضها كما لم يصر بإضافة معنى ايجابى ذاتيا وجنسا للاعراض، وربما كان الموجود لا فى موضوع مجرّدا عن الماهية، كالوجود الأوّل تعالى القيّوم.

قوله، قدّس سرّه: «الجوهر عندنا، اه». ٥٩٣

[أقول]: كلّ مَن صفى ذهنه وراجع إلى وجدانه يعرف أن الغنى عن الموضوع والحاجة إليه لا يعرض الماهيات نفسها إلّا بحسب وجوداتها، فان مفهوم الأبيض، من حيث أنّه مفرق البصر، لا يستدعى إلّا أن يكون له موضوع؛ ومفهوم الحيوان اوالفلك من حيث مفهومهما لا

يستدعى أن لا يكون له موضوع، بل إنّما المفتقر إلى الموضوع والمستغنى عنه نحوان من الوجود: أحدهما لذاته مفتقر إلى الموضوع، والآخر لذاته مستغن عنه. وليس للوجود الخارجى صورة فى العقل مطابقه له حتّى يقال إنّا نتصوّره مع قطع النظر عن وجود الموضوع له، أو سلبه عنه إذا تقرّر هذا فنقول: إن أريد بكمال الوجود، أو استغنائه عن الموضوع المعنى الانتزاعى المصدرى، فلا شبهة فى أنّه مفهوم عقلى؛ وإن أريد ما به يكمل الشىء ويستغنى عن الموضوع، فهو أمر عينى عبارة عن الوجود المتقوّم بلا موضوع. ويتفاوت الوجودات بحسب أنفسها فى هذا المعنى وهو كونها برئية الذوات عن الموضوع والوجود المفارق بالكلّية أُولى بهذا المعنى من الجسمانيات، وأُولى منه الوجود الذى لا ماهية له. لأنّ ذا الماهية يشبه ذا الموضوع فى ضرب من الاعتبار، وكذا نقول: أن أريد بالافتقار إلى الموضوع، فهو أمر متحقق فى العين وهى وجودات الاعراض المتفاوتة فى الضعف والعرضية، وأضعف الجميع وجود الإضافات وما يجرى مجراها.

قوله، قدّس سرّه: «فنفى الموضوع سلبى والموجودية عـرضيـة، [٥]»[594].

[أقول]: قد مرّ أن الجوهر بالمعنى الذى جعله المشاؤون جنسا للماهيات الجوهرية هو الماهية التى يكون وجودها الخارجى لا فى

موضوع. فهـذا عنوان المعنى يصلح أن يكون جنسا للجواهر ومعنى، الجنس العالى الذى لا يكون فوقه جنس آخر أمر[٥٩٥] بسيط، لا يمكن تعريفه إلّا بخواص ولوازم وعلامات، ونفى الموضوع وإن كان عدميا يصلح لأنّ يكون علامة مخصصة لمفهوم الشىء مميزة له عند العقل.

فقول الذاب عند المشائين أن الجوهرية أمر آخر موجود، معناه أن المعنى الذى هو جنس للماهيات الجوهرية لكونه بسيطا غير واقع تحت جنس لا يمكن تعريفه بالحدّ التام ولا بالرسم التام، لكونه مركّبا أيضا من جنس وخاصة. بل يضطر إلى أن يعرف بعلامات وخواص ينتقل الذهن منها إليه مع علمه بأنّ ليس شىء من تلك العلامات نفس ماهية الجوهر، بل عنوانا صادقا عليها. وهذا كلام فى غاية الصحة وصعوبة تعريف الأمور البسيطة، كالجوهرية والوجود ونظائرها ليس بمستبعد.

قوله، قدّس سرّه: «ثم إذا كانت الجوهرية أمرا آخر فى الجسم، ١٥».[٥٩٦]

[أقول]: المعنى الجنسى، كالجوهر بما هو معنى جنسى، وجوده فى الخارج بعينه وجود النوع كالجسم، فجوهرية الجسم بعينها جوهرية جنسه وفصله فى الوجود. وأمّا إذا اعتبر العقل المعنى الجنسى مفارق عن فصله فان أخذه مطلقا لا بشرط فهو بهذا الاعتبار من أجزاء حدّ

---

[٥٩٥] ن: -أمر

[٥٩٦] شرح شيرازى: ١٩٩؛ حكمة الاشراق: ٦٧؛ شرح شهرزورى: ١٩٦:٢ - ٣

الماهية ومادّته والفصل جزؤها الآخر الصورى لها فإن كان هذان المعنيان
محاذيان بجزئين خارجيين منها تكون المادّة العقلية بإزاء المادّة الخارجية
والصورة بازاء الصورة فالاشكال الوارد فى هذا المقام هو أنّه إذا وجد
نوع لجوهر يكون الجوهر جنسه القريب، كالجسم المطلق المركّب ماهيتة
من معنى الجوهر، وقبول الابعاد ويكون أيضا وجوده فى الخارج مركّبا
من مادّة وصورة، كما رآه المشائون . إذ لقائل أن يقول: أن معنى الجوهر
إذا كان غير معنى الجسم بل جزئه فى الماهية أو فى الوجود فلا محالة
يصدق عليه أنّه جوهر بأىّ معنى كان، سواء كان معناه ماهية وجودها
لا فى موضوع أو موجود لا فى موضوع، وإلّا لصدق عليه اللاجوهر وهو
العرض، فيكون الجسم أيضا عرضا لا جوهرا، هذا خُلف . فإذا صدق
عليه أنّه جوهر فله جوهرية ولجوهريته أيضا جوهرية أُخرى، وهكذا
يتسلسل . وكذا الجزئية الآخر جوهرية عندهم حيث لا يجوزون تقوّم
الجوهر بغير الجوهر ولكلّ أيضا جوهرية أُخرى، فيترتّب ههنا سلسلتان
آخريان من الجوهريات إلى غير نهاية، وهو محال . والجواب: أن مفهوم
الجوهر الذى هو جنس الجوهر لا يلزم أن يكون جوهريته باعتبار صدق
الجوهر عليه، بل باعتبار أنّه هو نفس معنى الجوهر وما هيته، والذى
يجب أن يصدق عليه معنى الجوهر هو الموجود من الجوهر والفرد منه
لانفس معناه . فأنّ نفس معناه مايصدق عليه نفس معناه بالحمل الأوّلى
الذاتى الذى مفاده الاتحاد فى المعنى ولا يصدق عليه بالحمل المتعارف
الذى مفاده الاتحاد فى الوجود . ثمّ لا خصوصية لهذا الاشكال بهذا

الموضع لأنّه يرد على كلّ معنى جنسى يتحقّق فى ماهية نوعية مثلا الحيوان جنس للانسان والإنسان مركّب الماهية من ماهية الحيوان ومعنى الناطق. فيرد عليه أن مفهوم الحيوان أن كان أمرا حقيقيا غير الإنسان، فهو حيوان لا محالة فله حيوانية أُخرى غير حيوانية الإنسان، والناطق أيضا لكون الحيوان صادقا عليه حيوانية أُخرى وهكذا يتسلسل. وإن لم يكون مفهوم الحيوان حيوانا فيكون لا حيوانا، إذ لا مخرج عن النقيضين فيلزم أن يكون الإنسان أيضا لا حيوانا. والحلّ أنّ ماهية الإنسان ليست مركّبة من وجود الحيوان ووجود الناطق حتّى يكون كلّ منهما مما يصدق عليه أنّه حيوان، فيلزم منه المحالات، بل ماهيتة مركّبة من معنى الحيوان وغيره. ومعنى الحيوان ليس من شرطه أن يصدق عليه أنّه حيوان أى جسم نام متغذ حساس متحرك، قولك فيكون لا حيوانا.

أقول: لا فساد فية لعدم كونه موجودا بوجود خاص للحيوان وهو الوجود الذى يصدق عليه حدّ الحيوانية. واللاحيوانية بهذا المعنى ليس مناقضا للحيوان بمعنى نفس المفهوم، وقد مرّ فى المنطق أن من شرائط التناقض بين الشيئين الاتّحاد فى الحمل أيضا. وأمّا المركّب الخارجى من جزئين، أعنى المادّة والصورة فصدق الجوهر على المادّة هو اتّحاده معها فى الوجود بالذات صدقه على الصورة أيضا كذلك إلّا أنّه ربمّا كان بالعرض كما هو التحقيق عندنا فى الصورة النوعية البسيطة، وإلّا لكان لكلّ فصل فصل إلى ما لا نهاية. والحقّ أنّ صدق مفهوم الجوهر على فصوله صدق معنى عارض لها فى الوجود لا صدق مقوّم للماهية.

وقول القائل أنّ فصل الجوهر لو لم يكن جوهرا كان أو عرضا مغالطة، نشأت من سوء الاعتبار وإهمال الحيثية؛ فأنّ الشيء إذا لم يكن جوهرا في الواقع كان، وأمّا إذا لم يكن جوهرا بحسب اعتبار ماهية من حيث هي هي كما هو شأن ما سوى الذاتيات، فلا يلزم منه أن لا يكون جوهرا في الواقع حتّى يلزم أن يكون عرضا في الواقع. بل رب ماهيته لم تكن بحسب نفسها جوهرا ولاعرضا، كماهية الفصول الجوهرية. وكذا ماهية الاعراض التسعة لكون مفهوم العرضية خارجة عن معانيها الذاتية. وبما قرّرنا في معنى الجوهرية اندفع كثير من الاشكالات سيّما الواردة على وجود ماهيات الجواهر في الذهن ولا يحتاج إلى تكلّفات شاقة ذكرها المتأخرون تارة بارتكاب أنّ الموجود في النفس من الجواهر كالحيوان والفلك وغيرهما جواهر بمعنى أنّه يصدق عليها حدود الجواهر ومفهوماتها، وأنّ مفهوم الحيوان في الذهن حيوان ومفهوم الفلك ومفهوم الحركة والحرارة حرارة وحركة، وتارة بارتكاب أنّ ماهيات الاشياء تنقلب في الذهن إلى ماهية الكيف، وتارة بأنّ العلم بالاشياء عبارة عن حصول اشباح وامثله من معانيها لانفس معانيها، وتارة بالفرق بين الحاصل في الذهن والقائم به. فمعنى الجوهر حاصل في الذهن[٥٩٧] غير قائم بها والعلم به قائم بها غير حاصل لها. وهذه كلّها إنّما نشأت من الاحتجاب عن شهود الوجود العيني، وعن معرفة انحاء الوجودات وتفاوتها كمالا ونقصا؛ فأن مسئلة الوجود أمّ جميع

المسائل، لأنّ الوجود سار فى جميع الاشياء، والجهل به يسرى فى غيره .

قوله، قدّس سرّه: «فإذن الصفات كلّها تنقسم إلى قسمين، ٥١» ^{٥٩٨} .

[أقول]: هذه قسمة صحيحة بحسب المفهوم . إلّا أن مناط القسم الأوّل ما يكون القضية المعقودة من الحكم بها على شىء خارجى، ومناط القسم الثانى ما يكون تلك القضية ذهنية وحكم فى عدّ

---

^{٥٩٨} شرح شيرازى: ٢٠٠؛ حكمة الاشراق: ٦٨؛ شرح شهرزورى: ١٩٦: ٥. متن حكمة الاشراق: (٦٨) فإذن الصفات كلّها تنقسم إلى قسمين؛ صفة عينية ولها صورة فى العقل، كالسواد والبياض والحركة؛ وصفة وجودها فى العين ليس إلّا نفس وجودها فى الذهن وليس لها فى غير الذهن وجود، فالكون فى الذهن لها فى مرتبة كون غيرها فى الاعيان، مثل الإمكان والجوهرية واللونية والوجود وغيرها مما ذكرنا. وإذا كان للشئ وجود فى خارج الذهن، فينبغى أن يكون ما فى الذهن منه يطابقه. وأمّا الّذى فى الذهن فحسب، فليس له فى خارج الذهن وجود حتّى يطابقه الذهنى. والمحمولات من حيث أنّها محمولات ذهنية، والسواد عينى والأسودية لما كانت عبارة عن شئ مّا قام به السواد ولم تدخل فيها الجسمية والجوهرية؛ بل لو كان السواد يقوم بغير الجسم لقيل عليه انه أسود، فإذا كان شئ مّا له مدخل فى الأسودية، فلا يكون إلّا أمراً عقليا فحسب، وإن كان السواد له وجود فى الاعيان، وأمّا الصفات العقلية إذا اشتق منها وصارت محمولة، كقولنا «كلّ جيم هو ممكن»، فالممكنية والإمكان كلاهما عقليان فحسب بخلاف الأسودية. فإنّها وإن كانت محمولا عقليا، فالسواد عينى والسواد وحده لا يحمل على الجوهر، وإذ قلنا «جيم هو ممتنع فى الاعيان» ليس معناه انّ الامتناع حاصل فى الاعيان بل هو أمر عقلى نضمّه إلى ما فى الذهن تارة وإلى ما فى العين أُخرى، وكذا نحوه. ففى مثل هذه الاشياء الغلط ينشأ من أخذ الأمور الذهنية واقعة مستقلّة فى الاعيان. وإذا علمت أن مثل هذه الاشياء المذكورة من قبل، كالإمكان واللونية والجوهرية محمولات عقلية، فلا تكون أجزاء للماهيات العينية . وليس إذا كان الشئ محمولا ذهنيا، كالجنسية المحمولة على الشئ مثلا، كان لنا أن نلحقه فى العقل باى ماهية اتفقت ويصدق، بل لما يصلح له بخصوصه. وكذا الوجود وسائر الاعتبارات .

الجوهرية واللونية والوجود والوحدة والعدد من القسم الثانى نظر، بل الحقّ أن هذه الأمور مما يتصف به الموجودات العينية بحسب الخارجى بمعنى أن مصداق حملها على شىء وهو وجود ذلك الشىء فى الخارج محققا أو مقدرا. وكذلك الإضافات واعدام الملكات من الصفات العينية ولها حظّ من الوجود كما مرّ. ولذلك يقتضى ايجابها بثبوت الموضوع فى الخارج، فكما أن زيد موجود اوأسود أو الإنسان جوهر أو واحد أو كثير يقتضى وجود الموضوع. فكذلك قولنا «زيد أعمى» أو «السماء فوقنا»، فهذه القضايا كلّها خارجيات تستدعى وجود موضوعاتها فى الخارج.[599]

قوله، قدّس سرّه: «والسواد عينى والأسودية، اه».[600]

[أقول]: مراده أن الأسود بما هو أسود غير موجود فى الخارج، لأنّ مفهومه مركّب من الشىء والسواد والنسبة والشىء، والنسبة من الأمور العقلية التى لا وجود لها فى الخارج، لأنّ مفهومها منها.[601] والحقّ أنّ مفهوم الأسود لا تركيب فيه لما مرّ أن ذكر الشىء فى تعريفات المشتقات من باب المحافظة على قواعد العربية، أو من باب الاضطراد فى تعريفات بعض الأمور وهى أمور لحدودها زيادة على المحدودات كما فى

---

[599] ن: الذهن

[600] شرح شيرازى: ٢٠١؛ حكمة الاشراق: ٦٨؛ شرح شهرزورى: ١٧٢:١٩٦.

[601] م: ذلك المركب منهما

العبارة المنقولة عن «الحكمة المشرقية» للشيخ الرئيس فى مثل هذا الموضع حيث قال: «أن الاعراض التى يعتبر عنها بما يقتضى تخصصها بموضوعاتها فتعريفاتها بحسب اسمائها إنّما تشتمل بالضرورة على اعتبار موضوعاتها. وأمّا حقائقها فى انفسها فإنّما تكون غير مشتملة من حيث الماهيات على الموضوعات وإن كانت محتاجة إليها من حيث الوجود الى، آخر كلامه». ٦٠٢

[أقول]: وقد نقلنا شرطا منه فى مباحث التعريفات وقد مرّ تحقيق أن العرض والعرضى شىء واحد، لا فرق بينهما إلّا بالاعتبار. فالسواد إذا كان عينيا كان الأسود أيضا عينيا، وكلاهما عارضا للجسم هذا بحسب الوجود وذاك بحسب المفهوم كما أن الصورة والفصل كلاهما ذاتيان للنوع، هذا فى الوجود وذاك فى الماهية.

قوله، قدّس سرّه: «والسواد وحده لا يحمل على الجوهر». ٦٠٣

[أقول]: الفرق بين السواد والأسود كما مرّ تحقيقه إنّما هو بالتعيين والأبهام، فالأسود أن أخذ معناه مجرّدا عن غيره كان عرضا غير محمول، وإن أخذ محتملا للامرين كان عرضيا من شأنه أن يصدق على نفس السواد وعلى ما يقوّم به. وقولهم: أن معنى الأسود له سواد أو ذو سواد لا ينافى ما ذكرناه، إذ كما يصدق على معروض السواد

---

٦٠٢ بل رك: ابو على سينا «منطق المشرقيين»، قم: منشورات مكتبة آية الله العظمى المرعشى النجفى، ١٤٠٥، هجرى قمرى، صص ٢٠ الى ٢٨

٦٠٣ شرح شيرازى: ٢٠٠؛ حكمة الاشراق: ٦٨؛ شرح شهرزورى: ١٩٦: ١٧-١٨

والمركّب من المعروض والعارض أنّه ذو سواد، فكذلك يصدق على نفس السوادية ذو سواد، وليس من شرط ذى السواد أو ماله السواد أن يكون مغايرا له فى الوجود. والتغاير بالاعتبار كاف فى هذا فى المقام.

قال الشارح العلامة: «فان المشتق وإن كان عقليا، اه».^{٦٠٤}

[أقول] لو كان المشتق كالاسواد أمرا عقليا غير عينى لما صدق على الموجود العينى، ولا حمل عليه إذا الصدق والحمل بشىء على شىء مناطه الاتحاد بينهما فى الوجود. ولما كان الفرق حاصلا بين حمل الأسود على الإنسان وحمل الكلّى والنوع عليه.

وأمّا قوله [الشارح العلامة]: «والصدق والكذب فى هذا القسم بمطابقة المحمول لما فى الخارج؛ كما إذا حمل الأسود على الزنجى، لوجود السواد فيه، إلى آخره».^{٦٠٥}

[أقول]: فمنظور فيه، فأنّ وجود السواد إذا كان مبانيا عنده تبعا للمصنّف لوجود الأسود، فكيف يحكم بأنّه يلزم من ثبوته لشىء ثبوت الأسود له. والمطابقة كيف يتحقّق بين أمرين متغايرين فى الماهية والوجود جميعا، كما قرّره.

٦٠٤ شرح شيرازى: ٢٠١

٦٠٥ شرح شيرازى: ٢٠١

[فصل : فى بيان أنّ العرضية خارجة عن حقيقة الاعراض][606]

قوله، قدّس سرّه : «وهو صحيح لأنّ العرضيـة أيضا من الصفات العقلية ، اﻟﺦ»[607].

[أقول]: صـحة ذلك القول ليست عندهم بكون العرضيـة من الاعتبارات العقلية، بل لأنّ العرضية عبارة عن وجود الشىء فى الموضوع. والوجود مطلقا من عوارض الماهيات. وقد قُيّد ههنا بإضافته إلى الموضوع فيكون مفهوم العرض عرضيا للماهيات التى صدق عليها، نعم لو قال: أحد أن خروجه عنها إنّما هو بحسب العقل، وتحليله للموجود من العرض إلى ماهية وعرضية، أى وجود قائم بالموضوع، لكان صحيحا لما علمت فى مباحث الوجود. أن المغائرة بين الوجود والماهية إنّما هى فى اعتبار العقل، لأنّ ما فى الخارج من الإنسان أمر واحد يصدق عليه مفهوم الوجود، ويصدق عليه معنى الإنسانية، وهكذا أيضا فى الماهيات العرضية. ولو كان معنى الجوهر أيضا كون

---

[606] شرح شيرازى : ٢٠٢؛ حكمة الاشراق : ٦٩؛ شرح شهرزورى : ١٩٩ : ٨ به بعد

[607] شرح شيرازى : ٢٠٢؛ حكمة الاشراق : ٦٩؛ شرح شهرزورى : ١٩٩ : ١٠-١١.
متن حكمة الاشراق : (٦٩) قال أتباع المشائين: والعرضية خارجة عن حقيقة الاعرض، وهو صحيح، فان العرضية ايضا من الصفات العقلية. وعلّل بعضهم بان الإنسان قد يعقل شيئا ويشكّ فى عرضيته ولم يحكموا فى الجوهرية هكذا، ولم يتفكروا بانّ الإنسان إذا شكّ فى عرضية شئ، يكون قد شكّ فى جوهريته. وكون السواد كيفية ايضا عرضى له، وهو اعتبار عقلى. وما يقال انّه «نعقل اللون ثمّ نعقل السواد» نحكّم بل لقائل أن يقول «نعقل أوّلا أن هذا سواد ثمّ نحكم عليه انّه لون وانّه كيفية». ونحن لا نحتاج إلى هذا، إنّما هو قول جدلى وعمدة الكلام ما سبق.

الموجود بالفعل لا فى موضوع لكان عرضا عاما للماهيات الجوهرية على قياس معنى العرض لكن معناها ما سبق فيكون ذاتيا لها. ولقائل أن يقول: مابال الحكماء لم يفسّروا العرض أيضا على قياس ما فسّروا به الجوهر حتّى يكون جنسا للاعراض، كالجوهر جنس للجواهر وذلك بان يقال أن العرض ماهية شانها فى الوجود أن يكون فى موضوع، ولعل موضوع سبب ذلك أن الاختلاف فى انحاء الوجودات يوجب الاختلاف فى الماهية؛ ثمّ الاعراض مختلفة فى نحو الوجود الذاتى. فأن الكميات على اختلافها بحسب الاجناس والانواع لها نحو خاص من الوجود لذاتها والكيفيات أيضا على اختلافها لها نحو آخر من الوجود بالذات، وكذا الاعراض النسبية على اختلاف معانيها لها انحاء آخر من الوجود أضعف من الكلّ. حتّى زعم بعض الناس أن وجوداتها ليست لا فى العقل، فليس للاعراض كلّها ماهية مشتركة بين الجميع يتصوّرها العقل مجردة عن الخصوصيات كما فى الجواهر.

قوله، قدّس سرّه: «علل بعضهم، اه». ٦٠٨.

[أقول]: لقائل أن يقول أن هذا التعليل غير جار فى إثبات جوهرية الجواهر، كما يجرى فى إثبات عرضية الاعراض بعد ما عرفت أن العرضية صفة الوجود، بل إنّما هى عين وجود الاعراض بخلاف الجوهرية. فأنه قد تقرّر عندهم أنّها حال الماهية لأنّ الجوهر جنس

للجواهر، وذلك لأنّ المقصود من هذا التعليل بيان خروج العرضية عن
ماهيات الاعراض، كما صرّح به الشيخ. فيرجع إلى إثبات أن وجود
الاعراض زائد على ماهياتها لا إثبات أن ماهية كذا هل هو عرض ام
جوهر ليكون الشك فى عرضيته مستلزما للشك فى جوهريته. فمعنى
كلام المعلل هو إنّا كثيرا ما نتصوّر ماهية عرض من الاعراض، كالسواد
مثلا، ونشك فى عروضه الذى هو عبارة عن نحو وجوده. إذ ربما خفى
على كثير من الناس تحقق المغايرة بين ذات العرض وعرضيته التى هى
وجوده. كيف؟ والمصنّف، وكثير منهم ذهبوا إلى أن حاجة الاعراض
إلى موضوعاتها بحسب الماهية. وهذا مسلك متين فى إثبات عرضية
كلّ مفهوم عرضى. وكذا فى إثبات أن وجود الاشياء مغايرة لمعانيها
وكون مفهوم العرض عرضيا للاعراض ليس معناه على ما وقع التنبيه
عليه أنّه من عوارض الوجود لها، وكمفهوم الأسود والأبيض للجسم،
وكمفهوم الماشى للحيوان بل هو من عوارض ماهياتها عند العقل
فعروضه وعرضيته لهما انما يكونان فى العقل وبحسبه لأنّ الوجود من
العوارض الماهية عند العقل ومتحد معها فى نفس الأمر، كما عرفت
مرارا.

**قوله، قدّس سرّه: «وكون السواد كيفية أيضا عرضى [له، وهو
اعتبار عقلى]، اه» ٦٠٩.**

[أقول]: هذا بناء على مذهبه من أنّ البسيط الخارجى لا يجوز أن يكون له تركيب بحسب الماهية، والعلة فى ذلك كون الوجود أمرا اعتباريا. وأمّا عند أتباع المشائين، فمناط كون الشىء ذاتيا لماهية كونها بحسب الوجود الذاتى مصداقا اعتباريا،[٦١٠] لحمل معنى ذلك الشىء عليها. ومفهوم الكيفية صادق على السواد، وسائر الكيفيات على هذا المنوال فيكون ذاتيا مشتركا لها.

[حكومة أُخرى: فى بيان أنّ المشائين لم يعرف شئ من الاشياء][٦١١]
قوله، قدّس سرّه: «إذ الجواهر لها فصول مجهولة، اه».[٦١٢]

---

[٦١٠] م: - اعتباريا

[٦١١] شرح شيرازى: ٢٠٣؛ حكمة الاشراق: ٧٠؛ شرح شهرزورى: ٢٠٠: ١١ به بعد

[٦١٢] شرح شيرازى: ٢٠٣؛ حكمة الاشراق: ٧٠؛ شرح شهرزورى: ٢٠٠: ١٤-١٥. متن حكمة الاشراق: (٧٠) وهى انّ المشائين اوجبوا أن لا يُعرف شئ من الاشياء إذ الجواهر لها فصول مجهولة. والجوهرية عرفوها بأمر سلبى، والنفس والمفارقات لها فصول مجهولة عندهم. والعرض، كالسواد مثلا، عرّفوه بانّه لون يجمع البصر. فجمع البصر عرضى، واللونية عرفت حالها. فالاجسام والاعراض غير متصوّرة أصلا. وكان الوجود أظهر الاشياء لهم وقد عرفت حاله. ثمّ أن فُرض التصوّر باللوازم، فللّوازم ايضا خصوصيات يعود مثل هذا الكلام اليها. وهو غير جائز إذ يلزم منه أن لا يعرف فى الوجود شئ مّا والحق أن السواد شئ واحد بسيط، وقد عُقل وليس له جزء آخر مجهول، ولا يمكن تعريفه لمن لا يشاهده كما هو، ومن شاهده استغنى عن التعريف، وصورته فى العقل كصورته فى الحس فمثل هذه الاشياء لا تعريف لها، بل قد يُعرف الحقائق المركّبة من الحقائق البسيطة، كمن تصوّر الحقائق البسيطة متفرقة فيعرف المجموع بالاجتماع فى موضع مّا.

[أقول]: كون الفصول مجهولة معناه، كما مر، أنّها لما كانت مفهوماتها بسيطة لا جنس لها ولا فصل لايمكن تعريفها إلّا بلوازمها وآثارها، أو بتعريفات فيها زيادة للحد المحدود. واعلم أنّ الفصول الاشتقاقية عند التحقيق هى اعيان الموجودات. ومعلوم أن الوجود مما لا يمكن معرفته إلّا بآثاره ولا الاكتناه به بصريح المشاهدة، كما مرّ. وهذا لا يقدح فى ايراد الحدود للانواع الجوهرية، لأنّ أجزاء الحدود لا بدّ وأن تنتهى إلى بسائط لا جنس لها ولا فصل. فيكون تصوّرها أمّا من جهة آثارها، أو بنفسها من غير واسطة.

قوله، قدّس سرّه: «فجمع البصر عرضى، اه». ٦١٣.

[أقول]: أى لكونه من الهيئات العقلية، فيكون من « مقولة الفعل»، وكذا تأثر البصر عنه لأنّه من «مقولة الانفعال». فيكون كلّ منها خارجا عن ماهية السواد لكونه من مقولة الكيف. والمقولات متباينة فلا يمكن تحديد بعضها ببعض. والجواب ما عرفت من أن المراد من جمع البصر الذى هو فصل السواد كون الشىء من شأنه جمع البصر أو انفعال البصر، وليس كذلك. وهكذا فى غيره، كالرطوبة، مثلا إذا عرفت بقبول الاشكال بسهولة واليبوسة بقبولها بعسر، ليس المراد منه نفس القبول ليكون من مقولة الانفعال، بل المراد مبدء ذلك القبول. وبالجملة أكثر القوى الجوهرية والعرضية يعرف مبادى فصولها

بآثار فعلية وانفعالية. والمراد ما ذكرناه أى كونها بحيث يفعل كذا، أو تنفعل كذا، لانفس هذه النسب والاضافات.

قوله، قدّس سرّه: «وكان الوجود أظهر الاشياء لهم، اه».[٦١٤]

[أقول]: ولنا أيضا، بحمد الله. فإن ما سوى حقيقة الوجود إنّما هى مفهومات كلّية، لا يكون شىء منها ظاهرا بذاته مظهرا لغيره، حتّى أن مفهوم الظهور أيضا أمر كلّى لا يمكن أن يكون مشهودا لأحد بذاته، وكلّ ما هو حاضر بذاته مشهود بنفسه. لا يكون غير الوجود لكون وجود كلّ شىء هو حقيقته وتشخيصه وظهوره، وهو موجود بنفسه ذا حقيقة بنفسه متشخّص بذاته ظاهر بذاته.[٦١٥] فهو إذن محض الفعلية والظهور والتشخّصّ، كما مرّت الاشاراة إليه.

قوله، قدّس سرّه: «والحق أن السواد شىء واحد بسيط، اه».[٦١٦]

[أقول]: هذا صفة وجود السواد، إذ وجود كلّ شىء أمر بسيط لاجنس له و لافصل. وامتياز الوجودات إنّما هى هوياتها الذاتية وباختلافها الذاتى بالتقدّم والتأخّر والكمال والنقص، وهى فى ذواتها مجهولات الاسامى كالماهيات، حيث لها اسام متعدّدة. وأمّا ماهية السواد، أى المفهوم الصادق على نحو وجوده لذاته، فهى مركّبة من

---

[٦١٤] شرح شيرازى: ٢٠٤؛ حكمة الاشراق: ٧٠؛ شرح شهرزورى: ٢٠٠: ١٨

[٦١٥] ن: - ظاهر بذاته

[٦١٦] شرح شيرازى: ٢٠٤؛ حكمة الاشراق: ٧٠؛ شرح شهرزورى: ٢٠٠: ٢٠

معنى ذاتى مشتركة بينه وبين نوع مباين له، كاللونية والكيفية، ومن معنى آخر ذاتى مختص كقابضية البصر.

قوله، قدّس سرّه: «ومن شاهده استغنى عن التعريف، ١ه». ⁶¹⁷

[أقول]: لا شكّ فى ذلك، إذ ليس الخبر كالمشاهدة ولا البيان كالعيان فى كلّ شىء، لأنّ المشاهدة تتعلّق بالوجود والتعريف للماهية من جهة المفهومات الكلّية. والوجود هو الأصل فى كلّ شىء فمَن عاينه استغنى عن طلب نعته.

وأمّا قوله، قدّس سرّه: «وصورته فى العقل كصورته فى الحس، [١ه]». ⁶¹⁸

[فأقول] ففيه ما لا يخفى؛ فأنّ صورته فى الحس نفس وجوده له مخلوطا بعوارض شخصية ماديّة من الكم والوضع والاين والمتى وغير ذلك، وصورته فى العقل مجردة عن هذه الخصوصيات كلّها وعن الانحاء الوجودات باجمعها، حتّى عن وجوده فى العقل الذى هو عين معقوليته. إذ للعقل أن يلاحظ ماهية السواد مجردة عن كونها معقولة وكلّية أيضا وإن صدق عليها فى هذه الملاحظة أنّها معقولة وأنّها كلّية، ولكن لا بحسب هذه الملاحظة، بل فيها أو بحسبها هى سواد فقط، ولها ذاتياتها فقط دون عوارضها كالوجود والكلّية والمعقولية. لست

---

⁶¹⁷ شرح شيرازى: ٢٠٤؛ حكمة الاشراق: ٧٠؛ شرح شهرزورى: ٢٠١: ١ – ٢

⁶¹⁸ شرح شيرازى: ٢٠٤؛ حكمة الاشراق: ٧٠؛ شرح شهرزورى: ٢٠١: ٢

أقول لا يصدق عليها شيء منها فى العقل بل أقول لا يصدق عليها من حيث ذاتها شيء إلاّ ذاتها وذاتياتها.

قـولـه، قـدّس سـرّه : «واعلم أن المقـولات التى حـررها كلّها اعتبارات عقلية». ⁶¹⁹

[أقول]: وجّهه الشارح العلامة بأنّها محمولات كلّية، والكلّى لا وجود له فى غير العقل، كما مرّ. ويحتمل أن يكون مراده أن شيئا من المقولات والاجناس العالية لو كان موجودا لكان تحت مقولة أيضا فيوجد له تلك المقولة ويتسلسل، كما أشار إليه فى مقولة الجوهر وقد عرفت اندفاع الجميع.

قوله، قدّس سرّه : «أيضا صفة عقلية كالمضاف، [اه]». ⁶²⁰

[أقول]: سواء كان بسيطا أم لا موجود فى الخارج وحظّه فى الوجود كونه بحيث إذا عقل معه عقل شىء آخر.

---

⁶¹⁹ شرح شيرازى : ٢٠٥؛ حكمة الاشراق : ٧١؛ شرح شهرزورى : ٢٠٢:٩. متن حكمة الاشراق : (٧١) واعلم أن المقولات التى حرّروها، كلّها اعتبارات عقلية من حيث مقوليتها ومحموليتها وبعضها المشتق منه، أى البسيط الّذى منه اتخذ المحمول بخصوصه ايضا صفة عقلية، كالمضاف والاعداد بخصوصها كما سبق؛ وكلّ ما تدخل فيه الإضافة ايضا. ومنها ما يكون فى نفسه صفة عينية؛ أمّا دخوله تحت تلك المقولات لاعتبار عقلى، كالرائحة مثلا والسواد، فان كونهما كيفية أمر عقلى معناه أنّه هيئة ثابتة كذا وكذا، وإن كانا فى انفسهما صفتين محققتين فى الاعيان. ولو كان كون الشئ عرضا او كيفية ونحوهما موجودا آخر، لعاد الكلام متسلسلا على ما سبق.

⁶²⁰ شرح شيرازى : ٢٠٥؛ حكمة الاشراق : ٧١؛ شرح شهرزورى : ٢٠٢:١١.

قوله، قدّس سرّه: «وكلّ ما تدخل فيه الإضافة أيضا، اه».[٦٢١]

[أقول]: زعم المصنّف أنّ المقولات السبع، غير الكم والكيف، داخل فيها الإضافة وكلّ ما دخلت فيه الإضافة غير موجود فى الخارج، فهى غير موجودة بزعمه إلّا فى العقل، وفى كلّتا المقدمتين نظر. أمّا فى الثانية: فلما مرّ ذكره؛ وأمّا فى الأوّل فمثل ما ذكرنا من قبل فى تعريف بعض الاشياء البسيطة بلوازمها. ومن هذا القبيل تعريف الاين والمتى وغيرهما بأمور نسبية. فإذا عرفت الاين بكون الشىء بحيث يكون له نسبة إلى المكان، فلا يلزم منه أن يكون النسبة داخلة فى ماهية المعرّف، وكذا قياس المتى وغيره. أو لا ترى أن الحكماء إذا عرّفوا الجوهر بما له وجود لافى موضوع، فقد عرّفوه بأمر سلبى ولا يلزم من ذلك أن يكون مفهوم السلب داخلا فى ذاته، وكذا فى تعريف القوى والكيفيات تنسب فعليته أو انفعاليتة. فإذا لم يكن السلب المذكور فى تعريف الجوهر داخلا فى حقيقة معناه، وكذا الفعل أو الانفعال الوارد فى تعريف بعض الكيفيات الفعلية أو الانفعالية داخلا فى حقيقة معناها. فهكذا نقول فى الاضافات الواقعة فى رسوم المقولات النسبية، فأنّها غير داخلة فى نفس معانيها فعليك بالتحفظ التام، لأنّ هذا الموضع مما وقع الاشتباه كثيرا بين الشىء ولازمه الذى هو علامته وعنوانه.

---

[٦٢١] شرح شيرازى: ٢٠٥؛ حكمة الاشراق: ٧١؛ شرح شهرزورى: ٢٠٢:١١-١٢

قوله، قدّس سرّه: «لعاد الكلام متسلسلا على ما سبق».٦٢٢

[أقول]: [قد سبق] أيضا دفع جميع ما أورده، فلا حاجة إلى الاعادة.

[حكومة أُخرى: فى إبطال الهيولى والصورة]٦٢٣

قوله، قـدّس سـرّه: «ويـرّد علـيـهـم أنّ الاتصـال يقال فـيـمـا بين جسمين، ١٥».٦٢٤

[أقول]: لفظه «الاتصال» يدلّ بالاشتراك على معنيين: حقيقى واضافى. أمّا الأوّل؛ فهو أيضا لمعنيين أحدهما: كون الشىء فى مرتبة ذاته صالحا لقبول الابعاد والمقادير من غير تعيين له فى ذاته بشىء منها، وهذا فصل للجوهر وثابت للجسم فى حدّ نفسه لعدم تركيبه من

---

٦٢٢ شرح شيرازى: ٢٠٦؛ حكمة الاشراق: ٧١؛ شرح شهرزورى: ٢٠٢: ١٥-١٦.

٦٢٣ شرح شيرازى: ٢٠٦؛ حكمة الاشراق: ٧٢ إلى ٧٧؛ شرح شهرزورى: ٢٠٣: ١٣ به بعد.

٦٢٤ شرح شيرازى: ٢٠٧؛ حكمة الاشراق: ٧٢؛ شرح شهرزورى: ٢٠٣: ١٨-١٩. متن حكمة الاشراق: (٧٢) قال المشاؤون: الجسم يقبل الاتصال والانفصال. والاتصال لا يقبل الانفصال، فينبغى أن يوجد فى الجسم قابل لهما وهو الهيولى. وقالوا المقدار غير داخل فى حقيقة الاجسام لاشتراكها فى الجسمية وافتراقها فى المقادير ولان جسما واحدا يصغر ويكبر بالتخلخل والتكاثف. ويرّد عليهم أن الاتصال يقال فيما بين جسمين، فيحكم بان أحدهما اتصل بالآخر وهو الّذى يقابله الانفصال. وفى الجسم امتداد من الطول والعرض والعمق، والامتداد ليس يقابل الانفصال أصلا؛ فما قولك فيمن يدّعى انّ الجسم مجرّد المقدار الّذى يقبل الامتدادات الثلاثة لا غير؟

الجواهر الفردة. فاتصاله بهذا المعنى عين متصلية لا زيادة معنى آخر. وثانيهما؛ كون الشىء بحيث يوجد بين اجزائه المفروضة حدود مشتركة. ومن خواص المتصل بهذا المعنى قبوله للانقسامات الغير المتناهية، وهذا فصل الكم يتقوّم به ما سوى العدد، وما يدلّ على تغاير هذين المعنيين قول الشيخ الرئيس فى «الهيات الشفاء».وأمّا الكميات المتصلة، فهى مقادير الابعاد. وأمّا الجسم الذى هو الكم فهو مقدار المتصل الذى هو الجسم بمعنى الصورة؛ وأمّا ما هو صفة إضافية فهو أيضا للمعنيين: أحدهما كون مقدار أو ذى مقدار متحد النهاية بآخر مثله سواء كانا متعدّدين فى الوجود، أو فى التوهّم فقط؛ والثانى كون الجسم بحيث يتحرّك بحركة جسم آخر،كاتصال الاعضاء بعضها ببعض. والمعنى الأوّل منهما من عوارض الكم المتصل، بل من لوازمه.

قـولـه، قـدّس سـرّه: «والامـتـداد ليس تقابله الانفـصـال أصـلا، الى». ٦٢٥.

[أقول]: الامتداد وإن لم يكن مقابلا للانفصال تقابلا بالذات، لكن لا ينفكّ عما يقابله بالذات، لما عرفت. أن الاتصال الإضافى بالمعنى الأوّل من لوازم الامتداد الاتصال بالمعنى الحقيقى. فزوال الاتصال الاضافى مستلزم لزوال الاتصال الحقيقى، وسيأتيك زيادة أيضاح.

---

٦٢٥ شرح شيرازى: ٢٠٧؛ حكمة الاشراق: ٧٢؛ شرح شهرزورى: ٢٠٣:٢٠-٢١

قوله، قدّس سرّه: «فما قولك فيمن يدعى أن الجسم مجرّد المقدار، الخ».٦٢٦

[أقول]: لو كان الجسم مجرّدا لمقدار الجوهرى لكان تعريفه إلى جسمين اعداما له بالكلّية واحداثا بالجوهرين آخرين من غير مادّة. إذ لا شبهة لأحد فى أن المقدار الكبير غير المقدار الصغير بالعدد والتشخّص لا أقلّ أن لم يكن بالماهية والنوع؛ وكلّ حادث زمانى مفتقر إلى مادّة سايقة بحمل إمكانه. ولكان الجسم غير قابل للحركة الكمية كالتخلخل والتكاثف الحقيقيين، وكالنموّ والذبول٦٢٧ وغير قابل أيضا للاشكال المختلفة، فان المستدير من الشمعة إذا صار مكعّبا يتبدّل الجسم التعليمى منه لا محالة، لا لمجرّد أنّ تبدّل اشكال الشمعة يوجب انفصاله بين اجزائها. ليرد عليه المنع الذى ذكره المصنّف بل لأنّ المقدار الجرمى أمر ممتدّ ذو نهايات، وتبدّل نهاياته يوجب تبدّل نحو وجوده الشخصى، إذ لا يتصوّر له وجود إلّا بنحو التناهى والتشكل، وليس ظلوله وعرضه وعمقه بامور زائدة على ذاته. إذا لا يريد به مجموع الخطوط الثلثة بل يزيد به أمر بسيط هو بذاته قابل لعرض خطوط طولية وأُخرى عرضية وأُخرى عمقية. فإذا تبدّل شكله لم يبق هو فى ذاته بالصفة التى كان عليها أو لا. نعم، يبقى له معنى كونه بحيث يمسخ

---

٦٢٦ شرح شيرازى: ٢٠٨؛ حكمة الاشراق: ٧٢؛ شرح شهرزورى: ٢٠٣:٢١.

٦٢٧ ن؛ م : زبول؛ شرح شيرازى: الذبول

بكذا وكذا أو هذا معنى كلّى يصدق على اجسام مختلفة العدد متفاوتة الهيأت والنهايات .

قوله ، قدّس سرّه : «وآحاد الذهاب فى الجهات عرضى متبدّل ، ۶۲۸ .»[۵۱]

[أقول]: أن أراد أنّه زائد على طبيعة المقدار النوعى فمسلّم؛ وإن أراد به أنّه زائد على هوية المقدار التعليمى فغير مسلّم. إذ هو بعينه نحو من انحاء وجوده وتبدّله يوجب تبدّل شخص المقدار الجرمى، فلو لم يكن قابل آخر غير المقدار لكان زوال الجوهر وحدوثه غير مفتقرين إلى مادّة، وهذا خلاف ما ارتكز فى مدارك الحكماء .

قوله ، قدّس سرّه «صحيح إذا أعنى به الاتصال بين الجسمين ،

---

١٢٨ شرح شيرازى: ۲۰۹؛ حكمة الاشراق: ۷۳؛ شرح شهرزورى: ۲۰۴ :۷. متن حكمة الاشراق: (۷۳) وقول القائل انها اعراض، لتبدّل الطول والعرض والعمق على شمعة مثلا، ليس إلا دعوى؛ انّ جُعل هذا المقدار، ذاهبا فى بعض الجهات عرضا، فلا يلزم منه انّ المقدار نفسه عرضى للجسم او عرض. فان ما يزداد بالطول عند المدّ ينتقص من عرضه وكذا ما يبسط فى العرض ينتقص من طوله فيتصل فى المدّ بعض أجزاء كانت مفترقة ويفترق بعض ما كانت متصلة. فذهابه فى الجهات المختلفة على سبيل البدل لازم له، وآحاد الذهاب فى الجهات عرض متبدّل؛ والجسم ليس إلا نفس المقدار، والامتدادات الثلاثة هى ما يؤخذ بحسب ذهاب جوانب الجسم فى الجهات.

وقولهم «الاتصال لا يقبل الانفصال»، صحيح إذا عنى به الاتصال بين الجسمين؛ وإنّ عنى بالاتصال المقدار، فيمنع انّ المقدار لا يقبل الانفصال. واستعمال الاتصال بازاء المقدار يوجب الغلط، لانّه اشتراك فى اللفظ، فيوهم انّ المراد منه الاتصال الّذى يبطله الانفصال.

[أقول]: إذا كانت حقيقة الجسم عبارة عن مجرّد جوهر اتصالى مقدارى، كما هو عند المصنّف. ولا شبهة لأحد فى أن مقدار الكلّ غير مقدار الجزء ومقدار الذراع، مثلا غير مقدار نصف الذراع وإلّا لجاز حمل أحدهما على آخر، وليس كذلك فكان الذراع الواحد عند اتصال موجودا بوجود واحد، وعند الانفصال موجودا بوجودات متعدّدة. ووحدت الاتصال تنافى كثرة الاتصال، ولا يمكن إلّا أن يكون موضوع الوحدة والكثرة التى بازائه شيئا واحدا من كلّ الوجوه. فههنا عند الاتصال شىء واحد وشىء يقبل التعدّد ولا يمكن أن يكون نفس ما هو الواحد نفس ما يقبل التعدّد بالذات. فجهة الوحدة غير جهة الكثرة وغير جهة قبول الكثرة؛ فلا بدّ فى ذات الجسم من شيئين أحدهما باق والآخر زائل. ثمّ لا شبهة فى أن الجسم الذى طرأ عليه الانفصال قد زال عنه شىء، فالزائل أمّا نفس الجوهر الاتصالى فيكون التقسيم اعداما بالكلّية من غير بقاء سنخ واحد بالجوهرين آخرين من غير مادّة قابلة، وأمّا جزئه فله جزء آخر وهوالمطلوب؛[٦٣٠] وأمّا أمر عارض فهذا العارض أمّا من باب النسب والإضافات، والنسبة الموجودة لا يكون إلّا بين شيئين متغايرين فى الوجود. فإذا كان كلّ تقسيم يوجب

[٦٢٩] شرح شيرازى: ٢٠٩؛ حكمة الاشراق: ٧٣؛ شرح شهرزورى: ٢٠٤:١٠، ١١-١١.

[٦٣٠] ن؛ م: المطلب؛ شرح شيرازى: ٢٠٩: المطلوب

زوال نسبة أُخرى والجسم يحتمل انقسامات غير متناهية بالقوّة فيلزم من ذلك أن يكون لجسم واحد أجزاء غير متناهية لها إضافات غير متناهية، وقد ثبت استحالته. وأيضا لو كان الجسم عند عروض القسمة أمرا واحدا بالتشخّص ويكون القسمة والتعدّد فى أمر عارض له لزم اجتماع المثلين فى موضوع واحد، وقد برهن على امتناعه. فظهر من جميع ما ذكرناه من تكثير الواحد وتوحيد الكثير من الجسم[٦٣١] يستدعى تركيبا فيه واثنينية فى ذاته.

قوله، قدّس سرّه: «تشارك فى الجسميـة واختلف فى المقدار، الخ»[٦٣٢].

---

[٦٣١] ن: ـ الجسم

[٦٣٢] شرح شيرازى: ٢١٠؛ حكمة الاشراق: ٧٤؛ شرح شهرزورى: ١٤:٢٠٤ـ ١٥. متن حكمة الاشراق: (٧٤) وقول القائل «انّ الاجسام تشاركت فى الجسمية واختلفت فى المقدار فيكون خارجا عنها» كلام فاسد فان الجسم المطلق بازاء المقدار المطلق والجسم الخاص بازاء المقدار الخاص. وما هو إلّا كمن يقول: المقادير الخاصة بالكبير والصغير مختلفة وتشاركت فى انّها مقدار، فافتراقها بالصغر والكبر ليس إلّا لشئ غير المقدار، حتّى يزيد المقدار الكبير على الصغير بشئ غير المقدار لاشتراكهما فى المقدار، وهو فاسد. فانّ المقدار إذا زاد على المقدار، لا يجوز أن يقال زاد بغير المقدار، إذ لا تفاوت فى المقادير إلّا بالمقدار؛ فالتفاوت بنفس المقدارية ولانّ أحدهما أتمّ والآخر انقص. وهذا كالتفاوت بين النور الأشدّ والأضعف، والحرّ الأشدّ والأضعف ولا نعنى بالنور الأشدّ والحرّ الأشدّ إلّا شدته فى الممانعة والقدرة وغير ذلك. وليس شدّة النور وضعفه لمخالطة أجزاء الظلمة إذ الظلمة عدمية، ولا أجزاء مظلمة؛ فانّ كلامنا فيما يحس من النور وما ينعكس على املس، كالمرآة من نيّر، بل تمامية وكمال له فى الماهية. ففى الطول ايضا هكذا، فانّ هذا الطول إذا كان اعظم من ذلك الطول فانّه أتمّ طولية ومقدارية والزيادة ايضا طول فان لم نسمّ هذا «شدة فى الطول»، بسبب انّ هاهنا يمكن الإشارة إلى قدر ما به المماثلة والزائد بخلاف الأتمّ بياضا فانّه

[أقول]: صحة كلام هذا القائل على تقدير أن طبيعة الجسم، بما
هو، جسم لا يفتقر فى حدّ معناها إلى انضياف معنى آخر يحصل
معناها ويقوّم ماهيتها لذاتها وطبيعة متحصّلة نوعية؛ أى بالمعنى الذى
هو بالمعنى مادّة للمركّبات وغير محمول عليها، ليس اختلافها إلّا بالعوارض
والخارجيات. فحينئذ يمكن لأحد[٦٣٣] أن يحكم بأن ما به الاتفاق فى
الجسمية غير ما به الاختلاف فى المقدارية، وهذا بخلاف طبيعة
المقدار، حيث لا تحصّل لها فى نفسها إلّا بحسب مراتبها وحدودها.

قوله، قدّس سرّه: «ولانّ أحدهما اتم والآخر انقص، اﻫ».[٦٣٤]

[أقول]: زعم الشيخ، قدّس سرّه، أن التفاوت قد يكون بين شيئين
بحسب كمال ونقص فى نفس ماهيتهما المشتركة بلا اعتبار قيد آخر
فصلى أو عرضى. والحقّ أن مفهوم الشيء الواحد لا يتفاوت بحسب
معناه، بل التفاوت فى الأشدّ والأضعف بانحاء الحصولات والوجودات،
لأنّ الوجود مما هو متفاوت فى الكمال والنقص والتقدّم والتأخّر، كما
برهن عليه سابقا. فالمقدار الزائد يخالف المقدار الناقص فى نحو

لا ينحصر التفاوت فيه بين الطرفين، كالأشدّ بياضا؛ فيجعل الجامع «الأتمية» دون الأشدّية،
ولا مشاحة فى الاسم.

فحاصل الكلام انّ الجسم المطلق هو المقدار المطلق، وانّ الاجسام الخاصة هى المقادير
الخاصة، وكما تشاركت الاجسام فى المقدار المطلق وافترقت بخصوص المقادير المتفاوتة
تشاركت فى الجسمية وافترقت بخصوص المقادير المتفاوتة.

[٦٣٣] ن؛ م: لا؛ -حد؛ شرح شيرازى: ٢١٠: لاحد

[٦٣٤] شرح شيرازى: ٢١٠؛ حكمة الاشراق: ٧٤؛ شرح شهرزورى: ٢٠٥:٢

الوجود. أوّلا ترى أن وجود الواجب أقوى من وجود الممكن من غير ماهية مشتركة، جل عن ذلك. ووجود الجوهر أقوى من وجود العرض من غير ماهية مشتركة بينهما. وبالجملة لا شكّ فى أن المقدار الزائد غير المقدار الناقص المفصول عنه بحسب الوجود ولا بحسب الماهية المقدارية، كما أن السواد الشديد غير السواد الضعيف فى الوجود، وكما أن السواد الشديد مشتمل على المراتب الضعيفة بالقوّة لا بالفعل. فكذا المقدار الزائد مشتمل على ما دونه من المقادير بالقوّة لا بالفعل. ثمّ إذا جزّى المقدار أو اتصل بمقدار آخر اتصالا وحدانيا حصل بالفعل مقدار ما كان بالقوّة، وصار بالقوّة ما كان بالفعل وكذلك السواد إذا استحال بالاشتداد أو الضعف صار ما بالفعل بالقوّة وما بالقوّة بالفعل. والماهية لا تتحرّك فى نفسها بل من شأن الوجود أن يتطوّر فى الاطوار وينشأن فى الشئون. فالوجود للشىء إذا تبدّل نحوه بنحو آخر، فلا بدّ ههنا من جهة بها يرتبط الأوّل بالثانى. إذ لا يمكن أن يكون ما هو الزائل بعينه هو الأمر الباقى ففيه تركيب من أمر باق وامر زائل؛ وليس الأمر الجامع بينهما الرابط لهما هى الماهية المشتركة العامة، لأنّها مما لا يبقى بالعدد بين الأمرين. إذا العام لا يحصل له ولا هوية له بالذات إلّا بغيره، وأيضا لو كان المقدار المتصل مشتملا بالفعل سابقا على التقسيم على ما حصل بالتقسيم، لزم اشتماله على أجزاء غير متناهية حسب قبوله للانقسام إلى غير النهاية، وهو محال، كما بيّن [السهروردى] فى موضعه عند ابطال مذهب النظام

[المعتزلى]. ٦٣٥

قوله، قدّس سرّه: «فيلزم منه التداخل، اﻫ». ٦٣٦

---

٦٣٥ النظام المعتزلى، متكلمى است كه در باب اثبات انقسام ماده به اجزاى غير متناهيه «زينون الايلى» اول بار در كلام اسلامى سخن گفته است. م.

٦٣٦ **شرح شيرازى: ٢١٥؛ حكمة الاشراق: ٧٥؛ شرح شهرزورى: ٢٠٦:١٤. متن حكمة الاشراق:** (٧٥) وأمّا التخلخل والتكاثف ليس إلاّ بتبديد الأجزاء واجتماعها وتخلل الجسم اللطيف بينها، وأمّا ما قيل فى القمقمة الصيّاحة «انّ النار لا تداخلها»، فذلك صحيح؛ وأمّا الشقّ فليس كما ذكره المشاؤون من زيادة المقدار، بل لان الحرارة مبددة للاجزاء. فإذا اشتدت مالت جوانبها إلى الافتراق، ومانعها الجسم، والميل ذو مدد؛ والخلأ كما بيّن فى الكتب ممتنع؛ فبميلها إلى الافتراق وضرورة عدم الخلأ ينشق القمقمة لا بحصول مقدار اكبر.

وأمّا ما يقال «أنّه يمصّ القارورة فتكبّ على الماء، فيدخلها الماء مع بقاء الهواء الّذى كان فيها، فيتكاثف الهواء» غير مسلّم. فانّ بعد المصّ لا يمكن الحكم بانّ عند دخول الماء ما خرج شئ من الهواء، بل يخرجه دخول الماء ويبقى له منفذ مّا؛ ولا يمكننا أن نحكم بانّ الماصّ لا يعطى من الهواء بقدر ما يأخذ، حتّى يلزم التخلخل بعد المصّ. ومثل هذه الاشياء يعسر علينا ضبطه بالمشاهدة؛ ونحدس انّه لو كان التخلخل متصوّرا، كما يقولون، بزيادة المقدار، لزم منه تداخل الاجسام. فانّ المقادير إذا ازدادت والعالم قبلها كله ملأ، ولا يلزم من زيادة مقدار اجسام نقصان مقدار اجسام أُخرى متباينة عنها من غير سبب يوجب التكاثف، فلزم التداخل بالضرورة؛ وهذا عند الطوفانات العظيمة المائية اظهر. ثمّ القمقمة الصيّاحة التى عليها اعتمادهم، إذا فرضت ممتلئة، ايزيد المقدار فيها ثمّ تنشق؟ او تنشق ثمّ يزيد المقدار؟ فان كان تنشق القمقمة ثمّ يزيد المقدار، فالشق ليس للتخلخل كما علّلوه به، وكذا أن كانا معا، فان الشقّ يكون سببه شيئا آخر متقدّما عليه. وإن زاد المقدار أوّلا، فيلزم منه التداخل. وإن قيل انّه يتقدّم على الشقّ زيادة المقدار بالذات، فكذا نقول فى ميل الأجزاء إلى التفريق، فلا يلزم ما قالوا. فإذن ليس التخلخل إلاّ بتفريق أجزاء الحرارة وتخلخل جسم لطيف كالهواء حتّى إذا مالت الأجزاء إلى الافتراق ومنعها مانع دفعته أن كان لها قوة ويحس هذا التبديد فى المتخلخلات كالماء وغيره من المائعات إذا تسخّنت، ولو ضممنا اجزائها لانضمت ورجعت إلى المقدار الأوّل فتقرر من هذا ان الجسم هو المقدار ومقادير

[أقول]: لقائل أن يقول؛ يجوز أن يكون الاستعداد الشديد الحاصل بالتسخين لزيادة مقدار ما فى القمقمة هو السبب لحصول الشقّ لا الزيادة بالفعل ليلزم التداخل؛ إذ كثيرا مّا يفعل الاستعداد الشديد للشىء القريب من الفعل[٦٣٧] ما يفعله ذلك الشىء. كيف؟ وما ذكره المصنّف يجرى فى أصل اندفاع الأجزاء وتبديدها الموجب لانشقاق القارورة، بل فى كلّ جسم يدفع جسما آخر ويميله بعين ما ذكره.

قوله، قدّس سرّه: «وأنّ ليس للخردلة مادّة لها استعداد أن تقبل، [٥١ [‌أ]]».[٦٣٨]

[أقول]: كلّ جسمية وكلّ صورة بحسب استعدادات تنضم إليها بتقدّم وتأخر لخلوّها فى ذاتها عن كلّ مقدار وصورة، كما أن الخردلة أيضا فاعل أوّل من شأنه أن يفعل جميع الاشياء بحسب جهات فاعلية وإرادات يلحقه على ترتب لبرائه فى ذاته عن جهات التكثّر والتغيّر. لكن سلسلة الترتيب فى القابل زمانى وفى الفاعل ذاتى وليس أحد من المشائين ادعى أن مادّة الخردلة، بما هى مادّتها، وبما لها من الاستعداد لقبولها مما يستعدّ لأنّ يقبل مقادير العالم كله.

العالم لا تزداد ولا تنقص أصلا، وأنّ ليس للخردلة مادّة لها استعداد أن تقبل مقادير العالم كله كما التزم به المشاؤون. وهذا رأى الأوّلين الاقدمين من الحكماء.

[٦٣٧] ن» م: -من الفعل؛ شرح شيرازى: ٢١٧: +من الفعل

[٦٣٨] شرح شيرازى: ٢١٧؛ حكمة الاشراق: ٧٥؛ شرح شهرزورى: ٢٠٦: ٢٠-٢١

قوله ، قدّس سرّه : «فإذا رجع إلى الحقيقة لم يجد الشىء إلاّ نفس المقدار، اى» . ٦٣٩

[أقول]: هذا هو الحقّ الذى أشرنا إليه وهو يخالف كلامه فيما سبق من قوله : « فان كان شىء ماله مدخل فى الأسودية فلا يكون إلاّ أمرا عقليا فحسب، وإن كان السواد له وجود فى الاعيان، إنتهى » .

قوله : «فهذه المغالطات من أخذ الاتصال بمعنى الامتداد ، اى» . ٦٤٠

[أقول]: قد عرفت تحقيق الحال فلا حاجة إلى الاعادة .

[حكومة : فى أنّ هيولى العالم العنصرى

---

٦٣٩ شرح شيرازى : ٢١٧؛ حكمة الاشراق : ٧٦؛ شرح شهرزورى: ٢٠٧:٤ . متن حكمة الاشراق : (٧٦) وما يقال «انّ الجسم يحمل عليه أنّه ممتد او متقدر فيكون زائدا عليه» ليس كلام مستقيم . فانّا إذا قلنا انّ الجسم متقدر لا يلزم أن يكون المقدار زائدا عليه . والحقائق لا تبتنى على الاطلاقات لما يجرى فيها من التجوّزات . فربما يأخذ الإنسان فى ذهنه شيئية مع المقدار. فيقول «الجسم شئ له المقدار» . فإذا رجع إلى الحقيقة، لم يجد الشئ إلّا نفس المقدار وإذا اطلق فى العرف مثل قولهم «بعد بعيد» لا يدّل أن البعدية فى البعد شئ زائد عليه، بل هو تجوّز كما يقال «جسم جسيم» ويجوز أن يقال «الجسم ممتد» بمعنى أن له امتدادا خاصا فى جهة متعينة، فيرجع حاصله إلى أن المقدار ذاهب فى جهات مختلفة او جهة متعينة، ويجوز ذلك .

فهذه المغالطات لزمتهم من أخذ الاتصال بمعنى الامتداد ومن بعض التجوزات ومن ظنّهم انّ الامتياز بالكمال والنقص، كما بين الخط الطويل والقصير بشئ زائد على المقدار وذلك غير مستقيم .

٦٤٠ شرح شيرازى : ٢١٨؛ حكمة الاشراق : ٧٦؛ شرح شهرزورى : ٢٠٧:٩ .

هو المقدار القائم بنفسه][٦٤١

قوله، قدّس سرّه: «فليس شىء فى العالم هو موجود فحسب، الخ»[٦٤٢].

[أقول]: أشارة إلى ما يلزم عليهم بحسب حجة أُخرى لهم على وجود الهيولى وهى أنّ الجسم من حيث هو جسم آخر بالفعل لأنّه جوهر متصل بالفعل، وله قبول ابعاد واتصالات وانفصلات[٦٤٣] واشياء أُخرى بالقوّة والشىء من حيث هو بالفعل لا يكون بعينه هو من حيث هو بالقوّة، فيكون فيه أمران؛ يكون باحدهما بالفعل وبالآخر بالقوّة إذ لو كان اتصاله وجسميته نفس القوّة لاشياء كثيرة، فيلزم من تعقّله تعقّل تلك الاشياء فالحامل للقوّة غير الاتصال وغير المتصل، من حيث هو متصل بالفعل. فللجسم جزء فيه قوّة الاتصال غير الاتصال. وهذه الحجة مما ذكره المصنّف فى « المطارحات »[واعترض عليها بوجوده

---

[٦٤١] شرح شيرازى: ٢١٨؛ حكمة الاشراق: ٧٧؛ شرح شهرزورى: ٢١٧: ٥ – ١٤

[٦٤٢] شرح شيرازى: ٢١٨؛ حكمة الاشراق: ٧٧؛ شرح شهرزورى: ٢١٧: ٨. متن حكمة الاشراق: (٧٧) فإذا تبيّن لك من الفصل السابق، أن الجسم ليس إلّا المقدار القائم بنفسه فليس شئ فى العالم هو موجود فحسب وهو يقبل المقادير والصور وهو الّذى سمّوه « الهيولى ». وليس فى نفسه شيئا متخصصا عندهم، بل تخصصه بالصور. فحاصله يرجع إلى أنّه موجود مّا وجوهريته سلب الموضوع عنه. وقولنا « موجود مّا » أمر ذهنى كما سبق، فما سمّوه هيولى ليس بشئ وعلى القاعدة التى قررناها هذا المقدار الّذى هو الجسم جوهريته اعتبار عقلى فإذا أُضيف بالنسبة إلى الهيئة المتبدّلة عليه والانواع الحاصلة منها المركّبة يسمّى « هيولى » لها لا غير وهو جسم، فحسب.

[٦٤٣] ن: -وانفصلات

أحدها منع امتناع أن يكون شىء واحد بالفعل وبالقوّة قائلا أن المسلّم
هو أن كون شىء واحد من جهة واحدة بالفعل والقوّة معا ممتنع؛ ولا
يلزم منه امتناع أن يكون ذاته بالفعل وله قوّة شىء آخر. ومثل هذا
الغلط إنّما يقع من اهمال الوجوه والحيثيات، ألّا ترى أن النفس من
حيث ماهيتها بالفعل ولها قوّة قبول المعقولات. أقول اختلاف الوجوه
والحيثيات يقع على ضربين، تقيدية وتعليلية؛ الأوّل هى المتكثرة التى
توجب التكثير التقسيم فى الموصوف بها؛ والثانية لا توجب التكثير إلّا
فيما خرج عن الموصوف. والاختلاف بالقوّة والفعل من قبيل الضرب
الأوّل، إذ الشىء إذا لم يكن فيه قوّة شىء ثمّ حصلت له القوّة عليه فلا
بدّ أن يتغيّر حاله فى نفسه عما كان، وكذا إذا كان بالقوّة شيئا آخر ثمّ
صار بالفعل هذا كحال المحاذات والمماسة ونظائرهما من الأمور
الإضافية، إذا لم يحصل ثمّ حصلت فأنّها مما يتصوّر أن يتحدد على
شىء واحد من غير أن يتغيّر حاله بل حال ما أضيف إليه من الأمور
الخارجة، وأيضا القوّة عبارة عن عدم مضاف إلى شىء فلا شىء من
الوجود أو ما هو موجود بالفعل بما هو موجود بالفعل، يحمل عليه أنّه
عدم شىء فالشىء لا يكون من جهة ما هو موجود فى نفسه معدوما
ولا عدما لشىء من الاشياء، وإلّا لكان وجود شىء بعينه عدما لشىء
آخر، ولكان تصوّر وجوده مستلزما تصوّر عدم تلك الاشياء واستحالة
هذا فى غاية الوضوح، سيّما على قاعدتهم فى عينية الوجود. وأيضا لو
جاز كون شىء بسيط بالفعل هو بالقوّة شيئا آخر، لجاز كون بسيط

فاعلا ومنفعلا لأنّ القوّة مبداء القبول والانفعال، والفعلية مبدء التأثير
والايجاد، واللازم باطل لاخلاف فيه لأحد بين الحكماء، وقد صرّح به
الشيخ فى « التلويحات» وسائر كتبه. وأمّا النقص بالنفس الإنسانية
وقوّة قبولها للمعقولات، فاندفاعه بأنّ النفس عند كونها عاقلة ومعقولة
بالقوّة هى متعلقة بالجوهر المادى صائرة إيّاه. فالمادّة جهة قوتها وعند
كونها عاقلة ومعقولة بالفعل متعقّلة بالجوهر العقلى صائرة إيّاه. وهو
جهة كونها بالفعل وفيما بين الأمرين مترددة فى الجهتين، وسيجىء
الكلام فى معرفة النفس انشاء الله تعالى. وثانيها النقص بالهيولى؛ وهو
أن الهيولى التى أثبتوها جوهر بالفعل وهى مستعدّة فتكون مركّبة من
جزئين أحدهما بالفعل والآخر بالقوّة. والجواب عنه، كما ذكره الشيخ
فى « الشفاء»: هو أنّ جوهرية الهيولى وفعليتها عين كونها مستعدة
لكذا. والجوهرية التى لها ليست يجعلها بالفعل شيئا من الاشياء، بل
يعدها لأنّ يكون بالفعل شيئا بالصورة، وليس معنى جوهريتها إلاّ أنّها
أمر ليس فى موضوع. فالإثبات هو أنّه أمر واحد أما [644]أنّه ليس فى
موضوع فهو سلب وأنّه أمر ليس يلزم منه أن يكون شيئا معينا بالفعل
لأنّ هذا عام ولا يصير الشىء بالفعل شيئا بالأمر العام ما لم يكن له
فصل يخصه، وفصله أنّه مستعد لكلّ شىء، فصورته التى نطق[645] له
هى أنّه مستعدّ قابل. فإذن ليس ههنا حقيقة للهيولى يكون بها بالفعل

644 م: - واحد

645 م: يظن؛ - له

وحقيقة أُخرى بالقوّة؛ إلّا أن يطّرء عليها حقيقة من خارج فيصير بذلك بالفعل ويكون فى نفسها واعتبار وجود ذاتها بالقوّة. وهذه الحقيقة هى الصورة ونسبة الهيولى إلى هذين المعنيين أشبه بنسبة البسيط إلى ما هو جنس وفصل من نسبة المركّب إلى ما هو هيولى وصورة، إنتهى [ما] ذكره [الشيخ الرئيس ابو على سينا].

[أقول] وحاصل كلامه أن الهيولى جوهر ضعيفة الوجود لا تحصل لها فى ذاتها إلّا بالصورة أى وجود الصورة لا بايجاد الصورة إيّاها، كما توهّم. ففعليتها عين قوتها لقبول الصُور، فكونها جوهرا عين كونها مستعدة فلا يوجب هاتين الحيثيتين اختلافا وتكثيرا فى الذات، إذا الاختلاف إنّما يكون بين فعلية الشىء وقوته لا بين قوته وفعلية قوته، بل القوّة وفعلية القوّة شىء واحد فى الخارج، كما أنّ ماهية شىء ووجوده واحد فى الخارج. وكذا حكم الجنس والفصل[646] البسيط، ولهذا اشبه جوهرية الهيولى وكونها قابلة بهما حيث لا يوجبان تكثيرا إلّا فى العقل دون الخارج. وثالثها بأنّكم قلتم أن قولنا لا فى موضوع، سلبى. فلم يبق لهيولى إلّا أمر مّا، فأمر مّا ليس إلّا من الاعتبارات العقلية فينتظم لخصمكم من هذا قياس، وهو أن الهيولى مجرّد أمر مّا لا غير وكلّ ما هو مجرّد أمر مّا لا غير فليس له وجود إلّا فى الذهن فيلزم أن الهيولى لا وجود لها إلّا فى الذهن مما وضعتم هيولى لا وجود له فى الاعيان، كما هو مذهب خصمكم. أقول فى الجواب: أن

_____

[646] م: - الفصل

الهيولى إنّما هى جزء لموجود تام ومادّة الشىء قوامها بذلك الشىء وجودها بعد وجود ذلك الشىء بوجه، وليس حالها بالقياس إلى الصورة كحال الموضوع بالقياس إلى العرض، حتّى يتصوّر لها وجود فى الخارج منحازا عن ما حلّ فيه، فهى قائمة بالصورة، كما أن العرض قائم بالموضوع. وما ذكره من أن الشىء لا يمكن أن يكون موجودا فى الخارج بمجرّد كونه أمرا ما أو جوهر ما كلام حق صحيح، أن أراد بالموجود فى الخارج الوجود التام المستقلّ، وأمّا إذا كان أمرا أو جوهرا ما جزءا غير مستقلّ لشىء دائم الافتقار بما يحصله يقوّمه بالفعل، فاستحالته ممنوعة. كيف؟ والبرهان قائم على أن فى الجسم تركيبا من قوّة وفعل وما بالقوّة من حيث هو بالقوّة، لا يكون بالفعل، كما أن الأعمى فيه تركيب من وجود وعدم هو قوّة البصر. ورابعها ما أشار إليه ههنا بقوله: «فليس شىء فى العالم هو موجود فحسب» إلى قوله «وجوهرية سلب الموضوع» وتقريره، كما فى «المطارحات» هو أنّه إذا قلتم قولنا لا فى موضوع أمر سلبى وليس لها فى نفسها خصوص، فما بقى من رسم الجوهر إلاّ الوجود، وقد قلتم أن لا خصوص غير هذا فصارت ماهية الهيولى نفس الوجود، وكنتم قلتم أنّ ليس فى الموجودات ما وجوده عين ماهيتة إلاّ واجب الوجود. فإذا نصب من هذا قياس يلزم منه أن الهيولى واجب الوجود بذاتها. أقول فيه بحث، أمّا أوّلا؛ فلأنّ قوله «وليس لها فى نفسها خصوص» غير مسلّم؛ فأن الاستعداد جزء عقلى لماهية الهيولى، كما صرّح به الشيخ فى

«الشفاء»، حيث قال: و فصله أنّه مستعد لكلّ شيء، فليست الهيولى
محض الوجود. وأمّا ثانيا؛ فلأنّ الفرق بين ما هو مطلق الوجود، وما هو
الوجود مطلقا [يعنى على الاطلاق] حاصل، فعلى تقدير تسليم أن
الهيولى لا خصوص إلّا موجود مالا يلزم أن يكون واجب الوجود؛ لأنّ
واجب الوجود هو ذات مخصوصة، خصوصيتها عين الوجود من
غيرثبوت عدم أو إمكان، بل وجوده ينال الاشياء وجوداتها الخاصة.
وأمّا الهيولى عندهم، فهو وجود مبهم يلزمه. فقد جميع الموجودات
المخصوصة مع إمكان التلبّس باىّ واحد منها يظهر أن الهيولى ابعد كلّ
ما موجود ⁶⁴⁷ من الواجب، وهى فى حاشية أُخرى من سلسلة الوجود
المبتدئة من حقيقة الوجود البَحت المنتهية إلى ما وجوده عين الإمكان
والقوّة.

قوله، قدّس سرّه: «وقولنا «موجود مّا»، أمر سلبى، اه». ⁶⁴⁸.

[أقول]: هذا أشارة إلى البحث الثالث له المنقول من «المطارحات»،
وقد مرّ جوابه بما فى كفاية.

قوله، قدّس سرّه: «جوهريته اعتبار عقلى، اه ». ⁶⁴⁹.

[أقول]: هذا بناء على مذهبه من أن البسيط الخارجى جنسه

---

⁶⁴⁷ ن؛ م: + كلّ موجود

⁶⁴⁸ شرح شيرازى: ٢١٩؛ حكمة الاشراق: ٧٧؛ شرح شهرزورى: ٢١٧: ١٠–١١

⁶⁴⁹ شرح شيرازى: ٢١٩؛ حكمة الاشراق: ٧٧؛ شرح شهرزورى: ٢١٧: ١٢

وفصله اعتباران عقليان، من غير تحقيق لهما فى العين. وأمّا بناء على
أنّ مفهوم الجوهر مشتمل على أمر عدمى، هو سلب الموضوع عنه، وقد
أشرنا إلى أنّ المذكور فى تعريفات البسائط من السلوب والإضافات إنّما
هى لوازم وعلامات وعنوانات لما عرف بها، ولا يكون شىء منها داخلا
فى حقيقة المعرف. فهكذا سلب الموضوع من لوازم ماهية الجوهر
ورسمها.

قوله، قدّس سرّه: «والانواع الحاصلة[٦٥٠] منها، اى».[٦٥١]

[أقول]: قد جوّز الشيخ تركيب نوع طبيعى من جوهر موضوع
وعرض قائم به؛ ومَن تأمّل فى نحو وجود الجنس والفصل والمادّة
والصورة وكون الفصل[٦٥٢] محصّلا لطبيعة الجنس لكونه مبهم المعنى،
وكون الصورة وهى بحذاء الفصل تمام الشىء وكماله، والمادّة وهى
بحذاء الجنس نقصه وقصوره؛ وأنّ ما به تماميته شىء بحسب أن يكون
أقوى وأشدّ وجودا من ما به نقص ذلك الشىء، وأكثر آثارا منه؛ وأنّ
كلّ حقيقة هى تلك الحقيقة بصورته لا بمادّته؛ فأنّ الحيوان حيوان
بصورته لا بمادّته؛ والشجر شجر بصورته لا بمادّته؛ والسرير سرير بهيئته
لا بخشبيته؛ والسيف سيف بحدّته لا بحديدته؛ يعلم يقينا أنّ الواحد

---

[٦٥٠] م؛ شرح شيرازى: + منه و

[٦٥١] شرح شيرازى: ٢١٩؛ حكمة الاشراق: ٧٧؛ شرح شهرزورى: ٢١٧: ١٣

[٦٥٢] ن: - الفصل؛ ك؛ م؛ شرح شيرازى: ٢١٩: +الفصل

الطبيعى لا يمكن أن يكون صورته أضعف وجودا من مادّته، فكون المركّب من مادّة جوهرية وصورة عرضية بما ينفيه، الفحص والبرهان. وأمّا السرير والسيف والباب، ونظائرها؛ فليست هى من الانواع الطبيعية التى يفعلها المبادى الذاتية على أن كلا من هذه الانواع الصناعية أيضا عند التفتيش يظهر من حاله أنّ الأمر ليس كما زعموه. فأنّ السرير، مثلا، بما هو ماهية سريرية، لا يلزم أن يكون من خشب أو نحاس، أو غير ذلك من الاجسام الطبيعية، بل هو كالمقادير والاشكال الجسمية الهندسية، يمكن تجريدها عن كلّ مادّة وحينئذ لا فرق بينه وبين سائر الاشكال الهندسية. ثمّ لا يذهب على أحد أن صورة المكعّب، مثلا، ليست هى النهايات من الخطوط والسطوح لأنّها بما هى أمور عدمية؛ بل صورة المكعّب هى نفس كونها على هيئة التكعّب وليست بزائدة على مادّتها المسّاحية؛ نعم عند الطبيعيين، حيث يبحثون عن مادّة الاشكال وصورتها جميعا، كما اعتبر فى موضع صناعتهم أن الشكل السريرى هو الهيئة الحاصلة للشىء المتقدر الخصوص فى مادّة مخصوصة؛ وكذا حكم سائر الاشكال وهيئاتها. فان الاستدارة والتقبيب عند الرياضيين عين الدائرة والمقبب، وعند الطبيعيين هيئتان عارضتان لمادتى الدائرة والكرة. فظهر أنّ صورة السرير فصل جوهرى لمقدار السرير، إن كان المقدار جوهرا، كما هو عند المصنّف؛ وإن كان عرضا، فعرضى؛ فليس السرير مركّبا من جوهر وعرض على أىّ تقدير.

قال الشارح [العلامة]: «بل الجسم عنده كذلك على ما قال فى «التلويحات»، ١٥١». ^{٦٥٣}

أقول: كلامـه فى «التلويحات» دالّ على تركيب الجسم من جوهرين، حيث قال: «والامتداد ليس خارجا عن حقيقة الجسم وإلّا لما افتقر فى تعلقها إلى تعلقه أوّلا، فهو جزئه، والقابل له المسمّى بـ «الهيولى» جزء آخر للجسم هو صورة فيه». ^{٦٥٤} وقال فى موضع آخر: «اعلم أن الهيولى لا تبقى دون الصورة لأنّها حينئذ أن أشير إليها من جميع الجهات، فهى ذا ابعاد ثلثة جرمية وقد فرضت مجردة، هذا محال؛ وإن أُشير إليها لا من جميع الجهات، فهى فيما يشير إليها من جميعها فهى عرض، هذا محال؛ وإن لم يكن مشار اليها، فإذا ليست الصورة الجرمية تجسّمت، إلى آخر كلامه». ^{٦٥٥} والشارح يتّبع كلام

---

^{٦٥٣} شرح شيرازى: ٢٢٠.

^{٦٥٤} رك: سهروردى «كتاب التلويحات اللوحية والعرشية: العلم الثالث»، مطبوع در «مجموعه مصنفات شيخ اشراق» جلد يكم مشتمل بر الهيات كتاب التلويحات وكتاب المقاومات وكتاب المشارع والمطارحات، به تصحيح و مقدمه هنرى كربن (تهران، ١٣٥٥). لكن مطالب فوق در «العلم الثالث» نيست.

^{٦٥٥} رك: سهروردى «كتاب التلويحات اللوحية والعرشية: العلم الثالث»، مطبوع در «مجموعه مصنفات شيخ اشراق» جلد يكم مشتمل بر الهيات كتاب التلويحات وكتاب المقاومات وكتاب المشارع والمطارحات، به تصحيح و مقدمه هنرى كربن (تهران، ١٣٥٥). لكن مطالب فوق در «العلم الثالث» نيست.

شارح «التلويحات» [سعد ابن منصور ابن كمّونة]٦٥٦ فيما ذكره فى رفع التدافع بين كلامى المصنف فى الكتابين [«حكمة الإشراق» و«التلويحات»] .

قوله ، قدّس سرّه : «وهو جسم ، فحسب» . ٦٥٧

[أقول]: لو كان الجسم الطبيعى نفس حقيقة المقدار المنقسم فى الجهات، لم يبق فرق بين التعليمى والطبيعى منه؛ ولو لم يكن البحث عن احوال الجسم من المسائل الطبيعية، إذ محمولات المسائل الطبيعية ما يلحق موضوعها لذاتة، أو لما يساويه، والجسم إذا كان مجرّد المقدار التعليمى بلا قوّة تغيير وقبول لم يكن الاعراض الذاتية التى يلحقه لذاته، إلّا كالاعراض اللاحقة للمقادير والتعليميات، مثل المساحة والتربيع والكروية والعادية والمعدودية والصمم والتشارك والمساوات والتنصيف والتضعيف والتكعيب؛ وغير ذلك كالحركة والسكون والحرارة والبرودة والسواد والبياض والصحة والسقم والحيوة والموت، وغير ذلك . فأنّ جميع ما يجرى مجرى هذا القسم، من الاعراض والواحق التى لا يلحق الشىء إلّا بما هو ذو قوّة انفعالية تجددية . وجميع

---

٦٥٦ سعد بن منصور بن حسن بن هبة الله بن كمّونة، صاحب «التنقيحات فى الشرح التلويحات» كه تا كنون به چاپ نرسيده است . رك : نسخه خطه كتابخانه ملك؛ نيز رك : سيد جعفر سجادى « ابن كمونه » در «دائرة المعارف بزرگ اسلامى »، زير نظر كاظم موسوى بجنوردى (تهران، ١٣٧٠)، جلد چهارم، صص ٥٢٤ الى ٥٢٦ .

٦٥٧ شرح شيرازى: ٢٢٠؛ حكمة الاشراق: ٧٧؛ شرح شهرزورى: ٢١٧: ١٤ .

ما يجرى القسم الأوّل منها، هى من العوارض التى لا يحتاج فى لحوقها إلى سبق قابلية واستعداد، وتغيّر حال فى موضوعاتها الأوّلية واكثرها من اللوازم الوجودية لمعروضاتها. وتجويز كون الجوهر الجرمى بما هو هو من غير اشتمال على قوّة التغيير والانفعال صالحا لعروض الاحوال التى هى من باب الاستحالات والتجددات، كسائر الأمور الطبيعية، مما لا يصدر عن مَن هو له خوض فى صناعتى الحكمة والميزان.

[حكومة اُخرى : فى مباحث تتعلّق بالهيولى والصورة][٦٥٨]

قوله، قدّس سرّه : «وكثيرا ما يعوّلون[٦٥٩] فى كون الصورة علّة ما للهيولى، ١ا».[٦٦٠]

---

[٦٥٨] شرح شيرازى : ٢٢٠؛ حكمة الاشراق : ٧٨ إلى ٨٩؛ شرح شهرزورى : ٢١٨: ٩ به بعد

[٦٥٩] ن : يقولون؛ك؛ م؛ شرح شيرازى : ٢٢٠ : يعولون

[٦٦٠] شرح شيرازى : ٢٢١؛ حكمة الاشراق : ٧٨؛ شرح شهرزورى : ٢١٨: ١٤. متن حكمة الاشراق : (٧٨) وهؤلاء بيّنوا انّ الّذى وضعوه موجودا وسمّوه «هيولى» لا يتصور وجوده دون الصور ولا الصور دونه. ثمّ ربّما يحكمون بانّ للصورة مدخلا فى وجود الهيولى؛ وكثيرا مّا يعوّلون فى كون الصورة علّة مّا للهيولى بناء على عدم تصور خلوّها عنها. وذلك ليس بمتين، فانّه يجوز أن يكون للشىئ لازم لا يكون دونه ولا يلزم أن يكون ذلك علّة.

ثمّ منهم من يبيّن انّ الهيولى لا يتصور وجودها دون الصورة، لأنّها حينئذ أمّا أن تكون منقسمة، فيلزم جسميتها فلا تكون مجردة، او غير منقسمة، فيكون ذلك لذاتها فيستحيل عليها الانقسام، وهذا غير مستقيم. فانّها إذا كانت غير منقسمة، فلا يلزم أن يستحيل عليها ذلك ويكون ذلك لذاتها، بل يستحيل فرضه فيها لأجل انتفاء شرط

[أقول]: ما عوّل، وما بنى أحد من الحكماء ولا من أتباعهم المشهورين كون الصورة علّة للهيولى، على مجرّد عدم تصوّر الانفكاك بينهما، حتّى يردّ عليه ما أورده المصنّف، بل لما بيّنوا استحالة خلوّ الصورة من الهيولى وخلوّها عن الصورة؛ وعندهم أن المتلازمين لا بدّ وأن يكون بينهما علاقة ايجابية علية ومعلولية، ثمّ أحالوا كون الهيولى موجبة للارتباط لكونها قابلة فبقى أن يكون الاقتضاء، والعلّية ومن جانب الصورة لا على طريق الاستقلال فى العلّية، لحاجتها فى لوازم وجودها من التناهى والتشكلّ إلى مادّة منفعلة؛ والايجاد لا يكون إلّا بعد الوجود، فكيف يفعل شىء من ذوات الوضاع أمرا يفتقر هى فى وجودها الوضعى إليه، أعنى المادّة؛ بل الصورة بحسب طبيعتها المطلقة الدائمة هى جزء علّة موجبة للهيولى، والهيولى بحسب هويتها الانفعالية حاملة لامكان وجود الصور الشخصية الحادثة. هذا خلاصة ما وجدنا من كلامهم فى باب التلازم بينهما، ولم يعوّل أحد منهم فى علّية الصورة على مجرّد اللزوم، بل عليه مع غيره من المقدمات.

قوله، قدّس سرّه: «وهذا غير مستقيم. فأنّها إذا كانت غير منقسمة، الخ». [661]

[أقول]: تحقيق الكلام فى هذا المقام؛ أن لكلّ حقيقة نحوا من الوجود يستحقه لذاته، وكلّ ما جاز أو فرض وجوده مجرّدا عن غير من

القسمة وهو المقدار.

[661] شرح شيرازى: ٢٢٢؛ حكمة الاشراق: ٧٨؛ شرح شهرزورى: ٢١٨: ١٨-١٩.

المكتنفات واللواحق، فعلى أى نحو يتحقّق وجوده عند ذلك، فهو
مقتضى علّته الذاتية ونحو وجود ماهيته واحدة لا يكون مختلفا
اختلافا ذاتيا. فإذا تقرّر هذا، فنقول: الهيولى إذا جاز تجرّدها عن
الصورة، فوجودها إن كان وجود ذوات الاوضاع المنقسمة فى الجهات
كلّها فيكون جسما، وهو خلف أو فى بعض الجهات أو لا فى جهة،
فيكون ممتنعا بالذات، كما بيّن. وإن لم يكن وجودها وجود ذى وضع
مع كونها جوهرا مستقلّ الوجود، فهى من المفارقات العقلية؛ وقد برهن
على أن ما وجوده هذا الوجود يكون عاقلا لذاته معقولا لذاته بالفعل،
استحال أن يقبل الانقسام وعوارض الاجسام. فإن قلت: أليس المعانى
الكلّية غير منقسمة لذاتها، كالوجود المطلق والوحدة المطلقة، بل
كالحيوان المطلق والفرس المطلق، ثمّ هى منقسمة عند مقارنة المواد
الجسمية؟ قلنا: المعانى المطلقة، بما هى مطلقة بلا شرط وقيد، لا
تقتضى الانقسام، ولا الانقسام أيضا لذاتها ولذلك لا تأبّى عن عروض
القسمة لها بالفعل حين التخصيص بما يقتضى ذلك، وكذا عن امتناع
القسمة حين تخصصها بوجود يقتضى ذلك الامتناع، ما فى الذهن أو
فى الخارج أن جاز كما فى الطبائع النوعية عند بعض على ما هو
المشهور عن أفلاطون الالهى والأقدمين، وهذه بخلاف المعانى المجرّدة.
فأنّ ما وجوده وجود مفارقى يستحيل فيه عروض الانقسام ولو مع ألف
شرط فُرض. وبالجملة ههنا اشتباه وقع من اهمال الحيثيّة والخلط بين
الماهية المطلقة والماهية المعقولة. قال بهمنيار فى بعض اسؤلة عن الشيخ

[ابن سينا]،كيف تعلّق الوجود والوحدة وسائر اللوازم بالمواد؛ فأنه يجب أن تنقسم بانقسامها أن كانت حاله فيها؛ ثمّ غير جائز أن ينقسم الوحدة والوجود والمضاف؛ وإن لم يكن حاله فى المواد فكان محالا، فأنّها اعراض ووجودها فى الموضوع؛ ولو كانت غير حاله فى الموضوعات لكانت جواهر، بل عقولا مفارقة . وأجاب الشيخ [ابن سينا] عنه [بهمنيار] بقوله: هذه المعانى ليست من المعقولات المجردة بالوجوب، بل بالإمكان؛ والوجود المادّى والوحدة المادّية تنقسم؛ والوجود مطلقا، والواحد مطلقا، ممكن الانقسام؛ كـما يمكن النوعى فى المعنى الجنسى . بل قوله: أنّ هذه اللوازم واعراض فهى الموضوعات فيجب أن تنقسم؛ قول يحتاج إلى تأمل . أمّا أنّها لوازم موضوعات، فحقيقة؛ وأمّا أنّها يجب أن تنقسم فى كلّ موضوع لأنّها اعراض، فليس كذلك . فأنه إنّما يجب ما كان عارضا للموضوعات المادّية الجسمانية، فيكون الوحدة فيها اتصالا، والاتصال يبطل بالانفصال ويبقى متصلا بفرض الاثنينية المشتركة فى حدّ الواحد، فيكون واحدا فيه اثنينية وقسمة وضعية فقد بان أن معنى المعقولات، من حيث هو معقول، لا ينقسم قسمة أمر هو واحد من جهة كثيرة وضعية، فلا يحل الاجسام؛ وأمّا هذه فأنّها ليست معقولات الذوات، بل يمكن لها أن تكون معقولة، وأن يكون غير معقولة فيقبل هذا ضربا من القسمة حينئذ، إنتهى كلامه .

___

٦٦٢ م : + لكانت مفارقة

قوله قدّس ، سرّه : «لعدم المخصّص لا لاستحالة التجرّد وغاية ما يلزم من هذه الحجّة أن العالم إذا حصل وتعيّنت هيولى مجرّدة، ۱٥».[۶۶۳]

[أقول]: ليس معنى كلامهم فى نفى التخصيص عن الهيولى بمكان معيّن، أن ذلك لفقد المخصص فى العالم حتّى لو فرض وجود شىء من المخصصات لكانت الهيولى منهيات عند التجرّد لقبولها، بل معناه أنّ الهيولى لما كانت جوهرة قابلة محضة نسبتها إلى جميع المقادير والاحياز نسبة واحدة؛ فهى فى وجودها تابعة لوجود ما يقتضى لها مقدارا خاصا وحيّزا خاصا لا متبوعه، فوجودها بعد وجود المخصصات المقدارية ولوازمها، فلو كان لها وجود قبل التجسّم والتحيّز لامتنع تخصصها بشىء، لا لأنّ ذاتا ما يقتضى التخصيص مفقودة فى العالم، بل لأنّ قبول الهيولى إيّاها قبل أن يتخصّص بشىء سابق عليها، مستحيل لتساوى نسبتها إلى الجميع. إذ القابل لشىء مخصوص من جملة الاشياء مع تساوى نسبته فى ذاته إلى الكلّ لا بدّ له قبل ذلك

---

[۶۶۳] شرح شيرازى : ۲۲۳؛ حكمة الاشراق : ۷۹؛ شرح شهرزورى : ۲۱۹ : ٤ - ٥.
متن حكمة الاشراق : (۷۹) ومن جملة حججهم : انّ الهيولى أن فُرضت مجردة، ثمّ حصل فيها الصورة، امّا أن تحصّل فى جميع الامكنة او لا فى مكان، وهما ظاهرا البطلان، او فى مكان مخصص، ولا مخصص على التفصيل المشهور فى الكتب .
فلقائل أن يقول لهم: امتناعها فى مكان خاص لعدم المخصص لا لاستحالة التجرّد وغاية ما يلزم من هذه الحجّة انّ العالم إذا حصل وبقيت هيولى مجردة، لا يمكن عليها بعد ذلك لبس الصورة لعدم المخصص بمكان، واستحالة الشئ لغيره لا تدلّ على استحالته فى نفسه وهذه وامثالها لزمت من اهمال الاعتبارات اللاحقة بالشئ لذاته ولغيره .

الاختصاص من اختصاص سابق عليه، وهكذا إلى أن يتسلسل[٦٦٤] أو ينتهى إلى مخصص يكون وجوده قبل وجود ذلك القابل ضربا من القبلية. ولهذا قيل أن الصورة الجسمية متقدّمة على الهيولى ضربا من التقدّم فثبت أنّ الجوهر الذى من شأنه القبول[٦٦٥] الصرف من حيث ذاته استحال تجرّده عن المخصص، وينعكس عكس النقيض إلى أن كلّ جوهر تجرّد وجوده عن اللواحق المخصصة، فوجوده وجود صورى تستحيل عليه لحوق ما يخصّصه بشىء بعد ما لم يكن، اللّهم، إلّا العوارض اللازمة. فالهيولى لو فُرضت مجرّدة، انسلخت ماهيتها عن كونها جوهرا قابلا واستحالت جوهرا عقليا ممتنع القبول لتأثير أمر لاحق فيه، هذا محال. وبالجملة فما ذكره، وإن كان موجها فى الطبائع العامة، لكن كون وجود واحد بالعدد تارّة مجرّدا مطلقا عن المخصصات، وتارّة مقترنا بشىء منها مما يأباه البرهان الحكمى.

قول الشارح، العلامة: «وعلى هذا يجوز أن يوجد البعض دائما دون مقارنة صورة».[٦٦٦]

أقول: قد علمت مما قرّرنا فساد هذا التجويز، فتذكره. وأمّا

الشارح^{٦٦٧} فى دفعه من دعوى كون الهيولى طبيعة واحدة نوعية،
فليس بشىء. إذ لأحد أن يمنع استحالة كون الهيوليات متخالفة فى
الماهية مشتركة فى معنى جنس تختلف بالفصول الذاتية، أو عرض عام
هى الهيولية؛ نعم، إذا حقّقت حقيقة الهيولى من أنّها ليست إلّا قوّة
محضة وقابلية صرفة لاىّ صورة اتّفقت ظهر من حالها أنّها لاختلاف
فيها إلّا بالصورة، وأنّها تتّحد بالصور، وحينئذ لا حاجة فى نفى تجرّدها
عن الصور كافّة إلى مزيد بحث ومعوّنة.

**قوله، قدّس سرّه: «لقائل أن يقول أن الوحدة صفة عقلية،
الخ»^{٦٦٨}.**

[أقول]: قد اشتهر أن الوحدة فى بعض الاشياء من لوازم نفى
الكثرة، وفى بعضها بالعكس. ومثّلوا الأوّل: وحدة الهيولى ووحدة
المفارقات؛ وللثانى: وحدة الصورة الجسمية. قالوا: لأنّ الوحدة ههنا
صفة وجودية اتصالية، يلزم منه نفى التعدّد الخارجى مع إمكان التعدّد

---

٦٦٧ م: +ما ذكره.

٦٦٨ شرح شيرازى: ٢٢٤؛ حكمة الاشراق: ٨٠؛ شرح شهرزورى: ٢١٩:١٢-١٣.
متن حكمة الاشراق: (٨٠) ويقرب مما سبق من حجتهم قولهم فى إثبات أن الهيولى لا
يمكن تجردها عن الصورة، أنّها أن تجردت عن الصورة أمّا أن تكون واحدة او كثيرة. فالكثرة
تستدعى مميزا، وذلك بالصورة. والوحدة أن اتصفت بها الهيولى، يكون اقتضاء لذاتها ولا
يمكن عليها التكثر أصلا. إذ لقائل أن يقول: أن الوحدة صفة عقلية تلزم من ضرورة عدم
انقسامها، واستحالة انقسامها إنّما هى لانتفاء شرط القسمة، وهو المقدار كما سبق. ولما
اثبتنا أن ليس الجسم إلّا المقدار فحسب، استغنينا عن البحث فى الهيولى، إلّا انّ الغرض فى
ايراد هذه الحجج بيان ما فيها من السهو.

الوهمى، وفى الهيولى وغيرها من العقليات صفة عدمية من لوازم نفى الكثرة الانفصالية، وهذا وإن كان له وجه؛ لكن علمت من طريقنا أن الوحدة فى كلّ شىء هو عين وجوده، فقوّة الوجود توجب قوّة الوحدة، وضعفه ضعفها. وأقوى الاشياء فى الوحدة والواحدية ما وجوده برئى عن الاجسام وعلائقها، كما أن وجوده أوكد من وجود الاجسام؛ ووحدة المتصلات وحدة ضعيفة، لأنّها وحدة فى كثرة وهمية بالفعل، أو خارجية بالقوّة، واضعف منها وحدة الهيولى ووحدة العدد. فأنّ وحدة الهيولى يجامع الكثرة، ووحدة الكثرة عين الكثرة؛ وكلّ ما وحدته تجامع الكثرة، فوجوده يمازح العدم. وهذا المبحث مما يستدعى خوضا شديدا يليق ذكره بموضع اليق من هذا الموضع.

قوله، قدّس سرّه: «الانتفاء شرط القسـمة، وهو المقدار كـما سبق». ٦٦٩

[أقول]: وقد سبق أيضا ما فيه غنية وكفاية لمن وفّق له وكان اهلا .

قوله ، قدّس سرّه : «ثمّ اثبتوا صورا أُخرى، اه». ٦٧٠

---

٦٦٩ شرح شيرازى : ٢٢٤؛ حكمة الاشراق : ٨٠ ؛ شرح شهرزورى : ٢١٩:١٣ – ١٤

٦٧٠ شرح شيرازى : ٢٢٥؛ حكمة الاشراق : ٨١؛ شرح شهرزورى : ٢١٩: ١٧ . **متن حكمة الاشراق** : (٨١) ثمّ اثبتوا صورا أُخرى فقالوا من كونه ممتنعا عليه القسمة او ممكنا، مع أن يقبل ذلك والتشكل وتركه بسهولة، او أن يقبل هذه الاشياء بصعوبة. فلا بدّ من صور أُخرى تقتضى هذه الاشياء ويتخصص بها الجسم. فلقائل أن يقول بان هذه المخصصات هى كيفيات أمّا فى العناصر، فمثل الرطوبة واليبوسة والحرارة والبرودة، وأمّا فى الافلاك، فهيئآت أُخرى. [تتمه در پانوشت آتى .م .]

[أقول]: ذهب الحكماء المشائون إلى أنّ لكلّ واحد من انواع الاجسام الطبيعية معنى آخر غير الامتداد، وقبول الابعاد بها يصير الاجسام انواعا مختلفة. ولهذا سمّيت «صورة نوعية»، أى منسوبة إلى النوع بالتقويم والتحصيل. وهى أيضا عندهم مبادى آثارها المختلفة ومبادى حركاتها وسكناتها الذاتية، فتسمّى «قوى وطبائع» وتسمّى أيضا «كمالات أولية٦٧١»، لصيرورة الجنس بها انواعا مركّبة، وبها نسبة إلى الجنس، كالجسم المطلق، بما هو مطلق، بالتخصيص والتقسيم؛ ونسبة إلى نوع، كالماء والنار والياقوت، بالتحصيل والتقويم؛ وإلى المادّة، كالهيولى أو الجسم، بما هو مادّة، بالتتميم والتصوير؛ وإلى المركّب منهما، بالتكميل والتقرير؛ وإلى الآثار اللازمة، بالأفادة والتأثير. فلهم مسالك فى اثباتها من هذه الجهات.

فقـولـه: «والجسـم لايخـلوا عن كـونه ممتنعـا عليه القسـمة، إلى آخره»٦٧٢.

___

٦٧١ ن: ـأولية

٦٧٢ شرح شيرازى: ٢٢٥؛ حكمة الاشراق: ٨١؛ شرح شهرزورى: ٢١٩: ١٧. متن حكمة الاشراق: فان قال «ان الاعراض لا يمكن عليها تقويم الجوهر وما ذكرناه مقوّم للجوهر». اجيب: بان كون هذه الأمور التى سمّيتموها صورا، مقوّمة للجوهر أن كان لكون الجسم لا يخلو عن بعضها، فكون الشئ غير خال عن أمر لا يدلّ على تقوّمه بذلك الأمر، إذ من اللوازم اعراض. وإن كان تقوّم الجسم بها لكونها مخصصات الجسم، فليس ايضا من شرط المخصص أن يكون صورة وجوهرا. فانّ اشخاص النوع اعترفتم بأنّها ميّز بالعوارض؛ ولولا المخصصات، لما وجدت الانواع وغيرها. والطبائع النوعية اعترفتم بأنّها أتمّ وجودا من الاجناس ولا يتصوّر فرض وجودها دون المخصصات، فان كانت مخصصات

[فأقول]: أشارة إلى اثباتها من جهة كون معانيها فصولا مقسمة للجسم المطلق الذى هو طبيعة جنسية مبهمة. ويمكن أن تكون أشارة أيضا إلى اثباتها من جهة كونها مبادى للآثار، كما قرّره الشارح، رحمه الله. ويمكن أن يجعل هذا الكلام إلى قوله: «**فلا بدّ من صور أُخرى تقتضى هذه الاشياء**»،⟨٦٧٣⟩ أشارة إلى هذا المسلك؛ وقوله: «**ويتخصص بها الجسم**»،⟨٦٧٤⟩ أشارة إلى الأوّل، أعنى مسلك التخصيص.

قوله، قدّس سرّه: «أمّا فى العناصر، فمثل الرطوبة واليبوسة، الخ»⟨٦٧٥⟩.

أقول: اختصاص بعض الاجسام ببعض هذه الكيفيات، دون غيره، بعد اشتراكها فى الجسمية وتأخر ذلك العوارض عنها لا بدّ فيه من مخصّص يقتضى عروض تلك الكيفية؛ ثمّ ينقل الكلام فى مخصّص المخصّص. فإن كان أمرا عارضا خارجيا، فيعود السؤال، ويتسلسل الأمر

الجسم صورا وجوهرا، لأجل انّ الجسم لا يتصوّر دون مخصص فمخصصات الانواع اولى بان تكون جواهر، وليس كذا، فيجوز أن يكون المخصص عرضا والعرض يكون من شرائط تحقّق الجوهر، كما أن المخصصات فى الانواع اعراض ولا يتصوّر تحقّق النوع فى الاعيان إلا مع العوارض.

⟨٦٧٣⟩ شرح شيرازى: ٢٢٥؛ حكمة الاشراق: ٨١؛ شرح شهرزورى: ٢١٩: ١٩

⟨٦٧٤⟩ شرح شيرازى: ٢٢٥؛ حكمة الاشراق: ٨١؛ شرح شهرزورى: ٢١٩: ١٩

⟨٦٧٥⟩ شرح شيرازى: ٢٢٦؛ حكمة الاشراق: ٨١؛ شرح شهرزورى: ٢٢٠: ١ - ٢

إلى غير النهاية؛ وإن كان فصلا ذاتيا جوهريا، فهو المطلوب . إذ المطلوب
إثبات جزء مقوّم لوجود الجسم، ومحصل لنوعيته؛ وليس لأحد أن
يقول لم اختص بعض الاجسام بهذه الصور دون غيرها من الاجسام، أو
بها دون غيرها من الصُّور . لأنّا نقول أمّا تخصيصها[٦٧٦] وتقويمها
للجسم المطلق، فهو كتقويم الفصل للجنس وليس الفصل من اللواحق
العارضة للجنس فى الخارج، حتّى يرد السؤال فى بيان لمية اختصاصه
بها وعروضها له؛ بل الأمر بالعكس من ذلك؛ فأنّ الجنس طبيعة مبهمة
يفتقر فى وجودها إلى الفصول، فوجود كلّ منها علّة لوجود الجنس؛
والجنس من لوازم الفصل وما قيل أن الفصل عرضى للجنس، فذلك
بحسب الماهية الجنسية لا بحسب وجودها. والحق أن نسبة الفصل إلى
الجنس نسبة الوجود إلى الماهية .وقد بيّن أن الوجود مقدم على الماهية
فى العين، بالمعنى الذى مرّ، وإن كان الوجود من عـوارض الماهية
بحسب العقل. وأمّا تخصيصها وتقويمها للمادّة أو للجسم، بماهو
مادّة، فلسبق وجود ما بالفعل على ما بالقوّة. وأمّا تخصيصها
وتقويمها للنوع، فلدخول معناها فى معناه ووجودها فى وجوده.
فالسؤال فى ذلك بمنزلة السؤال فى أنّه لم كان الماء ماء، والهواء هواء،
والفلك فلكا؛ وبالجملة دفع هذه السؤالات وغيرها؛ إنّما يعلم من معرفة
كـون محصّل الجنس تقسيما، ومحصل النوع ماهية، ومحصل المادّة
تكميلا، ومحصل المركّب توحيدا وتحقيقا، ومحصّل الآثار وجودا، أمر

---

[٦٧٦] ن:- تخصيصها

سابق عليها كلّيا.

قوله، قدّس سرّه: «ان كان لكون الجسم لا يخلو عن بعضها، الخ». ٦٧٧.

[أقول]: الدليل على كون هذه الأمور مقوّمات للجسم، بما هو جسم، وجود أو مقوّمات الانواع حقيقية هو أمران: أحدهما، كون الجسم، بما هو جسم، غير متصور الخلوّ والتجرّد عما يصيره بحسب الاعيان، أمّا فلكا أو عرضا أو ماء أو نارا أو هواء؛ وثانيهما، أن هذه المخصصات ليست على وجه يتحصّل الجسم أو لا تحصيلا خارجيا فى نفسه ثمّ يلحقه شىء منها، فيجعله مخصوصا لكثير من عوارض الوجود، مثل الحركة والسواد، وما يجرى مجراهما؛ بل بنفس هذه المخصصات لا قبلها يصير اجساما مخصوصا ابتداء. وهذه الدعوى فى البسائط الفلكية والعنصرية فى غاية الوضوح، ولهذا ما ذكره الحكماء اوّلا لاثبات هذه الصور عدم خلوّ الجسم عن أن يكون ممتنعا لقبول القسمة الانفكاكية والتشكل، أو ممكنا. والممكن، أمّا بصعوبة أو بسهولة. وأمّا فى المركّبات، فكون بعض المخصصات صُورا جوهرية وبعضها هيئات عرضية مما لا يخلو عن غموض، وفى الفرق بينهما فيها اشكال. لكن هدانا الله بنور إفاضته إلى قاعدة بها يقع الفرق بين الصُور النوعية وغيرها من المخصصات العرضية، سنذكرها انشاء الله تعالى.

قوله، قدّس سرّه: «وإن كان يقوّم الجسم بها لكونها مخصصات الجسم، ١٥١». ٦٧٨

[أقول]: مخصّص كلّ حقيقة نوعية جوهرية أوّل تخصيصها بحيث لا يسبق تخصصها بشىء آخر قبله، لا بدّ أن يكون هذا المخصص جوهرا لتقدّمه فى الوجود عليها تقدّما ذاتيا لا زمانيا، كالمعدّات ونحوها. والمقدّم على الجوهر تقدّما ذاتيا لا بدّ وأن يكون جوهرا لكونه أُولى بالوجود، وأقدم بخلاف المعدّات وسائر الشروط التى يجعل المادّة صالحة لقبول الجواهر الصورية؛ فيجوز كونها اعراضا وأن يكون من باب الحركات والاستعدادات أو الاعدام. وأمّا المخصصات اللاحقة للانواع الجوهرية بعد تخصصها النوعى سواء كانت لازمة أو غير لازمة، فهى لا محالة اعراض لافتقارها فى حلّولها إلى موضوع لا يحتاج إليها فى التقوّم الذاتى.

قوله، قدّس سرّه: «والطبائع النوعية اعترفتم بأنّها اتم وجودا من الاجناس، ١٥١». ٦٧٩

[أقول]: أشارة إلى ما ذكروه فى « قاطغورياس »، ٦٨٠ من أنّ الاشخاص هى الجواهر الأُولى، والانواع هى الجواهر الثانية، والاجناس

---

٦٧٨ شرح شيرازى: ٢٢٧؛ حكمة الاشراق: ٨١؛ شرح شهرزورى: ٢٢٠: ٦ - ٧

٦٧٩ شرح شيرازى: ٢٢٧؛ حكمة الاشراق: ٨١؛ شرح شهرزورى: ٢٢٠: ٩

٦٨٠ كتاب « مقولات » دومين كتاب از كتب نه‌گانه « ارغنون » منطقيات ارسطويى.

هى الجواهر الثالثة، وذلك حق. فان الوجود مما يناله الشخص اوّلا، ثمّ النوع، ثمّ الجنس. وكذا قوله: «مخصصات الانواع اُولى بأن يكون جواهر». ٦٨١ وأمّا قوله: «وليس كذا»، ٦٨٢ فمبناه على ما هو المشهور من أنّ المشخّصات هى العوارض المكتنفة بالشخص، من الكمّ والكيف والاين والمتى، وليس كذلك لما أشرنا إليه؛ أن تشخّص كلّ شىء إنّما هو بوجوده، لأنّ الوجود متشخّص بذاته، وقد مرّ أيضا أنّ وجود الجوهر جوهر. وما اشتهر عند الجمهور أنّ الوجود من عوارض الماهية، لا ينافى ما ذكرنا. فأنّ عوارض الماهية قد تكون مقوّمات لوجودها، كالفصل بالنسبة إلى الجنس، فأنّ له عروضا للجنس فى اعتبار العقل وتأصلا فى الوجود بحسب العين. وبالجملة العروض على جزئين: عروض للماهية؛ وعروض للوجود؛ وعوارض الماهية ربّما كانت أتمّ وجودا من تلك الماهية. كيف؟ ونفس الوجود من عوارض الماهية بحسب المعنى والمفهوم، ومحصّلها فى الخارج؛ وأمّا عوارض الوجود، فهى أنقص وجودا من المعروض له.

قوله، قدّس سرّه: «كلام ضعيف، اه». ٦٨٣

---

٦٨١ شرح شيرازى: ٢٢٧؛ حكمة الاشراق: ٨١؛ شرح شهرزورى: ٢٢٠: ١١

٦٨٢ شرح شيرازى: ٢٢٧؛ حكمة الاشراق: ٨١؛ شرح شهرزورى: ٢٢٠: ٦ – ٧

٦٨٣ شرح شيرازى: ٢٢٨؛ حكمة الاشراق: ٨٢؛ شرح شهرزورى: ٢٢٠:١٥-١٦.
متن حكمة الاشراق: (٨٢) والّذى يقال «انّ الحقيقة النوعية تحصّل، ثمّ تتبعها العوارض» كلام ضعيف، فان الطبيعة النوعية، كالانسانية مثلا، أن حصلت أوّلا ثمّ بعها العوارض،

[أقول]: قد علمت أنّ عارض الماهية يخالف عارض الوجود، فللماهية النوعية عارضان: عارض لنفسها، وعارض لوجودها. فعارض نفسها، كالوجود والتشخّص والوحدة؛ وعارض وجودها، كسائر العوارض اللاحقة من الكم والكيف، وغيرهما، فضعف كلام هذا القائل؛ إنّما يظهر لو أراد بقوله «فأنّ الطبيعة النوعية» [٦٨٤] تتحصّل ثمّ يتعبها العوارض؛ أنّها تتحصّل بذاتها من غير اعتبار وجودها وتشخّصها، ثمّ يتبعها عوارض يتعيّن بها اشخاصا، وهى فى الحقيقة نفس عوارض الماهية، كالوجودات والتشخّصات، لأنّه يرّد عليه حينئذ ما أورده المصنّف؛ من أن الماهية المطلقة المجرّدة عن القيود والمخصّصات، أمـر كلّى، بما هو كلّى، لا وجـود له فى الخـارج. وأمّا لو أراد به مـا ذكرناه، وهو أن الطبيعة النوعية تتحصّل أوّلا بقيود ذاتية، كالوجودات أو انحاء التشخّصات الداخلة فى الاشخاص، تقرّر المقوّمة لماهيتها

فكان حصولها إنسانية مطلقة كلية ثمّ شخص، وهو محال. إذ لم تحصّل إلّا متشخّصة والمطلق لا يقع فى الاعيان أصلا. وإن كانت هذه العوارض ليست بشرائط لتحقق الطبيعية، وليس ما يمتاز به هذا الشخص لازما لحقيقة الإنسانية، فيجوز فرض إنسانيته باقية على الاطلاق، كما حصلت أوّلا ثمّ لحقتها العوارض دون مميّز، إذ هذه العوارض التى يتشخّص بها اشخاص النوع، ليست من مقتضيات الحقيقة النوعية ولوازمها والا اتفقت فى الكل، فهى إذا من فاعل خارج فإذا استغنت عنها الطبيعة النوعية، كان لنا فرض وجودها دونها، أى دون هذه العوارض، وليس كذا. فصحّ من هذا جواز أن يكون العرض شرط وجود الجوهر ومقوّما لوجوده بهذا المعنى، ثمّ أن جاز حصول الإنسانية مطلقة، ثمّ تتبعها المميّزات المخصصات فهلا جاز حصول الجسمية مطلقة، ثمّ تتبعها المخصصات؟ وكلّ ما يعتذرون به هنالك مثله واقع فى الانواع.

[٦٨٤] شرح شيرازى: ٢٢٨؛ حكمة الاشراق: ٨٢؛ شرح شهرزورى: ٢٢٠: ١٦

وجودا وتحصّلا العارضة لها مفهوما ومعنى فلا غبار عليه، ولا ضعف فيه .

قوله، قدّس سرّه: «وإن كانت هذه العوارض ليست بشرائط لتحقق الطبيعة النوعية، اهـ». ٦٨٥

[أقول]: قد علمت أن مخصّصات النوع بالذات ليست من عوارض وجودها، حتّى يتصوّر بقاء النوع واحدا بالعدد مع تبدّلها. بل هى نفس تحقّق الطبيعة النوعية بانحاء حصولاتها، فضلا عن [أن] تكون هى شرائط تحقّقها؛ وكونها عارضة إنّما هو بحسب طرف الذهن، كسائر عوارض الماهية وليس إذا لم يكن الماهية، كالإنسان، مقتضية للتشخّص ولا التشخّص لازما لها موجبا لفرض إنسانية واحدة بالعدد باقية على الاطلاق؛ فانّ كلّ ماهية، نوعية كانت أو جنسية، لها طبيعة مبهمة، لا يمكن وجودها بذاتها إلّا باعيان التشخّصات التى هى ملزومات ومقوّمات للماهية بحسب الخارج؛ وإن كانت عوارض لها بحسب الذهن، فالسؤال فى لمية كون الماهية لازمة للتشخّص أُولى من السؤال فى لمية كون التشخّص لازما لها فيما ينحصر نوعه فى شخصه، أو عارضا لها فى غيره . والحقّ أنّ هذه المغاليط إنّما نشأت من الخلط بين عارض الوجود وعارض الماهية، فعارض الوجود متأخّر عنه بخلاف عارض الماهية، إذ ربمّا يتقدّم عليها فى الوجود، كالفصول بالنسبة إلى

---

٦٨٥ شرح شيرازى: ٢٢٨؛ حكمة الاشراق: ٨٢؛ شرح شهرزورى: ٢٢٠ :١٧–١٨

الجنس، والتشخّصات بالنسبة إلى النوع .

قوله، قدّس سرّه: «فصح من هذا جواز أن يكون العرض شرط وجود الجوهر ومقوّما لوجوده بهذا المعنى» . ٦٨٦

[أقول]: أمّا كون العرض مقوّما لوجود الجوهر وموجبا بالذات، فهو معلوم البطلان . وأمّا العرض، بمعنى العرضى أى الخارج المحمول للماهية من حيث هى ماهيته؛ فيجوز أن يكون متقدّما عليها ومتّحدا بها فى الوجود بالذات . والأوّل، كالفصل للجنس؛ والثانى، كالمشخّص للنوع والمتقدّم على الجوهر . وكذا المتحد به لا بدّ وأن يكون جوهرا أيضا بحسب الوجود والحمل . وإن لم يكن جوهرا بحسب الماهية والحدّ؛ أوّلا ترى أنّ فصول الجواهر جواهر بالمعنى الأوّل دون الثانى، وكذا حكم المشخّصات التى هى انحاء الوجودات، وهى موجودة بذواتها ملزومة للماهية النوعية . وكلّ واحد منها مصداق لحمل الماهية النوعية عليها من غير أن يدخل تلك الماهية فى حدود هوياتها، كما لا يدخل الجنس ٦٨٧ فى حدود ماهيات الفصول، وإن صدق عليها صدق بالذات . فالناطق، مثلا، حيوان بالذات، والوجود ليس حيوانا فى حدّ ماهيته، لأنّ الفصل المنطقى بازاء الفصل الاشتقاقى . وهو عندنا أمر بسيط هو نفس هوية وجودية خارجية، وكذا افراد مفهوم الناطق التى هى بعينها

٦٨٦ شرح شيرازى: ٢٢٨؛ حكمة الاشراق: ٨٢؛ شرح شهرزورى: ٢٢١: ٣ – ٤ .

٦٨٧ ن:- الجنس

هويات وجودية وشخصيات ذاتية هى بعينها فصول إشتقاقية، وهى بحيث يصدق عليها الإنسان بحسب الوجود لا بحسب الماهية، إذ لا ماهية لها سوى الأنيّات الوجودية . وإنّما الماهية للمركّب منها ومن النوع، إذ لكلّ فرد من افراد الإنسان الخارجى ماهية وهوية، وكلّ منهما غير الآخر فى التصوّر وعينه فى العين .

قوله ، قدّس سرّه : «ثم أن جاز حصول الإنسانية مطلقة ثمّ يتبعها المخصّصات فهلا جاز حصول الجسمية مطلقة ثمّ يتبعها المخصّصات ، ٦٨٨ . »١٥

[أقول]: لم يجز ولا يجوز حصول ماهية كلّية إلاّ بعد تميّزها وتحصّلها بأمور هى المبادى الوجودية المقارنة . وتلك الأمور هى كمالات أوّلى يتّبعها كمالات ثانية . لا فرق فى ذلك بين ماهية جنسية، أو ماهية نوعية؛ بل النوع لكونه أقوى تحصّلا يحتاج إلى محصّل أقوى، والجنس بخلافه لضعف تحصّله الوجودى، فكيفية سبب تحصّله نوعا مّا أو يفيده شيئا مّا من التقوّمات والكمالات . وستعلم أن الطبيعة الجسمية كلما لحقته صورة بعد صورة يزيده فضيلة أقوى وحيزه أشدّ ووجودا أشرف، وهكذا إلى أن يبلغ فى الوجود إلى الدرجة التى بها يقع التخلّص عن شرور المواد ونقائصها وآفاتها .

قوله ، قدّس سرّه : «ثم العجب أن العقل يقتضى الجسم لتعلقه

---

٦٨٨ شرح شيرازى: ٢٢٨؛ حكمة الاشراق: ٨٢؛ شرح شهرزورى: ٢٢١: ٤ - ٥

لامكان نفسه على ما قالوه، اه». [689]

[أقول]: صدور الموجودات عن المبادى العقلية بواسطة جهاتها الإمكانية ليس معناه كما فهمه الجمهور من أن الإمكان الذى مرجعه إلى العدم والقصور هو محصل لوجود شىء من الاشياء، من حيث هو وجود. بل هذه من قبيل قولهم: عدم العلّة علّة العدم المعلول وليس للعدم تأثير وعلّية ولا تأثّر ومعلولية. إنّما المراد منه أن ماهية العلة إذا لم تكن موجودة لم توجد منها ماهية المعلول؛ وكذا القياس فى سببية الإمكان لشىء لأنّ الإمكان الذى هو حال الوجود عبارة عن فقره وقصوره، كما أنّ الوجوب عبارة عن غناه وكماله. فمعناه أن المبداء العقلى بواسطة تعقّله لقصور وجوده وفقره يصير مبداء لجوهر آخر ناقص الوجود مصحوب للقوّة والاستعداد، وهو الجسم. وبواسطة

---

[689] شرح شيرازى: ٢٢٩؛ حكمة الاشراق: ٨٣؛ شرح شهرزورى: ٢٢١: ٨ – ٩.
متن حكمة الاشراق: (٨٣) ثمّ العجب أن العقل إنّما يقتضى الجسم لتعقّله لامكان نفسه على ما قالوا وامكان نفسه بالضرورة عرض على سياق مذهبهم؛ وكذا تعقّل الإمكان، فان تعقّل الإمكان غير تعقّل الوجوب، لأنّهما أن كانا واحدا، كان اقتضائهما واحدا، وليس كذا. فإذا كان تعقّل الوجوب غير تعقّل الإمكان، فهما زائدان على ماهيته، عرضيان له عرضيان فيه والوجود لما لم يدخل فى حقيقة الشئ، فالأولى أن لا يدخله الإمكان والوجوب فضلا عن تعقّلهما. فإذا كان تعقّلهما عرضيا وباعتبار ذينك حصل جوهر مفارق جسمانى وجوهر مفارق آخر غير جسمانى، فصحّ أن الاعراض لها مدخل فى وجود الجواهر بضرب من العلية او الاشتراط، وليس مقوّم الوجود إلاّ ما له مدخل مّا فى وجود الشئ. ثمّ الاستعداد المستدعى للنفس الّذى للبدن اليس لأجل المزاج، وهو عرض، وهو من شرائط حصول النفس؟ والنفوس بعد المفارقة اليست خصص وتمتاز بعضها عن بعض بالاعراض؟ فصحّ أن من مخصصات الجواهر الاعراض، والتخصص بها شرط وجود الحقائق النوعية.

تعقّله لكمال وجوده وغناه بمبدائه وغايته يصير مبداء الجوهر كامل عقلى آخر به يكمل الجوهر الجسمى، كما بالواجب الوجود يكمل الجوهر العقلى. فليس يلزم ممّا ذكروه فى ترتيب الوجود وسلسلة الصدور وكون العرض، كالإمكان علّة مقوّمة للجوهر الجسمانى أصلا بظواهر الالفاظ فى مثل هذه المقامات اللطيفة، التى يحتاج دركها إلى تعميق شديد.

قوله، قدّس سرّه: «فهما زائدان على ماهيته، اه».[690]

[أقول]: واعلم أن الجهات التى بها يصدر الموجودات عن تدبير الأوّل ليست اعراضا، ولا التعقّلات التى هى فى المبادى العقلية موجبة لصدور معلولاتها اعراض وكيفيات، مثل علومنا وكيفيتنا النفاسية؛ بل العلم هناك عين الوجود والتعقّل نفس الشهود العينى. وأمّا كيفية صدور الكثرة عن الواحد الحقيقى، فهى أنّ الصادر الأوّل هو الوجود وهو المجعول الأوّل جعلا بسيطا، لكن ما سوى الوجود المطلق الالهى مما يصحبه لقصوره عن الأوّل ماهية إمكانية على سبيل التبعية من غير جعل وتأثير؛ تلك الماهية هى الكدورة اللازمة لفقر الذوات الناشية من نقائص الوجودات التى هى بعد الأوّل. فالعقل الأوّل من جهة تعقّله للمبدء الأوّل، أى مشاهدته إيّاه على مبلغ طاقته، صار واسطة لفيضان العقل الثانى؛ ومن جهة تعقّله لوجوده الذى هو عين وجوده، صار

[690] شرح شيرازى: ٢٢٩؛ حكمة الاشراق: ٨٣؛ شرح شهرزورى: ٢٢١:١٠–١١

واسطة لفيضان جوهر محرّك نفسانى؛ ومن جهة تعقّله لماهيته صار منشاء لجوهر متحرّك جسمانى، وهو الفلك الأوّل كما هو المشهور، وذلك المحرّك نفسه. فهذه الجهات المذكورة مرجعها إلى أمور جوهرية البتّيه، وليس الحال كما فهمه الناس واشتهر بينهم، من أن هذه الأمور النسبية أو العدمية، كالوجوب والإمكان، وتعقّلاتها اسباب لوجود الجواهر العقلية والنفسية والجرمية فى الاعيان.

قـولـه، قـدّس سـرّه: «والوجود لمّا لم يدخل فى حقيقـة الشىء، فالأولى أن لا يدخل الإمكان والوجود فضلا عن تعقّلهما، اهـ». [٦٩١]

[أقول]: قد علمت أن وجود كلّ شىء هو عين حقيقته الخارجية على ماهيته الإمكانية زيادة فى التصوّر. ويرجع الإمكان إلى قصور الوجود ويرجع الوجوب إلى تمامه، فهما أمران جوهريان فى الحقيقة. ويرجع التعقّل أيضا إلى حضور الوجود، فتعقّل الجوهر جوهر، فهذان التعقّلان اللّذان أحدهما علّة الجوهر المفارق، والآخر علّة الجوهر الجسمانى أمران جوهريان ليسا من الاعراض، والبرهان قائم على أن كلّ ما هو أقدم وجودا من شىء فهو أقوى تحصّلا؛ فأنّ التقدّم والتأخّر الذاتيين فى الوجود يلزمهما الكمال والنقص والشرف والخسّة؛ فأنّ الفيض الوجودى يمرّ اوّلا على العلة ثمّ يتجاوز منها إلى المعلول. هذا فى الاسباب الفاعلية والمقدمات الذاتية، وأمّا فى الاسباب القابلية

[٦٩١] شرح شيرازى: ٢٢٩؛ حكمة الاشراق: ٨٣؛ شرح شهرزورى: ٢٢١: ١١–١٢

والمقدمات الزمانية، فحيث يكون سببها فى الاستعداد والقبول لا فى الايجاد والإفاضة، فهى بخلاف ما ذُكر. فربما كانت الاعدام والقوى من مصحّحات القابلية.

فقوله، قدّس سرّه: «ثم الاستعداد المستدعى للنفس، إلى آخره». ٦٩٢.

[فأقول]: ليس فيه ما يقتضى تجويز أن يكون العرض مقوّما لوجود الجوهر. إذ ليس استعداد البدن من الاسباب الذاتية، والمقدمات الفاعلية لوجود النفس؛ بل الاستعدادات هى اسباب الإمكانات ومصحّحات القابليات. فليس يلزم فيما ذكره جواز تقديم الجوهر بالعرض أصلا، ولا تخصيص الجوهر ذاتا ووجودا بالعرض. والذى يلزم منه هو أن يكون للاعراض بل للقوى والاعدام مدخلية فى قبول القابل وتهيئى المادّة.

قوله، قدّس سرّه: «والنفوس بعد المفارقة، اه ». ٦٩٣.

[أقول]: النفوس الإنسانية لها استكمالات جوهرية وتقلّبات فى الاطوار حشر بعضها إلى الملائكة وبعضها إلى الشيطان، وبعضها إلى صورة ردية، كالقردة والخنازير، وبعضها مردودة إلى اسفل السافلين. وليس الأمر كما هو عند الجمهور من أن لافراد النفوس الإنسانية عند

---

٦٩٢ شرح شيرازى: ٢٢٩؛ حكمة الاشراق: ٨٣؛ شرح شهرزورى: ٢٢١: ١٥-١٦

٦٩٣ شرح شيرازى: ٢٢٩؛ حكمة الاشراق: ٨٣؛ شرح شهرزورى: ٢٢١: ١٧

المفارقة حقيقة واحدة نوعية امتيازها بهيئات عرضية .

قوله ، قدّس سرّه : «جوّزوا أن يكون الحرارة مبطلة للصورة المائية وعدمها شرطا لوجودها ، اه».⁶⁹⁴

[أقول]: قد مرّ أن العلّة قد تكون بالذات وقد تكون بالعرض، والعلّة بالذات هى مثل الفاعل والغاية والمادّة والصورة، والعلّة بالعرض [هى] مثل رفع المانع ووجود المعدّ. والشروط من العلة بالعرض هو أن يفعل الفاعل بالذات فعلا، لكن يتبع فعله آخر مثل السقمونيا فأنه بالعرض يبرد لأنّه بالذات يستفرع الصفراء ويتبعه نقصان الحرارة، ومثل مزيل الدعامة عن الحائط، فأنه علّة بالعرض لسقوط الحائط، وذلك لأنّ الفاعل ههنا لا يفعل شيئا بل ازال مانعا، يتبعه فعل طبيعى هو انحدار الثقيل بفاعل بالطبع. والامر فى إحالة النار ما يجاورها تسخينا حتّى يزول عنه البرودة ويشتد استعداده لفيضان الصورة النارية هكذا. فلكلّ معلول علّة ذاتية، وكلامنا فى السبب الذاتى للبرودة هى الصورة المبرّدة، وللحرارة هى الصورة المسخّنة؛ والسبب الذاتى لكل من

---

⁶⁹⁴ شرح شيرازى : ٢٣٠؛ حكمة الاشراق : ٨٤؛ شرح شهرزورى : ٢٢١:٢٠-٢١.
متن حكمة الاشراق : (٨٤) والعجب انهم جوّزوا أن تكون الحرارة مبطلة للصورة المائية وعدمها، شرطا لوجودها، فإذا جاز أن يكون عدم العرض شرطا لوجود الجوهر وعلة، فلم لا يجوز أن يكون وجوده علّة او شرطا لوجوده؟ وهل كان مقوّم الوجود إلّا ما له مدخل مّا فى وجود الشئ؟ وقد اعترفوا بان المستدعى للصورة الهوائية الحرارة، وهى من علل حصولها مع عرضيتها، فمثل هذه الاغاليط لزم بعضه من استعمال الالفاظ على معان مختلفة، كلفظ الصورة وغيرها، وبعضه من الاستثناء عن القاعدة التى نسبة حجة ثبوتها اليها وإلى ما استثنى عنها سواء.

الصورتين وغيرهما هو واهب الصور لاغير لأنّ السبب الذاتى للشىء يجب أن يكون أقوى منه فى درجة الوجود واجلّ؛ فلا صورة النار علّة لصورة مائية ولا لصورة نارية أيضا؛ إذ لا نارأقوى فى الوجودية من نار آخر ولا العرض أيضا يمكن أن يفيد جوهرا لكونه أضعف تحصّلا من كلّ جوهر، فجعل الحرارة المبطلة للصورة المائية سببا ذاتيا للصورة الهوائية مغلطة نشأت من جعل ما بالعرض مكان ما بالذات . كيف؟ والعلّة بالذات يجب أن يكون وجودها باقيا مع وجود المعلول وهذه الاسباب العرضية ربّما زال وجودها عند وجود المعلول .

قوله ، قدّس سرّه : «وهو كلام غير متين، اه». ⁶⁹⁵

[أقول] : هذه القاعدة صحّتها ومتانتها مشروطة بأمرين : أحدهما، كون المخصّص الذى يتغيّر بتغيرها جواب ما هو جزء النوع طبيعى، والمراد بالنوع الطبيعى ما يكون حصوله بالطبيعة الذاتية دون ما يحصل

---

⁶⁹⁵ **شرح شيرازى** : ٢٣١؛ **حكمة الاشراق** : ٨٥؛ **شرح شهرزورى** : ٢٢٢ : ٧ . **متن حكمة الاشراق** : (٨٥) ومنهم من احتج بانّ الماء والنار ونحوهما أمورا تغيّر جواب «ما هو؟» فتكون صورا، فان الاعراض لا تغير جواب «ما هو؟» وهو كلام غير متين. فان الخشب إذا اتخذ منه الكرسى، ما حصل فيه إلّا هيئآت واعراض، ولا يقال انّه خشب عند السؤال عن انّه «ما هو؟» بل يقال انّه كرسى. والدم مثلا محفوظ فيه صور العناصر على ما قرّر وليس فيه إلّا الهيئآت التى باعتبارها صار دما . وإذا سُئل عن اشخاصه انّها «ما هى؟» لا يجاب بانّها عناصر او نحو ذلك، بل بانّها دم. وكذا البيت المشار اليه إذا سُئل انّه «ما هو؟» لا يُجاب بانّه طين او حجارة، بل انّه بيت. فالاعراض مغيّرة جواب «ما هو؟» والحقائق الغير البسيطة إنّما هى بحسب التركيبات. والاسامى والبسائط لا جزء لها حتّى يتغير فيها جواب «ما هو؟» ببعض الأجزاء. والانواع المركّبة الضابطة فيها اجتماع معظم اعراض مشهورة لا يلتفت إلى ما سواها حتّى يغيّرها جواب «ما هو؟»

بالصناعة أو القسر، وما يجرى مجراهما. وثانيهما أن يكون مجموع
المخصِّص والمتخصِّص به أمرا واحدا بالطبع لا بالاعتبار والقسمية
والاصطلاح وغير ذلك. فالسرير والكرسى والبيت ونظائرها ليست
كذلك لعدم الشرط الأوّل فيها؛ وكذلك الاصناف
العرضية، كالكاتب[٦٩٦] والضاحك والزراع لعدم الشرط الثانى فيها، وإلّا
لكان الشخص الواحد من الإنسان اشخاصا حقيقة لانواع كثيرة
بحسب الذات والحقيقة.

**قوله، قدّس سرّه: «وليس إلّا الهيئات التى باعتبارها صار دما،
ال»[٦٩٧].**

[أقول]: لا بل فيه صورة كمالية بها صار الدم دما، سواء بقيت فيه
صُور العناصر والاسطقسات ام بطلت. وذلك لأنّ الدموية من الحقائق
الأصلية التى لها آثار مختصّة وغايات ذاتية؛ فهى صورة كمالية كمالها
فوق كمال العناصر وصور الاسطقسات.

قوله، قدّس سرّه: «فالاعراض مغيرة لجواب ما هو، ال»[٦٩٨].

[أقول]: نعم؛ ولكن فى الانواع العرضية، كالخلقة والشكل
وغيرهما، أو فى الاصناف، كالأسود والزنجى، أو فى المركّبات

---

[٦٩٦] ك؛ شرح شيرازى: ٢٣١: كالكتاب

[٦٩٧] شرح شيرازى: ٢٣١؛ حكمة الاشراق: ٨٥؛ شرح شهرزورى: ٢٢٢:١٠

[٦٩٨] شرح شيرازى: ٢٣١؛ حكمة الاشراق: ٨٥؛ شرح شهرزورى: ٢٢٢:١٣

الصناعية، كالبيت والكرسى .

قوله ، قدّس سرّه : «الانواع المركّبة الضابط فيها ، اه» .[٦٩٩]

[أقول]: الضابط فى كون المركّب من الأمور المتعدّدة نوعا حقيقيا له حدّ واحد مشتمل على جنس وفصل قريبين أن يكون الجزء الصورى سببيتة لجزئه المادى . لأنّ المادّة ما به يكون الشيء بالقوّة، والصورة ما به يكون الشيء بالفعل . ونسبة الأوّل إلى الثانى، نسبة النقص إلى الكمال، والضعف إلى الشدّة. فالجزء الصورى أقوى تحصّلا وأكثر ابهاما منه، فمن شكّ فى جوهرية جزء صورى لنوع جسمانى وعرضية، وأراد أن يعلم أنّه جوهر أو عرض، فله أن ينظر فى آثار وجود الصورة وكماليتها؛ فإن كانت آثارها الكمالية أشدّ وأكثر من آثار الجزء المادّى، فمعلوم من ذلك أن وجودها أقوى وأكدّ من وجود مادّتها فإذا كانت المادّة جوهرا فالصورة أُولى بالجوهرية أى أحقّ بأن يكون وجودها وجودا مستغنيا عن الموضوع . كيف؟ وقد علم أن الصورة تمام المادّة والمادّة نقصه، وتمام الشيء مشتمل على نقصة وزيادة تأكّد . فوجود الصورة فعلية المادّة وكمالها وغايتها، لهذا يتحد به وجود المادّة وأن تغايرتا بحسب المعنى والماهية، كما هو شأن الأجزاء المحمولة حيث أنّها متحدة وجود متغايرة معنى . فكلّ مركّب يكون مادّتها جوهرا، وصورتها عرضا، فليس تركيبها تركيبا طبيعيا . فعله فاعل طبيعى، كالكرسى

---

[٦٩٩] شرح شيرازى: ٢٣١؛ حكمة الاشراق: ٨٥؛ شرح شهرزورى: ٢٢٢:١٥.

والبيت ولو كان الكرسى والبيت صورة طبيعية، لكان وجودها أقوى
وأقدم من وجود الخشب والطين؛ وهذه هى القاعدة التى وعدنا ايرادها
فعليك بضبطها.

**قـولـه، قـدّس سـرّه: «ومـن حـجـجـهـم أن الـصـورة جزء الجوهر،
الخ». ٧٠٠.**

[أقول]: يبتنى هذا الاحتجاج على أن كلّ موجود له حدّ نوعى ذو
وحدة طبيعية، فلا يجوز أن يندرج بالذات تحت مقولتين من مقولات
العشر المشهورة المباينة، لما تقرّر عندهم أنّ الوحدة فى جميع
التقسيمات معتبرة. فالمقولة الواحدة أمّا جوهر أو كم أوكيف، والنوع
الواحد يجب أن يكون بالذات والماهية. أمّا تحت الجواهر أو الكم
أوالكيف أو غير ذلك. وأمّا المركّب من مقولتين فليس بالذات لا هذه
ولا تلك، بل لا وجود له غير وجود هذا النوع وذلك النوع. إذ كلّ ما
هو موجود بالذات فله وجود واحد بالذات، وله تشخّص واحد، وفاعل
واحد، وغاية واحدة، وصورة واحدة. وأمّا المركّبات الصناعية فلها

---

٧٠٠. شرح شيرازى: ٢٣٢؛ حكمة الاشراق: ٨٦؛ شرح شهرزورى: ٢٢٢:١٧. متن
حكمة الاشراق: (٨٦) ومن حججهم انّ هذه الصورة جزء الجوهر، وجزء الجوهر جوهر.
وهذا فيه غلط. فانّ جزء ما يحمل عليه انه جوهر بجهة مّا لا يلزم أن يكون جوهر،
فالكرسى يحمل عليه بجهة مّا انّه جوهر والهيئات التى بها الكرسوية جزء الكرسى، ولا
يلزم أن تكون جوهرا بل الجوهر الّذى هو من جميع جهاته جوهر يكون جميع اجزائه
جوهرا، فانّ نفس كونه جوهرا من جميع الوجوه نفس كون جميع اجزائه جوهرا، أن كان له
جزء. والماء والهواء من الّذى سلّم انّها جواهر محضة، بل من حيث جسميتها جواهر،
وخصوص المائية الهوائية بالاعراض، فالماء جوهر مع اعراض ليس نفس الجوهر.

وجود[ات] اعتبارية، ووحدات اجتماعية، وفواعل عرضية، وغايات تضعية اتفاقية. إذا تقرّر هذا فلهم أن يقولوا لا شكّ أن الجسم الناری والهوائی والحجری والنباتی والحيوانی، أو غير ذلك، لكلّ منهما حقيقة محصّلة لها وحده طبيعية من غير تعمل واعتبار وهی غير حالة فی موضوع، فيكون كلّ منها جوهرا واحدا غير بسيط الحقيقة؛ لكونه متقوّما من جسمية مشتركة، ومن أمر يتم به نوعيته. فلو لم يكن ذلك الأمر من مقولة الجوهر مندرجا تحته بوجه من الوجهين اللذين ذكرناهما؛ بل يكون مندرجا تحت مقولة أُخرى، كالكيف مثلا، فلم يكن واحدا طبيعيا له حدّ نوعی من جنس وفصل ماخوذين من مادّة وصورة طبيعية. وإلّا فالفصل كمال الجنس، والصورة تمام المادّة وفعلية قوّتها، وتمام الجوهر وفعليتها كيف يكون عرضيا، ثمّ العرض كيف يحمل على الجوهر محلا ذاتيا مناطه الاتحاد بين الشيئين. وهذا مما لا خفاء فيه عند المتوغّلين فی الانظار الحكمية، فمعنى قول المثبّتين المصوّر من أنّ جزء الجوهر جوهر، هو أن ما علم مجملا أنّه جوهر، فعلم منه لا محالة أن جزئه جوهر لأنّه أقدم ذاتا، ومنه فيكون أقوى وجودا. ولايتوقّف العلم بجوهرية الشیء على العلم بجوهرية جميع اجزائه تفصيلا ليردّ عليه ما أورده المصنّف.

قوله، قـدّس سـرّه: «ثم قولهم الصـورة مقـوّمة للجوهر فيكون

careful reproduction of the Arabic text preserving RTL order

جوهرا، اه»`. ٧٠١

[أقول]: للصورة كما مرّ تقويمان: تقويم للمادّة، وجود أو تقويم للمركّب ماهيته. ولكلّ منهما معنى آخر، فلا تكرار أن أريد بالتقويم فى قولهم: أن الصورة مقوّمة للجوهر كونها مقوّمة لماهية المركّب الجوهرى. فالأولى أن يحمل كلام المصنّف على أنّه واقع معهم على طريق الترديد والاستفسار بأنّكم ما أردتم بقولكم أنّ الصورة مقوّمة للجوهر أن أردتم به التقويم بمعنى الجزئية فيرد عليه الايراد الأوّل؛ وإن أردتم به تقويمها للمحل فيلزم عليه الايراد الثانى وهو التكرار، وفيه أيضا ما فيه، كما ذكره الشارح.

قوله، قدّس سرّه: «وليس فى العناصر شىء سوى الجسمية والهيئات، اه»`. ٧٠٢

[أقول]: يلزم على ماذهب إليه أن لا يكون للبسائط والمركّبات، كالحيوان والنبات والجماد، فى هذا العالم جوهرية غير جوهر الامتداد

---

٧٠١ شرح شيرازى: ٢٣٢؛ حكمة الاشراق: ٨٧؛ شرح شهرزورى: ٢٢٣:٤. متن حكمة الاشراق: (٨٧) ثمّ قولهم «الصورة مقومة للجوهر، فتكون جوهرا وجوهرية الصور كونها لا فى موضوع، فتكون جوهرا وجوهرية الصور كونها لا فى موضوع وعدم استغناء المحل عنها وعدم استغناء المحل عنها هوائها مقومة للمحل»؛ فقولنا «الصورة مقومة للجوهر، فتكون جوهرا» كأنا قلنا «الصورة مقومة للجوهر فتكون مقومة للجوهر». فثبت بما ذكرنا انّ الاعراض يجوز أن تقوّم الجوهر والصورة لا نعنى لها إلّا كلّ حقيقة بسيطة نوعية، كانت جوهرية او عرضية فى هذا الكتاب. وليس فى العناصر شىء سوى الجسمية والهيئات لا غير وإذا اندفعت الصور التى اثبتوها وقالوا انّها غير محسوسة، فبقيت الكيفيات التى تشتدّ وتضعف.

٧٠٢ شرح شيرازى: ٢٣٣؛ حكمة الاشراق: ٨٧؛ شرح شهرزورى: ٢٢٣:٩.

الجسمانى، وهو واحد متفق فى الجميع. ويلزم عليه أن لا فرق بين انواع الاجسام الطبيعية بحسب ذواتها المتقدّمة على عوارضها؛ ويلزم عليه أن يكون مبادى هذه الآثار العظيمة، والتحريكات الشاقّة. والافاعيل الشديدة فى الاجسام الطبيعية هى هيئات، وكيفيات قائمة بها وأن يكون مصعد النار إلى فوق ومهبط الحجر إلى تحت عرضا محمولا فيها، وهذا مع قطع النظرى عن المراجعة إلى البراهين، مما يستبعده العقل فى أوّل النظر. وأمّا القول بأنّ للاجسام محركات أُخرى من غير هذا العالم، كالملائكة بلسان الشرائع، والصور المفارقة عند أفلاطون وشيعته؛ فهو وإن كان حقًّا وصدقا إلّا أن افعالها فى المادّيات بحسب أن يكون بوسائط وقوى وطبائع هى المخصّصات الأولى لهذه الحقائق المختلفة الذوات والآثار. وذلك لأنّ الجسم بما هو جسم إذا كان طبيعة نوعية، والمادّة الأولى أمر واحد سيّما التى فى عالم العناصر، ونسبة المفارقات إلى جميع ذوات المقادير والوضعيات نسبة واحدة.

قوله، [الشارح العلامة]: «فلا بدّ من أمور يختلف بها القوابل والاستعدادات، وهى لا يتحصّل إلّا بمباديها لكونها من باب القوى والإمكانات». ٧٠٣.

[أقول]: من ههنا وجود أمور سابقة فى القوام على حصول استعدادات ولواحقها؛ فثبت أنّ فى انواع الاجسام أمور سابقا على

---

٧٠٣ شرح شيرازى: ٢٣٣

وجود الاعراض، والحركات والاستعدادات بحسب الذات، والحقيقة وإن تأخّرت عنها بحسب الازمنة تبعا لاعراضها التابعة للاستعدادات والحركات. ومن ههنا يندفع شكّ مشهور يردّ على إثبات هذه الصور وهو أنّ الهيولى أمر واحد، فكيف اختصّت ذاتها بطبيعة صورة أُخرى، وأنّ اختلاف بالآثار إذا كان منشائه اختلاف الصُور مما سبب اختلاف الصُور عليها بعد اتفاقها فى الجسمية. لأنّ يبنى هذا الشكّ على الغفلة عن جوهرية الصور وسبقها بالذات، والحقيقة على الجسم الذى هو بمعنى المادّة. ولو كان الجسم بهذا المعنى موضوعا للصور، ومستغنى القوام عنها لكان السؤال وارد غير مندفع، لكونه نوعا متفق الافراد لكنه مادّة لهذه الصور متقوّم. وأمّا الجسم بمعنى الجنسى المحمول على سائر الانواع، فليس هو أمرا واحدا متفقا فى الكل؛ لأنّه يتحصّل معانيه بفصول مأخوذة عن الصورة المنوّعة، ويكون الجسمية فى كلّ منها بمعنى آخر. وأمّا السؤال فى لمية اختلاف تلك الصور والفصول فى ذواتها لا من جهة تخصّص الاجسام بها، فهو كالسؤال فى أنّ كلّ حقيقة لم صارت نفسها. فالجواب أنّ الوجود فى ذاته مما يختلف بالغنى والحاجة، والتقدّم والتأخّر، والقوّة والضعف؛ وهو ذو مراتب ودرجات ينشاء منها اختلاف الماهيات، والمعانى، والاحوال. هذا ما يتسر لنا فى هذا المقام، وزيادة الشرح ودفع الشكوك كلّها، سيما ما

ورد من المصنّف فى سائر كتبه بطلب من كتاب «الاسفار الاربعة». [705]

[قوله]، قدّس سرّه: «وأمّا مَن قال أنّ الحرارة إذا اشتدّت فتغيّرها فى نفسها، اه». [705]

[أقول]: لاخلاف لأحد فى أنّ الاشتداد حركة مّا فى الكيف نحو الكمال، كما أن النموّ لازدياد حركة فى الكمّ نحو الكمال، وبازائهما التضعّف والتنقّص. ولا فى أنّ المتحرّك فى كلّ منهما ليس نفس ذلك الكيف بل محلّه، ولا نفس ذلك الكمّ بل مادّته. ولا فى أنّ الحركة

---

[704] از جمله اهم تاليفات فلسفى ملا صدرا. رك: «الاسفار الاربعة العقلية»، بيروت؛ و چاپ سنگى.

[705] شرح شيرازى: ٢٣٣؛ حكمة الاشراق: ٨٨؛ شرح شهرزورى: ٢٣٣: ٥. متن حكمة الاشراق: (٨٨) واعلم انّ من قال «انّ الحرارة إذا اشتدت فتغيّرها فى نفسها ليس بعارض فيكون بفصل»، اخطأ. فانّ الحرارة ما تغيّرت بل محلها باشخاصها. وأمّا الفارق بين اشخاصها فليس بفصل؛ فان جواب «ما هو؟» لا يتغيّر فيها ولا هو عارض، بل قسم ثالث هو الكمالية والنقص. والماهية العقلية تعمّ ذوات اشخاصها التامة والناقصة على أن من التغيّر ما يؤدى إلى تبدّل الماهية وكلام المشائين فى الأشدّ والأضعف مبنى على التحكم، فانّ عندهم لا يكون حيوان أشدّ حيوانية من غيره، وقد حدّوا الحيوان بانّه «جسم ونفس حساس متحرّك بالارادة». ثمّ الّذى نفسه أقوى على التحريك وحواسه اكثر، لا شكّ انّ الحساسية والمتحركية فيه أتمّ فبمجرّد أن لا يطلق فى العرف أن هذا أتمّ حيوانية من ذلك لا ينكر أنّه أتمّ منه. وقولهم انّه لا يقال أن هذا أشدّ مائية فى ذلك، ونحوها، كله بناءا على التجوّزات العرفية فإذا مُنعوا وطولبوا بلميّة دعاويهم، تبيّن وهن هذا الكلام. ونحن سنذكر فيما بعد ما يتخصص به كلّ واحد من العناصر من الهيئات وأنّ ليس فيها إلّا ما يحسّ. والمشاؤون اثبتوا فى الاشياء المتشخصّة أمورا لا تُحسّ ولا تُعقل بخصوصها حتى تصير الحقائق، بعد أن عُلمت مجهولة. والحق مع الاقدمين فى هذه المسالة.

معناها خروج الشىء من الشىء،[٧٠٦] من القوّة إلى الفعل شيئا فشيئا، ولا فى أنّ للمتحرّك فى أن فردا من المقولة التى وقعت فيها الحركة غيرالذى كان قبله وبعده. لكن الخلاف بين المصنّف وبين أتباع المشائين، فى أنّ الاختلاف بين الشديد والضعيف، أو الكامل والناقص، هل يجوز أن يكون بنفس الماهية المشتركة ام لا، بل بأمر زائد عليها. فالمصنّف [أكدّ] على أنّ كماليّة السواد الشديد بنفس السوادية المطلقة المشتركة بين الشديد والمتوسط والضعيف لا بأمر زائد عليها، فصل أو عرض. وبالجملة فعندما يكون ما به التفاوت عين ما فيه التفاوت[٧٠٧] فهو، أمّا فصل، أو عارض للماهية المشتركة لا لوجودها، فليكن هذا على ذكرها منك.

قوله، قدّس سرّه: «فان جواب «ما هو؟» لا يتغيّر [فيها]، [٥١].»[٧٠٨]

[أقول]: لقائل أن يمنع هذا فأنّه إذ سئل عن مرتبة شديده من السواد بما هو، واجيب عنه بمطلق السواد أو بحدّه، لم يكن الجواب مساويا فى المعنى للمسئول عنه.

---

[٧٠٦] م: ‐من الشىء

[٧٠٧] م: وعندهم مابه التفاوت غير مافيه التفاوت

[٧٠٨] شرح شيرازى: ٢٣٤؛ حكمة الاشراق: ٨٨؛ شرح شهرزورى: ٧: ٢٣٣.

قوله ، قدّس سرّه : «بل قسم ثالث هو الكمالية والنقص ، اه» ٧٠٩.

[أقول]: احتج أتباع المشائين على ثبوت مذهبهم بأنّ سواداً مّا، مثلا إذا كان أشدّ من سواد آخر، فهو أمّا بعارض، أو بذاتى . لا سبيل إلى الأوّل وإلّا فلم يكن التفاوت فى السواد، بل فى أمر آخر، وهو خلاف المفروض؛ فتعين الثانى، فيكون الاختلاف بين مراتب السوادات بفصول . والمصنّف ناقضهم بوجهين: الأوّل، المنع من كون المميّز بين شيئين بعد اتفاقهم فى ذاتى منحصرا فى فصل أو عارض، بل ههنا قسم ثالث هو التفاوت بالكمالية والنقص فى نفس المعنى المشترك فيه. وأنت تعلم أن نفس المعنى والمفهوم مما لا اختلاف فيه . والماهيات بما هى معانى لا كمالية فيها ولا نقصان مجردة عن الحصولات. إنّما الوجود مما يشتدّ ويكمل ويضعف وينقص وهذا أيضا منشائة الاشتباه بين الماهية والوجود. والمصنّف لما أنكر عينية الوجود انحصرت الكمالات والنقائض فى الموجودات عنده فى نفس المفهومات منها. والثانى، النقص بالمقدار الزائد، فأنّ فضليتة وكماليتة على المقدار الناقص لا يمكن أن يكون بأمر عارض للمقدار ولا بفصل. لأنّ الخط الطويل والقصير حقيقة واحدة عندهم. أقول: كما أنّ الوجود ليس من عوارض الاشياء بحسب الواقع بل فى ملاحظة العقل؛ كذلك الفصول وما يجرى مجراها بالقياس إلى المعنى الجنسى أو النوعى. فقول المصنّف

كما فى « المطارحات » أنّ أحد المقدارين ما زاد على الآخر إلاّ بما ساواه
فى الحقيقة المقدارية، كلام حقّ؛ لكن بمعنى أن كمالية وجود المقدار،
كأصل وجوده هو نفس ماهية المقدار بناء على أنّ الوجود والماهية فى
كلّ شىء أمر واحد فى العين. وقد مرّ أن الوجود مما يختلف كمالا
ونقصا، وهو أيضا يشتدّ ويضعف فيما يقع فيه الحركة.

قوله، قدّس سرّه: «وكلام المشائين فى الأشدّ والأضعف مبنى
على الحكم، اها».[٧١٠]

[أقول]: واعلم أن الخلاف بين المصنّف وأتباع المشائين فى أربع
مقامات كما هو المشهور. الأوّل، فى تجويز كون الذاتى بالقياس إلى
افراده متفاوتا بكلّ نحو من انحاء التشكيك سواء كان بالاولوية
وعدمها، أو بالتقدّم والتأخّر، أو بالكمال والنقص الجامع للشدة
والضعف فى الكيف، والزيادة والنقصان فى الكم. ومنهم مَن ادّعى
نفى التشكيك بالأوّلين عن الذاتيات بداهة، وادّعى أيضا اتفاق جميع
العقلاء فى نفيهما، وهذا باطل لما سيظهر من كلام المصنّف فى الانوار؛
وأنّ بعضها علّة لبعض مع اتفاقها فى الماهية النوعية عنده. الثانى أن
الأشدّ والأضعف مختلفان نوعا عندهم، والاختلاف بين السوادات
والحرارات بفصول مقوّمة للانواع وهما متفقان نوعا عنده؛ والاختلاف
بنفس الماهية السوادية المتفاوتة كمالا ونقصا. والثالث، أن الاشتداد

الكيفى والازدياد الكمى ومقابلاهما ضرب واحد من التشكيك ام ضربان مختلفان. والرابع، أنّ الاختلاف بالشدّة والضعف، والكمال والنقص كما يتحقّق فى مقولة الكيف والكم هل يتحقّق فى غيرهما أيضا، مثل الجوهر حتّى يكون حيوان أشدّ فى حيوانيته من حيوان آخر ام لا.

وأقول: أمّا المقام الأوّل، فأنّك إذا تأمّلت فى حقيقة الوجود وأنّها حقيقة نوعية بذاتها بسيطة لا جنس لها ولا فصل، وهى فى جميع الاشياء بمعنى واحد، لأنّها عبارة عما به يتحصّل ويوجد كلّ معنى وكلّ ماهية. ومع وحدتها متفاوتة الحصول بانحاء التشكيك فى ذاتها بذاتها. والحصول نفس الوجود، وليست افرادها الذاتية متخالفة المعنى بل متخالفة الهويات فى التقدّم والتأخّر، والكمال والنقص، والغنى والحاجة. ومما ينبه على جواز أن يكون حقيقة واحدة متفاوتة الهويات بذاتها أن لاجزاء الزمان هوية واحدة بسيطة متفاوتة فى التقدّمات والتأخّرات، لا بأمور زائدة على ذات الزمان. وكذلك الامتداد الجسمانى فى تفاوت اطرافه بحسب وضعة المقدارى، وعدم اجتماعه فى الوجود. فأنّ الوجود المتصل ضرب من الوجود الضعيف الذى يشوبه القصور لأنّه بذاته يقتضى الافتراق الوضعى وعدم الاجتماع. وكذا التفاوت فى الحدود والمقدارية، إنّما هو بنفس الهوية المقدارية لا بامر زائد على وجود المقدار.

وأمّا المقام الثانى فالفرق بين الأشدّ والأضعف، والأزيد والأنقص

بان أحدهما تفاوت بالفصول، والآخر تفاوت فى العوارض لايخلو من اشكال. وكلّما قيل أو يقال فى أنّ الأشدّ والأضعف متفاوتان نوعا يمكن القول بمثله فى الأزيد والأنقص، سيّما فى العدد. الحقّ عندنا أنّ اختلاف الماهيات نوعا تابع لاختلاف الوجودات كمالا ونقصا، وتقدّما وتأخّرا؛ ولا شكّ فى أنّ وجود السواد الشديد غير وجود السواد الضعيف، وكذلك وجود الخط الطويل مخالف لوجود الخط القصير لا غيره بالعدد فقط بعوارض من المكان والزمان والمادّة وغيرها. ولهذا يكون لكلّ مرتبة الشدّة والضعف من الطول والقصر افراد كثيرة متخالفة فى الأمور المذكورة. فالتخالف بينهما تخالف نوعى، والتفاوت فى الطويل والقصير من الخط، والزائد والناقص من العدد كالتخالف فى الشديد والضعيف من الكيف، كالسواد. وأمّا ماذكره المصنّف، قدّس سرّه، فى « المطارحات » ايرادا على أتباع المشائين،[٧١١] حيث حكموا بأنّ الامتياز بين السوادين الأشدّ والأضعف بفصل؛ بأنّ المميّزين السوادين لو كان فصلا واشتراك الاثنين فى السوادية، فالفصل الذى يميّز أحدهما عن الآخر ليس بمقوّم لحقيقة السواد إلّا كان متفقا فى السوادين، بل هو مقسم له، والفصل المقسم عرضى لطبيعة الجنس ومعناه، فصار حال الفصل كحال العرض الآخر، فأنّه من حملة العرضيات فيكون الاشتداد فيما وراء السواد. وقد فرض فى السواد هذا

---

[٧١١] رك: سهروردى « كتاب المشارع والمطارحات : العلم الثالث »، مطبوع در « مجموعه مصنفات شيخ اشراق »، جلد يكم؛ صص ٣٣٥- ٣٣٧.

محال، فايراده غير وارد لأنّه مغالطة مبناها على أخذ عارض الماهية
بحسب الاعتبار التحليلى مكان عارض الوجود. فإنّ الفصل ليس فى
الاعيان غير الجنس؛ وأمّا عند التركيب بينهما فى الملاحظة، فالعقل
يحكم بأنّ الجنس من لوازم الفصل، والفصل تمامه بحسب المعنى
والوجود. ففصل السواد سواد أيضا بحسب الواقع، والفصول البسيطة
لا ماهية لها ومباديها هى الوجودات عندنا، ووجود السواد ليس غير
السواد فى الاعيان، كما مرّ مرارا. وكذا الحكم فى الأطول والأنقص،
والأزيد والأنقص فى أنّهما يرجعان إلى نحوين من الوجود. وأمّا الذى
اشتهر من أتباع المشائين من الحكماء أن التفاوت بالأشديّة والأضعفية،
وكذا الزيادة والنقصان ليس بنفس الطبيعة المشتركة، بل بأمور زائدة
عليها داخلة فى حقائق افرادها، فلا يبعد أن يكون مرادهم ما ذكرناه.
وكذا ما اشتهر منهم أن الذاتيات غير مختلفة فى افرادها، فالمراد أنّ
نفس المعنى الذاتى لا يكون متفاوتا، بل التفاوت فى انحاء حصولاتها
ووجوداتها. وهذا هو الذى راموه بقولهم، كما ذكره الشيخ [الرئيس]
فى «قاطغورياس الشفاء» أن كان ذات الشىء هو الزائدة، فالناقص
والمتوسط ليسا نفس الزائد[ة]، فليس بذات الشىء. كذا إن كانت
ذات الشىء المتوسط أو الناقص.

وأمّا المقام الثالث، فالنزاع فى أنّ التفاوت فى الأزيد والأنقص هو
نوع من التشكيك غير ما يكون بالأشدّ والأضعف ام لا مما يشبه أن
يكون قليل الجدوى. أو يكون مرجعه إلى الاختلاف فى اطلاق أهل

اللسان حيث يقولون: إنّ خط كذا أشدّ من خط كذا، أو السطح كذا أشدّ من سطح كذا، أو عدد كذا أشدّ من عدد كذا، مع أنّهم يقولون خط كذا أطول، وسطح كذا أبسط، وعدد كذا أكثر، كما يقال لون كذا أشدّ سواد، أو الطول نفس الخط، والبسيط هو السطح والكثرة هى العدد نفسه.

وأمّا المقام الرابع، فالمصنّف [قوله] على أنّ بعض الجواهر أقدم وأشد من جوهر آخر، كجواهر العالم الاعلى، فأنّها أقدم من جواهر هذا العالم؛ وأنّ هذه الجسمانيات، كظلال تابعة فى ماهياتها كالجوهر لتلك، وهو أيضا أشدّ وأقدم فى باب الجوهرية من هذه. وعند أتباع المشائين أنّ هذا التفاوت بين الجواهر إنّما هو فى وجوداتها التى هى كلّها غنية عن الموضوع، مع ما لها من التفاوت فى قوامها بنفسها، وعدم افتقارها إلى الموضوعات، لا فى أنّ لها ماهية حقها فى الوجود أن لا يكون وجودها فى موضوع، إذ لا تفاوت بينها فى هذا المقام المشترك. واعلم أن جوهرا إذا تقدّم على جوهر آخر بأىّ نحو من التقدّم، سواء كان فاعلا، أو غاية، كالعقل أو صورة، كالنفس والطبيعة، أو مادّة، كالجسم والهيولى، أو معدا كالأب فى الإنسان مثلا، مما لم يكن للمتقدّم خصوصية فى الجوهرية، لم تكن تلك الخصوصية فى المتأخّر لم تستحقّ لأن تكون متقدّما بمحض الجوهر المطلقة عليه، سواء كانت الخصوصية ذاتية، كما فى العلل الأربع، أو عرضية كما فى المتقدّم بالزمان، كالأب. فبالحقيقة منشاء التقدّم والعلّية فى كلّ متقدّم،

والتأخّر والمعلولية فى كلّ متأخّر هى نفس تلك الخصوصيات، لا الماهية
المشتركة فى الجواهر؛ وإلّا لكان جوهر علّة لكلّ جوهر ويكون متقدّما
على نفسها ومناط الخصوصية والفردية هو الوجود لا غير. وهذا أيضا
نشاء من النزاع فى أنّ المتحقّق فى الاعيان: أهو وجود الجواهر بناء على
عينية الوجود؟ ام ماهياتها بناء على انتزاعيتها؟ وذهب المصنّف إلى أنّ
حيوانا أشدّ فى الحيوانية من حيوان آخر، وكذا إنسان أشدّ وأكمل من
إنسان آخر فى باب الإنسانية. وعند المشائين ليس كذلك، بل إنّما
التفاوت بين الحيوانين فى وجودهما لا فى مفهوم الحيوانية، والتفاوت
بين الإنسانين فى الوجود الذى يليق بالإنسان ويخصه لا فى معنى
الإنسانية.

قوله، قدّس سرّه: «وقد حدّوا الحيوان بأنّه جسم ذو نفس،
إلى».[712]

[أقول]: زعم[713] الحكماء المشائون أنّ تفاوت الحيوانات فى
التمامية والنقصان راجعة إلى فصولها المقسمة لجنسها، ولا تفاوت فيها
بحسب اصل المعنى الجنسى؛ أعنى مفهوم الحيوانية المطلقة، وهو
مفهوم جوهر ذو بعد، ذو نمو، ذو إدراك، وحركة. فالحيوان الذى له
حواس أكثر، أو حركاته أسرع، أو أكثر أو له إدراك كلّى، فمنشاء ذلك

---

[712] شرح شيرازى: ٢٣٣؛ حكمة الاشراق: ٨٨؛ شرح شهرزورى: ٢٣٣: ١١-١٢

[713] ن؛ ك؛ شرح شيرازى: ٢٣٣: زعمت

أن نفسه أقوى فى باب الوجود الذى يخصّ بالحيوان من نفس حيوان
آخر يكون حواسه أقلّ وأضعف، وحركاته ابطاء بينهما فى مفهوم
الحيوانية، بل فى أمر زائد عليها زيادة الوجود على الماهية، كمبادى
الفصول. وبالجملة فكلّ ما وجوده أقوى، فآثار الجنس والنوع فيه أكثر
وأشدّ، وكذا آثار جنس الجنس، مثلا ماهية الجوهر لها نحو من الوجود
يمتاز عن وجود العرض بذاته. ولماهية الجوهر درجات متفاوتة لا فى
نفس الماهية والمعنى فى شدّة الوجود وضعفه، وتقدّمه وتأخّره.
وأضعف الجواهر وجودا وآخرها فى الترتيب العلى والمعلول هى الهيولى
الأولى التى وجودها عين القوة فيحتاج إلى محصل. وأوّل ما يتحرّك به
هو وجود الجوهر الامتدادى وهو مبدء فصل الجوهر الجنسى وصورة
الجوهر المادى، فيقوّم منهما طبيعة الجسم بما هو جسم. وهى أيضا
طبيعة ناقصة الوجود مفتقرة إلى استكمالات وجودية متفاوتة فى
درجات الكمالات الجسمانية، وانحاء الحصولات الامتدادية. فما له
صورة حافظة التركيب اجزائه أو ابعاده صائنة له عن التلاشى
والاضمحلال سريعا، فهو أكمل وأتمّ فى الجسمية مما ليس له ذلك
السرعة تلاشية وعدمه. فالقوّة الجمادية مبدء كمالية لمطلق الجسمية،
ثمّ هذا النوع الإضافى للجسم جنس طبيعى للاجسام المعدنية وغيرها.
وأشرف انواعها الاضافية ما يكون صورته التى يحصل بها نوعية أتمّ
وجود أو مبدئية للآثار المختصة بهذا الجنس، فهو قوّة يحفظ التركيب
ويزيد مع ذلك فى الاقطار، ويغذى، ويولد. فلهذا النوع أعنى الجسم

النامى كمالية ليست فيما سواه من الاجسام المعدنية، وهو أيضا
لقصورة عن فضيلة الوجود الأتمّ الأقوى طبيعة ناقصة جنسية، وإن كان
نوعا محصّلا بالقياس إلى ما قبله فيحتاج إلى تمام وكمال . وأكمل
افراده المحصلة نوعا هو نوع الحيوان لاشتماله على صورة وقوّة ينشاء
منها ما ينشاء من النباتات كلّها مع زيادة الحس والحركة . وزيادة قوّة
الحس والحركة كمالية لقوّة النموّ والتغذية والتوليد . وكلّ نوع من
الحيوان وجوده أقوى فإدراكه أتمّ وحركته أشدّ، وهكذا حتّى بلغت
شدّة الوجود الحيوانى إلى درجة يقع بها الاحاطة بالمعلولات والمفارقة
عن الجسمانيات . فيكون إدراكه محض التعقّل والشهود وحركته عين
العروج إلى المنزل الاقصى . وهذه الآثار كلّها من آثار اطوار الوجودات
التى هى مبادى الفصول الذاتية المترتبة فى الترقى من أدنى المنازل إلى
أعلاها فى سلسلة المعدّات زمانا، كما هى مرتبة فى التنزيل من أعلاها
إلى أدناها فى سلسلة العلل ذاتا .

**قوله [الشارح العلامة]، قدّس سرّه: «فيكون حيوانية الإنسان
أشدّ من حيوانية من قلت حواسه وضعف تحريكه، كالبعوضة».[٧١٤]**

[أقول]: هذا كلام صادق إلاّ أنّ هذه الفضيلة فضيلة زائدة على
فضيلة الحيوان، بما هو حيوان، ناشية من مبداء نوع الإنسان، أعنى
نفسه وفصله الاشتقاقى، لكونه أقوى وجودا من نفوس سائر الحيوانات،

سيّما نفس البعوضة . لما ذكرنا أنّ تفاوت الحيوانات فى خواص الحيوانية
وآثارها، لتفاوت نفوسها فى الكمال الوجودى ونقصه . وأمّا الذى ذكره
سيّدنا واستاذنا، دام ظلّه، فى دفع كلام المصنّف حيث قال فى كتابه
المسمّى بـ«التقديسات»:[٧١٥] أنّه ليس فصل الحيوان هو الاحساس،
والتحرّك بالفعل، بل هما من الافعال والخواص العارضة، وإنّما الفصل
مبداء القوّة على ذلك، وهو مما لا تفاوت فيه إلّا جسما استيسر له من
الآلات . ولذلك ليس إذا كان بعض الناس أفهم وبعضهم أبلد، فقد
قبلت القوّة النطقية زيادة نقصا، ولكن يختلف ذلك لاختلاف يعرض
لها تارة من عور الآلات القبلية والدماغية، وتارة من معاسرتها
وعصيانها وطباع القوّة النطقية ثابت على حالها، كالنار يختلف افعالها
بحسب المنفعلات والمادّة التى تفعل بها فيها. فأقول فيه نظر، إذ كما
أنّ اختلاف الافعال والآثار الذاتية لانواع الحيوانات إنّما هو من اختلاف
طبائعها وانواعها، فكذلك اختلاف افعالها الحيوانية من الحس والحركة
وآثارها الذاتية، شدّة وضعفا وزيادة ونقصانا، منشائه اختلاف نفوسها
ومبادى افعالها قوّة وضعفا. والذى ذكره من غور الآلات ونقصها،[٧١٦]
فهى إنّما يصحّ فى تفاوت افعال الشخص واختلاف احواله، ولا يجرى
ذلك فى النوع؛ لأنّ الانواع غير ممنوعة عن كمالاتها وخواصها إلّا فى

---

[٧١٥] ن؛ ك: التقديسات . رك : محمد بن محمد باقر الداماد الحسينى، مير داماد « كتاب
القبسات»، باهتمام دكتر مهدى محقق (تهران، ١٣٦٧).

[٧١٦] ك؛ شرح شيرازى: تعصيبها، ص ٢٣٨

اشخاص نادرة وفى اوقات تسييرة [أى السير والسلوك الباطن]، كما

برهن عليه فى الحكمة الالهية. فالحيوان الذى حواسه قليلة وحركته

ضعيفة فى جميع افراده، فنفسه التى هى مبداء نوعية ضعيفة الوجود لا

محالة؛ وليست نفوس الحيوانات فى درجة واحدة من القوّة الحيوانية؛

ولا أيضا افراد النفوس الإنسانية متساوية القوّة فى أصل الفطرة، كما هو

التحقيق عندنا. وكيف يكون نفس محمّد ﷺ، مماثلة لنفس ابى جهل

فى التجوهر الوجودى؟ بل هى متساوية فى مفهوم الإنسانية متماثلة

فى معنى البشرية، كما قال تعالى فى حقّ فضل البشر عليه وآله

السلام: ﴿قُلْ إِنَّمَا أَنَا بَشَرٌ مِثْلُكُمْ يُوحَى إِلَيَّ﴾. [٧١٧] فالمماثلة فى مفهوم

البشرية بين النفوس لا ينافى كون بعضها واقعة فى مقام الوحى ومنزل

التقديس لقوّة وجودها الكمالى، وفعلية جوهرها العقلى، كما سيتّضح

لك فى « باب النبوّات » [٧١٨] انشاء الله تعالى.

قوله، قدّس سرّه: «رجعوا عن هذا الكلام، اﻟﺦ». [٧١٩]

[أقول]: فسّره الشارح بأنّ الجوهر لا يقبل الاشتداد والتضعّف.

واعلم أن ههنا مقاما آخر غير المقامات المذكورة، وهو أنّ الجوهر هل

---

[٧١٧] القرآن المجيد؛: سورة الكهف (١٨)؛ الآية ١١٠

[٧١٨] رك: حكمة الاشراق: القسم الثانى: فى الانوار الالهية: المقالة الخامسة: فى المعاد والنبوّات والمنامات؛ شرح شهرزورى: صص ٥١٤ الى ٦٠٤

[٧١٩] شرح شيرازى: ٢٣٨؛ حكمة الاشراق: ٨٨ بدون؛ شرح شهرزورى: ٢٣٣: ١٥-١٦. نيز رك: شرح شهرزورى: يادداشت شماره ٣٣١ م.

يقبل الاشتداد والتضعّف، أعنى الحركة فى الجوهرية الذاتية، ام لا؟
وهذا المعنى غير كون الجواهر بعضها أشدّ وبعضها أضعف بأحد
المعنيين المذكورين؛ وأنّ الذى ذكره أن الاشتداد والضعف إنّما يكونان
بين الضدّين، والجوهر لا ضدّ له، إنّما يدلّ على نفى الاشتداد بمعنى
الحركة فى الشدة عن الجوهر دلالة أظهر منه على دلالته على نفى الأشدّ
والأضعف مطلقا عنه . إذ من عادتهم أن يقولوا كلما له سلوك فى
الاشتداد فلا بدّ أن ينتقل من ضدّ إلى ضدّ آخر؛ والجوهر لا ضدّ له، فلا
اشتداد فيه ولعلّ المصنّف ما كان يخالفهم فى هذا الرأى، أعنى نفى
الحركة فى الجوهر؛ وما رأينا فى شىء من كتبه ورسائله التى وصل[ت]
الينا، أنّه جوّز حركة الجوهر فى جوهريته؛ بل هذا يخالف كثيرا من
أصوله ومعتقداته من ابطال الهيولى ونفى الصورة النوعية وإنكار عينية
الوجود وردّ القول باتحاد العقل والمعقول،[٧٢٠] وغير ذلك . والذى
استخرجها بقوّة مستفاد من الملكوت الأعلى لا بمطالعة موروثات
الحكماء، أنّ الحركة واحدة فى الجوهر، وأنّ طبائع الاجسام النوعية
دائمة التجدّد والتبدّل فى ذاتها، وأنّ لجوهر النفس الإنسانية انتقالات

---

[٧٢٠] كذا در تمام نسخ؛ مسئله « اتحاد عاقل ومعقول »؛ كه در حكمت اشراق به
صورت وحدانيت و عينيت ادراك و مدرِك و مدرَك ذكر شده، از مهمترين مسائل فلسفى
است . انشاء‌الله در مقدمه‌اى كه بر « التعليقات: القسم الثانى » در دست داريم اين
مسئله را تحليل فلسفى خواهيم نمود . م . نيز رك: شرح شهرزورى: ص ٣١٠: ١٥ و
١٦اك: «وكلّ من أدرك ذاته فهو نور محض، وكلّ نور محض فهو ظاهر لذاته ومدرِك لذاته،
فالمدرِك والمدرَك والإدراك هاهنا واحد، كما يكون العقل والعاقل والمعقول واحدا».

وتطوّرات فى ذاتها من ادنى منازل الجوهرية، كالنطفة والعلقة، إلى
أعلاها، كالروح والعقل؛ ولنا فى ذلك براهين كثيرة، والذى وجد فى
كتب الحكماء [أعنى الشيخ الرئيس]، كـ«الشفاء» و«النجاة»، وغيرها،
فى نفى الحركة فى مقولة الجوهر، مقدوح بوجوه من القدح مذكورة فى
كتبنا العقلية، كـ«الشواهد الربوبية» و«الاسفار الاربعة» و«المبدء
والمعاد»، وغيرها. ٧٢١

[حكومة: فيما استدلّ به على بقاء النفس] ٧٢٢
قوله، قدّس سرّه: «لأنّها موجودة بالفعل، وهى وحدانية». ٧٢٣

──────────

٧٢١ كتب مذكور از جمله مهمترين تاليفات فلسفى ملا صدراى شيرازى ميباشند؛
رك: «المبداء والمعاد»، با مقدمه و تصحيح سيد جلال الدين آشتيانى (تهران، ١٣٥٤)؛
«الشواهد الربوبية فى المناهج السلوكية»، تعليق وتصحيح ومقدمه سيد جلال الدين
آشتيانى (تهران، ١٣٦٠)؛ «الاسفار الاربعة العقلية» (چاپ بيروت، و چاپ سنگى).
نيز: «الشواهد الربوبية» در «مجموعه رسائل فلسفى صدر المتالهين»، تحقيق وتصحيح
حامد ناجى اصفهانى (تهران: انتشارات حكمت، ١٣٧٥)، صص ٢٨٣ الى ٣٤٢؛ نيز:
«ترجمه وتفسير الشواهد الربوبية»، دكتر جواد مصلح (تهران: سروش، ١٣٦٦).

٧٢٢ شرح شيرازى: ٢٤٥؛ حكمة الاشراق: ٩١ إلى ٩٤؛ شرح شهرزورى: ٢٤٣:
١٣ به بعد. [تنبيه: صدر المتالهين تعليقاتى بر: «قاعدة: فى ابطال الجوهر الفرد» (شرح
شيرازى: ٢٣٨؛ حكمة الاشراق: ٨٩؛ شرح شهرزورى: ٢٣٨: ١٢ به بعد)؛ و نيز بر
«قاعدة: فى ابطال الكلاء» (شرح شيرازى: ٢٤٢؛ حكمة الاشراق: ٩٠؛ شرح
شهرزورى: ٢٤١: ٢١ به بعد) تحرير ننموده است. م]

٧٢٣ شرح شيرازى: ٢٤٥؛ حكمة الاشراق: ٩١؛ شرح شهرزورى: ٢٤٣:١٦-١٧.
متن حكمة الاشراق: (٩١) ومن الغلط الواقع بسبب تغيير الاصطلاح عند توجه النقض

[أقول]؛ قيل؛ لا نسلّم أنّ النفس وحدانية لجواز أن يكون لها هيولى وصورة مخالفتان لهيولى الاجسام وصورها، فيمكن تطرّق الفساد إليها لأجل مادّتها التى فيها مادّتها التى تامّا قوّة أن تبقى تيبطل، لابحسب صورتها التى بها فعل أن توجد. وأجيب: بأنّ هيولى النفس أمّا ذات وضع مطلقا، أو غير ذات وضع كذلك. والأوّل محال لاستحالة كون ذى وضع جزءا لما [لا] وضع له أصلا؛ والثانى لايخلو أمّا أن يكون مع كونها غير ذات وضع ذات اقوام بانفرادها، أو لم يكن؛ فإن كانت، كانت عاقلة بذاتها، على ما مرّ؛ فكانت هى النفس، وقد فرضناها جزءا، هذا خُلف. وإن لم يكن ذات قوام بانفرادها، فأمّا أن يكون للبدن تأثير فى أقامتها، أو لم يكن، فإن كانت النفس غير مستغنية فى وجودها عن البدن، فلم يكن ذات فعل بانفرادها؛ والتالى باطل، فكذا المقدّم. أمّا بيان الشرطية؛ فلأنّ الفعل متوقّف على الوجود والشىء ما لم يوجد لم يكن فعل، فالمستغنى فى فعله عن شىء لا بدّ

ما قيل «انّ النفس لا تنعدم إذ ليس فيها قوة أن تنعدم وفعل أن تبقى لأنّها موجودة بالفعل وهى وحدانية». فأُورد عليهم أن المفارقات حكمتم بكونها ممكنة مع أنّها بالفعل موجودة وممكن الكون ممكن اللاكون، ففيه قوة أن لا يبقى.

اجاب بعضهم بانّ معنى الإمكان فى المفارقات هو أنّها متوقفة على عللها، حتّى لو فرض عدم العلة انعدمت لا انّ لها قوة العدم فى نفسها. وهذا الاعتذار غير مستقيم؛ فان توقفها على العلة ولزوم انتفائها من انتفاء العلة إنّما كان تابعا لإمكانها فى نفسها؛ فكيف يفسّر الإمكان عند توجه الاشكال بما يتبع الإمكان، بعد الاعتراف بانّ الواجب بغيره ممكن فى نفسه، وإمكانه فى نفسه متقدّم على وجوبه بغيره تقدّما عقليا، وانّ العقول كلّها ممكنة ولا تستحق الوجود بذاتها؟

وأن يكون مستغنيا عن ذلك الشىء فى وجوده أيضا. وأمّا بطلان التالى؛ فلأنّ كثيرا من افعال النفس، كالتعقّل وما يجرى مجراه، بلا مشاركة البدن، وإن لم يكن للبدن تأثير فى أقامتها كانت باقية بما يقيمها وإن لم يكن البدن موجودا، وهوالمطلوب. ثمّ أن الصورة المقيمة إيّاها، والكمالات التابعة لتلك الصُور لا يجوز أن يفيد ويتغيّر بعد انقطاع علاقتها عن البدن، لأنّ التغيير لا يوجد إلّا مستندا إلى جسم متحرّك، كما تقرّر فى الأصول الحكمية. هذا ما ذكر فى دفع هذا الاشكال، وفيه بعد موضع انظار والحقّ عندنا أنّ النفس جسمانية الحدوث روحانية البقاء، وهى أيضا مركّبة الحدوث بسيطة البقاء لتولدها من هيولى فانية، هو صورة البدن، ومن[٧٢٤] صورة باقية، هى كمال النفس وصورتها عندما صارت عقلا وعاقلا بالفعل. واعترض أيضا بأنّ النفس واقعة تحت مقولة الجوهر، فهى مركّبة من جنس وفصل؛ والجنس والفصل، إذا أخذا بشرط التجرّد، كانا مادّة وصورة. فالنفس عندهم مركّبة من مادّة وصورة فلا يكون وحدانية، فجاز أن يجتمع فيها حيثيتان: فعلية الوجود، وقوّة البطلان. وأجيب عنه: بأنّ هذه مغالطة نشأت من اشتراك الاسم، فان المادّة والصورة يقعان على ما ذكره على جزئى الجسم بالتشابه، وإلّا فجميع الاعراض مركّبة من مادّة

وصورة.

قوله، قدّس سرّه: «فاورد عليهم أن المفارقات حكمتم بكونها ممكنة، اه»[725].

أقول: مبنى هذا الايراد على الاشتباه بين الإمكان الذى بمعنى القوّة والاستعداد، وهى من العوارض الخارجية للشيء ويختص عروضه بالكائنات دون المبدعات وبين الإمكان الذى بمعنى عدم ضرورة الوجود والعدم للشيء حين هو متّصف بأحدهما، وهو من العوارض العقلية لجميع الماهيات، كائنة كانت أو مبدعة، بحسب اعتبارها فى ذاتها مجردة عن اعتبار وجودها وعدمها. والاتّصاف بالمعنى الأوّل وبما يقابله، أعنى القوّة والفعلية، يوجب تكثير الذات الموصوفة بهما بحسب الخارج بخلاف الاتّصاف بالإمكان والوجوب؛[726] فأنّه مما لا يوجب تركيبا إلّا فى العقل وبضرب من الاعتبار.

قوله، قدّس سرّه: «أجاب بعضهم بأنّ معنى الإمكان فى المفارقات هو أنّها متوفقة على عللها، اه»[727].

[أقول]: قد علمت فيما سبق، أنّ احكام الوجود غير احكام الماهية فى أكثر الأمور؛ فمعنى الإمكان الذاتى القسيم للوجوب والامتناع

---

[725] شرح شيرازى: ٢٤٦؛ حكمة الاشراق: ٩١؛ شرح شهرزورى: ٢٤٣: ١٧

[726] ن: وجود؛ شرح شيرازى: وجوب

[727] شرح شيرازى: ٢٤٦؛ حكمة الاشراق: ٩١؛ شرح شهرزورى: ٢٤٣: ١٩

بالحقيقة من احكام الماهيات دون الوجودات إلّا باعتبار ماهياتها. ثمّ الوجود لمّا ثبت تقدّمه خارجا على الماهية المتّصفة به عقلا؛ ففى الكائنات، لمّا جاز انفكاك اعداد من الوجود عن ماهياتها جاز عروض الإمكان لها ولوجودها لها عقلا وخارجا. وأمّا المبدعات، فلعدم تأخّر وجودها عن ماهياتها فى العين لم يجز نسبة الإمكان بمعنى واحد إليهما جميعا؛ فإذا نسب الإمكان إلى ماهياتها وذلك عند اعتبار تجريدها عن قيدى ٧٢٨ الوجود والعدم، كان معناه صحة الوجود والعدم نظر إليها فى انفسها؛ وإذا نسب إلى وجوداتها العينية لم يجز اطلاقه ووضعها به بهذا المعنى، اللهم إلّا من قبيل وصف الشىء متعلقة بحال الاعتبار. لكن لما اشتهر بينهم أن الوجود أمّا واجب وأمّا ممكن، فلا بدّ من بيان معنى كلّ من هذين القيدين، فذكروا أنّ إمكان الوجود الذى هو صفة الوجود هو كونه متوقّقا فى ذاته على غيره بحيث لو فرض عدم ذلك الغير لبطل وانعدم. فقولهم أنّ معنى الإمكان فى المفارقات هو أنّها متوفقة على عللها، يحمل الإمكان فيه الإمكان الذى هو حقيقة الوجود فيه، أيضا إلى أن العقول المفارقة وجودات صرفة، لا ماهية لها؛ فلا إمكان لها لأنّ الإمكان بالمعنى المقابل للوجوب والامتناع من عوارض الماهية دون الوجود والتفاوت بينها وبين الأوّل، تعالى بالحاجة والغنى . وأمّا الذى بينها من التفاوت، فبالشدّة والضعف

---

٧٢٨ ك؛ ن: قيد؛ شرح شيرازى: ٢٤٦: قيدى

والقرب والبعد من الوجود الحقّ الغنى الذى لا اتم منه وهذا ممّا صرّح به المصنّف فى اواخر «التلويحات». ٧٢٩

قوله، قدّس سرّه: «فإن توقفها على العلّة ولزوم انتفائها من انتفاء العلّة إنّما كان تابعا لإمكانها، اه». ٧٣٠

[أقول]: هذا كلّه إذا كان المنظور إليه حال الماهية بحسب نفس الأمر أو بحسب الاعتبار. وأمّا إذا كان المنظور إليه نفس الوجود الفائض من الجاعل فيضان الضوء من الشمس والرشح من البحر، فلا حيثيّة فيه غير حيثيّة الارتباط بجاعله التام غير تخلل شىء من العدم بينهما.

[وامّا قوله]: «وامكانه فى نفسه متقدّم على وجوبه، اه». ٧٣١

[فأقول]: إمكان الماهية متقدّم على وجودها بخمس مراتب هى كلّها من عوارض الماهية، وليس شىء منها من عوارض الوجود سيّما ٧٣٢ وجود المبدعات التى هى سراداقات الجلال وحجب الكبرياء.

---

٧٢٩ رك: سهروردى «كتاب التلويحات اللوحية والعرشية: العلم الثالث»، مطبوع در «مجموعه مصنفات شيخ اشراق» جلد يكم مشتمل بر الهيات كتاب التلويحات وكتاب المقاومات وكتاب المشارع والمطارحات، به تصحيح و مقدمه هنرى كربن (تهران، ١٣٥٥)، صص ٩١ به بعد.

٧٣٠ شرح شيرازى: ٢٤٧؛ حكمة الاشراق: ٩١؛ شرح شهرزورى: ٢٤٣: ٢١-٢٢

٧٣١ شرح شيرازى: ٢٤٥؛ حكمة الاشراق: ٩١؛ شرح شهرزورى: ٢٤٣: ٢٣

٧٣٢ م؛ ك؛ ن: +وجوده سيما

قوله ، قدّس سرّه : «ثمّ العجب أنّه قال ، اه». ٧٣٣

[أقول]: هذه مؤاخذة لفظية، إذ مقصود هذا القائل وهو بهمنيار

فى «كتاب التحصيل» ٧٣٤ واضح؛ وهو أنّ العلّة الفاعلية كافية فى

وجود المفارقات لعدم افتقارها إلى غير فاعلها، من قابل وغيره، ولا إلى

إمكان سابق على وجودها بخلاف الكائنات؛ فأنّها لنقصان جواهرها

مفتقرة إلى علّة قابلة وامكان سابق واستعداد، فربما انعدمت لانعدام

قابلها ومعدّها مع بقاء علّتها المقتضية ليلزم من ههنا أن إمكان وجودها

يكون منفكّا عن وجودها؛ وليس مراده أن العلّة التامة للاشياء الكائنة

تجوز تخلف معلولها عنها بخلاف لعلّة التامة لغيرها، إذ لا خلاف

لأحد من الحكماء فى أن المعلول يجب ويدوم وجوده ما دامت علّته

التامة موجودة ويمتنع عدمها أو عدم جزء أو شرط منها.

---

٧٣٣ شرح شيرازى : ٢٤٧ ؛ حكمة الاشراق : ٩٢ ؛ شرح شهرزورى : ٢٤٤ : ٣ . متن
حكمة الاشراق : (٩٢) ثمّ من العجب انه قال «ان الكائنات الفاسدات تنعدم مع بقاء
عللها دون المفارقات»، واورد هذا هكذا مطلقا، وذلك محال . فان العلة المركّبة للكائنات
الفاسدات كالعلة فى المفارقات فيما يرجع إلى الوجوب بوجوب العلة . والكائنات
الفاسدات من جملة عللها استعداد محلها وانتفاء ما يوجب بطلانها فلا تنعدم إلّا لانعدام
جزء من العلة . والاصلح له إن كان يذكر، بدل العلة مطلقا، العلة الفياضة من المفارقات،
فان الكائنات تنعدم مع بقاء عللها المفارقة، ولكن انتفائها إنّما يكون لانتفاء بعض الأجزاء
الأخرى للعلة . وكان ينبغى ان يؤوّل الإمكان بالقوة القريبة التى هى الاستعداد القريب لا
أن يجحد اصل الإمكان ولا استحقاق الوجود فى المفارقات، وليس هذا موضع التطويل فيه،
بل الغرض التنبيه على جهة الغلط.

٧٣٤ رك : بهمنيار بن المرزبان « **كتاب التحصيل** »، تصحيح وتعليق مرتضى مطهرى
(تهران : انتشارات دانشكده الهيات ومعارف اسلامى، ١٣٤٩)، ص ٥٣٦ به بعد .

قـولـه، [قـدّس سـرّه]: «وكـان يـنـبـغـى أن يـأوّل الإمـكـان بـالـقـوّة
القريبة، ١ا». ٧٣٥.

[أقول]: اعلم أنّ كثيرا من الناس لمّا توجّه عليهم الاشكال بان
الإمكان لمّا احتاج ثبوته للكائنات الحادثة قبل وجودها أمّا مادّة حاملة
له، لزم أن يكون ثبوته للمبدعات أيضا محتاجا إلى مادّة حاملة إيّاه؛
لأنّه من المراتب السابقة على الوجود ولم يقدروا على دفعه ارتكبوا
القول بأن الإمكان لفظ مشترك بين الإمكان الذى هو قسم للوجوب،
والإمكان الذى هو بمعنى القوّة الاستعدادية المتفاوتة فى القرب والبعد؛
ولم يعلموا أنّ دليلهم على إثبات أن كلّ حادث مسبوق مادّة مبنى
على الإمكان مستعملا فى الحادث بالمعنى الذى قسيم للضرورة
والامتناع، كما يظهر لمن نظر فى صورة ذلك الدليل؛ فيكون إطلاقه
على الكائن والمبدع واحد. فالحقّ أن يقال الإمكان يطلق بمعنى واحد
على الكائن والمبدع، لكن الفرق بين الحوادث والمبدعات فى نحوى
العرضى المختلفين المحوّج أحدهما إلى الحامل غير الماهية، وهو العروض
للموجود بحسب الاعتبار دون كان اعتبارا صادقا لا بتعمّل العقل
فقط. والوجه فيه كما أشرنا إليه أن الموصوف بالإمكان فى المفارقات إنّما
هى ماهياتها بحسب اعتبار العقل لها ماهية غيرالوجود، فيعرض لها
معنى الإمكان. فالإمكان من اوصافها العارضة عند كونها مأخوذة فى

نفسها وكون الماهية مأخوذة مع قطع النظر عن وجودها وعدمها، وإن كان من مراتب وجودها فى نفس الأمر لا بتعمّل العقل لكن اتصافها بالإمكان عند ذلك لا يوجب اتصافها به فى نفس الأمر، لأنّها أوسع من تلك المرتبة؛ والإمكان مفهوم سلبى والاتصاف سبب شىء فى مرتبة الحوادث، فأنّه أمر زائد على نفس الماهية زيادة فى الوجود، لأنّه متعيّن بزمان معيّن ومكان خاص، وغير ذلك من المخصصات. فنقول: أنّ زيدا، مثلا، قبل وجوده ممكن التكوّن من مادّة كذا، فى مكان كذا وعلى مقدار كذا، وصفة كذا، فإمكان وجوده حاله خارجية من قبيل اعدام الملكات المفتقرة إلى حامل وقوّة، كالعمى والمرورة، وغيرهما مما يزاحم الوجود فى مشاركة المادّة واتصاف الاشياء بها خارجيا لا بمجرّد الاعتبار العقلى. فلا محال هذا النحو من الاتصاف بالعدميات المقابلة للوجودات، مما يستلزم تركيبا خارجيا من مادّة سابقة وصورة لاحقة. وأمّا النحو الآخر من الاتصاف بها، وهو ما بحسب حال الماهية دون الوجود؛ فلا يوجب تركيبا فى نفس الأمر، بل فى اعتبار العقل فقط.

قال الشارح، العلامة: «قلنا البدن حيث حصل له المزاج الصالح لتدبير النفس استعدّ لأنّ يكون له كمال، هو جوهر مباين الذات، إلى آخره». ٧٣٦.

أقول: أنّ كون الشىء مستعدا لأن يكون له جوهر مباين الذات عنه

غير معقول؛ فأنّ معنى كون الجسم محلا لامكان وجود السواد، مثلا
هو تهيؤ لوجود السواد فيه حتّى يكون حال وجود السواد مقترنا به،
فالبدن ليس محلا لإمكان حدوث النفس من حيث هى مباينة الذات
له . بل الحقّ أن النفس الإنسانية ذات درجات متفاوتة بحسب الوجود
لها أجزاء ثلثة، بعضها حسّية وبعضها خيالية وبعضها عقلية، ولكلّ
منها قوى وخوادم على سبيل التضعيف . وهذه القوى مع مباديها
متّحد ضربا من الاتّحاد، كما أن أجزاء البدن من العناصر وغيرها يتحد
ضربا من الاتحاد، فيقوّم بعد اتحادها مادّة للنفس؛ ونحن إنّما توصلنا إلى
معرفة النفس وقواها، كما توصلنا إلى إثبات صور العناصر بأنّا رأينا فى
الاجسام افعالا وانفعالات من كيفيات و كميات مع جسميته وهيولى
مشتركة، فعلمنا أنّ صورها صور، وكذلك رأينا افعالا تصدر عن البدن
فأثبتنا بواسطتها أن لها مبادى ثمّ توصّلنا بواسطة تلك المبادى،
وارتباط بعضها بالبعض، إلى مبدء؛ هو مبدء جميع تلك المبادى . ثمّ لا
حكم لنا بواسطة أنّها تدرك المعقولات وأنّها تدرك ذاتها، أنّ لها قوّة
غير بدنية مفارقة ولا حكم لنا بكونها[٧٣٧] مفارقة، مفارقة النفس؛[٧٣٨]
وعرفنا بواسطة مفارقتها كونها باقية . وحيث رأينا هذه الآثار ومباديها
مندرجة فى الحصول، بعضها اوائل فى النشائة الإنسانية وبعضها
ثوانى، حكمنا بأن للنفس تقلّبات فى نشئآت واطوار، بعضها فانية

---

[٧٣٧] ن : كونها

[٧٣٨] ن :- النفس

وبعضها باقية؛ حكمنا بأنّ النفس جسمانية الحدوث عقلانية البقاء. والبرهان قائم على أن مدرك المعقولات حيّ دائم غير قابل للتغيير والفناء. وكلام المحقّق الطوسى فى «شرح الاشارات» أوفق من كلام الشارح، لما نحن بصدده، حيث قال: «ضوعف قدره وإنّما كان البدن مع هيئة مخصوصة موجودة قبل حدوث النفس محلا لامكان وتهيؤ لحدوث صورة الإنسانية تقارنه وتقوّمه نوعا محصلا؛ ولم يكن وجود تلك الصورة ممكنا إلّا مع ما هو مبدأها القريب بالذات، أعنى النفس، فحدثت بحسب استعداده وتهيؤه مبدء الصورة المقارنة المقوّمة إيّاه على وجه كان ذلك المبدء مرتبطا به هذا النوع من الارتباط وزال بذلك الحدوث ذلك الإمكان والتهيّئ عن البدن، إذ زال عنه ما كان البدن معه محلا يحتاج إلى حدوث النفس، أعنى الهيئة المخصوصة. فبقى البدن محلا لإمكان فساد الصورة المفارقة، به وزوال ذلك الارتباط عنه فقط؛ وامتنع أن يكون محلا لفساد ذلك المبدء، من حيث هو ذات مباين عنه؛ فإذا البدن مع هيئته مخصوصة شرط فى حدوث النفس، من حيث هى صورة أو مبدء صورة لا من حيث هى موجود مجرد، وليس بشرط فى وجودها، والشئ إذا حدث فلا يفسد بفساد ما هو شرط فى حدوثه، كالبيت فأنه يبقى بعد موت[739] البنّاء الذى كان شرطها فى حدوثه. فان قيل: لم اوجب استيجاب البدن لحدوث صورة ما حدوث مبداء لتلك الصورة، ولم يوجب استيجابه لفساد تلك الصورة فساد

---

[739] ن: - فى . . . موت

مبدئه ذلك، وما الفرق بين الأمرين. قلنا: لأنّ ما يقتضى حدوث معلول فإنّما يقتضى وجود جميع علل ذلك المعلول فشرائطها؛ وما يقتضى فساد العلل بل يكفيه فساد شرط مّا، ولو كان عدميا، إنتهى كلامه [المحقّق الطوسى]». [٧٤٠]

والحاصل أنّ البدن باستعداده يستدعى بالذات صورة مقارنة أو قوّة، وبالعرض صورة مجردة لكونها من مبادى تلك الصُّور؛ ففاض من المبداء الفيّاض وجودهما جميعا. وإذا أبطل استعداده زالت عنه الأولى، زال بزوالها عنه وجودها فى نفسها لكون وجودها فى نفسها هو وجود للبدن، وزالت عنه الثانية ولم يزل بزوالها عنه وجودها فى نفسها لأنّ وجودها فى نفسها غير وجودها المرتبط للبدن. واعلم أن هذا المبحث لا ينتقح كلّ التنقّح إلاّ بعد تحقيق الاتّحاد بين العقل والمعقول، كما هو رأى بعض الأقدمين والناس عنه فى حجاب وغفلة.

قوله، قدّس سرّه: «قولهم: أن الوحدة فى واجب الوجود سلبية، [٧٤١]».

---

[٧٤٠] رك: نصير الدين الطوسى «شرح الاشارات» در «كتاب الاشارات والتنبيهات»، تصحيح سليمان دنيا (قاهره: دار المعارف، ١٩٦٠)، صص ٦٩٤ الى ٧٠٠.

[٧٤١] شرح شيرازى: ٢٥٠؛ حكمة الاشراق: ٩٣؛ شرح شهرزورى: ٢٤٤: ١٣–١٤. متن حكمة الاشراق: (٩٣) ومن جملة المراوغات فى دفع الاشكال قولهم «ان الوحدة فى واجب الوجود سلبية معناه أنّه لا ينقسم، وفى غيره ايجابية وهى مبدأ العدد، والعدد شئ وجودى وكذا مبدأه». ولقائل أن يقول: «ان هذه الوحدة التى هى مبدأ العدد يوصف بها ايضا واجب الوجود، فانّا نقول القيّوم واحد، وثانيه العقل الأوّل، وثالثه كذا، ورابعه كذا.

[أقول]: الوحدة، والوجود، والتعيّن، وما يجرى مجراها، يطلق بالاشتراك على معنيين: أحدهما عقلى انتزاعى نسبى؛ والثانى منشاء ذلك ومصداقه. فالوحدة بالمعنى الانتزاعى النسبى عبارة عن كون الشىء لا ينقسم، فالسلب داخل فى مفهومه. ومنشاء هذا الكون فى بعض الاشياء نفس ذاته بذاته، من غير صفة؛ وفى بعض آخر صفة أخرى عارضة عليه، أو داخلة فيه. فالأوّل، كـ«واجب الوجود»، وما يتلوه من المفارقات؛ والثانى، كـ«الهيولى» باعتبار وحدته الاتصالية القارة والحركة باعتبار وحدته الزمانية الغير القارة؛ والثالث، كـ«الاجسام الطبيعية» من جهة اتصالها الجرمى وهو جزئها؛ والرابع، كـ«الصورة النوعية» والقوى لاتصال موضوعها. فالاشكال المذكور أن ماجرى فى الوحدة العامة بالمعنى السلبى النسبى؛ كان الجواب أن صدق السلوب عن الاشياء غير محتاج إلى علّة مخصّصة زائدة على ذوات تلك الاشياء، فيكفى فى صدقها عدم علّة ذلك الشىء الذى يكون السلب مضافا إليه، كالكثرة فيما نحن فيه؛ وإن أجرى فى المعنى الذى باعتباره يكون الشىء غير منقسم ولا متكثّر. فيجاب بأن وحدة البارى ليست صفة زائدة على ذاته مشتركة بينه وبين سائر الاشياء، حتّى يرد السؤال فى سبب مخصصة بواجب الوجود، بل الزائد عليه

فقد وصفناه بالوحدة التى هى مبدأ العدد، إذا أخذناه مع اعداد الوجود، فانّه واحد منها». فلم ينفع ذلك الاعتذار وتغيير الاصطلاح، بل الحقّ انّ الوحدة صفة عقلية لا غير كما ذكرنا.

هو مجرّد السلب المذكور، أعنى سلب الكثرة ونفى الانقسام. وقولهم:
وحدة الواجب تعالى ليست مبداء العدد والوحدة فى غيره مبدء
العدد، كلام صحيح. فأنّ العدد لا شكّ أنّها من الموجودات الخارجية،
أو يصدق حدّه ومعناه على اشياء كثيرة فى الخارج، وهو أيضا من
مقولة الكمّ التى هى من اجناس العرض؛ والعرض والجوهر قسمان من
الوجود؛ وله أيضا انواع مختلفة الآثار والخواص. وهذا كلّه دلائل على
وجوده فى الخارج ولا معنى لتركيب أمر محصّل فى الخارج من سلوب
مجردة؛ فالكثرة العارضة للاجسام المقسومة بالذراعات والاشبار
وغيرها سواء كانت من اسباب الفكّ والقطع، أو من اختلاف الاعراض
أو بحسب الوهم مبدائها وحدات اتّصالية جسمية أو سطحية أو خطية
متماثلة كلّها؛ وبالجملة يتصوّر فى المادّيات كثرة وجودية من وحدات
هى كلّها من نوع واحد ومعلوم[٧٤٢] أنّ وحدة البارى، بالمعنى الوجودى
الذى هو عين ذاته، لا مثل له ولا شبه، فلا ثانى له من نوعه؛ إذ لا نوع
له أصلا، لأنّه صرف الوجود من غير ماهية، فوحدته لا تكون مبدء
الكثرة بالتكرار، وإن كان هو بذاته معطى كلّ وحدة وكثرة وعدد
ومعدود.

قوله، [قدّس سرّه]: فإنّا نقول القيّوم واحد وثانيه العقل

---

٧٤٢ ك؛ م؛ ن: معلول؛ شرح شيرازى: ٢٥٠: معلوم

[الأوّل]، ١٥١».[٧٤٣]

[أقول]: هذا القول غير صحيح؛ إلّا على مسلك التجوّز، أو بحسب تكرّر مفهوم اعتبارى عقلى يعتبره العقل عارضا للواجب تعالى، وغيره من الممكنات عروضا متشابها غير [مختلف][٧٤٤] كالموجود والشىء والممكن العام، ونظائرها بحسب مفهوماتها العامية، لا بحسب حقائقها الوجودية، فيرتسم فى العقل من تكرّر شىء من هذه المفهومات بحسب اسنادها إلى الموضوعات صورة عددية، ولكن لو تيسّر لأحد أن ينظر إلى حقيقة[٧٤٥] القيّوم المقوّم لكلّ ما سواه، وشاهد بنور بصيرته بأنّ نوره فى نور[٧٤٦] كلّ شىء يعلم يقينا[٧٤٧] شهوديا أن لا ثانى له فى الوجود؛ هذا على طريقة أهل الكشف والحكمة الخاصّة، وكذلك الحال على طريقة أهل النظر والحكمة العامّة فى نفى كون وحدته مبدء العدد المتألّف من الوحدات بخلاف غيره مما يتكرر امثاله فى نوعه بحسب الذات. وهذا هو الذى راموه بقولهم: أنّ وحدة الحقّ ليست مبداء العدد. وأمّا الذى حصل من تكرّر معنى

---

[٧٤٣] شرح شيرازى: ٢٥٠؛ حكمة الاشراق: ٩٣؛ شرح شهرزورى: ٢٤٤:١٦

[٧٤٤] ن: -مختلف؛ ك؛ م؛ شرح شيرازى: + مختلف

[٧٤٥] م: + الحق

[٧٤٦] م: سيران نوره

[٧٤٧] ن: والعلم

سلبى أو اضافى مشترك بين البارى وغيره من الممكنات فى فرض العقل، كالمفهومات الشاملة، فلم ينكره أحد .

قـولـه ، [قـدّس سـرّه]: «بـل الحـقّ الوحـدة صـفـة عـقـليـة لا غـيـر ، ٧٤٨ ١٥».

[أقول]: فيه نظر؛ إذ قد علمت أنّ للوحدة والوجود والتشخّص والهوية والحقيقة، وغيرها، كما أنّ لها مفهومات عقلية نسبية فلها أيضا حقائق خارجية؛ وكذلك العلم ٧٤٩ والقدرة والارادة والايجاد، وامثالها من احوال الموجود، بما هو موجود . فالسؤال المذكور أن أورد، وأُخرى فى الحقيقيات منها لم ينجح هذا الجواب، بل لا بدّ من جواب آخر؛ وهو أن خصوصيات هذه المعانى مختلفة متفاوتة بالشدّة والضـعـف والوجـوب والإمكان والذاتيـة والعـرضيـة . فـالعـلم، مثلا،كالوجود له مفهوم واحد . لكن علم الواجب واجب، وعلم العقول بذواتها جواهر مجردة مختلفة الحقائق، وعلم النفس بغيرها عرض؛ وكذلك حكم القدرة، فأنّها فى الحيوان عرض وكيفية نفسانية، وفى الجواهر العقلية نفس ذواتها الجوهرية، أعنى وجود ذاتها، وفى البارى، جلّ ذكره، نفس حقيقته الواجبة.

٧٤٨ شرح شيرازى: ٢٥٠؛ حكمة الاشراق: ٩٣؛ شرح شهرزورى: ٢٤٤: ١٨-١٩

٧٤٩ ن: –العلم؛ شرح شيرازى: +العلم

[حكومة: فى المُثُل الأفلاطونية] ⁷⁵⁰

قـوله، [قـدّس سـرّه]: «قـول المشـائين فى إبطال مُـثُل أفـلاطون،
الخ» ⁷⁵¹.

[أقول]: قد ورد عن أفلاطون الالهى، موافقا لرأى معلمه سقراط،
أن للموجودات الطبيعية صُورا مجردة موجودة فى عالم الابداع؛ وربما
يسمّيها «المُثُل الأفلاطونية» وأنّها غير كائنة ولا دائرة ولا بايدة، ولكنّها
باقية أبد الدهر؛ وأنّ الذى يدثّر ويبيد انّما هى الصورة المتجدّدة المادّية.
ولمّا كان هذا الرأى مخالفا لظواهر قوانين الحكماء ومشهورات اقاويلهم
من كون الحيوانات اللحمية والاجسام المعدنية والنباتية مع قواها

---

⁷⁵⁰ شرح شيرازى: ٢٥١؛ حكمة الاشراق: ٩٤ إلى ٩٦؛ شرح شهرزورى: ٢٤٧:
١٦ به بعد.

⁷⁵¹ شرح شيرازى: ٢٥١؛ حكمة الاشراق: ٩٤؛ شرح شهرزورى: ٢٤٧: ١٧-١٨.
متن حكمة الاشراق: (٩٤) ومن الغلط الواقع بسبب أخذ مثال الشىء مكانه قول المشائين
فى ابطال مُثُل أفلاطون: «انّ الصورة الإنسانية والفرسية والمائية والنارية لو كانت قائمة
بذاتها لما تصوّر حلّول شىء مما يشاركها فى الحقيقة فى المحل. فإذا افتقر شىء من جزئياتها إلى
المحل، فللحقيقة نفسها استدعاء المحل، فلا يستغنى شىء منها عن المحل»، فيقول لهم قائل:
«ألستم اعترفتم بان صورة الجوهر تحصّل فى الذهن وهى عرض حتى قلتم أن الشىء له وجود
فى الاعيان ووجود فى الاذهان؟ فإذا جاز أن تحصّل حقيقة الجوهرية فى الذهن وهى عرض،
جاز أن تكون فى عالم العقل الماهيات القائمة بذاتها، ولها اصنام فى هذا العالم لا تقوم
بذاتها، فأنّها كمال لغيرها، وليس لها كمال الماهيات العقلية كما أن مُثُل الماهيات الخارجة
عن الذهن من الجواهر تحصّل فى الذهن فلا تكون قائمة بذاتها، لانّها كمال او صفة للذهن
وليس لها من الاستقلال ما للماهيات الخارجة حتّى تقوم بذاتها.» فلا يلزم أن يطرد حكم
الشىء فى مثاله.

ولوازمها موجودة فى عالم المفارقات المحضة اوّلوا كلام أفلاطون بوجوه من التأويل؛ ولهم فى تفسير كلامه وتأويله مسالك:

الأوّل؛ ما ذكره المعلم الثانى ابو نصر الفارابى فى مقالته المسمّى «بالجمع بين الرائيى [الحكيمين]»،[٧٥٢] وهو أنّ مراده [أفلاطون] من المُثُل هى الصورة العلمية القائلة بذاته تعالى، علما حصوليا زائدة على ذاته تعالى قائمة به قيام الاعراض بموضوعها، لأنّها باقية غير دائرة ولا متغيرة وإن تغيّرت وزالت الاشخاص الزمانية والمكانية.

والثانى؛ ما فسّر الشيخ الرئيس كلامه به وشنع عليه حيث قال فى «الهيات الشفاء»: ظنّ قوم أن القسمة توجب وجود شيئين فى كلّ شىء، كإنسانين فى معنى الإنسانية: إنسان فاسد محسوس، وإنسان معقول مفارق أبدى لا يتغيّر. وجعلوا لكلّ واحد [من] هما وجودا فسمّوا الوجود المفارق وجودا مثاليا، وجعلوا لكلّ واحد من الأمور الطبيعية صورا مفارقة، وإيّاها يتلقّى العقل، إذا كان المعقول شيئا لا يفسد وكلّ محسوس من هذه فاسد، وجعلوا العلوم والبراهين تنحو نحو هذه، وإيّاها يتناول، وكان المعروف بأفلاطون ومعلمه سقراط يفرطان فى هذا القول، إنتهى [كلام ابن سينا].[٧٥٣]

---

[٧٥٢] كتاب «الجمع بين رائيى الحكيمين»، أثر پرارزش فلسفى ابو نصر فارابى، در حاشيه شرح شيرازى: صص ٥٣٧ إلى ٥٦١، چاپ شده است.

[٧٥٣] رك: ابو على سينا «الشفاء: الالهيات»، تصحيح قنواتى (قاهره، ١٩٦٠)؛ نيز چاپ سنگى كتاب مذكور همراه با حواشى صدر المتالهين (تهران: افست قطع رحلى، ب.ت.).

وهذا [الرأى الثانى] أصدق التفاسير لكلّ منهما، وأطبق لما حكى عنهما. لكن الذى ذكره الشيخ فى علّة هذا الرأى، ومنشائه من اشياء خمسة جعلها اسباب الغلط فى هذا القول المنسوب إلى مثل اولئك الاساطين فى غاية البعد ذهولهم عنه؛ إذ قد ذكر بعد حكاية هذا القول بمذهب الصُور ومذهب التعليميات، قوله: وأنت إذا فكرت وجدت اصول اسباب الغلط فى جميع ما قيل فيه هؤلاء القوم خمسة، وفصّل القول فى بيانها. وحاصل ما ذكره فى اوّل تلك الاسباب، أن القائلين بالصور والتعليميات لم يفرقوا بين أن يكون الشىء مجرّدا عن قرينة او غيرها ماخوذ مع قرينة فى العقل، وبالجملة بين الماهية بشرط عدم شىء أو لا بشرط شىء؛ فى الثانى، أنّهم ولم يفرّقوا بين الوحدة النوعية والوحدة العددية الشخصية. وفى الثالث، أنّه اشتبه عليهم مباينه الشىء للشىء، بحسب نفس الماهية والحدّ بمباينة عن ذلك الشىء بحسب الهوية والوجود؛ وفى الرابع ظنّهم إذا قلنا أنّ الإنسانية توجد دائما باقية، كان كقولنا: إنسانية واحدة توجد دائما؛ وفى الخامس أن أمورا مادّية إذا كانت معلولة بحسب أن يكون عللها من نوعها.

الوجه الثالث أن الصور المنسوبة إلى أفلاطون عبارة عما فى عالم المثال، من الاشباح المقدارية البرزخية، وهو عالم متوسّط بين عالم الماديات وعالم المفارقات كما سيجئ بيانه فى هذا الكتاب.

الوجه الرابع: أن مراده أن لكلّ نوع طبيعى ربّاً فى عالم العقول الصرفة، أى جاعلا لها قاهرا ذا عناية بها، وهى العقول العَرضية التى

هى مبادى الاجسام، لكون كلّ منها فى آخر سلسلة طولية من العقول العالية، وهى كثيرة العدد جدا حسب تكثر الانواع الجسمانية . فيكون لكلّ نوع من انواع الجسمانيات مثالا مناسبا له قائما بذاته، لا أن يكون مثلا له فى الماهية النوعية . وكلام المصنّف، قدّس سرّه، تارة يضرب إلى أنّها امثله مناسبة لهذه الانواع لا أنّها امثال لها، حيث يقول: «**وليس من شرط المثال المماثلة من جميع الوجوه**»؛[٧٥٤] وتارة يشير إلى أنّها من افرادها المماثلة؛ إيّاها فى تمام الماهية، حيث يجيب عما يردّ على القول بالمماثلة فى تمام الماهية .

فهذه هى الوجوه التى ذكروها فى تفسير ما قاله أفلاطون ومَن وافقه . واعلم أن إثبات هذه الصُور الأفلاطونية من غوامض المسائل الإلهية التى لا يعرفها إلّا مَن له قدم راسخ فى الحكمتين البـرهانية والكشفية . ولا أعرف أحدا فى وجه الأرض فى هذا الزمان، ولا فى الاعصار المتقادمة، خلا عهد السابقين الأوّلين مَن له اطلاع على كنه هذه المسئلة . وليس مراد أفلاطون من هذه الصُور هى الاعراض القائمة بذاته تعالى، كما زعمه الفارابى، ولا أيضا الاشباح المثالية المقدارية التى بعضها نورانية وبعضها ظلمانية موجودة فى العالم المثالى البرزخى

---

[٧٥٤] **حكمة الاشراق**: ١٦٨؛ شرح شهرزورى: ٣٨٦: ٢١ الى ١ ٣٨٧ . متن حكمة الاشراق: (١٦٨) ولا تظنّ بأنّهم مركّبة حتّى يقال أنّه يلزم ان ينحل وقتا مّا، بل هى ذوات نورية . وإن لم يكن يتصوّر اصناما إلّا مركّبة . وليس من شرط المثال المماثلة من جميع الوجوه، الى آخره .

بين المجرّد المادى، كما توهّمه طائفة؛ ولا الباعث له على إثباتها هو
الذى ذكره الشيخ فى «الشفاء»، لأنّ جلالة قدرة أعظم من أن يشتبه
عليه وعلى مَن هو فى طبقة التفرقة بين هذه الاعتبارات العقلية
والحيثيات الذهنية . كيف؟ والماهية الكلّية، بما هو كلّية، غير موجودة
فى الخارج إلّا بتبعيتة فرد من افرادها، على أنّ ما ذكره من اسباب القول
بالمُثُل ونسبه أفلاطون لو كان حقّا يلزم عليه أن إسناد هذه الأمور
الشنيعة، أعنى عدم التفرقة بين احوال الماهية واحوال الوجود، وعدم
التفرقة بين الوحدة الحدّية النوعية والوحدة العددية الشخصية، وما
يجرى مجرى هذين الأمرين إلى المعلم الأوّل ارسطاطاليس أيضا، وذلك
لأنّ كتابه المعروف بـ «اثولوجيا»[755] مشحون بذكر هذه الصُور، وإثباتها
على وجه لا يشكّ كلّ من طالعها، فى أن رايه موافق رأى استاذه فى
أمر تلك الصور؛ وسننقل كلامه فى هذا الباب، وهو اجلّ قدرا عنده
وعند غيره من أن ينسب إليه مثل هذه الاغلاط[756] العقلية، ومَن نسبه
القصور والنقص إليه فى هذه الصناعة الحكمية، فعلم أن لهذه المسئلة
شأنا عظيما ذهل عنه جمهور المنسوبين إلى الحكمة . فانظر إلى مرتبة
هذه الامّة المرحومة حيث أن بعض فقراء آل محمّد ﷺ، عرف مسئلة

---

[755] رك : «كتاب اثولوجيا»، تصحيح فريدريخ ديتريصى (برلين، ١٨٨٢)؛ اين كتاب
در حاشيه چاپ سنگى «قبسات» مير داماد (تهران ١٣١٥ق) نيز چاث شده؛ نيز رك :
«اثولوجيا» دركتاب «افلوطين عند العرب»، تصحيح عبد الرحمن بدى (كويت،
١٩٧٧).

[756] ن : ‑اغلاط

عجز عن دركها رؤس الحكمة اليونانية ومعلموهم؛ وسيأتى عليك بيانها على وجه يظهر لك بعض شأنها، انشاء الله تعالى .

قوله ، [قدّس سرّه]: «فهو أنّ الصُور الإنسانية والفرسية والمائية والنارية لوكانت قائمة بذاتها، اه»[757].

[أقول]: هذا ممّا يدلّ على أن الذى فهموه من مذهب أفلاطون فى باب المُثُل، أنّ تلك الصُور المجرّدة العقلية الدائمة هى من نوع هذه الصور المادّية الكائنة الفاسدة، وهذا هو الذى رائه أفلاطون وشيعته من القول بالمُثُل، لا غير. ثمّ الذى اشتهر بين الجمهور أن رأى فيلسوف ارسطاطاليس يخالف رأى استاذيه أفلاطون وسقراط، وغيرهما، فى إثبات هذه المُثُل العقلية منشائه أمران: الأوّل، أنّهم زعموا لقصور نظرهم عن درك هذه المسئلة؛ وأنّ القول بها شنيع، فكيف ينسب إلى المعلم الأوّل، وكأنّهم لم ينظروا إلى كتاب «اثولوجيا»[758] كيف صرّح القول به على وجه لايمكن تأويله. الثانى، أنّهم رأوا ظاهر كلام المعلم الأوّل قادحا عليه حيث أخذ يتكلّم فى بيان ما يلزم القول بالمُثُل فى ظاهر الأمر عند جمهور أهل النظر، من أنّه يلزم أن يكون فى عالم

---

[757] شرح شيرازى: ٢٥٢؛ حكمة الاشراق: ٩٤؛ شرح شهرزورى: ٢٤٧: ١٩-٢٠.

[758] رك: «كتاب اثولوجيا»، تصحيح فريدريخ ديتريصى (برلين، ١٨٨٢)؛ اين كتاب در حاشيه چاپ سنگى «قبسات» مير داماد (تهران ١٣١٥ق) نيز چاث شده؛ نيز رك: «اثولوجيا» دركتاب «افلوطين عند العرب»، تصحيح عبد الرحمن بدى (كويت، ١٩٧٧).

العقل خطوط وسطوح وابعاد وافلاك وعناصر، ثمّ يوجد حركات تلك الافلاك والادوار، وأنّ يوجد هناك نغمات واصوات مؤتلفة وعلوم، مثل الطب والهندسة وعلم الالحان، ومقادير مستقيمة وأُخرى معوّجة، واشياء باردة واشياء حارّة، وكيفية فاعلة وكيفية منفعلة، وكلّيات وجزئيّات ومواد وصور وشناعات آخر، كـما نقله الفارابى عن الفيلسوف فى مقالته؛ وذلك بناء على مصلحة رأها، أو قاعدة رعاها فى باب التعليم؛ لأنّ مَن دأب الحكيم أن يتكلّم مع كلّ أحـد علـى مقدار سعة فهمه وطاقة إدراكه لقوله ﷺ: « كلّموا الناس على قدر عقولهم ».

قـوله، [قدّس سـرّه]: «فإذا جـاز أن تحـصّل حقيقـة الجـوهر فى الذهن وهى عـرض جـاز أن تكون فى العالم العقلى الماهيات قائمة بذاتها، ١ا». ٧٥٩.

[أقول]: لا يخفى عليك مما مرّ ذكره مرادا أنّ الماهية فى نفسها لا يختلف حالها فى الجوهرية والعرضية، بحسب الذهن والخارج. وإنّما القيام بالموضوع وعدم القيام صفة الوجود والمصنّف غير قائل بالوجود وكونه متحقّقا فى الخارج. فعلى مذهبه لا معنى لكون الماهيات قائمة بذواتها. لأنّها معان ومفهومات، وهى، من حيث هى هى، ليست مما يقوّم بذواتها ولا بغيرها. إذ القيام بالذات والقيام بالغير ليس إلاّ نحوين

---

٧٥٩ شرح شيرازى: ٢٥٢؛ حكمة الاشراق: ٩٤؛ شرح شهرزورى: ٢٤٨: ١ - ٢

من الوجود. وماهية الجوهر جوهر، بمعنى أنّها ماهية شىء وجوده فى الاعيان، ليس فى موضوع، أى أنّ هذه الماهية معقولة عن أمر وجوده فى الاعيان أن لا يكون فى موضوع. هذا حدّ ماهية الجوهر، وهذا الحدّ لا يختلّ ولا يختلف بكون هذه الماهية فى الذهن ليست بهذه الصفة. كما أنّ ماهية الحركة هى أنّها كمال ما بالقوّة، من حيث هو بالقوّة؛ وماهية الزمان هى أنّها مقدار أمر غير قار وجوده على سبيل التدريج، وليست فى العقل شىء يصدق عليه أنّه حركة أو زمان، إلّا معان معقولة عن اشياء وجودها كذا وكذا. وبالجملة نفس الماهية لا يختلف بالقيام وعدم القيام، ولا بالكمال والنقص، والقوّة والضعف؛ لأنّ التفاوت فى نفس معنى واحد غير متصوّر، بل فى انحاء حصولاتها وتعيّناتها الشخصية لا يمكن أن يكون بنفس الماهية؛ لأنّ كلّ ماهية هى كلّية كذا أن ضمّت إليه ماهية آخر، إلّا أن يعبّر معها هوية متشخّصة بذاتها، وهى الوجود. فالذى ينبغى أن يقال فى جواب من تناقض مذهب أفلاطون فى الصُور المفارقة، بأنّ شخصه [و] ماهيته واحدة، لا يختلف بالافتقار إلى المحل والاستغناء عنه هو أنّه، كما جاز أن يكون لماهية واحدة انحاء من الكون وافراد من التشخّص والهوية، بعضها أقوى وأشدّ من بعض فى الوجود والهوية وأكثر منه فى الآثار المترتّبة على تلك الحقيقة، كالإنسانية والفرسية، وغيرها. فليجز أن يكون لكلّ منها نحو من الوجود يكون فى الكمالية بحيث لا يفتقر إلى موضوع. إذ الأصل فى كلّ شىء هو وجوده، والماهية بمنزلة معنى

لازم للوجود يكون مصداقه نفس ذلك الوجود؛ ويجوز أن يكون الملزومات مختلفة فى الكمال والنقص لازم واحد . وسيجئ ما يشدّ به بنيان هذا المطلب .

قوله ، [قدّس سرّه] : «فلا يلزم أن يطّرد حكم الشىء فى مثاله ، ٧٦٠.» ٥١

[أقول] : ظاهر هذا الكلام يدلّ على أن الصورة الذهنية عند المصنّف شبح ومثال للصورة الخارجية، وعلى أن الصورة المفارقة أيضا مثال للنوع الجسمانى . والحقّ أن الماهية واحدة فى الصورة الذهنية والعين الخارجى، بينهما مماثلة بحسب الحدّ والمعنى . وأمّا بحسب الوجود، فلا مماثلة بينهما. بل الوجود الذهنى مثال وشبح للعين الخارجى . وكذا الحال بين الصورة المجردة والصورة الجسمانية فى أنّ الماهية بينهما متماثلة، والوجود مختلف بالأصالة والظلّية . وهذا غير مطابق لما ذهب إليه المصنّف من نفى تحقّق الوجود. فإن قلت : كيف يكون ماهية الجوهر الجسمانى، كالنبات والحيوان، متّحدة مع ماهية الجوهر المجرّد العقلى، وهى بسيطة، وهذه مركّبة من أمور مختلفة ومادّة وصورة؟ قلتُ : التحقيق أن حقيقة كلّ شىء وماهيته هى صورته التى هى مبداء فصله الأخير. وأمّا المادّة المخصوصة ولواحقها، فهى إنّما يحتاج إليها فى وجود الصورة لضعف جوهرها، لو أمكن وجود صورة

هذه النار التى فى هذا العالم من غير مادّة وجسمية، لكانت تلك
الصورة هى بعينها ما زاد لا يعوزها[٧٦١] شىء من الحقيقة النارية، والمادّة
حاملة لوجود ماهيتها، وكذا مادّة كلّ شىء. وأمّا دخول المادّة، أو ما
ينتزع منها فى حدود الانواع الجسمانية، فهى من باب الضرورة
والتوسع. فان الناطق والحسّاس والنامى وقابل الابعاد، وغيرها، لا يمكن
تعريفها إلّا بلوازمها وآثارها، لأنّ مبادى هذه الفصول قوى بسيطة،
فعّالة أو منفعلة، ولا يمكن لأحد تعريف قوّة بسيطة لغيره إلّا بذكر
آثارها ولوازمها الخاصّة وافاعيلها، وشىء منها لا يوجد من هذه القوى
إلّا بمشاركة المادّة واوضاعها. ولهذا يضطرّ الإنسان أن يذكر فى تعريف
الصورة الحوانية والحسّ والحركة والنموّ والجسمية، لا لأنّها داخلة فى
الصورة الحيوانية، بل لأنّها لوازمها وآثارها الموجودة لها فى هذا
العالم.[٧٦٢] وكذا الكلام فى قواها النباتية والطبيعية التى توجد فى
غيرها من الانواع النازلة صورة كمالية منوّعة له. وأمّا فى العالم الاعلى
العقلى، فلا يكون حيوانية كهذا للحيوان، مركّبا من اجزاء متباينة
الاوضاع، بل هو هناك صورة بسيطة عقلية يوجد لها هذه المعانى على
وجه أعلى وأشرف؛ فلها حس عقلى وسمع عقلى وذوق وشم ولمس،
لا يشبه هذا الذوق والشم والحس، لأنّها عقلية وهذه جسمية، وهى
كلّها مجتمعة فى عين واحدة، وهذه متفرقة فى اوضاع مختلفة. أقول:

---

[٧٦١] م؛ شرح شيرازى: يعوز، ص ٢٥٢

[٧٦٢] ن: -لها فى هذا العالم

وههنا اشكالات أُخرى ذكرها المعلم الأوّل وأجاب عنها، رأيت أن أذكر عدّة منها تأنيسا للقلوب قبل إقامة البرهان على هذا المطلوب الأوّل، إن كان فى العالم الاعلى نبات، فكيف هو هناك وإن كان؟ ثمّ نار وأرض، فكيف هما هناك فأنّه لايخلو من أن يكون هما هناك، أمّا حيّتين أو ميّتين؟ فان كانتا ميّتين مثل ما ههنا، فما الحاجة إليها هناك؛ وإن كانتا حيّتين، فكيف يحييان هناك؟ فأجاب بقوله: أمّا النبات فقدّر أن تقول أنّه هناك حىّ، وذلك لأنّ فى النبات كلمة فاعلة محمولة على حيوة، فهى لا محالة نفس؛ وأُخرى أن يكون هذه الكلمة فى النبات الذى فى العالم الاعلى، وهو «النبات الأوّل»، إلّا أن تلك الكلمة واحدة كلّية وهذه كثيرة متعلقات جزئية، فهو النبات الأوّل الحقّ، والذى دونه نبات ثان وثالث لأنّه صنم لذلك النبات، وإنّما يحيى هذا إنّما يفيض عليه ذلك من حيوته. فأمّا هذه الأرض، فلها أيضا حيوة مّا وكلمة فعّالة، كما وقع فى الإشارة إليه. فإن كانت هى الأرض الحسية التى هى صنم حيّة، فبالحَرّى أن يكون تلك الأرض العقلية حيوة أيضا، وهى «الأرض الأولى»، وأن يكون هذه أرض ثانية لها شبيهة بها الثانى لم كانت هذه الحيوانات الغير الناطقة هناك، فإن كانت كريمة فما هناك أكرم جوهرا وأشرف. فأجاب بما حاصله: أن العلّة فى ذلك أن البارى واحد فقط، من جميع الجهات. وابدع العالم واحدا أيضا؛ ولا بدّ أن يكون فى وحدته كثرة، وإلّا لكان المبدع المبتدع شيئا واحدا؛ والوحدة هى التمامية، والكثرة هى النقص، فالمعلول المفضول عليه له كثرة واقلّها

الاثنينية، وكلّ واحد من ذينك الاثنين يتكثّر أيضا، وفيهما عقل وحيوة وحركة وسكون، كأنّه أراد بالعقل والحيوة: الماهية والوجود؛ وبالحركة والسكون: الإمكان والوجوب، غير أن ذلك العقل ليس هو لعقل واحد منفرد، لكنه عقل فيه جميع العقول وكلّها منه وكلّ واحد من العقول، فهو كثير على قدر كثرة العقول وأكثر منها. فقد بان أنّه لم يكن العالم الاعلى ذا صور كثيرة، وإن كانت الحيوانات كلّها فيه. أقول: مراده أنّ هذه الحيوانات يجب أن تكون صورها معقولة للمبادى العالية موجودة فى العالم الاعلى؛ والوجود هناك وجود صورى عقلى، واتمّ فى التجوهر من هذه الوجودات الحسّية المادّية. وفى كلامه المنقولة فوائد أُخرى، ليس ههنا موضع شرحه. الثالث: قد يجوز لجاعل أن يجعل الحيوانات الكريمة فى العالم الكريم. فأمّا الحويانات الدنيّة، فلن يجوز أن يقول قائل أنّها هناك. فأجاب عنه بمثال واحد: فقال أن الإنسان الذى فى العالم الأسفل ليس كالانسان الذى فى العالم الأعلى . فإن كان هذا الإنسان ليس مثل ذلك الإنسان، فلم يكن سائر الحيوانات التى هناك مثل هذه، بل تلك أكرم وأفضل. الرابع: ما بال الناطق العالى إذا كان هناك[٧٦٣] روّى وفكّر، وسائر الحيوانات لا يروى ولا يفكر إذا صار ههنا، وهى كلّها هناك عقول. أجاب: بأنّ العقل يختلف؛ فأنّ العقل الذى فى الإنسان غير العقل الذى فى سائر الحيوانات، فان كان العقل

---

[٧٦٣] شرح شيرازى: هنا

فى الحيوانات العالية مختلفة؛ فلا محالة أنّ الروية والفكرة فيها مختلفة. وقد نجد فى سائر الحيوانات اعمالا ذهنية. الخامس: إن كانت اعمال الحيوانات ذهنية، فلم تكن اعمالها كلّها بالسواء؛ وإن كان النطق علّة للروية ههنا، فلم يكن الناس سواء بالروية، لكن روية كلّ واحد منهم غير روية صاحبه. فاجاب بان: اختلاف الحيوة والعقول إنّما هى لاختلاف حركات الحيوة والعقل، فكذلك كانت حيوانات مختلفه، وعقول مختلفه، إلّا أن بعضها أنور وأظهر من بعض. وذلك لأنّ من العقول ما هو قريب من العقول الأولى فذلك صار أشدّ نورا من بعض، ومنها ما هو ثان وثالث. فكذلك صار بعض العقول التى ههنا الهية، وبعضها ناطقية، وبعضها غير ناطقة لبعدها من تلك العقول الشريفة. وأمّا هناك، فكلها ذو عقل؛ فكذلك صار الفرس عقلا وعقل الفرس فرس، ولا يمكن يكون الذى يعقل الفرس إنّما هو عاقل الإنسان؛ فأنّ ذلك محال فى العقول الأولى. فالعقل الأوّل، إذا عقل شيئا، كان هو وما عقله شيئا واحدا.[٧٦٤] فالعقل الأوّل لا يعقل شيئا لا عقل له، بل يعقله عقلا نوعيا وحياة شخصية، وكانت الحياة الشخصية ليست بعادمة للحياة المرسلة.[٧٦٥] فكذا العقل الشخصى ليس بعادم للعقل

---

[٧٦٤] از اهم مسائل فلسفى؛ اين عبارت عينا به يونانى در كتاب «ما بعد الطبيه» ارسطو آمده: νόησις νοήσεως νόησις. رك: Metaphysics, XII, 7, 1072[b].

[٧٦٥] ن:- بل يعقله عقلا نوعيا وحياة شخصية، وكانت الحياة الشخصية ليست بعادمة للحياة المرسلة.

المرسل. فإذا كان هذا هكذا، فالعقل الكائن فى بضّ[٧٦٦] الحيوان ليس هو بعادم للعقل الأوّل، وكلّ جزء من أجزاء العقل هو كلّ يتجزّى به عقل. فالعقل للشىء الذى له هو عقله هو الاشياء كلها بالقوّة؛ فإذا صار بالفعل صار خاصّا وأخيرا بالفعل، وإذ صار أخيرا بالفعل صار فرسا أو شيئا آخر من الحيوان. وكلّما سلكت الحيوة إلى أسفل صار حيّا دنيّا خسيسا. وذلك أنّ القوّة الحيوانية كلما سلكت إلى أسفل ضعفت وخفيت بعض افاعيلها العالية، فحدث منها حيوان أدنى ضعيف؛ فإذا صار ضعيفا احتال له العقل الكائن، فيحدث الاعضاء القوية بدلا عن قوّته، كما لبعض الحيوان اظفار، ولبعضها مخاليب، ولبعضه قرون، ولبعضه انياب على نحو نقصان قوّة الحيوة فيه.

السادس: إن كانت قوّة النفس تفارق الشجرة بعد قطع أصلها فأين تذهب تلك القوّة أو تلك النفس. فأجاب: بأنّها تصير إلى المكان الذى لم تفارقه، وهو «العالم العقلى»؛ وكذلك إذا فسد الجزء البهيمى تسلك النفس التى كانت فيها إلى أن تاتى العالم العقلى؛ وإنّما يأتى ذلك العالم لأنّ ذلك العالم مكان النفس، وهو العقل. والعقل لا يفارقه، والعقل ليس فى مكان. فالنفس إذا ليس فى مكان ولا يخلو عنها مكان.

فهذا ما أردنا ايراده من كلام هذا الفيلسوف الأعظم ليوقف الناظر إليه على «كُنْهِ» هذه المسئلة تحريرا وتصويرا، قبل أن يقام عليها البرهان

---

[٧٦٦] يعنى «الجلد الظريف للحيوان»، وبالفارسى «پوست نازك».م.

RTL

المفيد له اذعانا وايقانا. وموعد بيانه من ذى قبل، انشاء الله تعالى.

قوله، [قدّس سرّه]: «بأنّ الوجود يقع بمعنى واحد على واجب
الوجود وغيره، اىٰ». ٧٦٧

[أقول]: لهم أن يتقصّوا عن هذا النقص، بأنّ الوجود ليس ماهية
نوعية واحدة للواجب والممكن ولا جزء ماهية لهما حتّى لا يجوز أن
يختلف بالجوهر والعرضية. وقول مفهوم الوجود العام على افراده، قول
عرضى؛ والعرضى يجوز أن يختلف حاله بالقياس إلى ما هو عرضى له.
فوجود الواجب لا يساوى وجود الممكنات فى تمام الماهية ولا فى

---

٧٦٧ شرح شيرازى: ٢٥٣؛ حكمة الاشراق: ٩٥؛ شرح شهرزورى: ٢٤٨: ٧ – ٨.

متن حكمة الاشراق: (٩٥) ثمّ حكمتم بانّ الوجود يقع بمعنى واحد على واجب الوجود
وعلى غيره؛ وفى واجب الوجود نفسه وفى غيره زائد عارض للماهية؛ فيقول لكم القائل:
استغناء الوجود عن الماهية ينضاف اليها ان كان لنفس الوجود، فليكن الجميع كذا. وإن
كان لأمر زائد فى واجب الوجود، فهو يخالف قواعدكم ويلزم منه تكثر الجهات فى واجب
الوجود، وقد تبيّن انه محال. وليس لكونه غير معلول، فانّ عدم احتياجه إلى علّة لكونه
واجبا غير ممكن. والوجوب لا يجوز أن يفسّر بسلب العلة فانّه إنّما استغنى عن العلة
لوجوبه. ثمّ وجوبه أن زاد على وجوده فقد تكثر وعاد الكلام إلى انّ وجوبه الزائد على
الوجود الّذى هو صفة للموجود، أن كان تابعا للموجود من حيث هو موجود ولازما له،
فليكن كذا فى جميع الموجودات والا يكون لعلة؛ وإن كان لنفس الوجود، فالاشكال
متوجهة. فيقال: انّ استغناءه أن كان لعين الوجود، ففى الجميع ينبغى أن يكون كذا. فان
قال: انّ وجوبه كمالية وجوده وتماميته وتأكّده، وكما أن كون هذا الشئ أشدّ أسودية من
غيره ليس بأمر زائد على الأسودية، بل لكمال فى نفس السواد غير زائد عليه، فكذا
الوجود الواجب يمتاز عن الوجود الممكن لتأكّده وتماميته. فقد اعترف هاهنا بجواز أن
تكون للماهيات تمامية فى ذاتها مستغنية عن المحل ونقص محوج اليه كما فى الوجود
الواجب وغيره.

جزئها؛ إذ لا ماهية للوجود أصلا، لأنّه أمر بسيط عينى، وإنّما الماهية للاشياء التى يزيد عليها الوجود. فوقوع الوجود العام على وجود الواجب ووجود الممكنات المختلفة بالهويات التى لا اسماء لها بالتفصيل إلّا بالإضافة إلى الماهيات وقوع لازم خارجى غير مقوّم. وأمّا اشتراك حقيقة الوجود وسنخه بين الوجودات الخاصة، فليس كاشتراك ماهية كلّية بين جزئياتها، ذاتية كانت أو عرضية؛ لأنّ الوجود الموجود[٧٦٨] الحقيقى لكلّ شىء هو عين هويته الشخصية البسيطة التى لا يمكن حصولها فى الذهن، ولا معرفتها إلّا بالمشاهدة الحضورية؛ إذ كلّ ما يحصل فى الذهن ويعلم بالعلم الحصولى، فهو كلّى وإن تخصصت بألف تخصّص فيه. فقياس الماهية النوعية للاشياء، كماهية الإنسان وماهية الفرس، على حقيقة الوجود فى اشتراكه بين الواجب والممكن قياس بلا جامع. فالذى هو حرّى أن يقال فى هذا الموضع هو أنّه كما أن لحقيقة الوجود كمالية ونقصا فى ذاتها؛ فكذلك لها باعتبار اسمائها وصفاتها الكمالية، من العلم والقدرة والإرادة وغيرها كمالية ونقص. ولها بحسب كماليتها ونقصها فى هذه المعانى شئونات مختلفة، تنبعث منها الماهيات المسمّاة بـ«الاعيان الثابتة» عند الصوفية. ولشئوناتها نشآت متفاوتة، كنشآت العقل ونشأة النفس ونشأة الحس، وتنبعث منها العوالم الثلثة، وفوقها عالم الالهية. فلكلّ ماهية نوعية درجات فى الوجود: أوّلها، اسم إلهى؛ وثانيها، مثال عقلى؛ وثالثها،

---

٧٦٨ م: – الموجود

مثال برزخى؛ ورابعها، صورة حسية. فالماهية واحدة، والوجود مختلف
ذو درجات بعضها فوق بعض.

قوله، [قدّس سرّه]: «والوجوب لا يجوز أن يفسّر بسلب العلّة،
٧٦٩. ١٥١»

[أقول]: إنّما ذكروا ذلك لئلا يلزم كون الواجب مفتقرا فى وجوبه
إلى علّة موجودة خارجة. وهذا الجواب إنّما وقع منهم على سبيل التنزّل،
وبعد تسليم كون الوجود معنى آخر واحدا نوعيا مشتركا بين الواجب
والممكن. فأنّهم ذكروا فى دفع النقص على قاعدتهم، فى أن الماهية لا
تختلف بالعروض وعدمه بالوجود، جوابين: أحدهما أنّ مفهوم الوجود
عرض عام للوجودات، كالنور المشترك الواقع على الانوار لا بالتساوى
مع أن نور الشمس يقتضى إبصار الاعشى بخلاف سائر الانوار،
وكذلك الحرارة المشتركة مع أن بعضها يقتضى استعداد الحيوة وتبدّل
الصورة النوعية بخلاف سائر الحرارات لاختلاف الملزومات النور
والحرارة بالماهية. وثانيهما، أنّ الوجود على تقدير التساوى فى الواجب
والممكن كان المحتاج إلى السبب، هو وجود الممكن لاجل صفة العروض
دون الواجب؛ لأنّ وجوبه عبارة عن عدم كونه عارضا قابلة الماهية
ومعلولا لعلّة فاعلة. وعدم العروض، أو سلب المجعولة، لا يحوج إلى
سبب، بل كفى فيه عدم سبب العروض وعدم سبب المجعولية. والعمدة

لهم هو الجواب الأوّل. وهذا الجواب لايخلو عن ضعف، إذ لا شبهة فى أنّ وجوب الوجود صفة وجودية وهو تأكّد الوجود، فكيف يكون مجرّد صفة عدمية. وههنا جواب ثالث؛ وهو أن الوجود حقيقة واحدة متفاوتة بالتأكّد والضعف، والوجود والإمكان والتقدّم والتأخّر، كما مرّ مرارا. وهذا يوافق مذهب المصنّف فى حقيقة النور واختلافها بالوجوب والإمكان.

وأمّا قوله، قدّس سرّه: «فقد اعترف ههنا بجواز أن تكون للماهيات تمامية فى ذاتها مستغنية عن المحل ونقص محوج إليه كما فى الوجود الواجب وغيره». ٧٧٠

[فأقول]: ففيه أن التفاوت فى التأكّد والضعف والقيام بالذات والعروض للغير ونحوه، كالتقدّم والتأخّر، إنّما بتصور فى نفس الوجود أو فى شىء آخر بواسطة الوجود؛ وأمّا فى نفس ماهية شىء واحد أو مفهوم واحد مع قطع النظر عن انحاء وجوده، فغير موجّه، كما مرّ مرارا.

[قاعدة: فى جواز صدور البسيط عن المركّب] ٧٧١
قوله، [قدّس سرّه]: «يجوز أن يكون للشىء البسيط علّة مركّبة من

---

٧٧٠ شرح شيرازى: ٢٥٣؛ حكمة الاشراق: ٩٥؛ شرح شهرزورى: ٢٤٩:٢ – ٤

٧٧١ شرح شيرازى: ٢٥٤؛ حكمة الاشراق: ٩٦-٩٩؛ شرح شهرزورى: ٢٥١: ١٣

اجزاء، ١ا».٧٧٢

[أقول]: واعلم أنّ المركّب لايخلو أمّا أن يكون له جزء صورى أو لم
يكن؛ وصورة الشىء هى تمامه وجهة وجوده ووحدته، كما مرّ. وقد مرّ
أيضا أنّ وجود كلّ شىء هو بعينه وحدته. فالكثير، من حيث هو
كثير، غير موجود بوجود آخر غير وجودات الآحاد؛ والمعدوم، بما هو
معدوم، لا يكون علّة لشىء. فعلة كلّ موجود متاصل لا بدّ وأن يكون
له وحدة؛ كما أن وجود العلة أقوى من وجود المعلول. فكذا يجب أن
تكون وحدتها أقوى من وحدة المعلول. فكلّ مركّب فرض كونه علّة
لموجود، فلا بدّ أن يكون له جزء صورى، وهو فى الحقيقة علّة له.

قوله، [قدّس سرّه]: «بل المجموع له أثر واحد، لا أن لكلّ واحد

---

٧٧٢ شرح شيرازى: ٢٥٤؛ حكمة الاشراق: ٩٦؛ شرح شهرزورى: ٢٥١: ١٢ به
بعد. **متن حكمة الاشراق** (٩٦): يجوز أن يكون للشىء علّة مركّبة من اجزاء. واخطأ من
منع أن يكون لعلّة الشىء جزءان معللان بان الحكم إذا كان وحدانيا أمّا أن ينسب بكليته
إلى كلّ واحد، وهو محال، إذ ما ثبت بواحد لا يحتاج إلى الاثبات بالآخر، او لا يكون
لاحدهما أثر فيه بوجه فليس بوجه بجزء للعلة، إذ ليس لكليهما أثر فالعلة غير مجموعهما؛ وإن
كان لكلّ واحد منهما أثر فهو مركّب فيه أثر مركّب لا وحدانى. والغلط فيه إنّما ينشأ من ظنّه انه إذا
لم يكن لكلّ واحد منهما فيه أثر، فلا يكون كلّ واحد جزءا وذلك بيّن البطلان فانّ جزء
العلة للشىء الوحدانى لا أثر له بنفسه فيما يتعلق بذلك الشىء، بل المجموع له أثر واحد لا أن
لكلّ واحد فيه أثرا، فليس لكلّ واحد أثر، ولا يلزم حكم كلّ واحد على المجموع بل المجموع
له أثر وهو نفس المعلول الوحدانى. فكما انّ جزء العلة التى هى ذات أجزاء مختلفة
الحقيقة، لا يستقل باقتضاء المعلول، ولا يلزم أن يقتضى جزء المعلول، فكذلك الأجزاء التى
تكون من نوع واحد. فانّه إذا حرّك الف من الناس شيئا من الاثقال حركة مضبوطة بزمانها
ومسافتها، لا يلزم أن يقدر واحد على تحريك ذلك الثقل جزءا من تلك الحركة، بل قد لا
يقدر على تحريكه أصلا.

فيه أثرا، ١٥١». ٧٧٣.

[أقول]: المجموع الذى يترتّب عليه أثر، له اعتباران: اعتبار كونه
مجموعا؛ واعتبار كونه آحادا. فهو بالاعتبار الأوّل شىء واحد؛ لكن
جهة وحدته أمّا أن تكون أمرا غير حقيقى، كوحدة العسكر، وأمّا بأن
تكون أمر حقيقيا، كالصورة النوعية للعناصر. ففى كون المجموع علّة
للاثر ثلثة احتمالات: أمّا على الاحتمال الأوّل، وهو أن يكون جهة
التأثير والعلّية هى الآحاد، بما هى آحاد، فلا بدّ أن يكون لكلّ واحد
منها أثر وإلّا فلا يكون للمجموع أثر أصلا وليس المجموع إلّا عين
الآحاد؛ وأمّا على الاحتمال الثانى، وهو أن يكون جهة التأثير هى
الوحدة الجمعية الاعتبارية، فالحكم يجرى فيه مجرى الأوّل، لأنّ
الوحدة ههنا ضعيفة، فلها أثر ضعيف والعمدة فى المؤثرية هى الآحاد
دون المجموع من حيث الجمعية والوحدة؛ وأمّا على الاحتمال الثالث،
فالحكم فيه على عكس الحكم فى الأوّل، كتأثير المقناطيس فى جذب
الحديد، وتأثير الترياقات فى دفع السموم. فحينئذ كان المؤثّر فى
الحقيقة هو شيئا واحدا، بما هو واحد، لا بما هو ذو اجزاء؛ فثبت أن علّة
الواحد واحد بالذات وإن كان كثيرا من جهة أُخرى بالعرض. وأمّا
مثال: تحريك جماعة حجرا ثقيلا أو رسوب سفينة مملوّة من الحنطة فى
البحر. فالحق فيه أن لكلّ واحد فى الآحاد أثرا ضعيفا من ذلك

٧٧٣ شرح شيرازى: ٢٥٥؛ حكمة الاشراق: ٩٦؛ شرح شهرزورى: ٢٥١: ٢٠.

التحريك، ولو كان من جهة الاعداد للحركة؛ وتحصيل الاستعداد باحالة المادّة، حتّى لو تصوّر أحد أن احالة كلّ واحد من الاعداد كانت باقية فى المادّة المتحركة بها ولم يمح عنها أثره بتراخى الزمان، كمحو أثر النار الضعيفة فى تسخين الحديد بلحظة حتّى يتلافى ويتلاحق أثر كلّ واحد من الكثير أثر صاحبه كان التأثير حاصلا أيضا، ولو مع التعاقب عند حصول المبلّغ من الآحاد التى لا بدّ منها للتحريك. فالاجتماع فى الزمان الواحد ليس يحتاج إليه جهة الجمعية، بل إنّما يحتاج إليه لاجل أن وحدة الزمان توجب أن لا يزول أثر كلّ واحد بمرور الزمان عليه.

قال الشارح، المحقق [العلامة]: «هذا حاصل كلامه وهو منقوض، إلى آخره». ٧٧٤

[أقول]: كلام هذا القائل لايخلو من قوّة فى جميع ما ذكره إلّا فى قِدم النفس على وجه، ولا يردّ عليه شىء من الأمور الثلثة التى أوردها الشارح عليه. أمّا النقض التفصيلى، فالمنع الذى أشار إليه بقوله [الشارح العلامة]: «لجواز أن يؤثر الشىء فى كلّ المعلول مستقلا بالتأثير، بل يكون تأثيره فيه متوفقا على غيره، كما سبق فى المثال المذكور، اه». ٧٧٥ [فأقول]: لا اتّجاه له، فان كلّ واحد من العشرة إذا

كان مؤثرا فى كلّ المعلول البسيط بشرط غيره على الاستقلال على ما جوّزه، لزم جواز أن يتحقّق هناك عشر علل مستقلّة فى التأثير مجتمعة، وذلك واضح البطلان . بيان الملازمة أن جميع هذه الآحاد إن كانت فى درجة واحدة، ونسبة واحدة، ويكون كلّ منها بشرط التسعة الباقية علّة مستقلّة، لزم ما ذكرناه؛ وإن كان واحد منها بعينه هو المؤثر بشرط البواقى، فالعلّة الموجبة[٧٧٦] فى الحقيقة هى ذلك الواحد، وهو خلاف المفروض .

وكذا قوله ، [الشارح العلامة]: «لا نسلّم أنّه لم يحصل للاجزاء عند الاحتياج أمر زائد، هو العلة بقيت مثل ما كانت، إلى آخره»[٧٧٧] .

[فأقول]: فإن هذا الاجتماع، أو ما يجرى مجراه، إن كان اعتباريا محضا، فلا تأثير فى حصول أمر عينى خارجى؛ وإن كان أمرا موجودا، فيكون حادثا فيعود الكلام فى حدوثه . وأمّا [قوله الشارح العلامة] «النقض الإجمالى»، فجوابه: إنّا نخالفه أن الجزء الصورى للمركّب مركّب، وينتهى إلى جزء بسيط لكن لا نسلّم أن كلّ جزء من الأجزاء الحادث يجب أن يكون حادثا وجوديا، حتّى يحتاج ذلك الجزء البسيط إلى علّة حادثة بسيطة، ويلزم منه التسلسل الممتنع . وأمّا المعارضة

---

[٧٧٦] م: المؤثرة

[٧٧٧] شرح شيرازى: ٢٥٧

فمدفوعة لتوقّفها على إثبات حادث بسيط، وهو فى محل المنع، كما
عرفت. وما ذكره القائل، المذكور من أن علّة الحادث لا بدّ وأن يكون
مركّبة من جزء مسمّى وجزء متجدد يكون عدمه بعد وجوده علّة
لوجوده الحادث، موافق لما ذكره الحكماء فى ربط الحادث بالقديم
بواسطة الحركة التى يكون حقيقتها منتظمة من هوية متجددة عدم كلّ
جزء منها شرط لوجود جزء حادث، ومطابق أيضا لما حققه وبرهن عليه
بعض الفقراء فى إثبات حدوث العالم بجميع اجزائه من إثبات جوهر
متجدد الذات مقتضى الهوية الاتصالية، كالحركة، وهى الطبيعة
السارية فى الاجسام المنوعة إيّاها. وذلك لأنّ حقيقتها ملتئمة من أجزاء
متصلة متكثّرة فى الوهم وجود كلّ منها تستلزم عدم الآخر، وعدمه
يستلزم وجود الآخر. وهذه الحالة ثابتة له لذاتها من غير جعل جاعل
كما سيجئ بيانه من ذى قبل، انشاء الله تعالى. وأمّا بطلان قوله فى
«قدم النفس»، فبيانه أنّ النفس، بما هى نفس، ليست بسيطة كما
تصوّره؛ بل هى بما هى متعلّقة بجرم حكمها حكم الطبيعة المتجددة
لأنّها منتظمة من جهتين: ما بالقوى، وما بالفعل، ولو بحسب الذهن.

**قوله، [قدّس سرّه]: «والعجب أن هذه الحجة توجب للافلاك
والمحدد ميلا لاجرامها غير ما يحدث من نفوسها، اه».٧٧٨**

[أقول]: ليس العجب إلّا من الشيخ، قدّس سرّه، حيث زعم أن

٧٧٨ شرح شيرازى: ٢٦٠؛ حكمة الاشراق: ٩٧؛ شرح شهرزورى: ٢٥٢:١٤-١٥

لجسمية الافلاك طبيعة خاصة غير قوتها المحركة التى هى : أمّا نفسها بعينها، أو قوّة سارية فيها من النفس . وليس للجسم، بما هو جسم، تحصيل خارجى إلّا بعد تصوّره بصورة نوعية هى تمام حقيقته . وليس تحريك النفس لجسمية الفلك كتحرّك نفوسنا لابداننا العنصرية المشتملة على طبائع وقوى غير فائضة بواسطة النفس عليها . لأنّ الفلك بسيط والبسيط ليس فيه اختلاف قوى وطبائع . والحقّ أنّ طبيعة الفلك وصورته التمامية، أى نفسه المحركة المدبّرة شىء واحد، وموجود واحد . ومَن ذهب أيضا إلى أنّهما إثنتان لم يذهب إلى أن جسمية الفلك قد تحصّلت وتمت نوعيته، ثمّ قبلت نفسا فائضة عليها؛ وهذا مما لا يجوزه حكيم ولا ذو ارتياض فى الفلسفة ومنشاء هذا الاعتراض منه إنكاره للصورة النوعية الجوهرية فى الاجرام، حيث زعم أن لكلّ جسم فلكى أو عنصرى وجودا مستقلا جوهريا قبل ما حلّ فيه المخصصات النوعية التى عنده اعراض متأخّرة فى الوجود عن وجود موضوعاتها، فعلى زعمه كان للافلاك عنده وجود قبل وجود قواها المحركة . فإذا ثبت أن لكلّ جسم ميلا ذاتيا يلزم أن يكون لجسمية الفلك قبل نفسه المحركة ميل ذاتى، وبسبب ما يحدث من نفسه فيه ميل آخر، ويلزم منه ما الزمه إلى آخر الحجة . وقول الحكماء : أن كلّ جسم له ميل طبيعى ليس معناه أن كلّ جسم من حيث جسميته بلا زيادة أو المعنى الذى هو مادّة للانواع أو جنس لها، له ميل . إذ لا وجود للجسم إلّا بما يحصله وينوعه صائر إيّاه، كما وقع التنبية عليه مرارا .

[حكومة: فى ابطال جسمية الشعاع][٧٧٩]

قوله، [قدّس سرّه]: «إذا سدّت الكوّة دفعة ما كان يغيب، اه».[٧٨٠]

[أقول]: لهم أن يجيبوا عن هذا بأن الشعاع جسم صورى بلا مادّة؛ وإنّما يفيض وجوده عن سبب فاعلى بلا حركة وزمان، وليس يحتاج فى وجوده إلى اسباب مادّية إلّا الوضع المخصوص مع النيّر وعدم الحجاب بينها. فإذا سدّت الكوّة عُدم دفعة لفقد شرط وجوده، وهو عدم الحجاب كما يعدم صورة الحس المشترك دفعة عند وقوع السدّ بين البصر وبين المرئى، لأنّها أيضا صورة ذات مقدار مجردة عن المادّة، لكونها مشروطة بوضع مخصوص لآلة الحس مع المادّة المخصوصة. وبالجملة للشعاع وجود برزخى متوسط بين الاجسام المادّية التى لها

---

[٧٧٩] شرح شيرازى: ٢٦١؛ حكمة الاشراق: ٩٩ و ١٠٠؛ شرح شهرزورى:٢٥٧: ١ به بعد

[٧٨٠] شرح شيرازى: ٢٦١؛ حكمة الاشراق: ٩٩؛ شرح شهرزورى:٢٥٧: ٤. متن حكمة الاشراق: (٩٩) ظنّ بعض الناس انّ الشعاع جسم وذلك باطل. إذ لو كان جسما كان إذا سدّت الكوّة بغتة ما كان يغيب. فان قيل: بقيت اجسام صغار مظلمة فزال ضوئها، فسلّم انّ الشعاع نفسه ليس بجسم وايضا لو كان جسما لكان انعكاسه من الصلب اولى من الرطب ولنقص جرم الشمس إذا فارقها، وما حصل إلّا على زوايا قائمة لا على ما يرى على جهات مختلفة فان جسما واحدا بطبعه لا يتحرّك إلى جهات مختلفة، ولتراكم اضواء سُرج كثيرة حتّى صار غليظا ذا عمق، وكلّما ازداد اعداد المضئ ازداد عمقه، وليس كذا. فليس ما ينتقل من الشمس او من محل إلى محل، بل هو هيئة، فلا ينتقل علتها المضئ بواسطة جرم شفاف كالهواء.

غاية الافتقار إلى المادّة ولواحقها، وبين الصور المقدارية المجردة عنها كلّ
التجرد؛ وكلّما كان حدوث الشىء من الفاعل لا بمشاركة المادّة،
فحدوثة «دفعى» لا با الاستحالة عن شىء، وزواله «دفعى» لا
بالاستحالة إلى شىء آخر، كوجود الصور الإدراكية فى القوى الباطنة
وعدمها عنها. وهكذا الحال فى كلّ ما غلبت فى تكوينه جهات
الفاعل على جهات القابل.

قوله، [قدّس سرّه]: «لكان انعكاسه من الصلب أُولى، اﻟﺦ». ٧٨١.

[أقول]: فى هذه الأُولوية نظرة؛ لأنّ شرط الانعكاس هو الصقالة لا
الصلابة. والجسم الصلب إذا صقل، ينعكس عنه الشعاع أيضا،
كالحديد المصقول يصير مرآة بالصقالة. وأمّا الجسم الخشن ففيه خلل
وفرج وتضاريس يمنع عن انعكاس بواسطة تلك الحجب.

قوله، [قدّس سرّه]: «ولنقص جرم الشمس إذا فارقها، اﻟﺦ». ٧٨٢.

[أقول]: قد علمت أنّ فيضان الشعاع من الفاعل ليس بمدخلية
المادّة، وليس حدوثها من الفاعل، لأجل تغليب جسم آخر إليه أو
إحالته وتصيره إيّاه، أو بضرب من التحريك، كالعسر والأذابة، وما
يجرى مجرى هذه الأمور، بل هو جرم بسيط نورى من افق الانوار المجردة
المثالية.

---

٧٨١ شرح شيرازى: ٢٦٢؛ حكمة الاشراق: ٩٩؛ شرح شهرزورى: ٢٥٧: ٥ – ٦

٧٨٢ شرح شيرازى: ٢٦٢؛ حكمة الاشراق: ٩٩؛ شرح شهرزورى: ٢٥٧: ٦

قوله ، [قدّس سرّه]: وما حصل إلّا على زوايا قائمـة لا على مـا
يرى على جهات مختلفة ، اهـ». ٧٨٣.

[أقول]: قد أشرنا إلى أنّ وجوده ليس بالحركة، ولا أنّه ذو حركة لا
إلى جهة ولا إلى جهات؛ ونسبة إلى سائر الجهات واحدة ضرورة؛ أنّ
الشعاع عندهم ليس جسما مادّيا، وليس أيضا على طبيعة عنصر من
العناصر ليكون حارا أو باردا، ثقيلا أو خفيفا.

قوله ، [قدّس سرّه]: ولتراكم اجزائها أى أجزاء سـرج كثيرة
حتّى صار غليظا ذا عمق، اهـ». ٧٨٤.

[أقول]: التزاحم والتراكم من خواص المادّة، ولا يحصل فى تراكم
الاشعة الأشدّة فى النورية ولا يوجب تراكمها كثافة وحجابا، لأنّ ذلك
من خواص الاجسام المظلمة الذوات، وهذه الاجسام نورية الذوات
مباينة النوع والحقيقة لتلك الاجسام، وزيادة نوع فى افراده لا يوجب
انقلابه، خروجه إلى النوع آخر مباين له.

قوله ، [قدّس سرّه]: «فليس مما ينتقل من الشمس، اهـ». ٧٨٥.

[أقول]: دفع لما قيل لو كان عرضا، لكان انتقالة من المنير إلى
المستنير انتقال عرض وانتقال العرض مطلقا محال، كما سبق. واعلم

---

٧٨٣ شرح شيرازى: ٢٦٢؛ حكمة الاشراق: ٩٩؛ شرح شهرزورى: ٢٥٧: ٦ – ٧

٧٨٤ شرح شيرازى: ٢٦٢؛ حكمة الاشراق: ٩٩؛ شرح شهرزورى: ٢٥٧: ٨

٧٨٥ شرح شيرازى: ٢٦٢؛ حكمة الاشراق: ٩٩؛ شرح شهرزورى: ٢٥٧: ١٠–٢

أنّ ههنا «دقيقة» يجب التنبيه عليها، وهى أنّ الاعراض كلّها وأنّ
اشترك فى أن لا يجوز عليها الحركة من موضوعها إلى موضوع آخر،
لكن وجود الاعراض الجسمانية على ضربين: أحدهما، وجود اعراض
لا يحصل إلّا بانفعال المادّة، وتجدد الموضوع، واستحالته، فوجودها
زمانى. وثانيها، وجود اعراض يحصل من فاعلها دفعة من حيث
مشاركة المادّة باستحالتها وتجددها. من قبيل الثانى، وجود الاضواء
والانوار وجميع التعليميات، وكذا لوازم الاجسام بما هى اجسام، فلو
وقع لشىء منها تجدد وتغيّر كان ذلك لا بالذات، بل بتبعية تجدد
موضوعه أوّلا، كالحركة الكمّية. فان موضوع تلك الحركة هى المادّة
الأولى دون الجسمية المعية، لأنّ الجسمية المعنية بتجدد أوّلا، فيلزم
تجددها تجدد المقادير والابعاد، كما سيجئ. ولذلك أفاد الشارح تبعا
لبعض المحقّقين أن مدخلية الجسم المنير فى استنارة الجسم المستنير ليس
إلّا بكونه مظهرا لها، كالمرآة فى مظهريتها للصورة المرئية منها. حيث
قال [الشارح العلامة]: «وهذه الاجرام، أى المنير،[786] كالمرايا [لها]
لكونها مظاهر لوجودات تلك الاشعة النورية الجسمية لظهورها على
سطوحها، كما كانت المرايا مظاهر لوجود الاشياء المقابلة لها من العقل
المفارق[أيضا و] بلا زمان».[787] [فأجيب]: فعلم من ههنا أن الشعاع
لو كان جسما أيضا فليس كاجسام مادّية ظلمانية، حتّى يكون حدوثه

---

[786] اضافة من جانب ملا صدرا، ولم يوجد فى المتن

[787] شرح شيرازى: ٢٦٣

بالحركة وبمشاركة المادّة . ولا أيضا يلزم فى حصوله التداخل المستحيل الذى يفرض بين جسم مادى جسم آخر مثله .

قوله ،[قدّس سرّه] : «وظنّ أن الشعاع هو اللون ، اه» . ٧٨٨

[أقول] : قد علمت أن الشعاع من الموجودات التى يحصل دفعة من

---

٧٨٨ **شرح شيرازى** : ٢٦٣ ؛ **حكمة الاشراق** : ١٠٠ ؛ **شرح شهرزورى** : ٧ ٢٥ : ١٢ .
متن حكمة الاشراق : (١٠٠) وظن انّ الشعاع هو اللون وليس الشعاع الّذى على الأسود غير سواده . قالوا : الالوان معدومة فى الظلمة وليس انّ الظلمة ساترة فانّها عدمية على ما بيّن ؛ وليست الالوان إلّا الكيفيات الظاهرة لحاسة البصر والشعاع كمالية ظهورها لا أمر زائد على اللونية .

فلقائل أن يقول لهم : إذا سُلم لكم أن الالوان عند انتفاء الضوء ليست موجودة ، لا يلزم أن يكون نفس الشعاع ، وليس تلازم الاشياء او توقّف الاشياء بعضها على بعض يلزم منه اتحاد الحقائق ؛ ومما يدلّ على انّ الشعاع غير اللون ؛ انّ اللون امّا أن يأخذ عبارة عن نفس الظهور ، او عن الظهور على جهة خاصة ، ولا يمكن أن يؤخذ اللون عبارة عن نفس الظهور للبصر ، فان الضوء ، كما للشمس ، ليس بنفس اللون وهو ظاهر للبصر . فكذلك الضوء إذا غلب على بعض الاشياء السود الصقلية ، كالشبح ، يغيب لونها والظهور يتحقق بالضوء . فان أُخذ اللون على أنّه ليس بمجرّد الظهور بل مع مخصص ، فأمّا أن تكون نسبة الظهور إلى السواد والبياض كنسبة اللونية اليهما ، فى انّ الظهور لا يزيد فى الاعيان على نفس السواد ، كما ذكرنا فى اللونية ، فليس فى الاعيان إلّا السواد والبياض ونحوهما . والظهور محمول عقلى ، فلا يكون ظهور البياض فى الاعيان إلّا هو ، فالأتمّ بياضا ينبغى أن يكون أتمّ ظهورا ، وكذا الأتمّ سوادا ، وليس كذا . فانّا إذا وضعنا العاج فى الشعاع والثلج فى الظل ندرك مشاهدة انّ الثلج أتمّ بياضا من العاج وانّ العاج الّذى هو فى الشعاع اضوء وانور من الثلج الّذى فى الظل ؛ فندرك على انّ الأبيضية غير الانورية واللون غير النور وكذا الأتمّ سوادا إذا وضعناه فى الظل والأنقص فى الشعاع كان الأنقص انور ، والأشدّ سوادا انقص نورا . وليس ذلك من الظلمة باعتبار كونه فى الظل ، فانّا إذا نقلنا الأتمّ سوادا إلى الشعاع والأنقص إلى الظل ، يصير الأتمّ انور مع بقاء أشدّيته . وأمّا أن يكون الظهور فى الاعيان شيئا آخر غير السواد والبياض ، فهو المطلوب . فيتضح مما ذكرنا انّ الشعاع غير اللون وإن لم يتحقق اللون دونه وليست هذه المسألة من مهماتنا ، ولو كان الحقّ معهم فيها ، ما كان يضرّنا .

غير استحالة ولا شكّ أنّ اللون، كالسواد، وغيره مما يحصل باستحالة وانفعال مادّة فى زمان، فيكون الشعاع مغايرا للّون. ولك أن تقول كما أنّ الوجود يختلف كمالا ونقصا، وكلما نقص وضعف يلحقه العدم والإمكان، وينتهى فى نقصانه ونزوله إلى أن يختلط بالاعدام والقوى والملكات؛ فيحصل من بعض مراتبه بمداخلة الاعدام الاجسام الكثيفة المظلمة مع أن الوجود كله نور والاعدام كلّها ظلمات. فكذلك النور المحسوس إذا قلت نوريته وضعف وجوده بحصول بعض الحجب والتراكيب والامزجة يحصل من بعض مراتبه الالوان، فاللون نور ممزوج بظلمة. وكلّ لون مخصوص قد حصل من امتزاج خاصّ بين اعداد من نور واعداد من ظلمة على مراتب معينة. فالقول بأنّ النور غير اللون كما ذهب إليه المصنّف حقّ بوجه، لأنّ حصول الالوان بامزاج وحركة وحصول الاشعة دفعى؛ والقول بأنّه عين اللّون حق أنّها حق بوجه آخر. فأنّ الالوان من مراتب نقصانات النور واختلاطه، فالظلمات وهى ليست وجودية فليس فيها وجود إلّا للنور. كما أنّه بعدما حقّق أنّ الموجود من كلّ ممكن ذى ماهية هو الوجود لا غير. فلو قال أحد أن هذه الاجسام وغيرها ليست غير الوجود لكان حقا كلّ بوجه، ثمّ لا يخفى عليك أنّه على تقدير أن يكون حصول اللون من بعض مراتب النور فى الضعف لا يلزم أن يكون كلّ نور، بحيث إذا ضعف وقلت نوريته صار لونا، بل لا بدّ مع ذلك من تركيب وامتزاج حصل بين اعداد من النور والظلمة فلا يرد عليه ما ذكره المصنّف فيما سيجئ. نعم الذى ذكره، قدّس

سرّه، يبطل قول القائل بأنّه ليس الشعاع الذى على الأسود غير سوداه، كما حكاه المصنّف. وأمّا قول القائل أنّ سواد الأسود وزرقة الازرق حصّة ممّا من شعاع حاصل من النيّر، واختلاف الالوان باختلاف القوابل، كما فى حكاية الشارح أن لم يكن فيها «لام التعريف» الداخلة على لفظ «الشعاع» الحاصل فيمكن تصحيحه بما ذكرناه.

قــولـه، [قـدّس سرّه]: فليس فى الاعيـان إلاّ السـواد والبيـاض ونحوهما والظهور محمول، اه».٧٨٩.

[أقول]: هذا بناء على مذهبه فى أن لونية السواد والبياض غير موجودة فى الخارج بعين وجودهما، وقد مرّ ما فيه. فللقائل أن يقول: الظهور والنور مجرّد ليس مجرّد محمول عقلى، كالمعانى المصدرية، بل المراد منه ما به يظهر الشىء على البصر أن كان من الاضواء المحسوسة أو على غيره من المشاعر والمدركات، إن كان غيره. فالبياض والسواد، وسائر الالوان، من بعض مراتب النورية الظهور. ولكن كمال نورها وظهورها بالضوء الواقع عليها المتحد بها اتحاد القوّة بالفعل والناقص بالتام.

قوله، [قدّس سرّه]: «فالأتمّ بياضا ينبغى أن يكون الأتمّ ظهورا، وكذا الأتمّ سوادا، اه».٧٩٠.

---

٧٨٩. شرح شيرازى: ٢٦٥؛ حكمة الاشراق: ١٠٠؛ شرح شهرزورى:٢٥٨: ٦.

٧٩٠. شرح شيرازى: ٢٦٥؛ حكمة الاشراق: ١٠٠؛ شرح شهرزورى:٢٥٨: ٧ – ٨

[أقول]: لكلّ مرتبة من الالوان مرتبة خاصة فى الظهور، ولها حالة مخصوصة فى اللونية لامتزاج نورها بظلمتها. والضوء الواقع عليها هو غيرها بالعدد؛ وبهذا لا يلزم عدم كون اللون من افراد الضوء.

[حكومة: فى تضعيف ما قيل فى الإبصار][٧٩١]

قوله، [قدّس سرّه]: «هذه كلّها محالات، فالرؤية ليست بالشعاع، [٥١]».[٧٩٢]

[أقول]: كلّ ما ذكره إنّما يردّ على القول بحركة الشعاع من البصر إلى المرئى، وشىء مما ذكره لا يبطل القول بأنّ الرؤية بالشعاع. و للقائل أن يقول إذا حصلت المقابلة بين البصر الصحيح والمبصَر والمبصِر يحدث بينهما جسم شعاعى دفعة، ويكون به الرؤية. وهذا الجسم الشعاعى مجرّد عن

---

[٧٩١] شرح شيرازى: ٢٦٨؛ حكمة الاشراق: ١٠١ إلى ١٠٤؛ شرح شهرزورى: ٢٦٣: ٣ به بعد.

[٧٩٢] شرح شيرازى: ٢٦٨؛ حكمة الاشراق: ١٠١؛ شرح شهرزورى: ٢٦٣: ١٣. متن حكمة الاشراق: (١٠١) ظنّ بعض الناس انّ الابصار إنّما هو بخروج الشعاع من العين يلاقى المبصرات. فان كان هذا الشعاع عرضا فكيف ينتقل؟ وإن كان جسما، فان كان يتحرّك بالارادة كان لنا قبضه الينا على وجه لا يبصر مع التحديق، وليس كذا؛ وإن كان يتحرّك بالطبع فما تحرّك إلى جهات مختلفة ولكان نفوذه فى المائعات التى لها لون اولى من نفوذه فى الزجاجات الصافية؛ ولكان نفوذه فى الزجاج لانّ مسامّه اكثر؛ ولما شوهد الكواكب القريبة والبعيدة معا، بل كان يختلف على نسبة المسافة؛ ولكان الجرم يتحرّك دفعة إلى الافلاك، فيخرقها او ينبسط على نصف كرة العالم ما يخرج من العين، وهذه كلّها محالات، فالرؤية ليست بالشعاع.

المادّة، فيداخل وينفذ فى الاجسام اللطيفة ولا تفاوت فى مداخلته إيّاها
بين أن يكون ليّنه أو صلبة بعد أن كانت صافية غير مكدّرة؛ لأنّ
مداخلية إيّاها ليست بالحركة والزمان، ولا تفاوت أيضا بين القريب
والبعيد فى اصل مواصلته لهما، لأنّ فيضانه دفعى بلا مادّة وحركة
وزمان، كما مرّ. ولفظ الخروج والنفوذ، وكذا المداخلية والانبساط،
كلّها مجازات اطلقه هذا القائل تسامحا. وإنّما العرض اصل حدوث
الشعاع على شكل المخروط الذى رأسه عند البصر قاعدته عند سطح
المرئى.

قوله، قدّس سرّه: «قال بعض أهل العلم أن الرؤية إنّما هى انطباع
صورة الشىء فى الرطوبة الجليدية، اﻫ». [793]

[أقول]: الحقّ أن صورة المرئى يحصل للنفس وبواسطة الرطوبة
الجليدية لا بأنّ يحل فى تلك الرطوبة، بل بأن يتمثّل لها تلك الصورة
تمثّلا إدراكيا شهوديا بواسطة قوّة هيولانية فى تلك الرطوبة. إذ من شأن

---

[793] شرح شيرازى: ٢٦٨؛ حكمة الاشراق: ١٠٢؛ شرح شهرزورى: ٢٦٣:١٤-
١٥. متن حكمة الاشراق: (١٠٢) وقال بعض أهل العلم أن الرؤية إنّما هى انضباح صورة
الشىء فى الرطوبة الجليدية فوقع عليهم اشكالات: منها انّ الجبل إذا رأيناه مع عظمته
والرؤية إنّما هى بالصورة وللصورة، فان كان هذا المقدار لها، فكيف حصل المقدار العظيم فى
حدقة صغيرة؟ اجاب البعض عن هذا بأنّ الرطوبة الجليدية تقبل القسمة إلى غير النهاية،
كما بيّن فى الاجسام، والجبل ايضا صورته قابلة للقسمة إلى غير النهاية فيجوز أن يحصل
فيها، وهذا باطل. فانّ الجبل وإن كان قابلا للقسمة الغير المتناهية، وكذا العين، إلّا انّ مقدار
الجبل اكبر من مقدار العين بما لا يتقارب، وكذا كلّ جزء يفرض فى الجبل فى القسمة على
النسبة اكبر من أجزاء العين، فكيف ينطبق المقدار الكبير على الصغير؟

كلّ قوّة هيولانية تعلّقت بها نفس أن يصير مرآة لإدراكها ومظهرا
لملاحظتها اشياء مناسبة لها. إلّا ترى أن الاحوال لما تعدّدت قوته
البصرية بلا مجمع رأى الصورة الواحدة أثنين، ولو فرض لرجل واحد
عيون كثيرة فوق اثنين بلا مجمع لرائى الصورة الواحدة صُورا كثيرة
دفعة واحدة على حسب كثرة عيونه. فعلم أن الرؤية إنّما هى بحصول
صورة المرئى بواسطة مرآة القوّة الجليدية للنفس حصولا ذهنيا، لا
حصولا مادّيا، ولو كان وجودها للنفس هو بعينه وجودها للمادّة
لازدحمت الكثيرة على مادّة واحدة جسمانية، وذلك غير جائز كما
علمت. وهذا التحقيق مما تفرّدت به ولم اجد فى كلام غيرى فاحتفظ
به واسلكه فى مسلك نظائره النادرة.

[قاعدة: فى حقيقة صُور المرايا][٧٩٤]

قوله، قدّس سرّه: «اعلم أنّ الصورة ليست فى المرآة، ١٥١». [٧٩٥]

---

[٧٩٤] شرح شيرازى: ٢٧٠؛ حكمة الاشراق: ١٠٤؛ شرح شهرزورى: ٢٦٩:٦ به
بعد

[٧٩٥] شرح شيرازى: ٢٧٠؛ حكمة الاشراق: ١٠٤؛ شرح شهرزورى:٢٦٩:٧. متن
حكمة الاشراق: (١٠٤) اعلم انّ الصورة ليست فى المرآة، والا ما اختلفت رؤيتك للشئ
فيها باختلاف مواضع نظرك اليها. وايضا إذا لمست المرآة باصبعك، وهى بعيدة عن وجهك
بذراع، صادفت بين صورة اصبعك وملتقى اصبعك ايضا وبين صورة الوجه مسافة لا يفى
بها عمق المرآة على أن الصورة لو كانت فيها لكانت فى سطحها الظاهر، إذ هو المصقول
منها، وليس كذا. وليست هى فى الهواء، وليست هى فى البصر، لما سبق من أنّها اكبر من
الحدقة؛ وليست هى صورتك بعينها على ان ينعكس الشعاع من المرآة كما ظنّه بعضهم،

[أقول]: اعلم أنّ الشيخ، قدّس سرّه، ذهب فى باب اصل الرؤية إلى أنّ المرئى هو بعينه الشخص الخارجى إذ يحصل للنفس بواسطة الشرائط المعتبرة فى الرؤية «اضافة إشراقية» إلى الشىء الخارجى، فيدركه بمجرّد تلك النسبة. وذهب فى رؤية الشىء بالمرآة إلى أن المدرِك والمرئى هو الصورة المثالية الموجودة فى «عالم المثال». ويردّ عليه اعتراضان: أحدهما، قد تحقّق فى مقامه أنّ حصول الشىء للشىء لا يكون إلّا إذا كان بينها علاقة علّية ومعلولية، وإلّا لكان جميع الاشياء حاصلة لكلّ واحد؛ فما لا يكون فاعلا لشىء ولا قابلا له ولا مادّة ولا صورة، فحصول ذلك الشىء له ممتنع. وههنا ليست النفس فاعلية للجسم الخارجى المادى وهو ظاهر، ولا قابلة له. فحصوله له مستحيل وتعلّقها ببدنها أيضا إنّما هو بسبب علاقة ارتباطية علّية، وهى كونها صورة للبدن أو مبداء صورة له. ثمّ لا يخفى عليك أن اسم «الإضافة الإشراقية» إنّما يليق به أن يقع على نسبة وجودية إدراكية إلى صورة

فانّا قد ابطلنا الشعاع؛ وليست هى نفس صورتك تراها بطريق آخر، فانّك قد ترى مثال وجهك أصغر من وجهك بكثير مع كمال هيئته بجميع الاعضاء؛ وايضا هى متوجهة إلى خلاف توجه وجهك. وايضا لو كان بانعكاس شعاع، فكان ما ينعكس من المرآة الصغيرة، أن اتصل بجميع الوجه لرُأى على مقداره لا أصغر منه، وإن اتصل ببعض الوجه او بعض كلّ عضو منه فما رُأى هيئة الوجه وكلّ اعضائه تامة. ولما امكن أن يرى الرائى اصبعه وصورتها، فان الشعاع إذا اتصل بالاصبع واتحد فلا يرى إلّا الاصبع مرة واحدة ولا صورة، وليس كذا. وايضا لو كان من يرى مثال الكوكب فى الماء وقع حركة شعاعه إلى الكوكب دفعة فان رؤية الماء وصورة الكوكب دفعة. وإذا تبيّن انّ الصورة ليست فى المرآة، ونسبة الجليدية إلى المبصرات كنسبة المرآة، فحال الصورة التى فرض هؤلاء الناس فيها كحالة صورة المرآة. [تتمه در پانوشت آتى. م.]

علمية مجردة عن المادّة؛ وليست الصورة الخارجية للاجسام المادّية
كذلك . وأنّ الذى ذهبا إليه فى باب الرؤية من أنّها بحصول الصورة
المجردة للنفس بحسب النشائة الإدراكية هو أولى باسم « الإشراق »، لأنّ
نسبة تلك الصورة إلى النفس نسبة الأمر الصورى المستغنى عن المادّة
إلى فاعله المجرّد . والذى ذهب إليه نسبته إلى النفس كنسبة أمر تأدّى
إلى أمر متعلّق بالمادّة متصرف فيها . وبالجملة كلما هو أقرب من أُفق
التجرّد الصرف، فهو اولى بوقوع إشراق النور الوجودى عليه . وثانيهما،
أنّه إذا جاز عنده كون الرؤية بمجرّد النسبة إلى الأمر الخارجى بواسطة
مقابلته للبصر الذى هو بمنزلة مرآة للنفس، فليجز ذلك أيضا بواسطة
مقابلة ذلك الأمر لسطح المرآة المقابل للبصر . ويؤيّد ما سيذكره
الشارح، ومما يؤيّد أيضا ما ذهبنا إليه فى باب رؤية الشىء بواسطة المرآة،
من أنّها عبارة عن إدراك صورة مقدارية مجردة عن المادّة موجودة بوجود
إدراكى قائمة لا بالمحل بل بذات المدرك؛ أعنى النفس قيام الوجود
بموجده . ما ذكره الشيخ العارف الربانى محى الدين العربى فى الباب
الخامس وثلثمائة من « الفتوحات المكية » من قوله : « فاعلم أنّ الوجود
أن لهذا العين كالصورة التى فى المرآة ماهى عين الرائى ولا غيره، ولكن
المحل المرئى فيه به وبالناظر المتجلّى به فيه ظهرت هذه الصورة، فهى مرآة
من حيث ذاتها، والناظر ناظر من حيث ذاته، والصورة الظاهرة يتنوّع
بتنوّع العين الظاهرة هى فيها، كالمراة إذا كانت تاخذ طولا ترى الصورة
على طولها . والناظر فى نفسه على غير تلك الصورة فى وجه، وعلى

صورته من وجه. فلما رأينا المرآة لها حكم فى الصورة بذاتها رأينا الناظر يخالف تلك الصورة من وجه، علمنا أنّ الناظر فى نفسه ما أثرت فيه ذات المرآة، ولما لم يتأثّر ولم يكن تلك الصورة هى عين المرآة ولا عين الناظر وإنّما ظهرت من حكم التجلّى للمرآة، علمنا الفرق بين الناظر وبين المرآة، وبين الصورة الظاهرة فيها التى هى غيب فيها. ولهذا إذا رأى الناظر يبعد عن المرآة ترى تلك الصورة يبعد فى باطن المرآة، وإذا أقرب قربت، وإذا كانت فى سطحها على الاعتدال و رفع الناظر يده اليمنى رفعت الصورة يدها اليسرى أعرفه انّى، وإن كنت من تجلّيك وعلى صورتك فما أنت أنا، ولا أنا أنت، إنتهى ».

[أقول]: ووجه تأييده لما نحن فيه بصدده أنّ التجلّى على لسانهم عبارة عن الايجاد على لسان الحكماء، وأنّه حكم بأنّ الصورة المرئية غير الناظر، وليست موجودة فى داخل المراة ولا فى قابل آخر، وإلّا لتزاحمت الصُور وتداخلت المقادير، فيكون لها [الصورة] أمرا موجوداً مجرَّداً عن المادّة. وكذا حكم بان الصورة الظاهرة هى غيب معناه أنّه ليس فى مادّة لأنّ كلّ شهادة هى فى مادّة.

قوله، قدّس سرّه: «وليست [هى] نفس صورتك تراها بطريق آخر، فأنّه قد ترى مثال وجهك أصغر من وجهك بكثير، الى.» ٧٩٦.

٧٩٦ شرح شيرازى: ٢٧٢؛ حكمة الاشراق: ١٠٤؛ شرح شهرزورى: ٢٦٩:١٣-
١٥. متن حكمة الاشراق: ثمّ انّ البصر إذا احسسنا به اجساما على سمت واحد بينها مسافات طويلة وهى عظيمة المقدار، مثل شوامخ جبال بعضها وراء بعض، فلا بدّ من

[أقول]: اعلم أنّ عظم المرئى وصغره تابعان لعظم الزاوية المخروطية وصغرها على جميع المذاهب، أى سواء كانت الرؤية بانطباع شبح المرئى فى الباصرة أو بخروج الشعاع إليه، أو بحصول «إضافة إشراقية» بين النفس وبين المبصَر ٧٩٧ المادّى، كما هو مذهب المصنّف؛ أو بانشاء الصورة الإشراقية من جهة النفس لا فى مادّة. إذا الرؤية على جميع هذه المذاهب مشروطة بتحقّق المقابلة والمحاذاة بين آلة البصر وسطح الجسم المقابل. والنقطة إذا تحاذت لكلّ نقطة نقطة من سطح مقابل يتوهّم بينهما شكل مخروط و يكون عظمه وصغره موجباً لعظم الزاوية وصغرها، و يؤثر أيضا قربه فى عظم الزاوية، فيرى عظيماً وبعده فى صغرها فيرى صغيرا. هذا إذا كان المحاذى للبصر قابلا للرؤية بأن يكون ذا لون وضوء؛ وأمّا إذا لم يكن قابلا للرؤية لعدم ضوئه ولا لونه لأجل صقالة سطحه، فيكون مقابله الذى على نسبة مخصوصة مخروطية فى حكم مقابل الباصرة. فالمحاذاة التى تتحقّق بين سطح ذلك الصقيل والجسم المرئى الملوّن مما يوجب أن يتوهم بينهما مخروط ناقص عند استواء ذلك السطح. وكلّما كان ذلك السطح أشدّ تحديبا كان المخروط اوسع قاعدة، فيرى المرئى أصغر مما كان؛ وكلّما كان أشدّ تقعيرا كان جانب القاعدة أضيق إلى أن ينتهى إلى نقطة، فيكون مخروطا تامّا

ارتسام صورها، عند هؤلاء، وصور المسافات التى بينها على سمت واحد، فكيف يفى به الجليدية واقطارها؟ فسرّ الرؤية وصور المرايا والتخيل يأتى من بعد. وغرضنا من ذكر هذه المسائل هاهنا تسهيل السبيل فيما نحن بصدده.

٧٩٧م: البصر

قاعدته سطح المرآة و رأسه عند المرئى، فيبطل الرؤية. وبالجملة استواء سطح المراة وتقعيره وتحديبه واستطالته وتعريضه مما يؤثر ويتفاوت به حال المخروط المتوهم بينهما سعةً وضيقاً استقامةً و انعطافاً من الجانب المقابل إلى جانب يليه، يمنةً أو يسرةً أو انعكاسا منه إلى خلافه، كما ثبت فى علم المناظرة.[٧٩٨] وهذه الاوضاع المخروطية مشتركة الاوضاع[٧٩٩] بين جميع هذه المذاهب الأربعة. والفرق بأنّ وجودها متحقق عند اصحاب الشعاع متوهّم عند غيرهم، ولا يرجّح بسببها مذهب على مذهب. فكلّ ماله وجه من التأييد فى مذهب الرياضيين، فله وجه فى مذهب غيرهم؛ وذلك كرؤية البعيد صغيرا، أو القريب عظيما، أو كرؤية الواحد أثنين للاحول، ورؤية الجدار والاشخاص فى الماء الواقف معكوسة، ورؤية الناظر فى المرآة وجهه مقلوبا، يمينه يسارا أو يساره يمينا، ونقش الخاتم مستويا، وكرؤية الأصبع أصبعين عند تحديق النظر إلى شئ آخر أقرب منه إلى البصر أو أبعد منه، ورؤية الاشياء يوم الضباب عظيمة ورؤية الكواكب فى الأُفُق أعظم منه فى وسط السماء، وكرؤية الناظر وجهه فى المرآة التى فى سطحها تقعيرا عظيما إذا كان قريبا جدا. ثمّ كلّما بعدت صار المرئى أعظم حتّى إذا بلغت فى بُعدها إلى أن يصير نقطة البصر بمنزلة مركز سطها المقعر بطلب الرؤية إذ لم

[٧٩٨] كذا در تمام منابع موجود در تصحيح متن حاضر؛ و «علم مناظر» توسط ابن الهيثم دانشمند معروف عالم اسلام تعريف كلى شده.

[٧٩٩] نك الاعتبار

يوجد لزاوية مخروط الرؤية[800] وتر حينئذ . ثمّ إذا جاوز ذلك الحدّ صار صغيرا منتكسا وكلّما بعد صار أصغر إلى غير ذلك من الاحكام فان جميعها مما له وجه فى كلّ واحد من المذاهب .

قوله ، [قدّس سرّه] : « فسرّ الرؤية وصور المرآة والتخيّل ياتى من بعد ، اٮ» [801] .

[أقول] : سيصرّح بأنّ مذهبه فى الإبصار هو أنّ رؤية الشخص المقابل للبصر هى بإدراك النفس إيّاه لابصورة أخرى، بل بعين ذلك الشخص بالعلم الحضورى، ورؤية الشخص بواسطة المرآة بإدراك النفس صورته فى عالم المثال ؛ وكذلك التخيّل عنده عبارة عن مشاهدة النفس صورة المتخيل فى عالم المثال . فيرد على الأوّل لأنّه يلزم منه أن يتكون الجسم المادى الطبيعى فوق واحد دفعة واحدة عند رؤية جماعة من الأحولين جسما واحدا ويلزم تداخل تلك الاجسام وكلاهما محال . والقول بأنّ الصورة الأولى فى هذا العالم والأخرى فى عالم آخر مستبعد جدا . وعلى الثانى، أن يتكوّن صُور كثيرة فى عالم المثال دفعة عند تعدّد المرائى، وانكسار الزجاجة إلى أجزاء كثيرة جدّا وذلك لايخلو من بعد . وعلى الثالث، أن للمتخيّلة دعابات شيطانية وخرافات باطلة يستحيل وجودها فى عالم علوى أبدا؛ أعنى مقدّسا عن الشرور

---

[800] ن : ‑مخروط الرؤية

[801] شرح شيرازى : ٢٢٧ ؛ حكمة الاشراق : ١٠٤ ؛ شرح شهرزورى : ٢٧٠ : ٦

والوساوس. فالحقّ فى الأوّل أن صورة المرئى ناشئة بالذات من النفس بلامادّة، فى الثانى أيضا كذلك؛ ولكن نشأت صورة أصلها بالذات وكثرتها بالعرض تبعا لكثرة المرئى والصورة. وفى كلا الأمرين مشروط وجودها بحضور المادّة الخارجية على وضع مخصوص لها عند الة البصر. وفى الثالث أن وجودها أيضا من النفس فى صقع يختص بها. وستعلم أن لكلّ نفس عالما آخر من الجواهر والاعراض والافلاك والعناصر كلّها قائمة بالنفس لابنحو الحلول والعروض، بل بنحو قيام الشئ بفاعله.

[حكومة: فى المسموعات وهى الاصوات والحروف][٨٠٢]

قوله، [قدّس سرّه]: تشكّل الهواء بمقاطع الحروف باطل، اه»[٨٠٣].

---

[٨٠٢] شرح شيرازى: ٢٧٧؛ حكمة الاشراق: ١٠٥؛ شرح شهرزورى: ٢٧٣: ٩ به بعد.

[٨٠٣] شرح شيرازى: ٢٧٧؛ حكمة الاشراق: ١٠٥؛ شرح شهرزورى: ٢٧٣: ١١. متن حكمة الاشراق: (١٠٥) تشكّل الهواء بمقاطع الحروف باطل على ما ذكر فى الصوت. فان الهواء لا يحفض الشكل وهو سريع الالتئام. ثمّ من تشوّش الهواء الّذى عند أُذُنه، كان ينبغى أن لا يستمع شيئا لتشوّش المتموّجات واختلافها. والاعتذار بانّ الصوت نفسه يخرق الهواء وينفذ فيه لشدته، باطل. فانّه إذا تشوّش ما عند الأُذُن من الهواء كله، لا يبقى للبعض قوة النفوذ والامتياز عن الباقى. والقرع والقلع بالفعل غير راخل فى حقيقة الصوت لبقاء الصوت بعد الفرغ عنهمآ والصوت لا يعرف بشئ، والمحسوسات بسائطها لا تُعرَف أصلا. فان التعريفات لا بدّ وأن تنتهى إلى معلومات لا حاجة فيها إلى التعريف، والا تسلسل إلى غير النهاية. فإذا إنتهى، فليس شئ أظهر من المحسوسات حتّى تنتهى اليه، إذ جميع علومنا منتزعة من المحسوسات، فهى الفطرية التى لا تعريف لها أصلا. [تتمه در

[أقول] اعلم أنّ لنا بفضل الله كلاما فى هذا المقام، وهو يتوقّف على تمهيد اصل هو أنّ تعلق النفس بالبدن عبارة عن اتحادها به بحسب اتحاد بعض قواها ودرجاتها النازلة ببعض لطائف البدن وبخاراته؛ فأنّ للنفس درجات ومقامات ومنازل ويكون له فى كلّ عالم مظهرا خاصا وهوية خاصة. ثمّ أنّ من شأن الاجسام العنصرية،[٨٠٤] سيّما الاجسام الهوائية أن يتصل بعضها ببعض لاشتراكها فى الهيولى الأولى. والاتصال ضرب من الاتحاد، لأنّ المتصل موجود بوجود واحد وله هوية واحدة، وللنفس أن تنبّه لما يحدث فى بدنه ولما يتصل إليه أو يرتبط به ارتباطا خاصا وضعيا لما علمت أنّ الاتحاد فى الوضع، كالاتحاد فى الوجود، وهذا سبب تأثّر النفس من عوارض مايطيف به ويتصل إليه. لأنّ المجموع أعنى المتصل والمتصل به كأنّهما بدن واحد للنفس، فتْحيّز عن حال أحدهما بالاخر. فإذا تمهدت هذه المقدمة فنقول: إذا حصل قرع أو قلع عنيفان، أو وصل الهواء المنقلب إلى الصماخ تشعر النفس بالهيئة الصوتية العارضة للهواء الذى هناك، وإن كان حين انعدامها عنه وبعد لحظة؛ وذلك كما ترى القطرة النازلة خطا مستقيما والشعلة الجوّالة دائرة وذلك لأنّ النفس تدرك صورة المسموع وصورة المبصَر فى حضرتها لا فى المادّة، حصولهما فى المادّة علّة معدّة لحدوث صورتها فى صقع النفس وحضرة المثول بين يديها، والعلّة المعدّة جاز انعدامها

عند حدوث المعلول؛ فالنفس تدرك صورة المسموع على هيئتة وشكله
ووضعه المخصوص، لكن لا فى المادّة فى عالمها الخاصّ بها، كما تدرك
صور المبصرَات فى عالمها، كما عرفت. وممّا يناسب ذكرها لهذا المقام
أنّه قد ظهر لك ممّا تلوّناه عليك أنّ هاتين الحاستين اللطف الحواس
الخمس، وصورة مدركاتهما أرفع درجة من المادّة وأكثر انتزاعا منها، مع
أنّ كلّ إدراك إنّما يحصل بضرب من التجريد للصورة إلّا أن مدركيهما
أشدّ تجريدا من مدركات الشم والذوق واللمس، واللمس أكثف
الحواس؛ ولأجل ذلك ذكر الشيخ الرئيس فى «القانون» من الحواس ما
لا لذّة ولا ألم لها من محسوسها، ومنها وما تلتذّ وتتألّم بتوسّط
المحسوسات. فامّا الأوّل؛ فمثل البصر فأنه لا يلتذّ بالالوان ولا يتألّم
بذلك، بل النفس تلتذّ بذلك وتتألّم، وكذا الحال فى الأذن، فان تألّمت
من صوت شديد والعين من لون مُفرط، كالضوء، فليس تألّمها من
حيث يسمع أو يبصر، بل من حيث يلمس لأنه يحدث فيه ألم لمسىّ
وبزواله لذّة لمسيّة. وامّا الشم والذوق، فأنّهما يتألّمان ويلتذان إذا
تكيّفا بكيفية منافرة أو ملائمة. وإنّما اللمس قد يتألّم بالكيفية الملموسة
ويلتذّ بها، وقد يتألّم ويلتذّ بغير توسط كيفية من المحسوس الاوّل
بتفرّق الاتّصال والتيامه، هذا كلامه؛ [يعنى كلام ابن سينا فى «القانون
فى الطب»]. والشرّاح قد طوّلوا الكلام فيه وأكثروا القال والقيل، ولم
يقدر أحد منهم كالامام الرازى، والعلامة الشيرازى، والقرشى،
والمسيحى، وغير هؤلاء، على تحصيل مرامه ودفع الاشكال عن كلامه

فى بيان هذا الفرق الذى حكم به بين الحاستين [البصر والسمع] وبين
الثلث الباقية. وقد بيّنا الفرق فى « شرح الهداية الأثيرة» وفى « كتاب
المبداء والمعاد» ^٠٥ وحاصله أن ماهية الحيوان، بما هو حيوان، حاصله
الوجود من امتزاج اوائل الكيفيات، وهى جنس الكيفيات الملموسة،
وبقائه ببقاء الاعتدال فيها، وفساده بزوال الاعتدال. ولا شكّ أن اللذّة
هى إدراك الملائم للمدرِك من حيث هو ملائم له، والألم إدراك ما هو
ضدّه، أو عدمه. والملائم لكلّ شىء ما هو مثله من نوعه وجنسه
والمنافى ما هو ضدّه فى جنسه، أو عدمه. فالملائم للحيوان، بما هو
حيوان أوّلا مما يكون من جنس الكيفيات الملموسة، وهى عامّة لجميع
الحيوانات لاشتراكها فى قوّة اللمس وهى أُولى درجات الحيوانية ولهذا
لا يَخلو حيوان عن قوّة اللمس؛ ثمّ مدركات الذائقة فيما يقوّم بدنه
من المطعومات وتالى الكيفيتين فى الملائمة و المنافرة مدركات الشامّة،
ولكن حاجة الحيوان بها كحاجته إلى الأوّلتين، فيمكن بقائه بدونها.
وأمّا مدركات السامعة والباصرة، فليس يحتاج الحيوان، بما هو حيوان،
اليها لأنّ بدنه ليس متقوّماً بالاصوات ولا بالاضواء وبالالوان ليكون ما
من نوعها أو جنسها ملائما أو مُضادّا له، بما هو حيوان، بل، بما هو

<hr>

^٠٥ صدر المتالهين بر كتاب « هداية الحكمة » اثير الدين ابهرى شرحى عميقا فلسفى
نگاشته بنام « شرح الهداية الاثيرية ». رك: « اثير الدين ابهرى »، در « دائرة المعارف
بزرگ اسلامى»، زير نظر كاظم موسوى بجنوردى (تهران، ١٣٧٣)، جلس ششم،
صص: ٥٨٦ الى ٥٩٠ . اهم شروح فلسفى بر « هدايه الحكمة » نگارش ملا صدرا است،
كه در متن « التعليقات» بدان اشاره شده است؛ اين شرح بارها چاپ سنگى شده است .

إنسان، او ذو نفس شريفة جائت من عالم الانوار، ومعدن النسب العددية الفاضلة، كالنفس الإنسانية الفائضة على البدن العنصرى من عالم النور، ومعدن السرور. فيلتذ من الانوار الحسّية، والاصوات اللذيذة ويتألّم بضدّها، أو عدمها. ثمّ لمّا كانت آلات الحواس الظاهرة من الاجسام الحيوانية الحاملة لاوائل الكيفيات اللمسيّة، وما يجرى مجراها من الذوقية والشمّية، فلا جرم لذتها وألَمها بما هو من تلك الكيفيات؛ وكذلك عضو السمع وعضو البصر، أو ليس شىء من الاعضاء إلاّ هكذا؟ فهما أيضا من حيث هما عضوان حيوانيان وفيهما حصّة من قوّة اللمس، إنّما يكون لذتهما وألَمهما بالملائم والمنافر اللمسيين. وأمّا إدراكهما بما هما سمع وبصر، اى للمسموعات والمبصرَات فليس فى شىء منهما لذة ولا ألم لهما. بل للنفس بحسب ذاتها وإن كان المدرِك للكلّى هى النفس وهى فى الحقيقة الشامّ والذائق واللامـــس، كما هى السمعية البصيرة؛ إلاّ أنّ هاتين القوّتين أقرب من أُفُق النفس من تلك، ومدركاتهما أبعد من مادّة البدن، هذا ما عندى. ثمّ اختلفوا فى ايّهما أشرف وألطف؛ والتحقيق أن قوّة البصرألطف لكون ما تدركه، كانوار الكواكب الثابتة، أبعد من مادّة هذه الآلة من ما يدركه قوّة السمع، كاصوات الرعد من آلتها. إذا المدرِك كالمدرَك فى المنزلة والمرتبة، وأمّا فهم المعانى من الالفاظ فهو من تصرف العقل فيها.

قوله، [قدّس سرّه]: « والمحسوسات بسائطها لا تعرف ، اﻫ». ٨٠٦.

[أقول]: لأنّ التعريف للمفهومات النوعية لا للهويات الوجودية.
والمحسوس، بما هو محسوس، عبارة عن وجوده للجوهر الحاسّ،
والوجود لا يمكن تعريفه. فبهذا الوجه صحّ قول مَن قال: أنّ
«المحسوسات لا تعريف لها»؛ وأمّا المعانى المنتزَعة منها الحاصلة للنفس
بواسطة الاحساس بجزئياتها، وإدراك المشاركات لها، والمباينات بينها؛
فلا استحالة فى تعريفها. وأمّا الشيخ فلما لم يسلك هذا المسلك حيث
لم يكن للوجود عين فى الخارج، ولم يكن للاشياء المختلفة المعانى
وجود واحد عينى عنده، فكلّ مركّب فى العقل مركّب فى الخارج،
على ما ذهب إليه من كون الوجود اعتباريا عقليا، فكان البسيط
الخارجى بسيطا عقليا، وكلّ بسيط عقلى لاحدّ له. إذا الحدّ مركّب من

---

٨٠٦ **شرح شيرازى**: ٢٧٨؛ حك ١٠٥؛ **شرح شهرزورى**: ٢٧٣ : ١٧. **متن حكمة
الاشراق**: وأمّا مثل الوجود الّذى مثّلوا به انّه مستغن عن التعريف، فالتخبيط فيه أكثر ممّا
فى المحسوسات. ولا يقع الخلاف فى المحسوسات من حيث هى محسوسة او هى سواد او
صوت او رائحة، وإن كان يقع الخلاف فى جهات أُخرى. فبسائط المحسوسات والمشاهدات
بأسرها لا جزء لها ولا شئ أظهر منها، وبها تُعرف مركّباتها. فحقيقة الصوت لا تُعرف
أصلا لمن ليس له حاسة السمع، وكذا الضوء لمن ليس له حاسة البصر. فانّه بايّ تعريف
عُرّف، لا يحصل له حقيقة ذلك. وليس فى محسوسات حاسة واحدة ما يُعرف به
محسوس حاسة أُخرى من حيث خصوصيتها. ومن كان له حاسة السمع والبصر، فهو
مستغن عن التعريف، الضوء والصوت؛ بل الصوت أمر بسيط صورته فى العقل كصورته
فى الحس لا غير، وحقيقته انّه صوت فقط. وأمّا الكلام فى سببه، فذلك شئ آخر من أنّه
القَلع والقرع؛ وانّ الهواء شرط، وأنّه إذا لم يكن على سبيل حصول المقاطع فيه، يكون
شرطا بطريق آخر، فذلك بحث آخر.

جنس وفصل، كما هوالمشهور، فحكم بأنّ المحسوسات البسيطة لا تعريف لها.

وامّا قوله: «فلا شيء أظهر من المحسوسات، اه». ٨٠٧

[فأقول]: فإن أراد به المحسوسات، بما هي محسوسات، أى موجودات لآلات الحسّ المنفعلة عنها، فهى ليست من هذه الجهة أظهر الاشياء بل أخفاها عند العقل. فإن الكلّيات أعرف عند العقل، والجزئيات أعرف عند الخيال والحسّ كما تقرّر. ولا أيضا هى ممّا يكون مبادى للبرهان ولا أجزاء للحد. وإن أراد به معانيها الانتزاعية فهى وإن كانت معروفة عند العقل لكن اجزائها، العقلية أعرف منها، وليس هى بما هى عند العقل محسوسة، بل معقولة. وكذلك الأوّليات، مثل «الكلّ اعظم من الجزء»، وكمفهوم الشيئية والموجودية، ممّا لا يحتاج إلى شىء آخر غير العقل من حسّ أو تجربة او اخبار أو شهادة. والشيخ [سهروردى]، قدّس سرّه، قد أشار فى «فنّ البرهان» ٨٠٨ من بعض كتبه إلى أنّ معنى كون المحسوسات مبادى للبرهان، ليس أنّها بما هى محسوسات يقع فى البرهان، بل انّما ذلك شأن مفهوماتها.

وقوله، قدّس سرّه: «إذ جميع علومنا منتزعة من المحسوسات

---

٨٠٧ شرح شيرازى: ٢٧٨؛ حكمة الاشراق: ١٠٥؛ شرح شهرزورى: ٢٧٣: ١٩

٨٠٨ رك: سهروردى «المشارع والمطارحات: العلم الاول: فى المنطق»، نسخه خطى كتابخانه برلين.

فهى ، الفطرة الّتى لا تعريف لها ، اه» . [٨٠٩]

[أقول]: فيه مغالطة، فأنّ كون العلوم منتزعة من المحسوسات أن
أريد به أن المحسوس الخارجى يصير مبدء البرهان، أو الحدّ، فليس
كذلك . إذ الجزئى، بما هو جزئى، غير كاسب ولا مكتسب، وإن أريد
به أن علومنا موقوفة على تحريك النفس للبدن، واستعمال لها لآلات
الحس لتحصّل فى العقل صورة معقولاتها الكلّية، فلا يلزم منه
استغنائها غير المعرف، لأنّ الحاصل فى العقل اوّلا من المحسوسات صورة
مجملة، فللعقل أن يحلّلها إلى أجزاء مشتركة ومختصّة عند المقايسة
بين الكلّيات بحسب المشاركات والمباينات، فيعرف اجزائها أوّلا ثمّ
يعرفها بتلك الأجزاء ثانيا، وهذا عين التفكّر وتحصيل القول للشارح .
والذى ذكره الشارح فى شرح هذه العبارة ممّا يؤيّد ما ادّعيناه عند
الامعان، ثمّ من العجب أنّ الشيخ، قدّس سرّه، كثيرا ما كان يوقع
التقسيم فى هذه المحسوسات بأن يقول الكيفيات أمّا نفسانية، أو
استعدادية، أو مختصّة بالكمّيات، أو محسوسات . والمحسوس بالحس
الظاهر أمّا مبصرات بالذات أو بالعرض، وللبصر بالذات أمّا ضوء أو
لون، واللون أمّا سواد أو بياض، أو غيرهما وهكذا. والتقسيم ليس إلّا
ضمّ قيد خاصّ إلى مقسم عامّ ليحصل به قسم، وهذا عين

التعريف،[810] فكيف حكم بأنّه لا تعريف للمحسوسات؟

قوله، قدّس سرّه: «وأمّا مثل الوجود الذى مثّلوا أنّه مستغنى عن التعريف، فيه اكثر،اه».[811]

[أقول]: الوجود أحقّ الاشياء بأن يكون مستغنيا عن التعريف. أمّا العامّ البديهى، فلكونه أظهر الاشياء وأعمّها فى التصوّر، وأعرفها عند العقل؛ وأمّا الهويات الوجودية فلأنّها لا صورة مساوية لهاعند العقل لأنّها نفس الصورة العينيّة، فلا يمكن تعريفها بحد اذ لا جنس لها ولا فصل ولا برسم؛ إذ لا مظهر لها لكونها أظهر الاشياء وأنورها فلا يمكن معرفتها، إلّا بصريح المشاهدة الحضورية؛ وأمّا المحسوسات فلها ماهيّات كلّية مشتملة على معان مشتركة ومختصة، فيمكن تحديدها بذاتى، أعمّ وذاتى أخصّ وترسيمها بخواصّ وعوارض هى أعرف بوجه عند العقل.

قوله، قدّس سرّه: «ولا يقع الخلاف فى المحسوسات، اه».[812]

[أقول]: أراد به دفع ما ربّما يقال من أنّها لو كانت أظهر الاشياء يوجب أن يقع فيها خلاف، فأجاب بما ذكره.

---

[810] م: + كما قال اين الحاجب بعد تقسيم الكلنمة الى اقسامها الثلاثة وبذلك يعرف حد كل واحد منها

[811] شرح شيرازى: ٢٧٩؛ حكمة الاشراق: ١٠٥؛ شرح شهرزورى: ٢٧٣: ٢١

[812] شرح شيرازى: ٢٧٩؛ حكمة الاشراق: ١٠٥؛ شرح شهرزورى: ٢٧٤: ١

قوله، قدّس سرّه: «فبسائط المحسوسات لا جزء لها، اه». ٨١٣

[أقول]: كونها ممّا لا جزء لها فى الوجود العينى بأن يكون لها مادّة وصورة مسلّم؛ وامّا كونها بحسب المعنى بسيطة فغير معلوم، بل عدمه معلوم لأنّ الالوان مثلاً، واقعة تحت جنس الكيفيّة، ثمّ المحسوس ثمّ المبصرَ.

قوله، قدّس سرّه: «فحقيقة الصوت لا تُعرف أصلاً لمن ليس له حاسّة السمع، اه». ٨١٤

[أقول]: منشاء ذلك أنّ حقيقة كلّ شىء هو وجوده الخاص وهويّته الشخصية، ولا يعرف الوجود إلّا بحضور عينه إذ لا صورة لها فى الذهن، كما مرّ. ولا خصوصية لهذا الحكم بالصوت ولا بغيره من البسائط والمركّبات، ولذلك قيل ليس الخبر كالمعاينة.

قال الشارح العلامة: «لا يخفى أنّ الشىء إذا كانت له وحدة من جهة، فجهة وحدته غير جهة كثرته، اه». ٨١٥

[أقول]: هذا إذا لم يكن الوحدة ضعيفة سارية فى الكثرة، كالعدد نفسه، فان جهة الكثرة العددية الاجزائية هى بعينها جهة الوحدة النوعية فيه. ولهذا قيل كلّ عدد ونوع بسيط عقلاً وخارجاً، كالمتّصل،

---

٨١٣ شرح شيرازى: ٢٧٩؛ حكمة الاشراق: ١٠٥؛ شرح شهرزورى: ٢٧٤: ٢ – ٣

٨١٤ شرح شيرازى: ٢٧٩؛ حكمة الاشراق: ١٠٥؛ شرح شهرزورى: ٢٧٤: ٤

٨١٥ شرح شيرازى: ٢١٨

فأنّ وحدته بالفعل عين كثرته بالقوّة. ففى مثل هذين النوعين يكون جهة الوحدة عين جهة الكثرة فى الماهية والحقيقة جميعا. وربّما كانت جهة الوحدة عين جهة الكثرة فى الوجود، والحقيقة دون الماهية، والمعنى كالهيولى المشتركة بين الاجسام، وكالجنس بين الانواع الموجودة، وكالنوع بين الاشخاص الموجودة.

[فصل: فى الوحدة والكثرة][٨١٦]

قوله،[قدّس سرّه]: «ويترك التجوّزات التى هى مثل قولنا «زيد وعمرو واحد فى الإنسانية»، الخ».[٨١٧]

[أقول]: اعلم أنّه فرق بين الواحد فى النوع أو فى الجنس، وبين الوحدة النوعية والجنسية. فالوحدة فى الأوّلين مجازية، وهى المماثلة والمجانسة؛ وفى الأخيرتين حقيقية. ومعنى المجازى هنا أنّه واقع

---

[٨١٦] **شرح شيرازى**: ٢٨٢؛ **حكمة الاشراق**: ١٠٦؛ **شرح شهرزورى**: ٢٧٩: ١ به بعد

[٨١٧] **شرح شيرازى**: ٢٨٢؛ **حكمة الاشراق**: ١٠٦؛ **شرح شهرزورى**: ٢٧٩: ٥ - ٦. **متن حكمة الاشراق**: (١٠٦) الواحد من جميع الوجوه هو الّذى لا ينقسم بوجه من الوجوه، لا إلى الأجزاء الكمية ولا الحدّية ولا انقسام الكلّى إلى جزئياته. والواحد من وجه هو الّذى لا ينقسم من ذلك الوجه. فتحفظ هكذا، وتترك التجوّزات التى هى مثل قولنا «زيد وعمرو واحد فى الإنسانية» ويكون معناه انّ لهما صورة فى العقل لنسبتهما اليها سواء، وكذا غيرها.

هذا ما أردنا هاهنا، وقد إنتهى به «القسم الأوّل».
ولنور النور حمد لا يتناهى.

بالعرض، فزيد وعمرو واحد فى النوع بمعنى أنّ كلا منهما متحد فى
الوجود مع ماهيّة نوعيّة لها صورة كلّية فى العقل هى تمام ماهية
افرادها، فلها فى حدّ نفسها وحدة عقلية لا يأبى عن أن يكون
لموجودات متعدّدة فى الخارج، فلهذا المعنى ضرب من الوحدة
الحقيقية، إلّا أنّها ضعيفة عقلية حيث يجامع الكثرة فى ظرف الخارج،
ومن ههنا يعلم أنّ للوجـود صـورة فى الخـارج هى مناط الوحـدة
الشخصية على قياس ما ذكرنا حكم الواحد بالمشابهة والواحد
بالمساواة، والواحد بالوضع، والواحد بالمتى، وغير ذلك ومرجعها إلى
وحدة حقيقية لماهية لها صورة فى العقل هى فى الخارج عين افراده
بالذّات وعارضة لمعروضات افراده؛ فالمشابهة بالقياس إلى افراد الكيف
بالذّات مماثلة، وهى بالقياس إلى افراد معروضة مشابهة. وعلى هذا
قياس المساوات والمناسبة والمطابقة والمحاذات والمماسة، فأنّ مرجعها
جميعا إلى المماثلة ومرجع المماثلة إلى الوحدة المتعيّنة العقلية. ومن
ههنا يتفطّن اللبيب العارف بان للتعين الواحد العقلى يجوز ان يكون
له تشخصّات متعدّدة.

واژه نامه

منتخب واژه های فلسفی حکمة الاشراق

فارسی و عربی همراه با معادلات انگلیسی

واژه نامه

by will	ارادتی	eternity	ابد
archetype	ارباب الصنم	external vision (sight)	ابصار
physical observation	ارصاد جسمانی	union	اتحاد
spiritual observation	ارصاد روحانی	connection	اتصال
pre-eternity	ازل	affection	اثر
transformation	استحالت	organic whole, totality, whole	اجتماع
capacity to reason	استعداد النطق	elemental bodies	اجرام عنصری
inclusion (members non-distinct from whole)	استغراق	aetherial bodies	اجسام اثیری
induction	استقراء	bodies	اجسام
name/term	اسم	units	آحاد
technical terms in science	اسماء اصطلاحیة فی العلم	judgements of intuition	احکام الحدس
synonymous names	اسماء مترادفة	Brethren of Abstraction	اخوان التجرید
homonymous names	اسماء مشترکة	cognizance/perception	ادراک
illumination and vision	اشراق ومشاهدة	perception of one's own self-consciousness	ادراک الانائیة
illumination	اشراق	senseperception	ادراک حس
heavenly illuminations	اشراقات علویة	sense-perception	ادراک حسی
things	اشیاء	intellection	ادراک عقل
primacy of essence	اصالة الماهیة	intellectual perception	ادراک عقلی
		perception of what a thing is in itself	ادراک ما هو هو

٤٨٩

primary of existence	اصالة الوجود
mathematicians	اصحاب التعاليم
masters of vision	اصحاب المشاهدة
magicians	اصحاب حيل
terms	اصطلا حات
principle	اصل
illuminationist relation	اضافة اشراقية
relation	اضافة
opposites	اضداد
more evident, most apparent	اظهر
spheres	افلاك
closest	اقرب
tool	آلة
leader	امام
admixture	امتزاج
impossibility	امتناع
mental concept	امر اعتبارى
possibility	امكان
duration-less instant	آن
the "I"	انا
self-consciousness	انائية

you are you (thouness)	انت انت
thou	انت
inclusion (members distinct from one another)	اندخال
idea "man"	انسانية
disjunction (in syllogism)	انفصال
separation or disjunction	انفصال
apocalyptic lights	انوار سانحة
controlling lights	انوار قاهرة
messengers	اهل السفارة
sound	آواز
he/she/it-ness	اوئى
primary premises	اوليات
it-ness	اويى
affirmation	ايجاب
coming into being	ايجاد = تأليف + اكتساب
confirmation	أيد
Isagoge	ايساغوجى
	ب
light of God	بارق الهى، نور الهى
seeing subject	باصر
equivocal sense (of	بالتشكيك

٤٩٠

واژه نامه

more	بیشی

پ

| posteriority | پسی |
| priority | پیشی |

ت

composition of definition	تألیف الحد
real composition	تألیف وجودی
lexical definition	تبدیل اللفظ
analysis	تحلیل
inclusion	تداخل
Divine management	تدبیر الهی
moist	تر
order	ترتیب
enunciative composition	ترکیب خبری
mental synthesis	ترکیب ذهنی
synthetic combination	ترکیب مجموعی
real synthesis	ترکیب وجودی
synthesis	ترکیب
assent	تصدیق
conception	تصور
definition by analogy	تعریف بالتمثیل

being)	
vapor	بخار
body	بدن
self-evident	بدیهی
intermediary	برزخ
matter (illuminationist term)	برزخ
thunder	برق
demonstration	برهان
assertoric demonstration	برهان انّ
why demonstration	برهان لِمَ
Posterior Analytics	برهان
coldness	برودت
simple real things	بسائط حقیقیة
simple mental counterparts	بسائط ذهنیة
simple	بسیط
non-composite, singular	بسیط
sight	بصر
eye	بصر
sometimes (the mode)	بعض الاوقات
univocally (said of being)	بمعنی واحد
infinite	بی نهایت

particulars	جزویات
simple body	جسم بسیط
corporeality of rays	جسمیة الشعاء
combination by composition	جمع تألیفی
combination by synthesis	جمع ترکیبی
combination	جمع
collectivity of attributes	جمیع الصفات
totality	جمیع
mover	جنباننده
moving/movement	جنبانیدن
summum genus	جنس بعد
genus	جنس
ignorance	جهل
substances	جواهر
substance	جوهر
substance conscious of its own essence	جوهر شاعر بذاته
dark substance	جوهر غاسق
atom	جوهر فرد
substantiality	جوهریة
ح	
four elements	چهار عنصر

تعریف جسم: «جوهریست	
body مقصود به اشارات»	
تعریف مسمی باجزاء مفهوم	
conceptual definition تام	
making known	تعریف
subtraction	تفریق
priority	تقدم
given (premises)	تقریرات
frequency	تکرار
analogy	تمثیل
body	تن
negation/contradiction تناقض	
thou	تو
thou-ness	توئی
intermediation	توسط
thou-ness	تویی تو
ث	
absolute heavy	ثقیل مطلق
fixed stars	ثوابت
ج	
Topics	جدل
apodosis	جزاء
part	جزو
atom	جزو لایتجزی
particular	جزوی

٤٩٢

واژه نامه

circular motion	حرکتى مستدیر	thing	چیز
sense	حس	thing-ness	چیزى
sensus communis	حس مشترك		ح
realizing or obtaining	حصول	opaque	حاجز
presence of the thing	حضور الشيء	thing generated	حادث
presence	حضور	memory	حافظه
substantial realities	حقائق جوهریة	state	حال
truths	حقائق	included	حاوى
reality	حقیقت	proof	حجة
corporeal reality	حقیقة جسمیة	middle term	حد اوسط
universal reality	حقیقة کلیة	outer limit	حد بیرونى
judgment/conclusion	حکم	inner limit	حد درونى
wisdom/philosophy	حکمت	incomplete essentialist definition	حد ناقص
illuminationist philosophy/wisdom	حکمة اشراقیة	essentialist definition	حد
discursive philosophy	حکمة بحثیة	term (of syllogism)	حد
intuitive philosophy	حکمة ذوقیة	intuitive (premises)	حدسیات
philosophia generalis	حکمة عامة	essential generation	حدوث ذاتى
Divine philosophy	حکمة متألهة	real definitions	حدود حقیقیة
Divine philosopher	حکیم متأله، حکیم الهى	heat	حرارت
		celestial motion	حرکات افلاك
		motion	حرکت
		circular motion	حرکت دورى
		linear motion	حرکت مستقیم

٤٩٣

واژه نامه

د

always (the mode)   دائماً

knowledge/science   دانش

smoke   دخان

external reality   در اعیان

outside the mind   در بیرون

in the mind/ideal   در عقل

subject   دریابنده/مدرِك

cognizance/apprehension   دریافتن/ادراك

object   دریافته/مدرك

instantaneously   دفعةٌ

heart   دل

signification of concomitance   دلالة الالتزام

signification by implication   دلالة التضمن

concomitant signification   دلالة التطفل

implicit signification   دلالة الحيطة

signification of intention   دلالة القصد

signification of correspondence   دلالة المطابقة

signification   دلالة

brain   دماغ

حکیمان روشن روان

enlightened sages

generated entities   حوادث

inner senses   حواس باطن

outer senses   حواس ظاهر

alive   حى

life   حیات

restplace   حیز

animal   حیوان

animal-ness   حیوانى

خ

externals   خارجیات

specific (attribute)   خاص

dry   خشك

specific   خصوص

Rhetoric   خطابة

absolute light   خفیف مطلق

void/vacuum   خلاء

ectasy   خلصة

retreats   خلوات

I/self/I-ness   خود

imagination   خیال

the good   خیر

Pure Good   خیر محض

secrets	رموز	sight	دیدن
dator spiritus	روان بخش	**ذ**	
animal soul	روح حیوانی	essence	ذات
natural soul	روح طبیعی	meteor	ذات ذنب
rational soul	روح نفسانی	essence	ذات
luminosity	روشناییت	ipseity (illuminationist usage)	ذات
ascetic practices	ریاضات	particular essential, specific essential	ذاتی الخاص
ز		general essential	ذاتی العام
frontal lobe	زایده پیشگاه دماغ	essential	ذاتی
earthquake	زلزله	essentials	ذاتیات
time	زمان	intuition/taste	ذوق
alive	زنده	**ر**	
below	زیر	leadership	رئاسة
س		connective	رابط
idea surface	سطحية	material relation	رابطة
happiness	سعادت	linear motion	راست جنبیدن
negation	سلب	complete description	رسم تام
sequence	سلسله	incomplete description	رسم ناقص
infinite seq.	سلسلهٔ بی نهایت	description	رسم
ordered sequence	سلسلهٔ اعدادی مرتب	humid	رطوبت
unrestricted premise	سُلَّم مخلَّعة	vitreous humour	رطوبة جلیدیة
hearing	سمع	thunder	رعد
extended space	سه امتداد		

واژه نامه

smell	شـم
inclusion (members distinct from the whole but not from one another)	شـمـول
knowledge	شنـاخت
desire	شـوق
absent thing	شیء غائب
thing as-it-is	شیء کمـا هـو
simple unitary thing	شیء واحد بـسیط
thingness	شیئیة

ص

enlightened	صاحب بصيرت
sound	صدا
positive predications	صفات ایجابی
negative predications	صفات سلبی
attributes	صفات
axiomatic art	صناعة قانونية
speculative art	صناعة نظرية
artificial	صناعی
imaginary forms	صوَر خیالية
form of the thing	صورة الشیء
mental form	صورة ذهنية
form	صورة

three dimensions	سـه بعد
quantification sign	سور
earthly rule	سیاسة

ش

specific thing	شاخصة
lawgivers	شارعون
bravery	شجاعت
intensity	شدة
evil	شر
protasis/condition	شرط
conditionals (propositions)	شرطیات
connective conditional (proposition)	شرطية متصلة
disjunctive conditional (proposition)	شرطية منفصلة
noble	شریف
six directions	شش جهت
rays	شعاع
Poetics	شعر
shape	شکل
third figure (of syllogism)	شکل ثالث
first figure (of syllogism)	شکل اول
second figure (of syllogism)	شکل ثانی

realm of matter	عالم جرم	formal	صورية
realm of nature	عالم طبيعت	**ض**	
realm of Intellect	عالم عقل	opposite	ضد
justice	عدالت	necessary (the mode)	ضرورة
number	عدد	necessary	ضرورى
nonexistence	عدم	light-ray	ضوء
absolute nonexistence	عدم بحت	Heavenly Rules	ضوابط عرشية
non-being	عدمي	Rules of the Tablet	ضوابط لوحية
accident	عرض	rules	ضوابط
accidental	عرضى	**ط**	
love	عشق	consequent	طالع
intellect/mind	عقل	natural	طبيعى
habitual intellect	عقل بالملكة	methodology of science	طريق العلوم
Tenth Intellect	عقل دهم	Peripatetic method	طريق المشّائين
Second Intellect	عقل دوم	**ظ**	
Third Intellect	عقل سوم		
practical intellect	عقل عملى	evident	ظاهر
Active Intellect	عقل فعال	darkness	ظلمت
holy intellect	عقل قدسى	apparentness or manifestation; *Evidenz* (illuminationist term)	ظهور
separate intellect	عقل مفارق		
Intellects	عقول	**ع**	
conversion (of syllogism)	عكس	Knower	عاقل
cause	علت	realm of power	عالم جبروت
agent cause	علة فاعلية		

٤٩٧

علم	science/knowledge		

علم اشراقى حضورى — knowledge based on illumination and presence

علم اشراقي — illuminationist knowledge

علم الانوار	science of lights
علم البارى	knowledge of God
علم المنطق	science of logic
علم الهى	metaphysics
علم ثالث	metaphysics

علم حضورى شهودى — science based on presence and vision

علم حضورى — knowledge by presence

علم صحيح	true science
علم صورى	formal knowledge
علم/ معرفة	knowledge
علوم حقيقية	real sciences
عناد	disjunction
عنصريات	elemental
عوارض لازمة	concomitant accidents
عوارض مفارقة	separate accidents
عين	eye
عينى	real thing

غ

غائية	final (cause)
غضبى	anger
غناء	richness
غنى	rich
غيب	unseen
غير بسيطة	non-simple
غير ظاهر	non-apparent, hidden
غير فطرى	acquired

ف

فاعل	subject/agent
فراسة	insight
فصل مستقل	independent differentia
فصل	differentia
فصول مجهولة	unknown differentiae
فصول	sections
فضائل	virtues
فطرى	innate
فقر	poverty
فقير	poor
فكر، تفكر	cogitation, thought
فكرت	cogitation
فلك	heavens

theorems قواعد	High Heavens فلك اعلى
vegetative faculties قوای نباتى	fixed spheres فلك ثوابت
expository قول شارح	nonbeing فنا
proposition	*On Interpretation* فى العبارة
composed formula قول مؤلف	reality out there في العيان
formula/statement قول	self-emanating فياض بالذات
disjunctive قياس استثنائي	emanation فيض
syllogism	ق
hypothetical قياس اقتراني	illuminationist قاعدة اشراقية
syllogism	theorem
reduction ad قياس خُلف	predestination قدر
impossible (in syllogism)	motion by constraint قسرى
enthymeme قياس ضمير	infinite قسمت بى نهايت
Prior Analytics قياس	divisibility
syllogism قياس	division, or dichotomy قسمة
proficient in قَيِّم على الاشراق	predestination قضا
illumination	predicative قضية حملية
ك	proposition
multiplicity كثرت	modal قضية موجهة
the whole/all كل	proposition
each and every كل واحد واحد	proposition قضية
all (quantifier) كل	pole قطب
the whole كل	control by light قهر نور
universal/general كلى	control قهر
universals (in logic) كليات	Peripatetic قواعد المشّائين
as it is كما هو	principles of philosophy

perfection	كمال
less	كمى
limit	كنار
boundary	كناره
generation and corruption	كون و فساد

گ

substance	گوهر
meteor	گيسودار

ل

relation of one thing to many things	لا اولوية
moment	لحظة
pleasure	لذة
implication	لزوم
language of illumination	لسان الاشراق
proper name	لفط شاخص
class name	لفط عام
term	لفظ
general/universal term	لفظ كلى
touch	لمس
concomitants	لوازم
tablet of the sensus communus	لوح حس المشترك
idea "color"	لونية

م

received (premises)	مأخوذات
matter	مادة
material	مادية
infinite	مالايتناهى
quiddity	ماهية
principles	مبادى
First Origin	مبدء أول
object	مبصَر
prior	متأخر
motion from the center	متحرك از وسط
motion around the center	متحرك بر وسط
motion to a center	متحرك بسوى وسط
imagination	متخيله
co-extensive	متساوق
separate	متفاوت
cogitation	متفكره
prior	متقدم
limited	متناهى
repetetive (premises)	متواترات
image	مثال
idea of the	مثال من نور الله

واژه نامه

center	مرکز
question of knowledge	مسئلة العلم
future contingent	مستقبل
illuminated object	مستنیر
named	مسمّى
Peripatetics	مشائین
the indicated	مشار إلیه
seen (premises)	مشاهدات
visions	مشاهدات
illuminationist vision	مشاهدة اشراقیة
personal revelation and vision	مشاهدة ومکاشفة
vision-illumination	مشاهدة-اشراق
seeing or vision	مشاهدة
premises that only appear true	مشبّهات
generally accepted premises	مشهورات
questions	مطالب
supposedly true, the alleged (premises)	مظنونات
valid	معتبر
nonbeing	معدوم
certain	معرفة متیقّنة

light of God	
idea	مثال
metaphorical	مجازیة
aggregate/set/whole	مجتمع
empirical (premises)	مجربات
abstracted of matter	مجرد
separate entities	مجرّدات مفارقة
knowledge as a whole	مجموع العلوم
unknown	مجهول
impossible	محال
love	محبّة
limited	محدود
sensible	محسوس
sense data	محسوسات
place/space	محل
predicate	محمول
the included	محوی
circumference	محیط
universal indefinite	محیطة
imagined (premises)	مخیّلات
object	مدرَك
subject	مدرك
ordered	مرتب
composite	مرکّب

acquired	مكتسَب
impossible being	ممتنع الوجود
impossible	ممتنع
possible	ممكن
possible being	ممكن الوجود
lower possible	ممكن خسيس
higher possible	ممكن شريف
possible	ممكن
possible existents	ممكنات
I	من
moments of revelation	منازلات
I-ness	منی
thou-ness/thou-in-thou	منی تو
universal definite proposition	مهمله بعضيه
three natures	موالید سه گانه
necessary affirmative	موجبة ضرورية
subject	موضوع
reproductive faculty	مولده
non-real	موهوم
ن	
nonexistence	ناچيز
plant	نبات
logical deduction	نظر منطقی

knowledge intelligibles	معقولات
caused	معلول
the first caused	معلول أول
known	معلوم
meaning	معنی
particular meaning	معنی شاخص
general meaning or universal (illuminationist term)	معنی عام
universal meaning	معنی كلی
meaning	معنی
Sophistical Refutations	مغالطات
separate	مفارق
separate substances	مفارقات
concept	مفهوم
correspondence	مقابله
Categories	مقولات
measure	مقدار
antecedent	مقدَّم
certain premises	مقدَّمات يقينية
premise	مقدَّمة
constituent elements	مقوِّمات
revelations	مكاشفات
place/space	مكان

واژه نامه

speculative	نظری		ه
soul	نفس	objectified ipseity	هو
نفس الظهور والنورية		air	هواء
light-as-such		dark form	هيئة ظلمانية
self	نفس خويش	shape	هيئة
rational soul	نفس ناطقة	Prime Matter	هيولى
abstract souls	نفوس مجردة		و
point	نقطه	Necessary Being	واجب الوجود
limit	نهايت/كناره	necessary	واجب
Closest Light	نور اقرب	absolute one	واحد مطلق
Light of Lights	نور الانوار	*dator formarum*	واهب الصور
Divine light	نور الهى	*dator scientiae*	واهب العلم
First Light	نور اول	Giver of Life	واهب حيوة
flashing, pleasurable light	نور بارق لذيذ	mode	وجه
creative light	نور خالق	ideal being	وجود ذهنى
accidental light	نور عارض	real being	وجود عينى
light in itself	نور فى حقيقة نفسه	existence	وجود
abstract light	نور مجرد	unity/oneness	وحدت
pure light	نور محض	attribute	وصف
managing light	نور مدبِّر	estimation	وهم
light	نور	fancied (premises)	وهميات
luminosity	نورية		ى
writing	كتابة	dryness	يبوست
		certitude	يقين
		certainty	يقين

فهرست کلی

فهرست كلى

٥٠٦

فهرست کلی

فهرست كلى

فهرست کلی

فهرست كلى

فهرست كلى

فهرست کلی

فهرست كلى

فهرست كلى

فهرست كلى

٥٢١

فهرست كلى

فهرست کلی

٥٢٣

فهرست كلى

فهرست کلی

٥٢٦

فهرست كلى

فهرست کلی

فهرست كلى

فهرست کلی

فهرست كلى

فهرست کلی

فهرست كلى

فهرست كلى

فهرست كلى

فهرست كلى

فهرست کلی

فهرست كلى

٥٤٦

فهرست كلى

فهرست کلی

٥٤٩

فهرست كلى

فهرست کلى

فهرست کلی

فهرست کلی

٥٥٣

فهرست كلى

فهرست کلی

فهرست کلی

فهرست كلى

فهرست کلی

فهرست كلى

فهرست كلى

فهرست کلی

فهرست كلى

فهرست کلی